高等院校公共基础课特色教材系列

大学生心理健康

（第2版）

于成文 主编 ／ 史立伟 孔德雨 臧伟伟 副主编

清华大学出版社
北京

本书封面贴有清华大学出版社防伪标签，无标签者不得销售。
版权所有，侵权必究。侵权举报电话：010-62782989，beiqinquan@tup.tsinghua.edu.cn。

图书在版编目(CIP)数据

大学生心理健康 / 于成文主编. -- 2版. -- 北京：清华大学出版社，2024.10. -- (高等院校公共基础课特色教材系列). -- ISBN 978-7-302-67482-5

Ⅰ. G444

中国国家版本馆CIP数据核字第20240TQ644号

责任编辑：王如月
封面设计：常雪影
责任校对：宋玉莲
责任印制：沈　露

出版发行：清华大学出版社
网　　址：https://www.tup.com.cn，https://www.wqxuetang.com
地　　址：北京清华大学学研大厦A座　　　　邮　编：100084
社 总 机：010-83470000　　　　　　　　　　邮　购：010-62786544
投稿与读者服务：010-62776969，c-service@tup.tsinghua.edu.cn
质量反馈：010-62772015，zhiliang@tup.tsinghua.edu.cn
课件下载：https://www.tup.com.cn，010-83470332

印 装 者：定州启航印刷有限公司
经　　销：全国新华书店
开　　本：185mm×260mm　　　印　张：19.75　　　字　数：477千字
版　　次：2015年5月第1版　2024年10月第2版　　印　次：2024年10月第1次印刷
定　　价：69.00元

产品编号：109177-01

本书编委会

主　编　于成文
副主编　史立伟　孔德雨　臧伟伟
参　编（以姓氏笔画为序）
　　　　　于成文　王　艳　王金蕊　孔德雨
　　　　　匡　晓　杜学敏　李　婷　张咏梅
　　　　　顾耘宇　黄佳雨　谭　天　臧伟伟

推　荐　序

一代人终将老去，但总有人正年轻

大学是一个充满梦想与挑战的殿堂，正向每一位怀揣希望的青年敞开怀抱。同学们，当你们踏入这片知识的海洋，是否还记得那些关于大学的美好憧憬？是否已经准备好迎接这段旅程中的无限可能？

大学时光是人生中的宝贵篇章。在这里，你们可以自由地探索、勇敢地追求、不断地超越自我。在这段宝贵的岁月里，你们拥有无限的自由去探索未知的领域，勇敢地追逐心中的梦想，不断地突破自我，实现潜能的飞跃。你们将学会独立思考，培养批判性思维，勇敢地面对各种观点和挑战。"我是谁？""我要成为怎样的人？"这些问题如同心灵的指南针，引领我们深入自我的迷宫。星座、性格分类（如内倾I和外倾E）等标签，成了我们社交的开场白，它们不仅是一种快速了解彼此的方式，更反映了我们内心深处对于自我探索的渴望和兴趣。我们乐此不疲地使用这些标签，试图在压力应对、亲密关系、家庭关系和学业成就中寻找自我认同的答案。我们只有通过不断地自我探索和反思，才能真正理解自己，从而实现身份的转变和个人的蜕变。你们将在自我发现的旅程中，逐渐认识自己，理解自己的价值和潜力。也许，在这个过程中，你们还会邂逅美好的爱情，体验那份纯真而深刻的情感。

当然，成长的道路从不会一帆风顺。你们会遇到压力和挑战，会感到迷茫和焦虑，也面临着内卷、躺平、佛系、斜杠青年等多元的生活态度和价值观。互联网的普及让我们能够更全面地了解世界，但同时也让我们置身于一个信息过载、声音嘈杂的环境中。你们会面临选择：是追随自己的兴趣和爱好，规划一个充满激情的未来，还是从更实际而现实的角度出发，满足社会的期待？是按照自己的节奏，悠然自得地生活，还是顺应环境，积极参与竞争？是享受当下的快乐，还是严于律己，为了长远的目标而努力？是改变自己，融入群体，还是坚持自我，保持个性？在这些选择面前，你们会感到困惑和挣扎。但请记住，这些困惑和实践是成长的必经之路。每一次的思考和尝试，都将是你们宝贵的经验，帮助你们塑造更成熟和完善的自我。而你们，也将因为这些不同的实践和选择，走出一条属于自己的独特轨迹，让自己的人生之路更加丰富多彩。

于成文副书记主编的这本教材，组织了具有丰富临床和教学经验的一线教师，带着14年课程教学的积累，从大学生的成长任务出发，深入学习贯彻党的二十届三中全会精神，涵盖了心理健康、自我成长、学习学业、人际交往、情绪管理、亲密关系、理解家庭、压力应对、生命教育等诸多重要议题。每一个章节都包含了生动的案例、具有指导意义的理论知识以及丰富的延伸阅读材料,尤其贴合大学新生的视角和心理需求,内容丰富、体例新颖、互动性强。相信它能引导当代大学生更好地探索自我、理解他人、应对挑战,成为大学生自我成长的有益指南。

正如歌词中唱的"一代人终将老去,但总有人正年轻"。新的时代,正是属于你们这些眼睛闪亮、会彷徨会无助会压抑会愤怒但生机勃勃、充满希望的年轻人,正如在看这本书的你。

清华大学学生心理发展指导中心首席专家
教育部高校心理健康教育专家指导委员会副秘书长
中国心理卫生协会大学生心理咨询专业委员会第六、第七届主任委员

目　录

第一章　心理健康 … 001
　一、健康从"心"开始 … 002
　二、大学生与心理健康 … 012
　三、获得心理健康的途径 … 022
　本章小结 … 031
　思考题 … 031

第二章　认识自我 … 033
　一、追问"我"是谁 … 034
　二、关于"我"的困惑 … 046
　三、做真实的自我 … 057
　本章小结 … 066
　思考题 … 067

第三章　学会学习 … 069
　一、透视大学学习 … 069
　二、大学生常见的学习困扰 … 080
　三、提高学习效率的途径 … 087
　本章小结 … 103
　思考题 … 104

第四章　人际交往 … 105
　一、解密人际交往 … 106
　二、大学生人际交往中的困扰 … 120
　三、良好人际关系的建立与维护 … 125
　本章小结 … 131
　思考题 … 131

第五章　情绪管理 … 133
　一、认识我们的情绪 … 133
　二、情绪与大学生活 … 142
　三、情绪的有效管理 … 159

本章小结 ·· 167
　　思考题 ·· 167

第六章　学会恋爱 169
　　一、什么是爱情 ··· 169
　　二、大学生恋爱中的常见困惑 ·· 175
　　三、恋爱能力的培养 ·· 189
　　本章小结 ·· 197
　　思考题 ·· 197

第七章　理解家庭 199
　　一、家庭如何塑造了你 ··· 199
　　二、家庭与心理健康 ·· 207
　　三、家庭问题带来的心理困扰 ·· 213
　　四、正确对待成长中的家庭影响 ··· 219
　　本章小结 ·· 224
　　思考题 ·· 224

第八章　压力应对 226
　　一、压力知多少 ··· 227
　　二、大学生压力面面观 ··· 236
　　三、顺利度过大学生活的压力考验 ·· 244
　　本章小结 ·· 253
　　思考题 ·· 253

第九章　生命教育 255
　　一、认识生命 ·· 256
　　二、当今大学生对生命的困惑 ·· 261
　　三、热爱生活，珍惜生命 ·· 268
　　本章小结 ·· 277
　　思考题 ·· 277

第十章　工作途径 280
　　一、课程教学 ·· 281
　　二、心理咨询 ·· 285
　　三、班级心理辅导 ··· 296

后记 ·· 307

第一章　心理健康

名人名言

生活在没有人去生活之前是没有内容的；它的价值恰恰就是你选择的那种意义。

——[法]让·保罗·萨特

本章要点

心理健康的含义与标准；

心理健康对大学生的意义；

获得心理健康的途径。

【案例】

晓敏考入心仪的大学，学校的一切她都很喜欢，唯独跟宿舍室友的相处不太和睦。主要原因是彼此间的生活习惯不一致。晓敏习惯早睡早起，但是室友们却喜欢晚睡晚起。每晚晓敏准备入睡时，室友还没能安静下来，跟男友打电话、玩游戏、和队友交流、听音乐，各种声音让晓敏很难入睡。晓敏曾与室友礼貌地沟通过，其他室友们虽然声音小了一些但还是持续到很晚，晓敏觉得自己的生活习惯没有被尊重。此外，晓敏早上起床准备去学习时，室友们还没有起床，即使晓敏很小心，室友们还是会抱怨晓敏早起的噪声影响了她们。晓敏上课之余基本都会去图书馆自习，或者参加一些学生工作等，当晓敏回宿舍后室友们都已经在宿舍聊天了，晓敏感觉跟室友们的关系没有其他室友之间升温快。有一天晓敏发现室友们一起出去聚餐了却没叫自己，忽然觉得悲从中来。晓敏很无助，自己很希望与室友有和谐的关系。不过通过生活习惯、学习目标等，晓敏发现与她们并非同路人。而且即使不与她们做朋友，之后还要继续相处四年，最近晓敏在宿舍的时候经常闷闷不乐，担心时间久了自己情绪会崩溃。

提问：

1. 你如何理解晓敏上大学后遇到的问题？

2. 你是否也有过类似的经历？如果有的话，你是如何应对或者克服的？如果没有的话，你有什么建议给晓敏吗？

3. 你觉得晓敏可能会出现哪些情绪？

4. 你上大学后最大的苦恼是什么？通过对自己的分析,你认为大概有哪方面的心理原因?

一、健康从"心"开始

自古至今,健康成为古今中外、历朝各代人们谈论的永恒话题,并被视为人生的第一需要。然而,什么是健康?是否身体无病就表示健康呢?应该如何正确理解和把握健康的准确内涵呢?

(一) 现代健康的新概念

世界卫生组织(WHO)在1978年国际初级卫生保健大会上发表的《阿拉木图宣言》中明确提出：健康不仅是疾病与体虚的匿迹,而且是身心健康社会幸福的总体状态,是基本人权,达到尽可高的健康水平,是世界范围的一项最重要的社会性目标。

1989年,世界卫生组织进一步深化了健康的概念,认为健康包括躯体健康(physical health)、心理健康(psychological health)、社会适应良好(good social adaptation)和道德健康(ethical health)。这个现代健康概念中的心理健康和社会性健康是对生物医学模式下的健康的有力补充和发展,使医学模式从单一的生物医学模式演变为"生物—心理—社会医学模式",它既考虑到人的自然属性,又考虑到人的社会属性,从而摆脱了人们对健康的片面认识。健康应包括以下具体含义：

(1) 躯体健康(生理健康)。躯体健康是指身体结构和功能正常,具有生活自理能力。

(2) 心理健康。心理健康是指个体能够正确认识自己,及时调适自己的心态,使心理处于良好状态以适应外界的变化。值得指出的是,心理健康有广义和狭义之分：狭义的心理健康主要是指无心理障碍等心理问题的状态,广义的心理健康包括心理调节能力及发展心理效能能力。

(3) 社会适应良好。较强的适应能力是心理健康的重要特征。心理健康的人能与社会保持良好的接触,对于社会现状有清晰、准确地把握与认知,既有远大的理想和抱负,又不会沉湎于不切实际的幻想与奢望,注重现实与理想的统一。对于现实生活中所遇到的各种困难和挑战,不怨天尤人,而是采取积极的态度、切实有效的办法去解决。当发觉自己的理想愿望与社会发展不尽一致,能够迅速进行自我调节,以求与社会发展一致,而不是逃避现实,更不会妄自尊大和一意孤行。

(4) 道德健康。道德健康是指能够按照社会规范的细则和要求来支配自己的行为,能为人们的幸福做贡献,表现为思想高尚,有理想、有道德、守纪律。

新的健康观认为,没有生病只是健康的一个基本方面,主要是机体的正常状态,同时还应包括心理健康和对社会、自然环境适应上的和谐。也就是说人的机体、心理与社会、环境的适应能力均处于协调和平衡的状态。这就是新的完整而全面的健康观念。它更突出了以往忽视的心理健康,将其提高到一个和身体健康接近的高度,并且强调了身体健康和心理健康的关系。心理健康是身体健康的精神支柱,身体健康又是心理健康的物质基础。良好的情绪状态可以使身体的生理功能处于最佳状态;反之,则会降低或破坏某种功能而引起疾病。身体状况的改变可能带来相应的心理问题,生理上的缺陷、疾病,特别是痼疾,往往会使人产生烦恼、焦躁、忧虑、抑郁等不良情绪,导致各种不正常的心理状态。作为身心一体的人,身体和心理是紧密依存的两个方面。

随着现代生活的节奏越来越快、信息化的高度发展,每个人都和更多的人、更遥远的人以及越来越多的陌生人产生了联系。现在大学生基本已是"05后",甚至不久后大学校园就要进入"10后"时代了。大多数学生的物质生活变得越来越富足,而互联网和人工智能也将人们带入了新时代。年轻人面临的挑战很多,如何在"乌卡(VUCA)时代"[①]探询自我价值与人生意义,如何找到自己的爱、工作与社会以及家庭归属,是年轻人在人生成长中需要解决的重要课题。大学生需要增强心理适应与韧性,培养终身学习的心态,持续自我心理成长,构建支持系统,关注健康的生活方式并积极参与社区和志愿服务。

(二)心理健康的标准

我们究竟应该以什么样的标准来衡量自己的心理是否处于健康的状态呢?心理健康的标准不是绝对的,而是一个可供参考的系统。下面我们来看看国内外机构、专家学者对于心理健康所提出的较为权威、已被普遍接受的一些标准。

1. 世界卫生组织提出的标准

心理健康的概念是指一种健康状态,在这种状态中,每个人能够实现自己的能力,能够承受正常的生活压力,能够有效地工作并能够对其所处的社区作出贡献。从积极意义上来说,心理健康是个人保持健康和社区有效运作的基础。

(1)智能良好。智能是人对客观事物的认识能力和运用知识、经验、技能解决问题能力的综合体。智能良好体现在两个精神和四种能力上,即科学精神、人文精神和发现问题的能力、认识问题的能力、分析问题的能力以及解决问题的能力。

(2)善于协调与控制自己的情感。情感是人对客观事物认识的内心体验的外在反映。人的情感活动具有倾向性,喜怒哀乐都要表现出来。人的情感一定要与外界环境协调,心情要开朗,要乐观。

(3)具备良好的意志品质。意志就是为达到既定目标而主动克服困难的能力。良好的意志具备四个特点:一是目的性,目的要合理;二是要学会调整自己的期望值和一些心态;三是要培养自己的坚强性和自觉性;四是要培养自己的果断性和自制力。

(4)人际关系和谐。要有一个相对稳定的、相对广泛的人际交流圈;在人际交往中要独立思考,要保持一个独立完整的人格,不要人云亦云,不要盲从;在人际交往中要注意宽以待人,要积极主动,要坦诚。

(5)适应、改造现实环境。适应社会是绝对的,改造社会是相对的,重点是适应,只有在适应的基础上才能局部改造。

(6)要保证人格的完整和健康。人格体现在三个方面:一是构成要素要完整,不能有缺陷;二是人格的同一性,不能混乱,生理上的"我"和心理上的"我"必须是一个人,不能分离;三是要有一个积极进取的人生观。

(7)心理年龄和生理年龄要适应。一个心理健康的人,其心理特点与所属年龄阶段

---

① VUCA:指 Volatility 不稳定性、Uncertainty 不确定性、Complexity 复杂性、Ambiguity 模糊性。

的共同心理特征是大致相符的。无论是心理发育滞后或心理发育超前,应对社会生活变化的能力都会受影响,这就需要对自己的心理状态进行调整。

【延伸阅读】

美国心理学家马斯洛(Abraham Harold Maslow)和密特尔曼(Mittelman)提出的心理健康的十条标准被公认为是"最经典的标准":

- 充分的安全感;
- 充分了解自己,并对自己的能力作适当的评估;
- 生活的目标切合实际;
- 与现实的环境保持接触;
- 能保持人格的完整与和谐;
- 具有从经验中学习的能力;
- 能保持良好的人际关系;
- 适度的情绪表达与控制;
- 在不违背社会规范的条件下,对个人的基本需要作恰当的满足;
- 在集体要求的前提下,较好地发挥自己的个性。

2. 中国人心理健康标准

2011年8月,中国心理卫生协会首度公开中国人心理健康标准。中国心理卫生协会理事长蔡焯基教授在题为《维护心理健康 构建和谐社会——心理健康概念与标准》的学术报告中,首次公开介绍了中国人心理健康标准及其制定确立的过程。中国的心理卫生专家们开展研究主要基于两个背景:一是心理健康对人生的幸福以及对构建和谐社会所产生的影响日渐明显;二是党和国家十分重视我国心理健康的维护工作。心理健康的意义已经得到国家高度重视和社会充分认可,通过反复调查与研究,确立了中国人心理健康6条标准与评价要素:

- 情绪稳定,有安全感。
  评价要素:情绪稳定、情绪控制、情绪积极、安全感。
- 认识自我,接纳自我。
  评价要素:自我认识、自我接纳。
- 自我学习,独立生活。
  评价要素:生活能力、学习能力、解决问题能力。
- 人际关系和谐。
  评价要素:良好人际交往能力、人际关系和谐、接纳他人。
- 角色功能协调统一。
  评价要素:角色功能、行为符合年龄、行为符合环境、实现个人满足。
- 适应环境,应对挫折。
  评价要素:接触现实、接受现实、挫折应对。

3. 我国学者阐述的大学生心理健康标准

大学生的年龄一般为18~25岁,从心理学的观点来看,正处于青年中期。根据我国大学生的实际情况,评估大学生的心理健康水平应从以下几个方面予以考虑:

(1) 智力正常。这是大学生学习、生活与工作的基本心理条件,也是适应周围环境变化所必须的心理保证,因此衡量时,关键在于是否正常地、充分地发挥了效能,即有强烈的求知欲,乐于学习,能够积极参与学习活动。

(2) 情绪健康。情绪健康的个体通常能够识别、表达和调节自己的情绪,能够对自己的情绪及时觉察并做出调整、拥有一定的心理韧性和应对压力的能力,情绪波动不过于激烈,在情绪波动后能够及时稳定回来。

(3) 意志健全。意志是人在完成一种有目的的活动时所进行的选择、决定与执行的心理过程。意志健全者在行动的自觉性、果断性、顽强性和自制力等方面都表现出较高的水平。意志健全的大学生在各种活动中都有自觉的目的性,能适时地做出决定并运用切实有准备的方式解决所遇到的问题,在困难和挫折面前,能采取合理的反应方式,能在行动中控制情绪和言而有信,而不是行动盲目、畏惧困难、顽固执拗。

(4) 人格完整。人格指的是个体比较稳定的心理特征的总和。人格完整是指有健全统一的人格,即个人的所想、所说、所做都是协调一致的。一是人格结构的各要素完整统一;二是具有正确的自我意识,不产生自我同一性混乱,以积极进取的人生观作为人格的核心,并以此为中心把自己的需要、目标和行动统一起来。

(5) 自我评价准确。客观、积极的自我评价有助于保持心理健康。大学生通过自我观察、自我认定、自我判断和自我评价,做到自知,恰如其分地认识自己,摆正自己的位置,既不以自己在某些方面"高"于别人而自傲,也不以在某些方面"低"于别人而自惭,能够自我悦纳,喜欢自己,接受自己,自尊、自强、自制、自爱且适度,正视现实,积极进取。

(6) 人际关系和谐。良好而深厚的人际关系,是事业成功与生活幸福的前提。其表现为:乐于与人交往,既有广泛而深厚的人际关系,又有知心朋友;在交往中保持独立而完整的人格,有自知之明,不卑不亢;能客观评价别人和自己,善于取人之长补己之短,宽以待人,乐于助人,积极的交往态度多于消极态度,交往动机端正。

(7) 社会适应正常。个体与客观现实环境保持良好秩序,作客观观察以取得正确认识,以有效的办法应对环境中的各种困难,不退缩,还要根据环境的特点和自我意识的情况努力进行协调,或改变环境以适应个体需要,改造自我以适应环境。

(8) 心理行为符合大学生的年龄特征。大学生是处于特定年龄阶段的特殊群体。大学生应具有与年龄及角色相应的心理行为特征。

综合来看,心理健康标准大致包括了对自己的认识接纳和情绪管理、与他人的关系处理、面对人生百态的态度等要素。大学生可以尝试以上面的标准来对照自己,看看自己最近一段时间是否过得"健康"。

【心理测试】

我心理健康么
——症状自评量表(SCL-90)

指导语: 下面有90条测试项目,列出了有些人可能有的症状,仔细阅读每一条,根据自己现在或最近一周内的感觉,在相应的方框内划"√"。请逐条填写不可遗漏,每一项只能划一个"√",不能划两个或更多。自我评定的五个等级:

0分—无:自觉并无该项症状;
1分—轻度:自觉有该症状,但发生得并不频繁、不严重;
2分—中度:自觉有该症状,其严重程度为轻到中度;
3分—偏重:自觉常有该症状,其程度为中到严重;
4分—严重:自觉该症状发生的频度和强度都十分严重。

扫码查询结果解释

序号	题目	无	轻度	中度	偏重	严重
1	头痛	0	1	2	3	4
2	神经过敏,心中不踏实	0	1	2	3	4
3	头脑中有不必要的想法或字句盘旋	0	1	2	3	4
4	头晕或晕倒	0	1	2	3	4
5	对异性的兴趣减退	0	1	2	3	4
6	对旁人求全责备	0	1	2	3	4
7	感到别人能控制您的思想	0	1	2	3	4
8	责怪别人制造麻烦	0	1	2	3	4
9	忘性大	0	1	2	3	4
10	担心自己的衣饰整齐及仪态的端正	0	1	2	3	4
11	容易烦恼和激动	0	1	2	3	4
12	胸痛	0	1	2	3	4
13	害怕空旷的场所或街道	0	1	2	3	4
14	感到自己的精力下降、活动减慢	0	1	2	3	4
15	想结束自己的生命	0	1	2	3	4
16	听到旁人听不到的声音	0	1	2	3	4
17	发抖	0	1	2	3	4
18	感到大多数人都不可信任	0	1	2	3	4
19	胃口不好	0	1	2	3	4
20	容易哭泣	0	1	2	3	4
21	同异性相处时感到害羞、不自在	0	1	2	3	4
22	感到受骗、中了圈套或有人想抓住您	0	1	2	3	4
23	无缘无故地突然感到害怕	0	1	2	3	4
24	自己不能控制地大发脾气	0	1	2	3	4
25	怕单独出门	0	1	2	3	4
26	经常责怪自己	0	1	2	3	4
27	腰痛	0	1	2	3	4
28	感到难以完成任务	0	1	2	3	4
29	感到孤独	0	1	2	3	4

续表

序号	题目	无	轻度	中度	偏重	严重
30	感到苦闷	0	1	2	3	4
31	过分担忧	0	1	2	3	4
32	对事物不感兴趣	0	1	2	3	4
33	感到害怕	0	1	2	3	4
34	您的感情容易受到伤害	0	1	2	3	4
35	旁人能知道您的私下想法	0	1	2	3	4
36	感到别人不理解您、不同情您	0	1	2	3	4
37	感到人们对您不友好、不喜欢您	0	1	2	3	4
38	做事必须做得很慢以保证正确	0	1	2	3	4
39	心跳得很厉害	0	1	2	3	4
40	恶心或胃部不舒服	0	1	2	3	4
41	感到比不上他人	0	1	2	3	4
42	肌肉酸痛	0	1	2	3	4
43	感到有人在监视您、谈论您	0	1	2	3	4
44	难以入睡	0	1	2	3	4
45	做事必须反复检查	0	1	2	3	4
46	难以做出决定	0	1	2	3	4
47	怕乘电车、公共汽车、地铁或火车	0	1	2	3	4
48	呼吸有困难	0	1	2	3	4
49	一阵阵发冷或发热	0	1	2	3	4
50	因为感到害怕而避开某些东西、场合或活动	0	1	2	3	4
51	脑子变空了	0	1	2	3	4
52	身体发麻或刺痛	0	1	2	3	4
53	喉咙有梗塞感	0	1	2	3	4
54	感到前途没有希望	0	1	2	3	4
55	不能集中注意力	0	1	2	3	4
56	感到身体的某一部分软弱无力	0	1	2	3	4
57	感到紧张或容易紧张	0	1	2	3	4
58	感到手或脚发麻	0	1	2	3	4
59	想到死亡的事	0	1	2	3	4
60	吃得太多	0	1	2	3	4
61	当别人看着您或谈论您时感到不自在	0	1	2	3	4
62	有一些不属于您自己的想法	0	1	2	3	4

续表

序号	题目	无	轻度	中度	偏重	严重
63	有想打人或伤害他人的冲动	0	1	2	3	4
64	醒得太早	0	1	2	3	4
65	必须反复洗手、数数或触摸某些东西	0	1	2	3	4
66	睡得不稳、不深	0	1	2	3	4
67	有想摔坏或破坏东西的想法	0	1	2	3	4
68	有一些别人没有的想法	0	1	2	3	4
69	感到对别人神经过敏	0	1	2	3	4
70	在商店或电影院等人多的地方感到不自在	0	1	2	3	4
71	感到任何事情都很困难	0	1	2	3	4
72	一阵阵恐惧或惊恐	0	1	2	3	4
73	感到公共场合吃东西很不舒服	0	1	2	3	4
74	经常与人争论	0	1	2	3	4
75	单独一人时神经很紧张	0	1	2	3	4
76	别人对您的成绩没有做出恰当的评价	0	1	2	3	4
77	即使和别人在一起也感到孤单	0	1	2	3	4
78	感到坐立不安、心神不定	0	1	2	3	4
79	感到自己没有什么价值	0	1	2	3	4
80	感到熟悉的东西变成陌生或不像是真的	0	1	2	3	4
81	大叫或摔东西	0	1	2	3	4
82	害怕会在公共场合晕倒	0	1	2	3	4
83	感到别人想占您的便宜	0	1	2	3	4
84	为一些有关"性"的想法而苦恼	0	1	2	3	4
85	感到因为自己的过错而受到惩罚	0	1	2	3	4
86	感到要很快把事情做完	0	1	2	3	4
87	感到自己的身体有严重问题	0	1	2	3	4
88	从未感到和其他人很亲近	0	1	2	3	4
89	感到自己有罪	0	1	2	3	4
90	感到自己的脑子有毛病	0	1	2	3	4

（三）心理健康与幸福人生

心理健康是指没有心理障碍，能帮助个体实现更多潜能，与他人建立良好的关系，以及能够应对生活中的挑战，并对社会作出贡献的心理状态。积极心理学就是研究如何让人的生活变得更充实和幸福地工作,通过强化个体的积极心理品质(如希望、勇气、智慧、节制等),能促进幸福感并实现更加健康、富有意义的生活目标。例如,通过培养积极情感、增强投入和兴趣、加强社会联系、追寻生活的意义、追求成就与目标等活动,能帮助人们全面增进心理健康指数、稳固生活幸福框架,使个体在面对生活中的挑战和变化时,能够发现和发挥调动自身潜能,让生命更加充实丰沛。

1. 心理健康与身体健康

现代"健康"的含义包括了心理健康与身体健康两部分。然而,心理健康与身体健康并不是相互独立的,而是相互影响着。身体健康是心理健康的基础和载体,心理健康又是身体健康的条件和保证。俗话说:"笑一笑,十年少;愁一愁,白了头。"心理与身体具有高度的统一性。

人的情绪影响着身体的健康状况。我国古代医学家认为人的情绪与健康有着重要的关系,他们认为七情"喜、怒、忧、思、悲、恐、惊"是致病因素,总结出"七情过度百病生"的说法,认为人的情绪发生过度变化,会引起阴阳失调、气血不和、经脉阻塞、气机紊乱。古代医书《内经》上也说"怒则气上、喜则气缓、思则气结、悲则气消、恐则气下、惊则气乱",也就是"喜伤心、怒伤肝、忧伤肺、思伤脾、恐伤肾",《内经》还特别强调"心者,五脏六腑之主也,故悲哀忧愁则心动,心动则五脏六腑皆摇",人的情绪影响着身体的健康状况。美国心理学家弗里德曼发现紧张与血胆固醇浓度有直接关系。例如,同学们在生活中可能也会发现情绪性进食的情况。有的同学会"压力胖",当感到紧张和焦虑的时候,他们可能会比平时进食更多,加上皮质醇等分泌的变化,同学们会发现自己变胖了;当然,也有的同学是"压力瘦",当他们感到压力的时候,一般会失去食欲,紧张得吃不下饭,最终会因为压力而变瘦。

人的认知风格也会对身体健康产生一定的影响。面对生活中的挑战时,如果人拥有积极的认知风格,那么会倾向于采取更正向的方式来应对,遇到挫折时也能保持稳定的自尊水平。例如面对失恋这一情况,如果同学们对自己有较为消极的认知,那么可能会认为分手的根源是自己很糟糕,自己"并不值得",持有这一认知的人,不仅很难从失恋中走出来,甚至可能还会影响到个体对自己生活其他方面的表现。

此外,个体的行为模式,如生活习惯、睡眠质量等,也会对个体的身体健康带来影响。

认识到心理健康与身体健康之间的紧密联系,并采取积极的生活方式和情绪管理策略,是维持整体健康的重要方式。

【延伸阅读】

关于"世界精神卫生日",你知道多少

每年的 10 月 10 日,是世界精神卫生日(World Mental Health Day)。世界精神卫生日首次设立于 1992 年,由世界精神卫生联盟(World Federation for Mental Health, WFMH)发起,随后得到了世界卫生组织(World Health Organization, WHO)及其合作伙伴的支持和推广。世界精神卫生日的设立旨在提高公众对于精神健康问题的意识,改变社会对精神疾病的偏见,促进更有效的精神健康疾病预防和治疗措施的实施。精神卫

生问题在不同程度上影响了人们的正常生活,限制了人们对生活的幸福感知以及个性与潜能的发挥,也会给身边的亲人朋友带来诸多痛苦。我们应该明确,罹患精神类相关疾病的人,他们是"病了"而不是"疯了""傻了""心眼小"……,一方面,他们不应该遭受非议和污名化,另一方面,他们也不应该因为怕被别人戴有色眼镜看自己而讳疾忌医,导致病情延误或反复。所以,设立世界精神卫生日,努力在全球范围内推广普及心理健康知识,鼓励支持系统的建设,促进和加深对精神健康的认识和理解,使更多的人了解掌握有效的疾病知识,从而减少歧视和消除污名化,对动员社会各界关注心理健康、增进对精神健康重要性的认识,鼓励那些受精神健康疾病影响的人寻求医治,有着重要的积极促进作用。

近些年的精神卫生日主题如下:

2013年:发展事业、规范服务、维护权益

2014年:心理健康,社会和谐

2015年:心理健康,社会和谐

2016年:心理健康,社会和谐

2017年:共享健康资源,共建和谐家庭

2018年:健康心理,快乐人生

2019年:心理健康社会和谐·我行动——进校园,进家庭,进社区

2020年:弘扬抗疫精神,护佑心理健康

2021年:青春之心灵,青春之少年

2022年:营造良好环境,共助心理健康

2023年:促进儿童心理健康,共同守护美好未来

2.心理健康与学习工作

【案例】

晓枫从小就是一名乖巧懂事、成绩优秀的好学生。她带着一系列的光环考入了某所全国重点大学。在入学后的第一次主题班会中,辅导员向大家更新了一个观点,大学并不是终点,而是刚刚开始美好的充满奋斗的人生。晓枫感到很有触动,开始思考要如何为自己的未来努力。晓枫来自一个普通家庭,她是父母和家族的骄傲,也知道今后的道路只能靠自己才能走得更远。所以她决定要保持年级前二的名次,这样她才有机会去更高的平台。从此她每天早出晚归,拼命学习,钻研一切能提升排名的加分项目。她除了保持成绩,还很有目标性地参加了一些可以加分的学生活动、竞赛项目、志愿服务等。为此她几乎没有时间参与同伴的社交。同学们的集体活动,她都委婉地拒绝。在同学的眼中,晓枫是不折不扣的"卷王",对此晓枫也坦然接受,还因为自己坚定明确的目标而感到自豪。然而,随着专业课程比例的不断加重,晓枫开始觉得学习越来越吃力,更让晓枫难过的是,她发现同学们也不都是只顾玩耍,也将很多精力投入在学业方面。终于,大二下学期的成绩出来了,晓枫的成绩排名滑落到了十名开外。看到成绩排名晓枫实在无法平复自己的心情,她无法将自己的愁苦告诉父母,似乎也没有朋友能陪伴和倾听,在室友们一起出去玩耍的某日,她独自一人久久地窝在被子里无声哭泣。想到未来难度更大的课程,想到同样认真学习和积极享受大学生活的其他同学,自己过半的大学生活几乎没有什么有色彩的记忆,晓枫感到很绝望,她怀疑自己是不是之前的选择做错了,但是已经无法回头了,自己

的未来变得黯淡无光。哭了很多很多次后,最后她想去一次心理中心,然后就去休学。

学习是大学生的首要任务,不少同学为了锻炼提升自身能力,还担任了一些党团、班级、社团职务,怎样协调好各项学习、工作与生活任务对同学的身体素质和心理素质提出了要求。有的同学抱怨说每天时间很紧,学习任务很重,社团一周还有两个晚上要开会;宿舍同学还很晚才睡觉,玩游戏的声音很吵,影响了休息……各种事情堆积起来让人心烦意乱。其实,大学作为由学生向社会人转变的过渡阶段,学校里的事情相对简单。工作以后,各种各样的事务性工作、上级领导和同级同事关系、生活琐事堆积起来更让不少人感到喘不过气来。长时间这样的心态,将会严重损害一个人的心理健康。注重心理调节、增强自己对学习、工作的自信心就显得尤为重要,将更好地提高工作效率。例如,我们可以通过积极的心理暗示,调整自己的思维方式和情感反应,保持良好的心理状态。

【延伸阅读】

心 理 暗 示

日常生活中有许多受到心理暗示的例子,如图 1-1 所示,想到周一和周六,我们的心情可能会有所不同;再如,一些商家会宣称自己的产品是"限量款""折扣仅限今天"等,人们看到后可能会被激发出购买的紧迫感,担心"过了这村没有这店"了;当我们浏览互联网时,如果一个科普博主向大家展示他/她的名校学生身份、某领域顶尖人才等,那么他们的言行也会具有更高的可信度,这其中也有心理暗示的力量,事实上,一个顶尖学校物理学博士所了解的心理学知识,或许并不如一个普通学校的心理学硕士生多,但是人们或许更倾向于相信物理学博士对心理学知识的分享;面试时有经验的学长学姐和老师会建议同学们"自信""提升面试形象",这些建议作用之一其实是通过呈现自信大方的形象,给面试官心理暗示,对面的应试者大概实力不凡……这些都是生活中心理暗示的例子。对于同学们来说,心理暗示可以作为调整自己心理和情绪状态的一种策略,帮助同学们

图 1-1 心理暗示

用更积极和合适的态度面对生活。例如自卑时进行自我暗示,告诉自己其实自己"真的很不错";遭遇挫折时自我安慰"没关系,最糟糕的情况已经来了,马上就会好起来了"等。虽然看起来短时间没有实质性的改变,不过当积极的自我起效后,同学们会变得更勇敢、更从容、更有力量,做出更积极的选择,这样或许情况就会慢慢好起来。

3. 心理健康与人生

2009 年,美国罗切斯特大学(University of Rochester)公布了此前进行的一次著名实

验,巧妙颠覆了有关幸福如何运作的一个最常见假设。研究人员连续两年追踪了150名毕业生,检测他们的目标和幸福水平。根据他们报告的幸福和生活满意程度,研究人员比较了毕业生实现外在和内在奖励的比率,得出了明确的结论:"实现外在目标或'美国梦',如金钱、名望和在他人眼中的吸引力等,对幸福完全没有帮助。"实现外在奖励远远不能创造幸福,事实上,"还创造了一些不幸"。如果让得到越来越多外在奖励的欲望占据我们的时间和精力,就会妨碍我们从事真正有助于提升幸福的自成目的的活动(自我激励、自我奖励的活动,科学术语为"自成目的")。同时还发现,关注内在奖励活动的人,会努力工作、发挥个人优势并建立社会联系。在这两年内,不管薪资或社会地位等外在生活环境如何,他们都明显表现得更为幸福。

幸福感的存在建立在身心健康的基础上,如果没有健康的身心,就感觉不到幸福的存在,也不会有幸福的人生。身心不健康的人就像没有感觉的人,不能感知世界的幸福与温暖。

幸福是一种感觉,它不取决于人们的生活状态,而取决于人们的心态,幸福的特征就是心灵的平静,所谓"知足者常乐"就是这个道理。幸福就是人们的渴求,人们的满足或部分得到满足的感觉,是一种精神的愉悦。人们获得幸福感都是暂时的,就像不幸一样,随着时间的流逝,幸福感以及不幸感都会逐渐淡化。虽然幸福感会淡化,但它仍会在我们心中留有痕迹,会是我们的美好记忆。但是这样的幸福感是不够的,所以,我们如果想继续拥有幸福,想过幸福的生活,就必须去不断地满足更多的渴求。

心理健康和幸福人生有着千丝万缕的联系。无论痛苦还是快乐的时光都是属于我们人生生涯的一部分,就像阴影和光明是共存的,就像一个地方不会永远只有光明或者黑暗,像太阳的东升西落,它的光明和阴影面也在不断转化,而幸福是我们人生的总体概括,我们不能因为一时的痛苦而否认幸福感的存在。心理健康的个体,更容易体验积极的情感、保持积极的情绪状态。维持健康的心理状态也更有可能建立积极的人际关系,与他人建立良好的联结,获得支持和共享快乐。积极的人际关系、支持性的社交网络和良好的亲密关系是幸福人生的重要组成部分,而心理健康状态对于这些关系的建立和维护起着关键作用。心理健康状态较好时,个体更有适应能力,能更好地应对生活中的挑战和压力,从逆境中走出来。此外,良好的心理健康状况有助于个体实现自我潜力,追求个人目标和寻求成长。重视心理健康,找到内在满足,实现更加充实、有意义的人生。

二、大学生与心理健康

【案例】

晓鑫是一个被鲜花和掌声簇拥着长大的男孩。他活泼开朗,学习成绩优秀,中小学阶段一直担任班长,他唱歌好听,在班级或者是学校组织的联欢会中经常一展歌喉,老师和同学都很喜欢他。晓鑫还喜欢运动,篮球场上帅气表现常常吸引围观女生的一片喝彩。不过,进入大学后,晓鑫却感到了一丝迷茫。在中小学时代闪闪发光的自己,到了大学后却变得非常普通。身边比他优秀、比他开朗、比他多才多艺的人并不少。他的学习成绩一般,在校园歌唱比赛中甚至都没有进入决赛。晓鑫忽然感觉自己从一个极端掉入了另一个极端,他再也感受不到自信和骄傲了,甚至觉得与同学们相比,自己非常糟糕,之前的行为真是井底之蛙,他越来越怀疑自己,自我价值感也变得很低。晓鑫变得越来越沉默,也越来越不习惯去跟同学们出去打球和玩耍了。有一天晚上,晓鑫在超市买了瓶酒,自己坐在走廊过道里独酌,看着窗外不时经过的同学,他觉得自己真是太失败了。

大学生是思想活跃、追求发展、渴望成功的社会群体,心理健康对于大学生的成长具有极其重要的意义。从生理学角度来看,大学生正处于青年期和成年早期,身体各器官系统的发育已基本达到成熟水平。但是,大量的案例、研究及统计表明,大学生中有相当一部分人的心理存在一系列不良反应和适应障碍,有的还很严重。从大学生个人角度来说,大学是个人步入社会准备和过渡的关键阶段,面对较为复杂的大学生活,大学生如果能够调整自我心理、保持良好健康的心理状态,无论是"不管风吹浪打,胜似闲庭信步"的积极豁达心态,还是"命中有时终会有,命中无时莫强求"的随遇而安态度,抑或是其他的人生态度,都将对以后的人生产生深远的影响。

【延伸阅读】

埃里克森将人一生的发展划分为8个阶段,认为每一个阶段都需要克服一个主要矛盾和危机,只有在本人与外界环境的作用下合理解决好每个阶段的矛盾和危机,个体才能得到良好的发展。这些矛盾和危机也被称为心理—社会任务。处在青年中期的大学生应该完成的心理—社会任务是什么呢?从埃里克森的发展阶段来看,大学生正处在亲密与孤独阶段(18~25岁),发展任务是获得亲密感,克服孤独感,体验爱情的实现。这一时期的个体已经具备了与别人亲密相处的能力,即具备了归属于社会群体和建立伙伴关系所必须承担义务的能力,具备了为遵守这些义务而发展道德力量的能力。处在该阶段的人在家庭之外寻求情感归宿,包括与同性朋友建立友谊,与异性朋友恋爱。若情感找不到归宿,就会处在痛苦的孤独之中。

(一)大学生活的新变化

同学们理想中的大学生活是否为这样:在人最充满激情、活力、生命力和创造力的年龄段,在美丽的大学校园中,无须为生计发愁,无须为健康担忧,无须为名利所困,去读书、去交谈、去运动、去创造、去游戏、去相爱。但真正来到大学校园中,同学们或许会发现一切与自己想象中的有些许不同。在之前若干年中,询问大一新生的大学目标,很多同学会写下如"谈一场轰轰烈烈的恋爱""去西藏旅行"等,现在的大学生,越来越多地写下"考研上岸""当网红"……与之前的学生不同,现在的大学生成长于互联网时代,成长过程中物质条件更加富足,甚至大学生们在某些程度上对时代的了解比父母更多。在新的时代背景下,大学生们面临着与父母当年截然不同的挑战与机遇,这些因素不断地影响着他们的价值观、生活理念以及对未来的规划。成长于互联网时代的大学生们,在信息的高度可获取性和多样性的环境中,展现出更加多元化的目标和追求,对个人成就有了更多元的、更包容的不同定义。而作为承担祖国未来责任建设的青年人,对于如何确立自己的成功位置,担负自己的社会责任,进而贡献自己的知识与技术力量,可能并不一定会有现成的经验和路线可借鉴,父母和前辈也无法给同学们完全妥当的指导,需要同学们去运用自己的智慧和勇气,探索有创造性地实现自己价值的方式。

总的来说，大学带给新生最大的改变就是：每一个学生都将有更多的自由时间和空间，会有更多的选择，自制力也将面临前所未有的考验。这样的自由有利有弊，对于有目标、善于规划的同学来说将更深地挖掘自身潜能；而对抱着"当一天和尚撞一天钟"观念的同学来说，将很快陷入散漫甚至是青春的挥霍中。每一个新生都要完成从基础知识学习向专业知识学习的转变，完成从"包办式"生活向"自主式"生活的转变。

1. 学习的转变

学习作为大学生活的一项重要内容，是众多学生关注的焦点。但不同于十多年前的应试教育，大学注重的是培养学生的自学能力和学习兴趣，注重独立思考和研究性学习，老师讲课不拘泥于一本教材，授课时间少、讲课速度快、课堂内容多等特点，使得很多学生无法适应，学习上存在困难。没有了中学老师的督促，没有了父母的唠叨，很多同学一下子放松了学习，直到快要考试了，才想起还有学习的任务，于是草草复习、随便应付，结果是很多科目亮起了从未有过的红灯！有的同学甚至信奉"Deadline 才是第一生产力"，以此作为自己拖延学习及各种任务的借口，这样恶性循环下去，使得学习上的压力感、挫折感越来越强烈。当然了，大学里面也有不少同学摸索出适合自己的学习方法，保持成绩名列前茅，每学年都获得了奖学金。付出总有回报，我们一定要适应大学里面学习方式的转变。

【延伸阅读】

清华学霸谈成功路：无特殊方法，比要求多做一点①

他，两篇论文已发表于全球计算机视觉顶级会议（CVPR），并被邀请作为论文审稿人，与麻省理工学院、普林斯顿大学、微软亚洲研究院等多名世界级教授合作，"清华大学特等奖学金""国家奖学金""微软亚研院优秀成果奖"等重量级奖项数不胜数，以近满分的成绩连续三年排名第一；利用经济学双学位开展与计算机交叉的激励机制在肾脏交换网络中的运用，热爱社会实践和公益，从甘肃农村到瑞士、日本、中国香港都有他的足迹……

从计算机到交叉学科，从科学研究到社会工作，这位清华大学交叉信息院计算机科学实验班的大四本科生，简历在网上曝光后，关于他神一样存在的"神话"风起云涌。

"其实我真的很普通，就和校园里的很多同学一样。"初见吴佳俊，这位面庞清秀、鼻梁高挺，生于1992年的小伙子迫不及待地告诉记者，这也是和他接触中听到最多的一句。当被问及网上的各种"传说"时，并不过多关注社交网站的他只是羞涩一笑。

2014年1月初，刚从美国交流归来的吴佳俊仍然像往常一样，骑着略显陈旧的自行车穿梭于清华园，听讲座，做实验，改论文。

其实吴佳俊的大学生活从一开始并不顺利，大一上学期的几门考试成绩都不理想，一些如"计算机入门"等比较复杂的课程，学起来有点吃力。他又重拾起高中的学习方法，经常找班里的同学一起琢磨课业上的难题。那时他经常忙到很晚，除了学习，还要花几个小时处理社团的事，有时候室友都睡了，他才回到宿舍，第二天室友起床时他已经离开了，几乎是"晚二朝七"的节奏。

---

① 资料来源：清华学霸谈成功路：无特殊方法，比要求多做一点. http://news.163.com/14/0218/09/9LBVCAIE00014AED.html.

"其实,我也没有异于常人的学习方法,可能就是比要求的多做一点点,可选的作业和项目,尽量都去完成;提供的参考书目,尽量都去读。如果有可能的话,就再多读几本。"在吴佳俊看来,课业学习的重要性不仅在于具体的知识点,更在于培养思维能力以及在科研工作中的运用。

大学生处在人生第二次"断乳期",在生理和心理层面都会发生很大的变化。一旦处理欠妥,就会引起不可忽视的社会危机。大学生不能总是"坐、等、要",期待社会、学校来"解放自己",而是应该积极发挥自身的主观能动性,正确地对待问题,然后寻求科学的办法加以解决。如何平衡好繁忙的学习和个人生活,大学生应该学会管理自己的目标和时间,高效地完成学习任务,并且在学习和工作中体会大学的乐趣。

2. 生活的转变

【案例】

大学新生小谢,典型 i 人(详细介绍见 MBTI 心理类型理论),内向寡言。对于宿舍和班级的集体活动,他总是能推就推。同时,小谢对自己的思考能力与思维深度比较自信,有时候同学们之间发起对话题的讨论,他很少被别人影响,比较坚持自己的观点。如果朋友遇到了一些挫折或者问题,小谢希望利用自己对问题的思考和见地,提供建议,当同学遇到困难,出现难过悲伤的情绪,希望得到小谢的支持和陪伴时,小谢认为这都是对时间和精力无效的浪费,应该聚焦在问题的解决上。后来,渐渐地,小谢发现自己好像被同学孤立了,他有些不太理解,认为自己明明真诚地对待朋友、对待自己。同学们的疏远让他有些生气,却也掩饰不住受伤的感觉。终于有一天,小谢拨通了母亲的电话,在电话中痛哭流涕,母亲耐心听完小谢的陈述后,对小谢进行安抚,并鼓励小谢利用自己擅长的思考能力去找到解决办法。小谢查找了学校为学生们提供的各种服务资源,发现心理中心正在招募一个关于人际沟通与自我成长的心理团体,于是报名参加。

一般来说,现在的大学生在上大学前,家庭物质条件普遍较之前更优越,且学习与生活中受到老师和父母的指导与呵护,独立性还不够。进入大学,一切都要靠自己来解决,学习和生活上全然由自己"随心所欲"地支配,致使一些学生表现出"力不从心"的状态。大学生活环境较为宽松,缺少了老师和家长的监督,导致部分同学生活秩序混乱,有些同学生活作息非常不规律,严重影响了正常的学习和生活。对时间管理、生活管理的能力不足等反映出学生对自己的学习生活缺乏合理的规划和安排,同时,很多学生虽然带着良好的人际交往期望走进大学,也做好了谦让、忍耐等心理准备,但由于大学生来自全国各地,语言、个性、生活环境存在较大差异,实际的人际交往远比想象中复杂,很多学生逐渐失去了耐心和宽容。

下面是一些大学生的真切感悟,同学们看看是否对自己有触动:

(1) 经过了几年的大学生活,总的感觉大学生活还是比较美好的。大学只是一个场所,供我们生活和学习,无所谓好坏。大学仿佛是一把"双刃剑",有的人经过大学生活之后,无论是个人修养还是自身能力都有了很大的提高;而有的人经过了大学生活之后却变得非常麻木,失去理想和信念。不同的人进入大学之后不会变成同一种人,大学毕竟不是一个熔炉,否则的话大学生活也不会有那么多精彩。大学就如同是我们手中的一个工具,本身并无好坏之分,只不过看大家如何使用它。大学生不应当只是抱怨大学不好,学校名气不够,而应当抱有既来之则安之的心态,多思考一下如何过好大学生活!

(2) 大学生活不同于高中生活,在大学里我们有很多属于自己的时间,学习和生活更多的是需要一种规律性,即自制力。自制力就是知道自己在什么时间该做什么事情,生活和学习有一定的规律性!一个大学生如果没有很强的自我控制能力,走向堕落是很容易的,也是迟早的事情。自制力有时需要一个强有力的计划来维持,自制力发挥作用的时候便是计划被有效执行的过程。无论做任何事情,都应当有一个度,把握住一个度,否则后果很严重。

(3) 无论是生活还是工作都免不了与人打交道,处理好人际关系是非常重要的。在大学里很重要的一课便是学会如何处理和周围人的关系,只有提高了这个能力,我们的生活和事业才会更加顺利!

(二) 大学生心理发展阶段

根据影响大学生心理发展的诸多因素和心理发展的主要矛盾,一般把大学生的心理发展过程分为三个阶段(以四年制的大学生为研究对象),即心理适应阶段、全面发展阶段、职业定向阶段。

1. 心理适应阶段

这个阶段集中在大学一年级,其主要特征是对环境的不适应和思想的不稳定。对于大多数学生而言,可能是第一次一个人离开家,第一次住集体宿舍,第一次来到陌生城市,第一次接触新的学习方式,第一次上课没有固定的教室,第一次发现班主任很久才露一次面,第一次接触以前没有听过和见过的生活方式等。来自五湖四海的同学,面临着适应全新的校园环境、饮食习惯、生活习惯、作息时间、语言等方面的挑战。陌生而新鲜的大学校园生活需要同学们在方方面面去熟悉、去适应、去找到一个舒服的生活方式。另外,绝大多数的同学都经历了高三生活。大多数同学的高三生活,大概都是充实的课程、满心满眼的知识点和重难点、许许多多的试卷和练习题、老师和同学们彼此的支持、披星戴月出门上课和放学回家的生活。那时候,学习成绩是重中之重,许多兴趣爱好、人际关系都在一定程度上为学习让位。然而大学的学习方式与之前有所不同,在高手云集的班级里,高中时学习优秀的自豪感与自尊心可能变成了无奈和自卑。面对这些变化,适应起来并不轻松,如果没有准备好,就可能在新的环境中找不到自己的位置,过去的许多自我评价现在都要重新审视甚至推翻。找不到自我是一个痛苦的过程,需要我们勇敢面对,去努力寻找自我,最终真正地获得心理上的成长,在成长过程中,我们付出了一些代价,同样也收获了心理品质的提升。

2. 全面发展阶段

这一阶段一般是大学二年级到三年级,学生逐步适应大学学习生活,熟悉大学的节奏规律,开始不断丰富自身经历,多方位地锻炼提升自己的能力。这一阶段的大学生思想活跃,兴趣广泛,积极参加各种社团活动,参与各种学科竞赛,尝试兼职打工接触社会,渴望从各个方面来充实和发展自己。通过一年的学习实践,学生加深了对专业的理解,掌握本专业的知识和技能,在学好专业知识的同时,注重学以致用,积极参加社会调查、科学研究活动。通过不断深入和拓展自身的学习生活半径,逐渐明晰大学毕业后的目标。但是,也有少数同学变得迷茫,太多的自由让他不知所措,或沉迷网络游戏,或陷入一段段无意义的关系,或退缩回自己的精神世界……。这一阶段的大学生会经历很多磨炼,有克服困难取得成功的欣喜,也会有多次努力无果的困惑、失落的痛苦。随着大学生的全面发展,大多数学生能够建立新的心理平衡,对于学习和生活有了更多的掌控力。

3. 职业定向阶段

这一阶段集中在大学四年级,大学生为职业选择和去向做最后准备,是由校园人向职业人转变过渡的关键阶段。经过几年的大学生活,大学生已具备一定的专业知识,初步接触社会,学会按照职业生活模式来要求自己,面对环境变化和角色转变,既充满自信又心存怀疑,就业的过程又需要新一轮的心理适应。当投递了几十份简历却未能接到一个面试通知,怀疑自身所学是否符合企业用人需求时;当看到有的同学得到高薪的入职通知书,暗自与同学进行比较,逐步提高自己对工作的期望值时;当手中握有几份入职通知书,举棋不定,产生选择焦虑症时……大学生就如同坐上了过山车,阴晴多变,跌宕起伏。与此同时,大学生在完成毕业设计过程中,逐步发现自身的不足,开始冷静分析自己,希望通过努力不断丰富完善自己,但是也有少数大学生,继续得过且过。这个阶段是对大学生各方面素质进行综合考验的阶段,同时又是大学生不断走向成熟的阶段。

综上所述,大学生心理发展是有阶段性的,每个阶段均有不同的主要矛盾和心理特征。但发展阶段的划分是相对的,各个阶段之间互相渗透,互相影响。阶段性和连续性共同构成了大学生心理发展的过程,因此既要注意到不同阶段的主要矛盾,又要注意各阶段之间的衔接和过渡。

(三)大学生常见的心理问题

【案例】

小新来自农村,他性格腼腆内向,比较胆小自卑。由于家中弟弟妹妹都在上学,家庭经济状况贫困。进入大学以后,面对大城市的繁华,同学们的才华横溢,特别是自己浓重的地方口音,小新总是担心身边的同学会笑话他、瞧不起他。挫败感和失落感让小新更加不适应,一个人独来独往,不愿与同学沟通交流。小新入学之初明确表示要好好学习,争取早日减轻家里的经济负担。但是他未能掌握大学的学习方法,几次考试成绩均不理想。在期末考试周,小新略显焦躁,饮食不规律,学业压力过大导致在宿舍晕倒,舍友将其送到医院进行治疗,辅导员第一时间与家长取得了联系,父亲在第二天下午赶到了医院。小新表示:"家中经济本来就很困难,他这一病又给父母增加了负担。"脸上充满了自责和歉意。经过假期的调养以及家人和辅导员的不断开导,小新开学后性格变得开朗自信了很多,参加学校补考也取得了不错的成绩。

通过这个案例,我们认识到,小新同学内心渴望通过自身努力,早日减轻家庭经济负担,但过大的压力使他喘不过气来,这是心理状态的不良反应影响了身体健康。身体出现状况,经过家人和辅导员的开导,他的心境有了很大的变化,精神面貌也改变了很多。

大学生常见的心理问题与其在生活、学习、成长中遇到的问题和挑战密切相关。系统观认为,个体不是独立的,而是生存在一个系统中,与系统不断产生交互。我们在受到外部环境影响的同时,我们的行为和选择也在一定程度上影响和调整着系统。对于大学生来说,意识到自己行为对系统的反塑造是很有意义和价值的,我们并非只能去顺应和服从外部环境的限制,我们自己也有能力和力量去影响和调整外部环境的改变。

大学生心理问题产生的原因是多方面的。同学们可能会因为缺乏人际互动技巧,或者是因气质、性格、思维模式等不同而在人际关系中发生误解甚至冲突。举例来说,MBTI人格类型中P类型的人和J类型的人在人际互动中会出现很多有趣的误差。例如,当有一天晚上下雨了,P类型的人会说"啊,下雨了",在P类型的人心中这句话只是表达一个感慨;但J类型的人对这句话的理解可能会是"啊,下雨了,那我得去把窗户关好"。所以同学们可以想象,如果P类型和J类型的人做室友,当P类型的人表达感慨时,J类型的人或许会将其理解为对方在提出关上窗户的要求,如果两人彼此间已有一些沟通不畅之处,J类型的人或许会在内心腹诽"你自己怎么不关",长此以往,或许就会出现误会了。此外,爱情、学业、深造、就业……每一项都是同学们的心头要事,都可能会给同学们带来心理困扰。

1. 当代大学生的成长环境

当代大学生的成长环境错综复杂,全球化趋势不断加强,西方价值观不断冲击中国传统思想,国内经济发展不断深化,网络的普及成为获取信息的主要渠道,高等教育由精英化转向大众化。

成长于互联网时代的大学生们,由于信息的高度可获取性和多样性,展现出更加多元化的目标和追求。在挑战与机遇并存的时代,大学生们的一个成长任务就是在保持个性和追求梦想的同时,积极适应时代变化,发展综合能力,为未来的社会生活和职业发展做好准备。

(1) 新理念的影响

与之前相比,现在的大学生对于成就与成功有了更多重及更多元的定义。在当代大学生看来,对个人成就的追寻不仅仅局限于传统的学业和职业路径,可能还包括个人品牌的构建、社交媒体上的影响力以及对社会的贡献等。

此外,受到互联网的影响,大学生们习惯于快速检索信息,并通过在线课程、MOOC等方式学习新知识,他们更重视实用性和时效性,以及知识的实际应用。

大学生们在物质条件更优越的环境下长大,同时又在网络社会中获得了更广阔的视野,他们在成长中逐渐塑造了全球视野和社会责任感,更关注全球问题、展现出高度的社会责任感和希望对社会产生积极影响的愿望。

(2) 新挑战的呈现

互联网时代的信息爆炸,虽然提供了极大的便利,但也带来了信息过载和选择困难,大学生们需要在海量信息中甄别、选择对自己真正有价值的知识和机会。

随着社会竞争的加剧和就业市场的变化,考研、留学等成为不少大学生提前为未来职业道路做准备的选择,越来越多的学生可能在高中时代或者一进入大学就已经明确了继续求学的目标,而不是在大学时代中逐渐摸索就业渠道或者升学选择。近些年,出现一种现象,即很多学校或媒体纷纷感叹上了"史上最难毕业季"。这说明,互联网时代大学生的职业选择变多了,同时大学生的职业规划压力也增加了。比如,"当网红"等基于新媒体的职业选择,就体现了大学生们对新经济形态下机遇的追求。

在物质条件更加富足的背景下,大学生们的价值观与父母一代可能存在明显差异,这不仅影响他们的生活选择和职业规划,也在一定程度上改变了他们与社会的互动方式。

(3) 不确定性增加

当代社会的发展日新月异,尤其是因全球化、经济波动和技术发展的快速迭代,为生活和工作带来很多不确定性。就业市场的不稳定性、职业路径的多样化、前景的不确定性,持续不断的变化成为常态,大学生对未来感到更加不确定,大学生更难从父辈以及其他榜样作用中完全复制经验,而是要接受并持续面对充满不确定的情景,不断作出决策。这些复杂性、模糊性与不确定性不断让大学生的适应能力和心理韧性得到锻炼。

(4) 互联网时代人际关系构建的新局面

互联网和社交媒体的普及改变了人们的生活方式,尤其是在人际关系的构建上带来了显著的变化。社交媒体、即时通信工具和在线社区等社交平台,让人们即使身处世界不同角落也能轻松交流、分享生活。这种跨越物理距离和时间限制的交往模式大大丰富了人际关系的维度,使得全球化的社交连接成为可能。这种变化不仅仅局限于通信方式的转变,还包括了交友模式、情感表达乃至人际联结等多个维度。人工智能、虚拟现实等前沿技术也打开了人际互动的新局面。这些变化带来了新的问题和挑战,如网络社交的表面化、人际间真实互动能力变差、网络依赖与网络暴力等。

(5) 亲密关系建立与维系的变化

当代大学生对于亲密关系的建立也出现了一些新的变化,很多大学生对婚姻、恋爱等有了越来越个性化的态度。这在一定程度上受益于社会的发展、经济的富足和文化潜移默化的影响。经济的发展和社会的进步给了年轻人更多的选择,他们更能够去选择外出游历、学习等,此外,当代年轻人把越来越多的时间花在工作上,加之技术的进步让大家独自享受娱乐的方式增多,年轻人可用于亲密相处的时间越来越少,对于大学生来说,对亲密关系以及对自主感之间的平衡也是大学生要学习的课程。

(6) 社会责任的承担

2024年的新年贺岁档电影《第二十条》,引发了人们对于法律与正义等话题的再次思考与讨论。其实对于社会热点话题的讨论,很多年轻人越来越多地愿意贡献自己的热情、发出自己的声音。当代大学生在成长过程中,更加意识到个体与社会的联系,以及承担社会责任的重要性。同时,校园内部和一些社会机构,都提供许多志愿服务、社会实践活动的机会,学生参与其中并不断提升社会参与感和公民意识。

2. 当前大学生常见的心理问题

当今,在大学校园里,休学、退学、自杀、犯罪等现象时有发生,有心理障碍的人也在逐年增多。大学生的心理发展尚未完全成熟,加上难以适应环境的变化,自我调控能力还不强,因此在面对大学的学习、人际交往等方面容易出现心理困扰,突出表现在以下几个方面:

(1) 适应问题

学生经过了十余年寒窗苦读,几乎将全部身心投入紧张的学习中。当他们进入大学后,面对的生活和学习环境发生了改变,新的集体、新的生活方式、新的学习特点使一些学生出现了独立与依赖的矛盾。长期以来父母的疼爱和家庭条件的优越,使得他们的自理能力不强。有的学生来到这个新环境后,会发现象牙塔梦破碎,质疑老师和家长提出的"高中苦一苦,大学松一松"的观念。原先的预期与现实的大学存在较大的差距:他们有的不适应大学的学习方式,有的对专业满意度不高,有的在完成上大学的目标后变得"无目的、无兴趣、无追求",有的因为人际关系苦恼不堪,有的面对丰富的大学生活不知所措。总之,由于个体适应能力的差异,一些大学新生会出现因环境变化而造成的适应困难,进而情绪低落,出现心理问题。

(2) 学习问题

经过高考拼杀的学生带着良好的自我感觉进入大学校园之后,往日充满光环的自豪感荡然无存。在高手如云的集体内,到处都是才华横溢的同学,心理上感到巨大的压力与自卑。有些大学生在进入大学后未能掌握大学的学习方法,面对老师讲课快、内容多、难度大等特点无法适应,进而产生厌学、自卑、自信心下降等问题,使得学习上的压力感、挫折感越来越强,导致一些学生无法适应大学生活,有的甚至退学。

(3) 人际交往问题

"踏着铃声进出课堂,宿舍里面不声不响,互联网上述说衷肠",这句顺口溜实际上反映了当前一部分大学生的交际现状。互联网给人们的生活提供极大便利的同时,也潜移默化地改变了人们的人际交往模式。所谓的"拍下来的才是风景,传上网的才是美食",人们更习惯在网络世界中,通过社交 App 进行人际互动,而非传统的真实的人与人的互动。互联网与各种社交 App 原本是希望能够帮助人们更有效、更多元的人际互动,但事实上,有些人反而感觉网络和技术让人际互动变得更难了。

【心理测试】

人际交往能力摸底小测试
—— 大学生人际关系综合诊断量表

扫码查询结果解释

指导语:这是一份人际关系行为困扰的诊断量表,共 28 个问题,每个问题有"是"或"非"两种回答。请你根据自己的实际情况如实回答并在选项一栏打"√",答案没有对错之分。

序号	题 目	是	否
1	关于自己的烦恼有口难言		
2	和生人见面感觉不自然		
3	过分地羡慕和妒忌别人		
4	与异性交往太少		
5	对连续不断的会谈感到困难		
6	在社交场合,感到紧张		
7	时常伤害别人		
8	与异性来往感觉不自然		
9	与一大群朋友在一起,常感到孤寂或失落		

续表

序号	题　目	是	否
10	极易受窘		
11	与别人不能和睦相处		
12	不知道与异性相处如何适可而止		
13	当不熟悉的人对自己倾诉他的生平遭遇以求同情时,自己常感到不自在		
14	担心别人对自己有什么坏印象		
15	总是尽力使别人赏识自己		
16	暗自思慕异性		
17	时常避免表达自己的感受		
18	对自己的仪表(容貌)缺乏信心		
19	讨厌某人或被某人所讨厌		
20	瞧不起异性		
21	不能专注地倾听		
22	自己的烦恼无人可倾诉		
23	受别人排斥与冷漠		
24	被异性瞧不起		
25	不能广泛地听取各种各样的意见和看法		
26	自己常因受到伤害而暗自伤心		
27	常被别人谈论、愚弄		
28	与异性交往不知如何更好相处		

(4) 情感问题

虽然听到越来越多的同学口中声称"智者不入爱河""没有(谈恋爱)那种世俗的欲望",但在对恋爱态度的统计中,发现大多数同学还是渴望爱情的。有趣的是,现在早已不是过去那种对早恋严防严查的年代,父母、老师都变得越来越尊重同学的选择,然而部分同学却觉得爱情好像变得没有那么走心和纯粹了。令人疑惑的是,明明大多数人都渴望真诚热切的恋爱,但是好像连信赖和依恋对方都变得越来越难了。爱情真是同学们大学时代挂科率惊人的"必修课"。

(5) 经济问题

大多数大学生过着衣食无忧甚至非常舒适、潇洒的日子,但却有一部分学生常常紧锁眉头,家庭贫困在他们心中留下了深深的烙印。有关学者对四川省四所高校的在校贫困大学生心理状况进行的调查显示,有51.4%的学生存在抑郁状态或抑郁倾向。"我怎么没出生在豪门""勤奋学习不如别人有个好爸爸"……面对缺乏高档物质享受的无奈,他们中有的人发出这样的感慨。一些大学生过早地承担了生活的压力,这使得他们更加容易忧心忡忡,产生严重的自卑心理,对现实表现出逃避的态度。一方面他们背负着祖辈们光宗耀祖的重任,有问题不愿与家人交流;另一方面他们人际交往能力不足、心理闭锁、缺乏主动性和自信心等，郁闷不满等负面情绪得不到合理宣泄，长期下去容易引发心理问题。

（6）职业发展和择业问题

随着高等教育不断加大扩招步伐，高等教育从"精英化"走向"大众化"，一方面使得更多的人接受了高等教育；另一方面就业压力近年来不断凸显。经过四年的苦读，大学生总希望能找到一份让自己满意的工作，加上家人"望子成龙""望女成凤"的期望，他们会考虑个人理想、收入多少、社会声望、工作地域、工作环境、发展前途等诸多因素，而如今社会竞争激烈，用人单位的要求也越来越高，找到一份满意工作绝非易事。对于少数大学生而言，甚至毕业就意味着失业。一些学生的专业、兴趣、就业目的、性格特点间的冲突也让他们产生了矛盾心理。许多学生表现出社会经验不足、依赖性强、心理承受能力差的特点，稍遇挫折就容易走上极端之路。

（7）其他方面的心理问题

除了上述较为普遍的心理问题外，少数学生也会出现家庭关系、出国留学、业余生活、个性发展、人生态度等方面的困扰和苦恼。

以上心理问题所诱发的不良心理反应也具有共同性，如孤独、自我拒绝和他人取向等。如果不良心理反应得不到及时调适，长期累积就可能导致心理疾病。具体而言，心理疾病是指一个人由于精神上的紧张干扰而使自己在思维上、情感上和行为上发生偏离社会生活规范轨道的现象。心理和行为上偏离社会生活规范程度越厉害，心理疾病也就愈严重。大学生常见的心理疾病具体包括考试综合征、严格管束引发的反抗性焦虑症、恐惧症、学习逃避症、癔症、强迫性神经症、恋爱挫折综合征、网络综合征等。

三、获得心理健康的途径

在大学生活中遇到各种各样的心理问题是常见的现象，没有必要一味全盘否定自我，更没有必要感觉"天塌下来"的绝望而痛苦不堪，正如古代寓言"塞翁失马，焉知非福"的故事所言，困境中同时蕴含着积极的含义，困境的出现也可以理解为自我成熟和心灵成长的契机。在遇到心理压力和困扰的时候，我们要勇于直面问题，积极寻找解决问题的办法，尽快使自己脱离困境。

（一）学习心理健康知识

生活中，人生病了要看医生，要吃药，同时注意多喝水、多休息。与此同时，民间也有种说法："总不得小病的人更易得大病"，平日有些小毛病可以刺激免疫系统，使体内产生对应的抗体，而从来不得病的人容易被突来的疾病击倒。但国人一向忌讳谈论心理疾病，那里像是一个不能触碰的"雷区"。人们可以对别人说身体的病，可以交谈身体疾病的症状和问题，可以向别人讨教身体疾病的医治方法，但不愿意谈论心理问题，更是避讳和反感谈论心理疾病。曾有国际研究报告表明：97％以上的人一生中都曾有过需要治疗的心理疾病，最典型的是抑郁症。心理疾病如同感冒一样普通和平常，只有认识和了解它，才更有益于获得健康。可喜的是，近年来随着心理健康宣传的不断普及，人们对于身心健康的理解也在不断深化，增强对心理健康的认识，重视对心理问题的调适，不断提升人生的幸福质量也逐步深入人心。

【延伸阅读】

亚健康状态

亚健康即指非病非健康状态,是介乎健康与疾病之间的状态,故又有"第三状态"的称谓。"第三状态"最早是由苏联科学家 N. 布赫曼(N. Berkman)提出的,从医学上来说,处于"第三状态"的人,虽然各项体检指标均为正常,也无法证明有某种器质性疾病,但与健康人相比,行为表现则明显有差别,表现为生活质量差、工作效率低、极易疲劳,许多人常有食欲不振、睡眠不佳、腰酸腿痛、疲乏无力等不适。从心理健康的角度来说,处于"第三状态"的人,虽然没有明显的精神疾病与心理障碍,也是一种心理的非健康状态,外在表现为学习工作效率不高、注意力分散、情绪烦躁焦虑,缺乏生活目标与动力,提不起精神,人际关系不好,经常有矛盾冲突等。

一项大学生心理健康调查研究的结果显示,大学生认为最需要辅导的项目依次是在面临人生重大选择时提供参考意见(68%)、解答一些思想问题(56%)、介绍一些为人处世的经验(50%)、介绍和开放校内外资源(30%)、在难以自我控制时给予警醒(39%)。大学生处在人生的特殊时期,在不同的年级、性别需要辅导的内容不同,当遇到自身无法解决的心理问题时,渴望专业心理辅导员能对自己提供一些帮助。这些都说明了当前大学生越来越主动关注自己的心理健康,不会拒绝有利于自身的心理辅导。大学生也需要主动去学习一些心理知识,理性面对心理健康问题。

1. 把握课堂资源

近年来,各高校陆续开设了心理健康教育课程,授课教师主要由专职教师、兼职咨询师、辅导员、有丰富学生工作经验的机关工作人员组成,课程以"促进学生的心理成长、发展与自我实现"为最终目标,尊重学生的主体地位,内容涵盖新生心理适应、认识自我、情绪管理、恋爱管理、珍爱生命等内容,同时该课程更加突出积极体验性,通过实地走访和团体辅导等形式,使大家既学习心理健康的基础知识,又培养心理调适的基本技能,有效消除心理困惑,树立心理健康意识。

2. 善用活动资源

大学生活丰富多彩,各高校都会积极组织心理健康方面的活动,促进大学生学习心理健康知识,促进心理健康发展。活动内容形式多样,例如:"心理健康快车"是通过朋辈教育的形式,由轻松的游戏、心理剧、情景剧、小组讨论、简单的心理测查等形式组成,在人际交往、入学适应、情感调节、学习与社团等方面帮助同学们树立自信、完善自我、确立目标;"心理健康月"是在一段较长的时间内,以一个主题为中心,各种精彩丰富的小型活动穿插其中,包括心理健康系列讲座、心理电影赏析、现场心理测查与心理咨询、心理剧大赛、辩论赛和心理知识竞赛等活动,从而在活动中得到心理的成长与发展;"心理健康文化节"则是宣传一些有关心理健康方面的知识给大学生,并教会大家提升心理自助与助人能力。

【延伸阅读】

全国大学生心理健康日

2000 年,由北京师范大学心理系团总支、学生会倡议,随后十多所高校响应,并经有关部门批准,确定每年的 5 月 25 日为"北京大学生心理健康日"。"5·25"是"我爱我"的谐音,对此,发起人的解释是:爱自己才能更好地爱他人。2004 年团中央学校部、全国学联共同决定将 5 月 25 日定为全国大、中学生心理健康节。提醒大学生"珍惜生命,关爱自己"。核心内容是:关爱自我,了解自我,接纳自己,关注自己的心理健康和心灵成长,提高自身心理素质,进而爱别人,爱社会。

3. 利用图书馆网络资源

美国医学专家高尔特说:"图书馆是一座心智的药房,存储着为各类情绪失常病人治疗的药物。"近年来高校为了更好地进行心理素质教育,都充实了一些心理学、美学等人文方面的书籍,大学生可以通过导读找到自己有兴趣阅读的书籍。高校的数字化信息资源库也日益丰富,大学生不受时间、地域的限制,随时随地上网查询和浏览。此外,由于网络技术的飞速发展,互联网也成为了解和学习心理健康知识的一种方式,但是网络除了快捷、方便的优点外,同时也存在各网站内容良莠不齐的乱象,大学生在学习浏览时一定要擦亮眼睛并进行有效甄别,尽量选择正规专业的心理健康教育网站。

(二)在实践中成长

"实践是检验真理的唯一标准",对于锻炼良好的心理素质也是非常适用的。古语有云:"纸上得来终觉浅,绝知此事要躬行",只有自己亲身去实践,在生活里每日三省,才知道什么样的方法适合自己,才能更好地鼓励和引导自己。

1. 积极心理自助

心理自助是指人们有意识地调节自身情绪、改善心理问题的行为和活动。目前的大学生个性张扬,独立自主,独立解决问题的能力日益提高,在遇到心理困扰与压力时,部分同学更愿意先选择心理自助的方式解决问题。例如同学们会学习掌握负性情绪的正向价值,焦虑是为了提醒我们,付出更多的努力把事情做得更好;恐惧是为了让我们警醒,应对危险;罪恶感可以使我们自省,不做不可为的事情;自卑感可以提醒我们与人比较还有差距,从而不断超越自我,变得强大起来;痛苦可以把我们唤醒,让我们看到生活中需要改变的地方和存在的危险。此外,同学们通过各种渠道找到了一些有效方法进行心理调适。例如生气时,可以通过听音乐、运动、哭泣、做深呼吸进行情绪外导;也可以通过学习、读书、找朋友聊天把注意力进行转移,从而缓解自身心理困扰。曾有一名女生由于失恋痛苦不堪,一段 6 年的感情说散就散了。每当想起他们在一起的美好时光,她就会背记一页 GRE 单词,通过学习让自己从失恋的阴影中走出来,大学毕业后顺利出国留学。多看有关心理健康方面的书籍,积极参与心理健康活动,学会控制和调整自己的情绪,学会心理暗示、自我劝慰,也是很好的心理自助路径,帮助同学们以积极乐观的心态看待和解决遇到的各种问题。

【延伸阅读】

自 我 安 慰

一个人无法达到其预定的目标或遭遇挫折时,为了减少自身内心的痛苦和不安,常为自己的失败寻找一个自认为是合理而且能够接受的理由或借口来安慰自己。"酸葡萄效应"与"甜柠檬效应"在日常生活中都是较为常见的心理现象。"酸葡萄效应"是指个体在追求某一目标失败时,为了冲淡自己内心的不安常将目标贬低为"不值得"追求,聊以自慰。"甜柠檬效应"则是百般强调,凡是自己认定的哪怕是较低的目标或自己有的东西都是好的,借此减轻内心的失落和痛苦。

2. 建立社会支持系统

据心理学家研究,一个人能否从重创中恢复,40%取决于他是否有良好的社会支持系统。大学生在遇到较为严重的心理困扰时,如果无法通过自身的心理自助进行解决,可以积极向社会支持系统寻求帮助。何为社会支持系统呢?社会支持系统通常是指来自社会各方面包括父母、亲戚、朋友等给予个体精神或物质上的帮助和支持的系统。大学生的社会支持系统基本包括以下几个方面:

(1) 朋辈支持

"在家靠父母,出门靠朋友。"大学生在校期间,如果遇到了学业压力、环境不适应、人际关系不当、就业目标迷茫等心理问题时,可以积极向同学、朋友和学长进行求助。由于大家有着共同的价值观念、生活背景、学习生活经历,从而容易打开心扉,互相交流,引起共鸣,从朋辈处获得鼓励和支持。

(2) 家人支持

"家是爱的港湾,心理的归宿。"很多人都将父母兄弟姐妹视为心理的"后盾"。血浓于水的亲情使大学生与家人间更是亲密无间。父母家是最温暖舒服的窝,如果遇到心理困扰,最能在情感上和物质上帮助自己的永远是自己的家人。家人愿意倾听你的不良情绪宣泄,也会积极为你出谋划策。

(3) 老师支持

"师者,所以传道授业解惑也。"老师不只是简单的教书匠,还承担着教授学生为人处世的道理。辅导员、班主任是大学中学生接触最多的人,作为过来人,他们在学习生活方面有着相似的经历,有些大学生担心在老师面前暴露自己的心理困扰,会影响自己在老师心中的良好形象,但实际上绝非如此。如果你向老师寻求帮助,老师们一定会不遗余力地帮助你。

(4) 专业心理咨询

近年来,各高校普遍建立了心理咨询中心,大学生可以寻求专业心理咨询的帮助。心理咨询是指专业的心理咨询人员运用心理学的知识、理论和技术,通过与个体持续的、直接的接触,向其提供心理援助并力图促使其行为、态度发生变化的过程。心理咨询坚持保密、尊重和价值观中立原则。心理咨询能够有效解决大学生在学习、生活、情感、交往等方面出现的心理问题,同时避免和消除大学生的不良情绪影响,使来访者在专业人士的指导下逐步走出困境。常见的心理咨询方式包括个别咨询、团体咨询、电话咨询和网络咨询等。

(三) 努力经营自己

【案例】

晓雪是个乖巧、细腻的江南女孩,为了考上一所好大学,中学时期她每天除了学习还是学习,没有任何爱好和社会经历。面对全新的大学生活,晓雪内心充满了期待并暗下决心:大学一定要突破自己,一定要让自己蜕变。在竞选宿舍长时,她选择了第一个上台;在竞选班干部时,她当上了生活委员;在学生会招新时,她也去面试并获得了成功……虽然在别人眼里,她的这些根本不值得一提,但在晓雪看来,她尝试了很多个第一次,迈出了很多个第一步。她也一直在鼓励自己:万事开头难。她不怕苦,也不怕累,她只是担心自己天天在浪费生命。所以,任何事只要决定要做,晓雪都要去尝试、去努力,让自己的青春无悔。走过大一,很多同学都遗憾虚度了大一时光,但晓雪自信而坦然地说:"我的大一成绩虽然不辉煌,但是我过得非常充实,最主要的是对得起自己。我的人生,我自己负责;我的选择,我自己承担;我的汗水,我自己挥洒。我坚持到无能为力,拼搏到感动自己。"

"理想很丰满,现实很骨感"。许多大一新生带着对大学的美好憧憬走进了大学校园,多年以来的"高中苦一苦,大学松一松"的信念在现实面前变得不堪一击,恍然发现大学只是转入了竞争激烈的另一个战场。那么,大学生如何才能赢在起跑线上,为自己精彩完美的大学创造一个好的序幕呢?

1. 拥有乐观心态

卡耐基曾经坦言:一个人的成功,15%取决于专业知识,而85%取决于心理素质。我们的身边总有很多正能量在不断激励着我们奋勇向前。新东方的创始人俞敏洪参加了3次高考才考上大学,后因结核病休学一年、英语发音无人能懂、到处贴小广告宣传自办的英语培训班……终于从彻头彻尾的"土鳖"成长为美国上市公司董事长。《士兵突击》中的许三多是一个土生土长的农村孩子,当兵后他凭借着"不抛弃,不放弃"的信念,开始了一个"孬兵"在绝境中不断成长、在失去中不断成熟的故事。

心胸宽广的人是真正的强者,乐观则是他们的情绪体验。"乐观"在《新华字典》中的解释为:精神愉快,对事物的发展充满信心。拥有乐观心态的人,在面对困境时能够保持清醒的头脑,正确地认识自己,从而能够快捷地找到脱离困境的方法。

作为大学生,应该保持乐观的心态,积极应对困难问题。在生活中摸索人际交往策略,努力建立更为和谐的人际关系;在学习上结合自己特点设定短期易于实现的目标,步步为营,在增强自信心的同时再设立新目标;要学会释怀和适当放弃,使自己变得更加宽容;记得"节制"是一种值得培养的积极心理品质。以知足常乐的心态面对生活;学会感受别人的关怀和帮助,拥有一颗感恩的心,提高生活的幸福指数。此外,在保持乐观心态的同时,不断增强自己生命的韧性和质量。

【心理测试】

你感觉幸福吗
——总体幸福感量表(GWB)

指导语: 总体幸福感量表是由美国国立卫生统计中心指定的用来评价受试对幸福的陈述。本量表共有33项,请你根据实际情况作答。

*1. 你的总体感觉怎样(在过去的一个月里)?

扫码查询结果解释

好极了	精神很好	精神不错	精神时好时坏	精神不好	精神很不好
1	2	3	4	5	6

2. 你是否为自己的神经质或"神经病"感到烦恼(在过去的一个月里)?

极端烦恼	相当烦恼	有些烦恼	很少烦恼	一点也不烦恼
1	2	3	4	5

*3. 你是否一直牢牢地控制着自己的行为、思维、情感或感觉(在过去的一个月里)?

绝对的	大部分是的	一般来说是的	控制得不太好	有些混乱	非常混乱
1	2	3	4	5	6

4. 你是否由于悲哀、失去信心、失望或有许多麻烦而怀疑是否还有事情值得去做(在过去的一个月里)?

极端怀疑	非常怀疑	相当怀疑	有些怀疑	略微怀疑	一点也不怀疑
1	2	3	4	5	6

5. 你是否正在受到或曾经受到任何约束、刺激或压力(在过去的一个月里)?

相当多	不少	有些	不多	没有
1	2	3	4	5

*6. 你的生活是否幸福、满足或愉快(在过去的一个月里)?

非常幸福	相当幸福	满足	略有些不满足	非常不满足
1	2	3	4	5

*7. 你是否有理由怀疑自己曾经失去理智,或对行为、谈话、思维或记忆失去控制(在过去的一个月里)?

一点也没有	只有一点点	有些,不严重	有些,相当严重	是的,非常严重
1	2	3	4	5

8. 你是否感到焦虑、担心或不安(在过去的一个月里)?

极端严重	非常严重	相当严重	有些	很少	无
1	2	3	4	5	6

*9. 你睡醒之后是否感到头脑清晰和精力充沛(在过去的一个月里)?

天天如此	几乎天天	相当频繁	不多	很少	无
1	2	3	4	5	6

10. 你是否因为疾病、身体的不适、疼痛或对患病的恐惧而烦恼(在过去的一个月里)?

所有的时间	大部分时间	很多时间	有时	偶尔	无
1	2	3	4	5	6

*11. 你每天的生活中是否充满了让你感兴趣的事情(在过去的一个月里)?

所有的时间	大部分时间	很多时间	有时	偶尔	无
1	2	3	4	5	6

12. 你是否感到沮丧和忧郁(在过去的一个月里)?

所有的时间	大部分时间	很多时间	有时	偶尔	无
1	2	3	4	5	6

*13. 你是否情绪稳定并能把握住自己(在过去的一个月里)?

所有的时间	大部分时间	很多时间	有时	偶尔	无
1	2	3	4	5	6

14. 你是否感到疲劳、过累、无力或精疲力竭(在过去的一个月里)?

所有的时间	大部分时间	很多时间	有时	偶尔	无
1	2	3	4	5	6

*15. 你对自己健康关心或担忧的程度如何(在过去的一个月里)?

不关心→非常关心											
0	1	2	3	4	5	6	7	8	9	10

*16. 你感到放松或紧张的程度如何(在过去的一个月里)?

松弛→紧张											
0	1	2	3	4	5	6	7	8	9	10

17. 你感觉自己的精力、精神和活力如何(在过去的一个月里)?

无精打采→精力充沛											
0	1	2	3	4	5	6	7	8	9	10

18. 你忧郁或快乐的程度如何(在过去的一个月里)?

非常忧郁→非常快乐											
0	1	2	3	4	5	6	7	8	9	10

19. 你是否由于严重的性格、情感、行为或精神问题而感到需要帮助(在过去的一个月里)?

是的,曾寻求帮助	是的,但未寻找帮助	有严重的问题	几乎没有问题	没有问题
1	2	3	4	5

20. 你是否曾感到将要精神崩溃或接近于精神崩溃?

是的,在过去的一年里	是的,在一年以前	无
1	2	3

21. 你是否曾有过精神崩溃?

是的,在过去的一年里	是的,在一年以前	无
1	2	3

22. 你是否曾因为性格、情格、行为或精神问题在精神病院、综合医院精神病科病房或精神卫生诊所治疗?

是的,在过去的一年里	是的,在一年以前	无
1	2	3

23. 你是否曾因为性格、情感、行为或精神问题求助于精神科医生、心理学家?

是的,在过去的一年里	是的,在一年以前	无
1	2	3

24. 你是否因为性格、情感、行为或精神问题求助于以下人员?

选项	是	否
A. 普通医生(真正的躯体疾病或常规检查除外)	1	2
B. 脑科或神经外专家	1	2
C. 护士(一般内科疾病除外)	1	2
D. 律师(常规的法律问题除外)	1	2
E. 警察(单纯的交通违章除外)	1	2
F. 牧师、神父等各种神职人员	1	2
G. 婚姻咨询专家	1	2
H. 社会工作者	1	2
I. 其他正式的帮助		

*25. 你是否曾与家庭成员或朋友谈论自己的问题？

是的，很有帮助	是的，有些帮助	是的，但没有帮助	否，没有人可与之谈论	否，没有人愿意与我谈论	否，不愿与人谈论	没有问题
1	2	3	4	5	6	7

注：*为反向计分项。

2. 学会心理调适

"你站在桥上看风景，看风景的人在楼上看你。明月装饰了你的窗子，你装饰了别人的梦。"正如诗歌所言，人们总是感觉别人的生活比自己更好，却不知道自己不经意中也是别人眼里的风景。其实，生命的快乐钥匙不是掌握在他人手中，而是真实掌握在自己手中，应该换个角度看待生活，把握生命中的点滴美好。心理调适就是在对自身心理状况理性判断的基础上，找到问题所在，并积极努力改变，从根本上解决心理困扰。

【互动体验】

提问：

如图1-2所示，你第一眼看到的图像是什么呢？

大学里高手如云，每个人在四年中都在不断找寻自己的定位，或是成为同学眼中的学霸、学神，或是成为富有创意的"创业之星"，或是成为奉献爱心的"十佳志愿者"，或是成为体育场上的运动达人……每个人都需要进行心理调适，让自己心理放松，调节压力，从而快速准确地找准属于自己的独特"标签"。进入大学后，你需要做好以下心理调适：一是要正确认识角色改变。你的同学都是中学期间学习上的佼佼者，大家都有着辉煌的过去，只是进入大学是优中选优，以往的中心地位应让渡于普通位置，自我评估也应学会适当改变和调整。二是要调整学习方法。

图1-2 心理学两歧图

高中时候的勤奋未必能获得能力的全面提高。要充分利用大学中的各种资源，多向学长和老师请教学习方法，尽快做好学习方法上的过渡，减少心理压力，促进学习成绩的提高。三是有效进行自我评价。"金无足赤，人无完人"，要学会对自己做出客观全面的评价，不要总是将自己的短处与他人的长处相比，要善于挖掘和发展自己的优势，拥有独立自由的个性。四是建立良好的人际关系。要学会尊重和理解他人的生活习惯和价值体系，避免以自我为中心，换位思考体会对方的立场和态度，在集体工作中主动奉献和服务。此外，你还可以学习掌握一些常用的自我心理调适方法，如冥想放松法、自主训练法，有助于自我心理放松、消除心理压力。

3. 丰富课余生活

大学是人生的关键阶段，你可以放下高考的重担，开始追逐个人梦想；可以不再死记硬背书本知识，开始注重理论与实践相结合；可以脱离父母和老师的监管，自由支配所有属于自己的时间。丰富多彩的大学课余生活令人眼花缭乱。在合理安排好学习时间的同时，你可以制定切实可行的时间表。一是可以留出足够的时间用于体育锻炼。身体是革命的本钱,也是心理健康的前提条件。二是可以培养广泛的兴趣爱好,如唱歌、舞蹈、下棋、瑜伽等,既能陶冶情操、缓解心理压力,也利于建立自信,增强人际交往能力。三是可以多读书,读好书。平时有时间多去图书馆看书,既可以排遣烦忧、愉悦心情,又可以获取知识、增长智慧。四是多参加社团活动。可以选择几个感兴趣的社团,和一群志同道合的同学共同奋斗,锻炼组织协调、沟通交流和动手能力,也可以通过参加比赛发现自己的兴趣爱好,在实践中不断学习成长。五是利用假期参与社会兼职和社会实践。在广泛接触社会的过程中,找寻自己的专业兴趣和学习目标所在,为毕业后走上社会奠定坚实的基础。

本章小结

心理健康是一个人健康成长的前提,面对新生活的挑战,大学生大多会产生适应和发展的种种困惑,因此大学生要努力提升心理健康意识,学习心理健康知识,在实践历练中培养良好的心理素质。让良好的身心状态带你飞向更高更远。

思考题

1. 结合大学生心理健康的标准,评估一下自己的心理健康状况。
2. 评估你对大学的适应情况,谈谈你打算如何更好地适应大学生活。

【书籍推荐】

《心理学与生活》

作者:理查德·格里格、菲利普·津巴多

译者:王垒、王甦

出版社:人民邮电出版社

《心理学与生活》一书写作流畅,通俗易懂,深入生活,用心理学理论与知识联系人们的日常生活与工作。正如作者所言,"心理学是一门与人类幸福密切相关的科学",它贴近生活、深入实践的独特风格同样也是一般大众了解心理学、更好地理解人性和提高自身素质的好读物。书中所有元素,比如由600余条词汇及解释组成的"专业术语表",极具价值的2000余条"参考文献",以及近1000条的"人名和主题索引"等,对于教学、研究和学习都是十分宝贵的,因此,该书的中译版本中,上述内容都被完整地翻译和保留了下来。另外,与本书教学配套使用的还有一系列丰富、独特的教学辅助资料和工具。

《打开积极心理学之门》

作者:克里斯托弗·彼得森

译者:侯玉波、王非

出版社:机械工业出版社

积极心理学是一门研究如何正确把握人生的科学,关注一个人从出生到死亡的所有人生阶段。积极心理学是心理学研究体系里一门新开辟的领域,重点关注我们每个普通人的正常生活,认为生活的核心并不只是避免麻烦、防止困扰,应该更加关注人生中美好的一面,探索如何使我们的生活更有意义。

中国改革开放40多年来,取得了令世人瞩目的进步与成就,中国已经成为在世界上有影响力的大国。大国该有什么样的心态呢?积极心理学也许能给我们提供指导。处在社会经济转型时期的中国,各种社会问题也会不断地显现,我们需要学会调整好自己的心态,用一种积极的态度去看待生活。通俗地说就是只要我们的心态阳光一点,我们就会更幸福。

《北大心理课》

作者:冯哲

出版社:人民邮电出版社

一句洞明世事的忠告或建议,可以在关键时刻改变一个人的心态,甚至改变他此后的人生。倾听北大学者的处世之道,可以让我们变得更加平和与执着。冯哲编著的《北大心理课》精心编选了近百年来北大知名学者有关人生抉择与心态修炼的精辟观点,辅之以生动的故事和通俗的解读,从心智的成熟、生活节奏的把控以及内心力量的修炼等多个方面,介绍了如何应对现代生活带给人们的焦虑、茫然、不安和忐忑。通过阅读本书,可以让自己的内心更强大。

【视频推荐】

《料理鼠王》

用荣格心理学的视角打开这部动画电影,发现这个故事讲的是一个个体开启内在英雄之旅的过程,与我们大学生成长为一个独立个体的过程有相似之处。主人公是一只小老鼠,它的梦想是当厨师,但这个梦想不被父母、家族成员理解。后来由于一些原因,小老鼠与家庭分开独自闯荡世界。就像我们大学生,有自己的梦想、青春期叛逆、住校、去外地读大学等,从这里开始了我们分离个体化与独立的历程。小老鼠开始自我探索与成长,这并不容易,经历了等待与困顿、光亮与希望、奔跑与诱惑、放弃与坚持、生存与热爱、被毒打与被爱护……在小老鼠的努力下,也逐渐有了小小成就。后来,小老鼠回家探亲了,就像我们假期回家后的体验,我们已经习惯学校的文化环境后,再回到家庭文化中会觉得有些不适应。随后,我们会选择再次踏上征途,继续自己的英雄之旅。当然,我们的英雄之旅还会再次面对危机,电影中小老鼠与他的外在"傀儡"形象产生了分裂危机,这几乎是我们成长与整合的过程中总会遇到的事情,这时候需要我们用勇气与智慧去面对和接纳真实的自己,最开始可能会经历阻碍、误解甚至恶意,但如果我们坚持下来,再回眸,会发现一路走来,我们已经成为自己的英雄。

第二章　认识自我

名人名言

　　知人者智，自知者明。

——老子

本章要点

　　自我意识的定义与特点；
　　大学生自我意识的特点；
　　大学生自我意识的困惑及调整；
　　大学生自我成长。

【案例】

写给自己的一封信

亲爱的自己：

　　你好吗？现在我正在写信给你，虽然每天都陪伴着你，但是我最不了解的人却也是你。不知不觉中你已经快20岁了，时间过得好快，你已经陪伴我走过青春的岁月，因为有你的激励，让我感觉我不是一个人在奋斗。

　　过去的我，你好。很高兴我还能在这里与你畅谈过去的得失功过。走过了这么多路，看过了这么多风景，经历了这么多的人事分合，现在的我也不知道是比你成熟了，还是更加幼稚，不知道对这个社会是看得更透彻了还是比之前更加迷茫。但我还是可以自豪地跟你说，我没有丢失自己的初心，我秉承了当初给自己的要求和誓言。过去的我，我在这里谢谢你，感谢你给了我一个如此辉煌的过去，让我有东西可以去怀念。

　　现在的我，你好。此时此刻我坐在教室里给你写信，已经很久没有那么坦诚地和自我对话了，总想着去逃避和掩盖。此时的你已经不是小孩，不能像孩子那样无忧无虑地打闹。既然选择了现在的生活，就要承担起自己应尽的责任。我知道，你也曾经想过这些事是否有意义、是否值得，但你都坚持下来了，这一点，我非常佩服你。现在的我，我在这里陪伴你，不管有多大的挑战与磨难在你面前，我都会和你一起面对。

　　未来的我，你好。我在这里一直盼望着你的到来，请允许我以一个"过来人"的身份和你交代几句。不要变成了别人的翻版，无论怎样，坚持做好自己。请你不要随便放弃什么,因为以后不知道你会为此付出哪些代价。未来的我,我在这里祝福你,不管怎样,只要努力,你都可以变成自己心中最想成为的自己。

某大学生写给自己的一封信

提问:
1. 你认为认识自己是否重要?为什么?
2. 我们可以怎样更好地认识自己?
3. 请你也写封信给自己。

一、追问"我"是谁

从小学到大学,我们学习了很多知识,认识了很多事物,能够解决很多问题。而有一个人,一直伴随着我们,我们却对之关注甚少。有时,我们觉得对于他的了解很多;有时,又觉得他对于我们而言像是一个素未谋面的陌生人。而是否真正了解他,还关乎我们的心理健康、人生幸福,这个人就是我们自己。"认识你自己",是铭刻在希腊阿波罗神殿石柱上的著名箴言之一,一般认为出自苏格拉底,也有人认为出自比苏格拉底早一百多年的另一位古希腊哲学家泰勒斯。据记载,有人问泰勒斯:"世上何事最难?"泰勒斯回答说:"认识你自己。"那么,让我们先从自我意识的理论开始,踏上自我认识之旅。

(一)自我意识的内容及形成

假设你和朋友一起出去旅游,拍了很多照片,当看到集体照的瞬间,你首先会做什么?毫无疑问,每个人都是先找自己在哪儿,照得怎么样,是否好看;接下来,我们可能才会去看除了自己之外的其他人。很显然,在我们的心目中,自己是比其他任何人都重要的,这就是我们自我意识的一种体现。

1. 自我意识的定义

现代心理学将主动了解自己、感受自己、调控自己称为自我意识。人与动物最重要的区别之一是人具有自我意识,这是人们能够了解自己、感受自己的基础,更是人们能够改变自己和发展自己的前提。

自我意识包含自我认知、自我体验和自我控制[①]。自我认知包括自我感觉、自我观察、自我概念、自我印象、自我分析和自我评价等,主要涉及"我是谁"或"我是什么样的人""我为什么是这样的人"等问题。如"我受伤了""我是诚实的"。自我体验指个体对自己情绪的觉知,包括自我感受、自爱、自尊、自恃、自卑、自傲、责任感、优越感等。自我体验以情绪体验的形式表现为个体是否悦纳自己,主要涉及"我是否满意自己或悦纳自己"等问题,如"我觉得很难过""我感到很骄傲"。自我控制指监督和调节自己的行为,达到自我的目标,为自我实现服务,包括自立、自主、自制、自强、自律等,如"我要振奋自己""我要节制自己"等。

---

① 林崇德,杨治良,黄希庭.心理学大辞典.上海:上海教育出版社,2003:1763.

【延伸阅读】

我 就 是 我[①]

天下之大,却无一人与我完全相同。
有一些人某些部分像我,
但没有任何一人和我一模一样。
所以,一切出自我的,
都真真实实属于我,
因为那是我自己的选择。
我拥有属于我的一切。
我的身体,以及一切它的举动;
我的思想,以及所有的想法和意念;
我的眼睛,以及一切所看到的影像;
我的感觉,不论它是什么,
愤怒、喜悦、受挫、爱、失望、兴奋;
我的口,和一切从中所说出的话语,
温文有礼的、甜美的或粗鲁的,对的或不对的;
我的声音,大声的或轻柔的;
以及我所有的行为,不论是对别人的还是自己的。
我拥有我的幻想,我的梦想,我的希望,我的恐惧。
我拥有我所有的胜利和成功,我所有的失败和错误。
因为我拥有我自己的一切,我可以和自己成为亲密熟悉的朋友。
由此,我可以爱自己,并且能够和我的每一部分友善相处。

2. 自我意识的结构

100年前,美国心理学的创始人威廉·詹姆斯(William James)声称:"自我是个人心理宇宙的中心",也就是说,心理活动的方方面面都与人的自我意识有关系,如果没有对自我的透彻把握,我们是不可能对人类行为有全面而深刻的理解的。

詹姆斯把自我分为主我(I)和宾我(Me)两个方面[②]。主我指自我中积极地知觉、思考的那部分;宾我指自我中被注意、思考或知觉的客体。当我说,"我今天认识了一个新朋友"时,这里只涉及了主我,当我说:"我今天认识到原来我也可以有点儿幽默感",这里就涉及了主我和宾我。尽管主我和宾我是自我的两个重要方面,但心理学家更关注宾我的性质,即人们如何思考和感觉自己,以及这些思考和感觉如何塑造和影响心理的其他方面。

詹姆斯继续将宾我(也被称为经验自我)分为三类:物质自我、社会自我以及精神自我[③]。

(1) 物质自我指承载"我的"所指向的有形客体、人或地点。物质自我还可以分为躯体自我和躯体外(超越躯体的)自我,即延伸的自我。一个人谈及"我的手臂"或者"我的体

---

① 节选自:维吉尼亚·萨提亚著,朱丽文译.《尊重自己》,世界图书出版公司,2015.
② 乔纳森·布朗、玛格丽特·布朗著,王伟平、陈浩莺译.自我(第2版).北京:人民邮电出版社,2015:15.
③ 乔纳森·布朗、玛格丽特·布朗著,王伟平、陈浩莺译.自我(第2版).北京:人民邮电出版社,2015:38-43.

重",很明显,这些是属于"我是谁"的固有组成部分。但我们对于自我的感知却并不仅限于我们的身体。它还包括其他人(如我们的亲人)、宠物(如我们的狗)、财产(如我们的钱)、地方(如我们的家乡),以及我们的劳动成果(如我们的绘画作品)。

(2) 社会自我指的是他人如何认识和对待我们,包括我们所拥有的各种社会地位和所扮演的各种社会角色。例如你是一个学生、一个儿子,这些都是我们的社会角色。

(3) 精神自我是我们的内部自我或心理自我。它由除真实物体、人、地方,和社会角色外的由能称为"我的"一切构成。我们所感知到的能力、态度、情绪、兴趣、动机、意见、特质,以及愿望都是精神自我的组成部分。简言之,精神自我指的是我们所感知到的内部的心理品质,它代表了我们对自己的主观体验,即我们对自己有什么样的感受。

【互动体验】

20 个我是谁(1)

假设你想让某个人了解你真实的情况。你可以告诉此人关于自己的 20 件事,这些事情可以包括你的个性、背景、生理特征、爱好以及你亲近的人等。简而言之,就是任何能帮助这个人了解你真实情况的内容,你会告诉他什么? 可以从物质自我、社会自我、精神自我三个方面进行思考。

_____   _____
_____   _____
_____   _____
_____   _____
_____   _____

3. 自我意识的来源

谈及如何认识自己,有些人认为自己认真踏实、非常善良,有些人认为自己充满活力、社交能力强,属于 E(Extravert,外向)人,也有些人认为自己不善言辞、有些社恐,属于 i(Introvert,内向)人。那么,我们对自己的这些认识是从哪里来的呢?

一般而言,我们对自己的认识有三种信息来源:物理世界、社会世界和思维与情感的内部世界①。

(1) 物理世界为我们了解自身提供了手段。你想知道自己有多高,你可以对你的身高进行测量;如果你想知道你能举起多重的东西,你可以在健身俱乐部获得此信息。尽管物质世界是自我认识的一个重要来源,但也有两方面的局限性。首先,许多特性在物理现实中并不存在。假设你想知道你是多好的人,但你却不能简单地拿出一根标尺来测量。其次,物理世界的信息能告诉我们的是有限的。知道你的身高并不能告诉你是高还是矮,你需要知道别人有多高,以及你和他们比起来是高还是矮。这时候,我们就需要依赖于社会世界,进行社会比较。

(2) 社会世界是把自己的特征与他人进行比较,或者是观察其他人对我们的反应,并由此得出关于自己特点的线索。比如,虽然你的英语考了一个在你看来很不错的分数,90

---

① 乔纳森·布朗、玛格丽特·布朗著,王伟平、陈浩莺译.自我(第2版).北京:人民邮电出版社,2015:78-88.

分,可是当你知道班里大多数人的分数都在95分以上时,你会在社会比较中对自己的成绩有一个重新的认识。他人对我们行为的反应也是我们自我认识的来源,例如,想象一下你讲了个笑话,并观察到周围的人都笑了,你就有理由推断自己是个有幽默感的人,这个过程是一种反射性评价。

(3) 思维与情感的内部世界对我们自身的认识是更加个性化的,它包括内省、自我知觉过程以及因果归因。内省指我们向内部寻求答案,直接考虑我们的态度、情感和动机,古语说"吾日三省吾身"表达的就是这个意思。比如,你可能会思考,我是一个热爱学习的人吗?自我知觉过程是指我们怎么解释自己的行为。比如,你觉得自己是一个学霸,那么你为什么这么热爱学习呢?是因为对学习有强烈的兴趣,还是希望体验获得高分的价值感和成就感,还是什么别的原因呢?因果归因也是我们对自己行为的解释形式。例如,邀请别人去打篮球而别人不愿意,你可以归因为自己的号召力不强,也可以归因为别人学习太忙,不同的归因带给我们不一样的自我认识。前者会让我们产生消极的自我认知;而后者的归因方式并不会带来消极的影响。

不论自我意识是何种来源,自我的形成都是复杂的过程。我们没必要因为类似MBTI这样的心理测试限定自己,轻易给自己贴各种标签,而是善于觉察和尝试,发现更丰富的自己。

【互动体验】

我真的是一个内向的人吗
——内向的认识从何而来?

假如你认为自己是一个内向的人,那么,这个对自己性格的认识是从哪里来的呢?根据自我认识的三个来源,我们有如下的一些猜想和假设:

首先,我们需要明确一下,内向更多是心理世界的内容,所以此处并未涉及物理世界。那么,在社会世界里,我们也许发现,在同学聚会中,和他人相比而言,你是话比较少的。也许有同学或老师说你比较容易害羞,你获得了别人眼里关于自己的看法。在心理世界里,你通过内省也发现,人多的时候自己会焦虑和不舒服,总是逃避公众演讲、辩论比赛以及课堂发言。班级聚会时,你总是远离人群,上课时,总是在一个角落里,你通过对自己行为的解释,也会最后得出"我是内向的人"的结论。所以,我们了解自我的方式是很多的,很多自我认识是多种来源综合的结果。

挑选一个你所认为的自己的特质(可以从前面的"20个我是谁"里面挑选),用自我认识来源的三个方面进行分析。同时思考下面四个问题:

(1) 我的这个认识是从哪里来的?
(2) 这些不同来源的信息是否一致?
(3) 对于这一点,是否还有重新再认识自我的可能性?
(4) 我是否太快给自己贴上了"内向"的标签?

4. 自我意识的发展阶段

我们并不是一出生就有自我意识的,我们对于自身的看法会经历一个不断发展的过程。

儿童关注自己特别具体的、可观察的方面,如他们的身体特征和典型活动。当儿童逐渐长大时,开始越来越多地用更为一般的特质和品质来描述自己,也开始用具有社会意味的词语来描述自己。到了青春期,自我描述变得更加普通和抽象,更多地强调潜在的心理特征,而不是可观察到的物理特征。总体而言,自我意识的发展大体经历了三个阶段,即物质自我、社会自我和精神自我。自我描述的发展性变化见表2-1。

表 2-1 自我描述的发展性变化[①]

发展阶段	占支配地位的自我描述	例子	与詹姆斯经验自我的比较
儿童早期大致年龄（2～6岁）	可观察到的、可验证的特征	我是个女孩 我有一头黑发 我有一个弟弟 我喜欢踢足球	物质自我
儿童中期大致年龄（7～11岁）	一般兴趣 运用社会比较 人际特征	我喜欢运动 我比丽丽聪明 我很好看	社会自我
青春期大致年龄（12～18岁）	隐藏的,抽象的"心理"特征	我很抑郁 我很自觉 我很自信	精神自我

(1) 物质自我。在生命降生初期,婴儿是没有自我意识的。他们甚至不能意识到自己和外界事物的区别。他们会吸吮自己的手指头,就像吸吮母亲的乳头一样津津有味,因为他们把母亲当作了自己的一部分。8个月左右,物质自我开始萌生,这是自我意识的最初形态。到1岁左右,儿童开始能把自己的动作和动作的对象区别开,如当他手里抓着玩具的时候,他不再把玩具当作自己身体的一部分了。到2岁左右,儿童逐渐学会用代词"我"来代表自己,这在自我意识的形成中是一大飞跃。到2岁时,多数儿童能分辨他们是男孩还是女孩,尽管他们还没有意识到性别特征是稳定不变的。

3岁左右的儿童,开始出现羞耻感和疑虑感,出现了占有欲和嫉妒感,第一人称"我"的使用频率提高,很多事情都要求"我自己来"。应该说,3岁儿童的自我意识有了一定发展,但其行为仍然是以自我为中心的,即以自己的想法解释外部世界,并把自己的想法和情感投射到外界事物上去。

(2) 社会自我。自我描述的许多变化出现在儿童中期。首先,自我描述变得更为概括,例如,他们不再用特定的行为(如我喜欢足球、我喜欢轮滑)来看待自己,而是开始运用含义更为广泛的标签来标定自己(如我喜欢运动)。另外,这个阶段是个体接受社会文化影响最深的时期,也是学习角色的时期。个体在家庭、学校中游戏、学习、劳动,通过模仿、练习等方式,逐渐形成各种角色观念,如性别角色、家庭角色、学生角色等。这一时期是获得社会自我的时期,青少年开始意识到自己在人际关系、社会关系中的作用和地位,意识到自己承担的社会义务和享有的社会权利等。

(3) 精神自我。自我意识经过分化、矛盾、统一趋于成熟。个体开始清晰地意识到自

---

① 乔纳森·布朗、玛格丽特·布朗著,王伟平、陈浩莺译.自我(第2版).北京:人民邮电出版社,2015:131.

己的内心世界,开始有明确的价值探索和追求,强烈要求独立,产生了自我塑造、自我教育的紧迫感和实现自我目标的驱动力。这一阶段青少年着重用他们所知觉到的内部情绪和心理特点的抽象特征来定义自己。例如,一个青少年很可能会说自己抑郁或很靠谱。这样的评价反映了自我定义时更为复杂和更具分析性的倾向,也体现了个体不为人知的一面。

自我意识在婴儿期和儿童早期的发展速度最快,以后会减慢,但我们的自我意识始终都在发展变化。

【延伸阅读】

心中只有自己,不是自私,是幼稚①
——自我透明感错觉

有"眼力见儿"是一种美德,总是在不经意间感动人,特别是女人。一张及时塞到手里的面巾纸、一个帮忙开车门的细节都有意想不到的加分效果。这种美德如此被高估就是因为它越来越罕见了。

刚出生的婴儿只是一个和这个世界没有任何联系的生命体,他分不清什么是自己、什么是外界,心中还不存在"我"这样一个概念。当我们渐渐感受到他人和自己的不同时,才意识到原来自己和其他人一样,不是世界的中心,只是占有这一两米的空间而已。

社会学家乔治·赫伯特·米德(George Herbert Mead)曾说:"当我们能够想象自己在他人心中的形象时,自我就出现了。"当我们进而能够修正自己的行为,使之符合我们所知觉到的他人的期望时,就成了社会人。成熟就是这样一个从自我中心不断社会化的过程。

年龄越小越不会从他人的角度考虑问题,不是因为人生来自私,而是因为幼儿的大脑还不具备这个能力。如果给一个3岁小孩儿讲故事:梅梅和雷雷一起玩球。雷雷回家吃饭,先把球放在了门后面。在雷雷走的时候,梅梅把球装进了沙发旁的绿盒子里。那么,雷雷回来后要到哪儿找球呢?一个6岁以上的孩子,很容易就能回答出"到门后面找",因为雷雷不知道球被转移了。但是3岁孩子会回答"到绿盒子里找",因为他们体会不到人与人视角的不同,认为自己知道的别人也都知道。

不要以为自己比3岁小孩强多少,成年人也常常陷入一种错觉,以为自己是透明的,别人应该知道自己的所思所想,这在心理学上被称为"自我透明感错觉"。你几乎意识不到自己什么时候犯过这种错误,但你很可能经常抱怨:"我已经说得很清楚了!你怎么这么笨,就是不明白呢!"这时你很可能产生了"自我透明感错觉"。还有些人高估了自己在人群中的醒目程度,当你打电话问他在哪儿时,他从来不借助任何地标,而是把自己当作地标,认为所有人都应该看见他:"我就在这儿啊!"

小孩子在与外界不停地互动中渐渐意识到了他人的存在,而这才只是个起点。真正的成熟不是能够"横看成岭侧成峰",而是懂得"远近高低各不同"。

---

① 资料来源:心中只有自己,不是自私,是幼稚. http://songshuhui.net/archives/59117.

(二) 大学生自我意识的特点

【案例】

小宁是一名工科的大一学生,自己原本最擅长文科类的科目,例如英语等,演讲也非常不错,一提到这些科目,他就眉飞色舞、信心满满。但是当初报考大学的时候,因为父母认为文科将来不好找工作,便听从了父母的建议选择了工科。一直以来,父母都为小宁的发展做好了各种安排,为他的人生道路进行了最优选择,而小宁也习惯了按照父母的意愿行事,毕竟父母是为自己好,人生阅历和人生经验也是更丰富的。

可是,大一第一学期考试后,小宁的工科类科目竟然出现了挂科,这对于以前考试总是90多分、成绩一直名列前茅的小宁来说,简直是一个巨大的打击。对他如此难的科目对其他同学而言却是小菜一碟,同宿舍同学的成绩不但都没有出现挂科,而且还能考90分以上。看着宿舍同学高兴的样子,小宁开始想,他们是怎么看我的?他们是不是觉得我特别笨?如果这样下去,四年大学生活该怎么过?那些科目都那么难学,自己如何提高成绩?第一次,小宁开始思考,自己一直按照父母的想法生活是不是合适的,这个专业是不是适合自己的。他开始质疑自己的能力,也开始重新考虑自己的未来。

1. 自我意识的矛盾性

埃里克森的心理社会性发展阶段理论指出,个体在每个阶段都会面临一个与之有关的重要发展任务,这一任务的完成有利于个体顺利进入下一个发展阶段。在下表列举的八个发展阶段中(见表2-2),大学生的年龄段处于青春期和青年期两个阶段,面临自我同一性和亲密感建立两个发展任务。

表 2-2 埃里克森心理社会发展理论的八个阶段及其相关品质[①]

8. 老年期 55 岁以上						自我整合 VS 失望 智慧
7. 成年期 35～55 岁					创生 VS 停滞 关怀	
6. 青年期 18～35 岁					亲密 VS 孤独 爱	
5. 青春期 12～18 岁				同一性 VS 同一性 混乱 忠诚		

---

① 罗伯特·弗雷格,詹姆斯·法迪曼. 人格心理学—人格与自我成长. 北京:中国人民大学出版社,2017:173.

续表

阶段	1	2	3	4	5	6	7	8
4. 学龄期 6 岁～青春期				勤奋 VS 自卑 能力				
3. 游戏期 3～5 岁			主动 VS 内疚 意图					
2. 儿童早期 1～3 岁		自主 VS 羞怯与怀疑 意志						
1. 婴儿期 出生～1 岁	基本信任 VS 基本不信任 希望							
	1	2	3	4	5	6	7	8

（1）同一性和角色混乱的发展任务

到了大学阶段，随着自我意识的发展，大学生会质疑以前建立起的角色和同一性，尝试新的角色，试图将以往的经验整合起来，形成一个新的完整自我，从而回答这一阶段最重要的问题"我是谁"。通过对这一问题的回答，他们就逐渐形成了新的自我同一性。如埃里克森所言，"自我同一性，指的是个体那不断增长的自信，这个自信能够将过去所形成的内在一致性与连续性与当时的社会要求匹配起来"。如案例中的小宁，在新的环境和要求中，开始质疑自己以前的选择，开始重新思考自己的定位。

成功地经受住同一性危机，做出职业上的、意识形态上的以及性取向上承诺的个体被认为处于同一性获得阶段。也就是说，这些个体在经过一段时间的寻找后终于"找到了他们自己"。那些正在积极解决危机但还没有成功解决的个体被认为处于同一性延缓阶段。陷入同一性危机中而且没有获得任何进步的个体被认为处于同一性迷失阶段。最后，在没有同一性危机的情况下做出同一性承诺的个体被认为处于过早闭合阶段（见表 2-3）。

表 2-3 大学生同一性承诺的四种水平

水 平	描 述
同一性获得	个体通过做出同一性承诺而解决了同一性危机
同一性延缓	个体正面临同一性危机并正积极解决这一问题
同一性迷失	个体陷入同一性危机
过早闭合	个体在没有同一性危机的情况下做出同一性承诺

对于案例中的小宁，他在经历了考试挂科后，开始考虑自己真正适合的专业以及未来选择，他已经陷入了同一性危机，处于同一性迷失阶段，如果他最后能对自己的能力、兴趣爱好有更清晰的认识，并最终做出符合自己实际的选择，就能顺利度过这个危机。

另外,在表现形式上,同一性的危机通常表现为理想自我和现实自我之间的矛盾,以及自我评价和他人评价之间的矛盾。就像案例中的小宁,本来对自己感觉还比较良好,出现了一次考试失利之后,开始担心宿舍同学如何看待自己,开始担心未来的大学生活。

(2) 亲密和孤独的发展任务

在青年期早期(18~25岁),个体要面临的关键问题是建立一种亲密关系。一方面,大学生有建立人际关系的需要,十分渴望建立亲密关系,希望被人理解和接纳,获得归属感。而大学生人际关系的网络化也大大拓展了人际交往的空间,为交往和互动提供了丰富的条件。另一方面,由于自我意识的增强,大学生普遍自我中心意识和自我表现欲望都比较强,情绪起伏不定,可以"给点儿阳光就灿烂",也可以"给点儿挫折就郁闷",内心容易觉得空虚。如果不能很好地处理二者的矛盾,大学生往往容易陷入孤独之中。

(3) 自我、本我和超我的矛盾

弗洛伊德把人格的结构分为三个部分,本我、自我和超我。本我指最原始的、与生俱来的结构,具有强大的非理性心理能量,遵循快乐原则。自我,是指人格中的意识结构部分,是来自本我和超我之间,按照现实原则,充当仲裁者,具有防御和中介两种职能。超我指人格中最文明、最道德的部分,代表良心、自我理想,处于人格的最高层,按照至善原则,指导自我,限制本我,达到自我典范。如果三者之间保持平衡,就会实现人格的正常发展。对于大学生而言,容易出现两种情况。一种情况是本我过强,进入大学后过度追求享乐,放松自我,以至于延误学业;另一种情况是超我过强,用太多的道德价值约束自己,一味追求学习,无法实现全面发展。只有三者和谐发展,满足本我的需要,同时用超我约束本我的过度需求,才能实现自我的良好功能。

2. 自我评价呈上升趋势

大量研究显示,自我评价和年龄之间的关系曲线如图2-1所示①。自我评价分数范围是1~7,7表示自我评价最高。从图中我们可以看出:幼年儿童(3~8岁)对自己的评价最高,9~10岁儿童对自我的评价就不那么高了,这种下降趋势一直持续到青春前期,但到了15岁这种状况开始发生逆转,从那时起一直到成年早期,我们的自我评价都呈上升趋势。

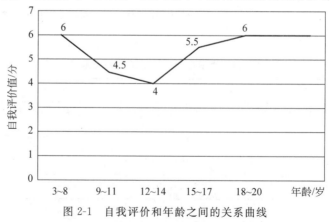

图2-1 自我评价和年龄之间的关系曲线

---

① 乔纳森·布朗、玛格丽特·布朗著,王伟平、陈浩莺译.自我(第2版).北京:人民邮电出版社,2015:133.

大学生的自我评价不断上升,一方面是因为大学生的自我评价更加辩证和深刻,对自己有更加全面的认识;另一方面是因为大学生自我意识的发展逐渐成熟,能够理性而客观地看待他人的评价。

3. 自我体验日益丰富

随着大学生经历的不断丰富,他们的自我体验也逐渐丰富多彩起来。一方面,大多数大学生喜欢自己,对自己满意,对未来也充满了信心和期待;另一方面,由于大学生自尊心比较强,他们也容易受到挫折的影响,变得敏感、多疑、孤僻,产生负性情绪。大学生情绪的波动性比较大,但整体是积极、乐观、健康向上的。

4. 自我控制能力提高

大学生的控制能力随着年龄增长不断提高。低年级大学生意志力还比较薄弱,他们的冲动性还比较明显。到了高年级,随着知识积累、生活阅历的增加,他们的自我认识和自我评价水平逐渐提高,行为的自觉性和自我控制能力明显增强。

大学生自我控制能力的最基本要素之一是独立意识日益强烈。大学生在生理发育上已完全具备了成人的特点,心理成熟和社会成熟也已达到较高的水平,能够对自我进行更深刻的认识和体验,进而更适当地控制和调节自我。

【延伸阅读】

我知道学习对我很重要,但我缺乏自制力[①]
——如何从行动的视角重新审视

"没有自制力"的说法,还有两个近亲:"我没有动力"和"我没有意志力"。大脑可以很容易地用这些说法让我们上钩,并把它们变成可以自我实现的预言。我们脑海中浮现的幻想是,有一种东西叫作"自制力"或"意志力",一旦我们拥有了这些东西,就可以开始做真正重要的事情了。这种幻想被日常语言强化了,我们有的时候会听到这样的说法,"需要一点自制力才能早起去健身房",这听起来仿佛在说有一种神奇的药水叫作"自制力",在我们拥有这种神奇药水之前,就无法早起去健身房。

不幸的是,如果我们相信这种幻想,就会遇到这两个问题中的一个。问题一:我们开始去找那瓶神奇药水,看书或者上课,试图培养出更强大的意志力或自制力,而不是专注于立即采取坚决的行动。问题二:我们认为自己永远也得不到这种神奇药水,所以就放弃去做重要的事情,因为我们"没有足够的"自制力或意志力。

所以,让我们说得一清二楚:世上并没有这种神奇药水,没有任何化学物质、荷尔蒙、基因或者任何脑结构叫作"自制力"或"意志力"。这些词只不过就是一些描述性的标签,用来描述一系列坚决而投入的行动。当我们说某人有自制力或意志力的时候,我们的意思是:这个人总是能够按照自己的价值观行事,去做实现目标所必须做的事,即使当他内心不想这样做的时候,也依旧如是。

所以,再说一次,先有行动,后有感觉。首先我们要学会,无论情绪如何,都一直按照自

[①] 路斯·哈里斯.自信的陷阱:如何通过有效行动建立持久自信.北京:机械工业出版社,2023:208-209(略有调整).

己的价值观行事。在我们养成了这样的习惯以后,我们就会觉得自己有自制力或意志力了。

(三) 良好的自我意识及其重要性

1. 良好自我意识的标准

什么是良好的自我意识呢?衡量自我意识是否健全不是件容易的事,但我们可以认为,具有良好的自我意识的人应该是一个自我肯定、自我统合的人;是一个自我认识、自我体验、自我调控协调一致的人;是一个独立的,同时又与外界保持协调的人;是一个主动发展自我且具有灵活性的人;是一个不仅自己能健康发展,而且能促进社会文明和进步的人。

对于大学生来说,良好的自我意识应当包括以下指标[①]:

(1) 接受自己的生理状况,不自怨自艾;
(2) 对自己的心理素质有较清晰的认识,知道自己的长处和短处;
(3) 对自己所处的环境有较清晰的认识,包括家庭和学校环境;
(4) 对自己的经历有正确的评价;
(5) 对未来自我发展有较明确的目标;
(6) 对自己的需求有清楚的认识;
(7) 知道生活中什么是应该珍惜的、什么是应该抛弃的;
(8) 对妨碍自己达到目标的因素有较清楚的认识;
(9) 对自己能够做到的事情有较清楚的认识;
(10) 对自己的希望和能力的差距比较清楚;
(11) 能正确估计自己的社会角色;
(12) 对自己的情绪有较清楚的认识;
(13) 明白自己能力的极限。

有人提出大学生健全自我意识的合格证包括以下四个A:

Acceptance:接纳,接纳自我与自我所在的现实环境。

Action:行动,对自己决定的事付诸行动,并全力以赴。

Affection:情感,工作学习时情感投入,获得乐趣,乐在其中。

Achievement:成就,以上三者完成后的自然结果,是努力奋斗的产物。

【互动体验】

20 个我是谁(2)
——探索自我意识

① 写出 20 句"我是怎样的人",并给每一句编号,请尽量选择一些能反映个人风格的语句,避免出现类似"我是一个男生"这样的句子。

② 将陈述的 20 项内容作下列归类:

A. 身体状况(你的体貌特征,如年龄、身高、体形、是否健康等)。

编号:

[①] 蔺桂瑞,杨芷英.大学生心理健康与人生发展.北京:高等教育出版社,2010:43-44.

B. 心理状况（你常持有的情绪情感，你对自己能力的看法，如乐观开朗、振奋人心、烦恼沮丧、聪明能干等）。

编号：

C. 社会关系状况（与他人的关系、如何和别人应对进退、对他人常持有的态度、原则，如乐于助人、爱交朋友、坦诚、孤独等）。

编号：

D. 其他

编号：

分类是为了了解自己对自身各方面的关注和了解程度，某一类项目多，说明你对这方面关注和了解多；某一类项目少或没有，说明你对这方面关注和了解少或根本就没关注、不了解，健全的自我意识应能较为全面地关注和了解自己。

③ 评估你对自己的陈述是积极的还是消极的。在你列出的每句话的后面加上正号（＋）或负号（－）。正号表示"这句话表达了你对自己肯定满意的态度"，负号的意义则相反，表示"这句话表达了你对自己不满意、否定的态度"。看看你的正号与负号的数量各是多少。

如果你正号的数量大于负号，说明你的自我接纳状况良好，拥有良好的自我意识。相反，如果你的负号将近一半甚至超过一半，这显示你不能很好地接纳自己，你的自尊程度较低。这时你需要内省一番，寻找问题的根源，比如是否过低地评价了自己？是什么原因使你成为这样？有没有改善的可能？

④ 分享交流。和你的同学或者小组成员进行交流，谈谈你对自己的认识，以及对活动的感受。交流之后你对自己、对他人是否有新的认识？

2. 良好自我意识的重要性

（1）良好的自我意识是心理健康的重要标志

著名人本主义心理学家马斯洛曾指出，健康的个体能接受自己和自己的本性，也能接受与理想自我不符之处。自我意识通过不断调节和控制自我认知、自我体验，使个体的人格不断得到完善和优化，更加接纳自己，也更能适应环境和社会。

大学生的自我意识处于迅速发展阶段，并趋于成熟。大学生自我意识各个结构之间是否协调一致，会直接影响大学生的心理健康水平。如果大学生对自己的前景持有乐观的态度，达到自我同一性，则有利于保持良好的心理健康水平，其情感也会更加坚忍，较少有焦虑和抑郁等负性情绪。而消极的自我意识则容易诱发抑郁、人际关系敏感等问题。因此，在心理健康的标准中，良好的自我意识是不可或缺的重要指标。

（2）良好的自我意识对学业具有推动作用

有研究发现，一部分学习不良的学生之所以成绩落后，是由于他们自己"期待"的结果，即和一般学生相比，他们在学业方面对自我的认识偏低，认为自己能力差、不聪明，努力也没用，不良的自我意识导致了他们对成绩差的"期待"[①]。

自我意识中包含两个重要成分，即自尊心和自信心。有自尊心的人，总是会不断进步、不甘落后，有较高的自我要求，会自觉而主动地遵守纪律、不断上进。另外，大学生如

---

① 蔺桂瑞,杨芷英.大学生心理健康与人生发展.北京:高等教育出版社,2010:35.

果一直对自己抱有强烈的自信,相信"天生我材必有用",就会不断努力来实现这种积极的自我预期,最终收获学业上的成功。

(3) 自我反省和自我完善促进大学生成长

自我意识的另一个重要功能是促进个体不断自我反省、自我反思。大学阶段是自我意识突飞猛进、不断发展和完善的关键阶段,各种矛盾和冲突在大学生脑海里激荡。如果能通过不断反省、取长补短,通过不断探索、学以致用,大学生就能在这个过程中不断自我调节、自我完善,促进自我意识在新的水平上达到统一,为以后人生的发展指明方向、奠定基础。

二、关于"我"的困惑

美国著名作家富兰克林曾这样说:"有三样东西是无比坚硬的,钢铁、钻石以及认识自己。"人们常常认为自己是最了解自己的人,可是殊不知,我们对于自己的感受和预测经常是错误的,我们无意之间成了自己最熟悉的陌生人。

人们最渴望认识的是自我,而最难认识的往往也是自我。只有首先正确认识自己,才能真正靠自己、做自己。大学阶段,除了学业,除了恋爱,还有大量的时间我们可能都在思索这些问题:"我到底是个什么样的人?""我将来要成为什么样的人?""我的人生将会是怎样的?""我每天做这些都是为了什么? 这是我想要的大学生活吗?"等,这些都是我们对自己的探索,有时候我们可能会觉得很迷茫,有时候觉得迷失了自我,有时候我们也经常会怀疑,我优秀么? 我是自卑的,还是自信的? 这些都是关于"我"的困惑。

(一) 他人评价和自我评价的冲突

【案例】

一名大学生的自我剖析

我常常会问自己:"我优秀吗?"也许在很多人眼里,我是优秀的。但我却时常觉得自己什么都不会。当别人在舞台上翩翩起舞时,抑或对着麦克风侃侃而谈时,又或是在各种活动中运筹帷幄时,我都会自卑地低下头。

我总是一个不自信的人,起码面对外界时是这样的,纵使十分信任自己,还是禁不住习惯性地贬低自己。可能是过于忧虑让别人失望,太在意别人的评价,但是,说不定在意的东西虚浮得可笑。我常常想过去的朋友们看到我现在这样会不会诧异,现在的朋友也一定想不出过去的我是有多谨慎细致,有时候会因为别人的看不惯感到委屈,会因为别人的眼神而迷惘。

很多大学生都有这样的困惑,非常在意别人对自己的看法,而他们既反感自己这一点又难以摆脱,希望自己可以活得更自由自在。对于"别人对自己的看法",我们是"虚心学习,照单全收",还是"走自己的路,让别人去说"? 这就需要我们理性而恰当地看待他人评价和自我评价之间的冲突。

大学阶段,我们的自我意识在不断增长,这种提升的自我意识表现为两种形式[①]:一

---

① 乔纳森·布朗、玛格丽特·布朗著,王伟平、陈浩莺译.自我(第 2 版).北京:人民邮电出版社,2015:135.

方面表现为对自我的关注;另一方面表现为过度关注个体在他人心中的形象。我们认为有人在仔细地观察我们、谈论我们,并且评价我们,这些感觉在大学阶段是非常敏感的。

1. 他评和自评的冲突是我们的盲区

心理学上有一个"乔韩窗口理论"(Theory of Johani Window),是由美国心理学家乔恩(Jone)和哈里(Hary)提出的关于自我认识的理论①。"乔韩窗口理论"根据自己是否知道以及别人是否知道两个维度,把自我划分为四个区:公开区、盲目区、秘密区和未知区。即每个人的内心都有公开的自我、盲目的自我、秘密的自我和未知的自我。为了更好地认识自我,根据这一理论,我们应当尝试以下几个方面:

(1) 不断拓宽我们的公开区域。如果一个人自我"公开的领域"越大,那么他就生活得越真实,在与人交往时往往也会更自然愉快。因此我们要勇于表现自我,不害怕犯错,犯错也是我们的一部分,而且是真实的一部分。不轻易给自己贴标签,例如,我就是一个胆小的人,我就是一个没有艺术细胞的人。不放弃探索自我可能性的机会,我们的"秘密区域"越小,对自己的认识和探索就会越多,对自我的认识也会越丰富,我们的自我也就越"开放"。

(2) 不断探索我们的盲目区域。为了了解别人知道而你自己不知道的"盲目的领域",你应该多听听别人的评价,以便结合自己主观的自我评价,获得对自己的客观认识,以提高自我认识水平。每个人都要积极地接收来自各方面的信息反馈,不断调整对自己的认识,以积极的心态促进客观全面自我意识的形成。通过与他人分享自我,了解他人的反馈,像照镜子一样,逐渐达到自我的"协调"。"乔韩窗口理论"相关解说如图2-2~图2-4所示。

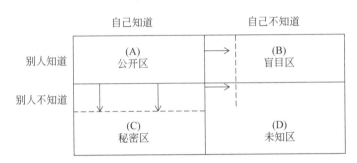

图2-2 "乔韩窗口理论"

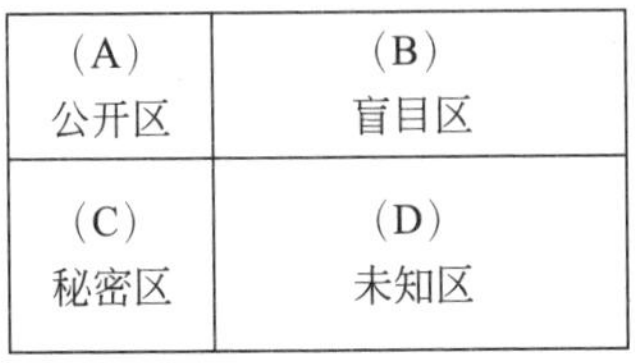

图2-3 防卫的、孤立的自我 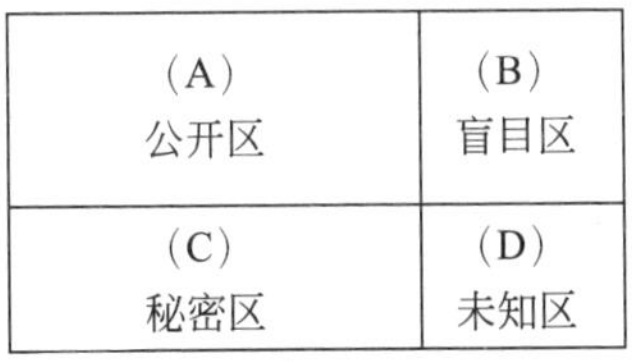　　图2-4 开放的、协调的自我

2. 合理的自评是平衡矛盾的核心

"人贵有自知之明",合理的自我评价,对个人的心理生活及其行为表现、对协调社会

---

① 中共北京市委教育工作委员会.大学生心理健康与自我成长.北京:北京出版集团公司,2011:41.

生活中的他人评价有较大的影响。

在我们的心理生活中,自尊或自卑的自我评价有很大作用,自尊水平比较高的人,有更高的自我评价。人们经常希望把自己看作是有价值的、令人喜欢的、优越的、能干的人。如果一个人看不到自己的价值,只看到自己的不足,什么都不如别人,处处低人一等,就会丧失信心,产生厌恶自己并否定自己的自卑感,缺乏朝气、缺乏积极性。别人的积极评价在他看来也变得一文不值,别人的批评在他看来就更是火上浇油、雪上加霜了,进一步印证了自己对自己的看法,从而更加自卑。

如果一个人只看到自己比别人好,别人都比不上自己,就会产生盲目的乐观情绪,自以为是。不仅不能处理好人际关系,调动主客观双方的积极性,遇到挫折只会非常苦闷。

所以,只有合理的自我评价才能帮助自己拥有合理的定位和恰当的着力点,只有自己知道了自己的方向,才能知道哪些风是顺风,哪些风是逆风,才能知道怎么应对以及消化外界的评价,平衡二者的关系。

【互动体验】

当有自我批判的想法时,你可以做如下两个练习……[1]
——消极想法的"解离"

练习一:我有一个想法,我……

想出一个自己极易上钩的(习惯性经常性出现的)、会妨碍自己去过想要的生活的想法。理想情况下,在做这个练习的时候,选择一个消极的自我评判,这个评判是让你觉得"我做不到"的一个关键原因,例如"我不够聪明""我没有这个能力""我不擅长"或者"我是个失败者"。

- 自己默念这个想法,尽可能地去相信它,留意它对你的影响。
- 现在,在你的脑海中重复这个想法,并且在它前面加入一个前缀短句:"我有一个想法,我……"。例如,"我有一个想法,我是个失败者"。
- 现在,请再次重复这个想法,但是这一次,在句子前插入这句话:"我注意到自己有一个想法,我……"。例如,"我注意到自己有一个想法,我是个失败者。"

所以,发生了什么呢?多数人会和自己的想法产生分离感或距离感。

练习二:把想法唱出来……

你可以使用与练习一同样的消极自我评判,如果这个想法已经不再对你产生影响了,那么就另选一个不同的。

- 自己默念这个想法,尽可能地去相信它,留意它对你的影响。
- 现在,重复这一想法,但是,逐字逐句地用"祝你生日快乐"的调子把它唱出来。(你可以大声地唱出来,也可以自己在心里唱。)
- 现在,再重复一遍这个想法,但是这一次用任何你自己想用的调子唱出来。

这次如何?比起上个练习,多数人做完这个练习后会感到与自己的想法有更强烈的分离感或距离感。有些人甚至会发现自己会微笑或轻笑出声。

---

[1] 路斯·哈里斯.自信的陷阱:如何通过有效行动建立持久自信.北京:机械工业出版社,2023:60-61(略有调整).

这两个练习的意义在于,当我们退后一步观察我们的想法,或者听到随着音乐唱出的自己的想法时,我们会看清想法的本质:就像歌词一样,我们的想法只不过是些词句而已。通过练习,可以帮助我们解离消极想法,和其脱钩,避免持续的消极影响。

3. 以他人为镜加深自我了解

我国古代思想家墨子曾说过:"君子不镜于水,而镜于人。镜于水,见面之容;镜于人,则知吉与凶。"培根也说:"一个人从另一个人的诤言中所得来的光明更干净、纯粹。"别人对自己的态度和评价是认识自己的重要依据之一,犹如一面镜子,可以帮助我们纠正自我认识的偏差,形成较为客观的自我概念。

对待别人的评价及对自己的态度要注意以下几点[①]:

一是要重视熟悉自己或与自己打交道较多的人的评价,如父母、老师、交往和接触多的同学等,他们对自己较为了解,评价较有根据;

二是要特别重视高度一致、众口一词的评价;

三是既重视与自己观点一致的意见,也重视与自己观点不一致的意见;

四是多和别人交往,用开放的心态多了解别人,同时也多了解自己。

当然,别人的态度和评价有时也难免偏颇,这时就需要多用几面镜子,学会观察和分析大多数人对自己的态度,获得足够的经验,从而客观地认识和评价自己。

一名同学用"水滴"描述自己,指出了如何合理对待他人评价,他说:"水滴需要大海的呵护,就像我需要老师、同学的关怀。水滴能回报大海以滋润,就像我能回报大家以欢笑。水滴无形,却有它的方向,就像我的梦想无边,却有它的朝向。水滴把它遇到的一切作为美丽的事物,就像我把人生路中遇到的人、事当作我生命中不可或缺的篇章。我似水滴,更愿像水滴一样,将自身的美丽保留,将自我的价值实现。"我们保留自身的美丽,同时我们也会参考别人给我们的意见,实现自我的价值。

4. 用开放的心态对待评价

大学生正处于自我意识不断发展、不断变化、不断形成的时期,一次演讲的成功可能会让我们觉得信心满满、春风得意,而一次没有达到期望的考试失利也可能会让我们瞬间跌入谷底。别人的一句无心之谈可能会让我们对自我产生怀疑,老师一句鼓励的话也可能让我们充满了前进的动力。面对时时刻刻不断涌向我们的各种看法和评价,面对经常浮现在脑海中的关于自我的字眼,我们要保持一种开放的心态。

所谓开放的心态,就是"兼听则明",我们不排斥来自外界的在我们看来积极的或者消极的评价,也不逃避自己内心可能会有的一些自己不接纳的地方,而把这些都看作一次了解自己的特殊经历。毕竟,我们还年轻,我们还处于不断发展变化中。总而言之,我们要看别人的路、欣赏别人的看法,这样才能有更开阔的视角、更全面的认知,但最终我们还是要坚持自己的信念,坚定地走出一条属于我们自己的人生之路。

---

① 中共北京市委教育工作委员会.大学生心理健康与自我成长.北京:北京出版集团公司,2011:43.

（二）理想自我与现实自我的冲突

【案例】

小艾来自革命老区，离开家乡的那天，乡亲们敲锣打鼓地把他送到村口。看着这样的场景，小艾暗下决心，发誓要在大学继续拿第一，将来找份好工作，混出个人样来。

开学后，小艾发现自己英语的听、说能力与东部沿海城市的学生有着较大的差距，每当老师点名演讲时，同学们都会笑话他的发音。小艾第一次在学习上感到了自卑，那种被同学羡慕的感觉彻彻底底过去了。他还发现，自己的计算机水平也不好，由于身在偏远的农村，接触电脑较少，很多老师、同学认为是常识的东西，他却没有概念。因此，上操作课时他就不停地举手问老师，连老师都觉得不耐烦了，还误会他上课不认真听讲。为此，小艾觉得特别委屈，自尊心受到极大伤害。

期中考试成绩出来后，小艾的英语和计算机成绩都亮起了红灯，他觉得特别对不起父母和高中时代的老师。现实是如此冷酷，该如何继续坚持自己的理想，小艾陷入了矛盾中。

现实自我亦称"现实我"，是个体从自己的立场出发对现实中自我的认识。理想自我指个体心目中追求的我或理想化的我，一般高于现实自我。

正如同学们经常所说的那样，当理想照进现实，我们会觉得理想很丰满，现实很骨感。理想和现实之间总是存在着各种各样的冲突和落差，如案例中提到的小艾的情况。为什么会有这样的心理落差呢？因为现实和理想、想象不一样；和你期望的不一样；和你以前所拥有的不一样。有环境方面的落差，如学校的教育教学环境、居住环境、食堂的伙食等。在许多同学的心目中，大学是绿荫覆盖的校园，宽敞明亮的教室，现代化的教学设备，学识渊博的教授……而进入大学之后看到的现实可能并非自己想象的那样完美，于是倍感失望。有理想方面的落差，从原来的小池塘来到了一个更大的海洋，我们发现以前所拥有的不复存在，对新的人与人之间的关系感到陌生和疏离，对自己感到失望和迷茫，因为几乎每个年轻人都有自己远大的理想，都对未来充满着希望与幻想。

是要顺从于现实做个实际的人，还是要勇敢坚持理想做个追梦的人？这是经常萦绕在我们脑海中的问题。另外，在大学生实践过程中，经常会出现"眼高手低"的情况，因此，如何正确处理理想自我和现实自我的冲突是大学生面临的一个重要课题。

1. 现实自我为成长奠定基础

对现实生活中的"我"的认识是大学生发展的基础和起点。现实自我涉及的根本问题是"现在的我是个什么样的人"。现实自我使我们脚踏实地、实事求是，提醒我们哪些是能做的，哪些是现在还不具备的，哪些是通过努力可能达到的。

现实自我还包括我们对现实环境的认知，对我们所生活的社会有一些基本的认识，而不是完全生活在自己的幻想中。如果你不知道自己现在的位置，再精确的地图也不能引导你到达目的地；假如你并不"自知"适合干什么，再美好的职业生涯设计终会成为南柯一梦。比如学业成绩好、踌躇满志的文科大学生在学校处于高水平的自尊和自信状态，而在文科专业就业状况整体上不如理工科专业的大背景下，他们在人才市场竞争中很可能会受到很大的挫折，在与理工科普通学生就业状况的比较中，理想自我与现实自我之间将会出现很大的落差和冲突。只有对现实自我有了恰当的认识，我们才能正视环境和客观现实，有更加准确的自我定位，更加清晰的角色观念以及更加现实的未来规划。

对于案例中的小艾，他在现实自我中，英语和计算机水平和其他同学存在较大的差距，这是客观存在、不可逃避的现实，只有首先面对这个现实、接受这个现实，才会积极采取各种应对措施，才有可能最终改变这个现实。

2. 理想自我为成长指引方向

理想自我是个体想要达到的完善的自我形象，它为大学生的发展确定目标、指引方向。理想自我涉及的问题是"我想要成为一个什么样的人"，它使我们有目标、有追求，提醒我们哪些东西是我们所在意和认为有意义的。

实际生活中，大学生可能缺乏理想和信念，不知道自己想要追求什么，由此造成生活空虚，缺乏学习动力。高考前不顾一切地拼搏，一旦进了大学，出现了动机真空，失去了生活中继续前进的目标，感到大学生活"没意思极了"，整天无所事事，不知道"如何消磨时光"。有的同学甚至奉行"分不在高，六十就行，学不在深，一抄就灵"的消极信条，过着"当一天和尚撞一天钟"的生活。所以经常有大学生在一个学期结束时感慨地说，这学期好忙啊，可是还觉得好空虚啊，没有目标的忙最终带来的就是缺乏充实感、成就感和价值感。

对于案例中的小艾，他对自己目前大学生活不满意，那么他想要的生活是什么样的？父母乡亲对他的期望是不是自己对自己的期望呢？如果抛开别人的想法，自己对自己的未来又是怎样的规划，这都是需要小艾深入思考和探索的。只有拥有了符合自己未来定位的理想，才能拥有指引我们前进的方向标。

3. 既要仰望星空，也要脚踏实地

【故事】

泰勒斯陷阱

秋日的夜晚，古希腊哲学家泰勒斯在草地上观察星星。他仰望星空，不料前面有一个深坑，一脚踏空，掉了下去。水虽然仅没及胸部，离地面却有两三米，上不去，只好高呼救命。一个路人将他救出。他对那人说："明天会下雨！"那人笑着摇头走了，并将泰勒斯的预言当作笑话讲给别人听。第二天，果真下了雨，人们才对泰勒斯在气象方面的知识如此丰富赞叹不已。有人却不以为然，说泰勒斯知道天上的事情，却看不见脚下的东西。两千年后，德国大哲学家黑格尔听到这个故事后，说了一句话："只有那些永远躺在坑里从不仰望高空的人，才不会掉进坑里。"

俄国著名作家克雷洛夫曾说过："现实是此岸，理想是彼岸，中间隔着湍急的河流，行动则是架在川上的桥梁。"理想自我是一个未来理想的图式，给我们带来希望，但也不能过于执着于理想，也要结合现实进行变化和调整。毕竟，理想自我存在的价值并不是一定要实现，而是为我们提供指引，让我们不断反思、思考和靠近。

大学生一定要立足现实、认清形势。从自己和环境的现实出发，以理想自我为指引，现实自我为基础，一步一步，戒骄戒躁，认准目标，不断努力。既仰望星空，又脚踏实地，才能不断地将理想自我成就为现实自我，实现自己的理想和梦想。

【延伸阅读】

越看朋友圈越抑郁[①]
——朋友圈中的我

打开朋友圈,刷新看看大家在做什么——这几乎已经成为大部分大学生每天都要做的事。朋友圈把大家的生活浓缩成几张图片和几句文字,供人观赏。在羡慕别人生活的同时,我们也想把自己的生活瞬间分享出去,只是,你能保证朋友圈都是真实的吗?

在朋友圈里,大家通常倾向于选择展示自己最好的一面,通过筛选和加工照片来呈现精彩和完美的瞬间。这种精心选择的自我展示可能会给其他人留下一种虚假的印象,让他们对自己的生活感到嫉妒或进行不公平的比较。朋友圈的照片通常只展示了生活的片段,这种展示可能与实际生活存在着一定的差距。

社交媒体的自我呈现往往会追求完美。许多大学生为了获得认可和赞许,会花费大量时间和精力来拍照、编辑和发布照片。然而,这种过度追求完美可能增加了心理压力和焦虑,使大学生陷入不断比较和自我评价的困境,对大学生的自我呈现产生影响。

有研究发现,使用朋友圈产生的负面社会比较与抑郁有关,而且社交网站通过负面社会比较对抑郁影响的效应在自我认知发展较差(低自我概念清晰性)的个体中更为显著。

因此,我们必须意识到朋友圈照片和现实生活之间的差异,并理解朋友圈只是生活的一小部分,况且想和朋友进行真正的交流,并不是局限在这个"圈"内,而是要在真实和坦诚的人际关系中培养内在的自我价值感,追求独特的兴趣和价值观,以建立真正的自信和身份认同。此外,寻找平衡并给予自己充足的关爱和理解也是至关重要的。

【互动体验】

三 个 "我"

① 请先预备三张纸,首先在第一张纸上描述"理想的我",时间约为10分钟。然后将已写好的第一张纸搁置一旁,暂时不看。接着在第二张纸和第三张纸上分别具体描述"别人眼中的我"和"现实的我",每一张大约需要10分钟时间。

② 完成后,将三张纸放置在桌上,对三张纸上的三个"我"做出检核,主要是看看三个"我"是否协调和谐。若否,则差异在什么地方,并尝试找出原因。请你留意另外一个重点:"理想的我"和"现实的我"是否协调一致?透过此重点,你往往可以发现两者之间的差异,甚至矛盾之点。同时,往往会发觉自己一些对人生所产生的深层感受和渴求。

③ 为了产生更积极的效果,你应当努力探索,看看如何可以使三个"我"更加协调一致,制定促进三个"我"协调统一的方案。有了具体的计划,你会较易在生活中落实并做出改进。一个心理健康的人,三个"我"是协调和谐的。当一个人自己和他人眼中的"我"没有太大的差距,个人理想也没有脱离现实,就是一个自我形象明确而健康的人。但当三个"我"不协调时,我们就该问自己:别人为何不了解我? 我是否能表里一致? 不过,我们不必期望自己的三个"我"百分之百协调一致,因为那是不合理的,只会导致负面的影响。

---

① 吴漾,武俐,牛更枫等.微信朋友圈使用对大学生抑郁的影响:负面社会比较和自我概念清晰性的作用[J].心理发展与教育,2020,36(4):486-493.

④ 进行上述思考后,请填写以下汇总表(表2-4)。

表 2-4　三个"我"协调一致汇总表

三个"我"	开始时	调整后
现实的我		
别人眼中的我		
理想的我		

⑤ 分享与交流。你可以和你的朋友、同学或者小组成员一起分享自己的三个"我",看看是否有一些新的发现和思考。

(三)"成功"与"成长"的冲突

【案例】

张泉灵在北大毕业典礼上的演讲(有缩减)

其实15年前,和大家一样,拿着毕业证书的时候,我挺茫然的。我在北大学的是德国语言文学,那个专业不是我自己选择的,所以我一点都不喜欢。然后毕业分配的时候我去了神华集团,一个卖煤的公司,虽然说我是那个公司的元老,但我不知道我的人生要怎样发展,我一点都不想去卖煤。

虽然当时我并不知道我的前面是什么,但我很清楚我要什么。1996年7月,我内心已经清楚我要什么了,这源自我在北大的经验。我在大三的时候,参加了北大和中央电视台联合拍摄的一部专题片,叫《中华文明之光》,在做嘉宾主持的时候,有一天,我坐在中央电视台的演播室里,那盏灯光突然在我的面前闪亮。在那一刻,我对自己说,嘿,这是我想要的。

如果在15年后,要我总结我的成功从哪里来的,我觉得这点是最根本的。因为我清楚地知道我是谁和我要什么。其实在这么多年里我和青年学生交流的时候,有的人会跟我说这样的话:"其实这个世界上有多少人能真正从事自己喜欢的工作呢?有多少人会把自己喜欢的事情变成自己终生的事业呢?你是很幸运的。"

我通常的反驳是这样的:如果,你考大学时选的专业不是你喜欢的,而是你父母喜欢的;你的选修课不是你喜欢的,而是拿证多、学分好得的;你求职不是挑你喜欢的,而是待遇好的……请问,你选择时从未拿喜欢当事,凭什么你会从事喜欢的职业呢,并且成为终生的事业呢? 凭什么呢? 所以其实工作15年的经历,我想告诉大家的只有一句话,成功不等于名和利的相加,成功是你内心的一个目标,在实现的过程中你会无怨无悔,并且无比快乐。

1. 大学生渴望成功和成长

大学生正处于朝气蓬勃、追求发展的阶段,对未来有很多的想法,不断探索自我,寻找未来的发展道路,对于成功和成长有自己的追求和渴望。正如一名同学在自我描述中,用毛毛虫形容自己,他说:"我毫不起眼,虽然我很孤独,就像一只在树上独行的毛毛虫那样寂寞,但我从不孤傲。虽然我是一只毛毛虫,但我也有美丽的梦想——破茧成蝶。"也有同学把自己比喻成蘑菇:"在雨后成长,默默地成长在角落里,自己为自己撑伞,活得简单,连阳光也不要,我不起眼,没有斑斓的色彩,也不会伤人,但如果有人注意到了我,把我采摘带回去煲汤,他一定会赞美我的美味。"这些都反映了大学生渴望成长、渴望实现自我价值的愿望。

有研究发现,大学生的自我成就动机普遍高于同龄人,成人、成才和成功的意识更为强烈,主要表现为三个特点。一是从动力上看,由个人发展为主要动力,变为满足社会需要为主要动力。正如爱因斯坦所说,"不要为成功而努力,要为做一个有价值的人而努力"。二是从途径上看,由注重考试成绩变为注重校园文化活动、社会实践等多种形式提升综合素质和能力。三是从目标上看,由拿到毕业证为目标变为能够更好地就业创业。

【延伸阅读】

Z世代大学生的"内卷""佛系"与"躺平"[①]

Z世代是指1995—2009年间出生的一代人,他们一出生就与网络信息时代无缝对接,受数字信息技术、即时通信设备、智能手机产品等影响比较大,又被称为网生代、互联网世代、二次元世代。

内卷、佛系、躺平是近年被广泛讨论的大学生心态现象。"内卷"一词源于2020年某知名高校学生边骑车边用电脑的图片意外走红,大学生的内卷多是大学生之间的竞争日益激烈,为了提升绩点不断增加课程论文的字数,为了以后的前程不断通过辅修课程、开展实习,考教师资格证、注册会计师等各种证书给自己加码,陷入激烈的竞争之中。

佛系青年主要是指一种不焦虑、不执着的平和心态和行为,具体表现为常常用都行、可以、没有关系、无所谓式的口头禅。对应到大学生群体,主要指高校学生中存在着一个参与热情缺乏和创新活力缺失的群体,学习讨论时一言不发,不愿意参与班团活动,社交媒体在线状态设置隐身或忙碌,对学校的规章制度熟视无睹,对老师、家长的苦口婆心无动于衷,对成绩好坏满不在乎,对评奖推优漠不关心。

躺平多指大学生中存在的不思进取、得过且过、颓废放弃、瘫软不动的心态。有学者指出躺平实际上存在着三种不同形态,即虚假的躺平主义者(躺赢者)、积极的躺平主义者(退出竞争激烈的名利场,在精神世界寻找确定的自我)和消极的躺平主义者(低欲望群体),消极的躺平主义者实际上是身躺心不平,身躺只是假象,他们的内心其实存在着不满与愤懑不平。

事实上,真正佛系、躺平的大学生少之又少,大部分学生是身躺而心不平。据中国青年报中青校媒调查显示:有64.33%的学生期望进入就业竞争激烈、"996"超长工作时间的互联网公司学习就业;70.34%的学生表示嘴上说躺平,其实很努力;11.3%的学生表示不想躺平,但要打嘴仗;14.76%的学生表示,不想躺平,就是追个流行词。

2. 成功不一定代表成长

达成我们希望的目标,获得某种社会的认可,功成名就都是成功。追求这些东西本身并没有错,但如果一味追求自己想要的东西,一味希望通过外显的成功来证明和彰显自

[①] 黎娟娟,黎文华.Z世代大学生多重矛盾性社会心态解析.中国青年研究,2022(7):104-110.

己,把成功功利化,把成功金钱化,如此一来,成功可能恰恰反映了内心的脆弱,自尊的低下,所以才需要不断用外在的名利来武装和打扮自己。就像有些人觉得自己太矮,便总是踮着脚尖走路使自己显得更高大一点儿。这种力图用成就来包裹和武装自己的行为,是强迫自己用优越感战胜内心的恐惧,并不是真正意义上的成长。

相反,成长是一种自我的丰满、内心的平和。自我内心的强大具有根本意义上的价值,也会给我们战胜困难带来无穷的力量。成长有十大契机:

(1) 讲述你自己的故事:告诉别人你是谁更能影响你对自己的认识。

(2) 面对生活中的挫折:许多人害怕失败,从而力图避免失败。事实上,你要回避的失败包含着心理成长不可或缺的养分。

(3) 阅读:阅读的过程是你发现自己的过程,阅读大师们的作品更是如此。

(4) 独处:在独处中享受孤独,真诚面对自己的人,是具有自省能力的人。

(5) 冒险:冒险是一个人生命活力的体现。

(6) 自我接纳:接纳自己,意味着自我价值的真正确立。

(7) 承担责任:生活中,许多人想方设法推卸责任,害怕承担责任,甚至对自己的幸福和快乐也不负责,这种人常常会说:"是他惹我生气的。"

(8) 树立理想:生命的意义始于确立自己的理想。理想的价值在于引导生命向有意义的方向发展。

(9) 助人:助人行为使人体会到自身的价值。

(10) 持久的兴趣爱好:它们不仅丰富生活,更能锤炼意志。

【延伸阅读】

你在有意阻碍你的成功
——保护自尊的"自我妨碍"

有证据表明,大多数人都会尽力维护自尊,以及保持自我概念的完整性。人们会采用多种形式的自我提高,例如,当你担心自己没有能力完成某项任务时,你也许会采取自我妨碍(self-handicapping)[①]行为。你在故意破坏你的任务完成!这种策略是为失败准备托词:这并不意味着我没有能力。因此,如果你害怕发现自己是否具备成为医科大学预科生所需要的资格,你可能会与朋友聚会而不是努力准备某一重要考试。这样,如果你没有取得成功,你可以将失败归咎于不够努力,以避免你认识到是否真正具备取得成功的能力。

大学生也有自我妨碍的表现。有研究显示,相比而言,男大学生有更强的保护自我免受威胁的倾向。假如你没有为明天的考试用功,在图书馆睡着了,而当你在考试中没有取得好成绩时,你可以说:"唉,我真的没有努力。"你是否在采取自我妨碍呢?

当我们意识到自己可能正在从事着一些不利于自身的行为时,可以考虑一下,为了维持自己的自尊免于威胁,所付出的代价是否值得?当觉察到自己在有意阻碍自己成功的时候,提醒自己面对现实、承担责任,而非用自我妨碍进行逃避。

---

① 理查德·格里格,菲利普·津巴多.心理学与生活.北京:人民邮电出版社,2016:406.

3. 成长是长成自己希望的样子

从某种角度来讲,成功是短暂的,而成长是永恒的主题。成功不过是你的需要在某种场合和某个时期达到了一种平衡,而这种平衡是短暂的,可能转瞬即逝并不断被打破。比如高中时,你认为的成功可能是考上大学,考上大学后,下一个成功又是什么呢?大学时,你认为成功是有房有车,那么当你有房有车之后,成功对你而言又意味着什么呢?在不断追逐成功的背后,是不是我们永远无法平静和感知幸福的内心呢?

成长则是自我的不断强大,我们变得更加自信,更加懂得自己想要什么,更加懂得感恩,更能感受到幸福。成长需要不断的自我探索和反思,不断整合、丰富和完善的自我是我们追求的永恒目标。我们不断成长的过程,也是不断长成自己希望的样子的过程,是达成内心潜意识需要的过程。就像北大校友张泉灵一样,只有首先知道了自己希望的样子是什么,知道自己想要什么,才有可能不断成长,朝着那个目标前进。

【互动体验】

我们所谓的"失败"可以这样对待
—— 把失败转化为一次学习机会

有很多原因会导致你认为自己很失败。失败给我们带来的难以消化的部分通常是负面感觉,这些负面感觉通常都与我们对"自己是个怎样的人"的评价有关,比如你发现自己总是会想,"我永远是个失败者""我不可能变好了""别人不会再相信我了"……,失败让我们感觉很糟糕,这很正常。你不必将责任全都归咎于自己,过于无助、沮丧的情绪不利于你从失败的旋涡里走出来,并从失败中汲取宝贵的经验。

转化失败的关键是实事求是地回顾整件事的历程,从内、外两方面汲取经验和教训。试着完成"失败学习转化表"(见表2-5),思考表格左边的问题,将答案写在右边的空白处。请用第三人称来完成思考的部分,例如,问"加明为什么失败了"而不是"我为什么失败了"虽然这听起来是个老旧的办法,但是很有用。当你采用"自我疏远"的视角来讨论困难事件时,你会更好地理解自己的反应,而且会体验到相对少一些的压力和情绪困扰。

表2-5 失败学习转化表[①]

日期	
用第三人称来回顾整个事件的经过	
失败的部分是什么	
做得不错的部分是什么	
失败的原因(外部/内部)	
如果再一次尝试,会在哪些具体环节采用不一样的方法,具体有哪些方法	
学到了什么	
假如有机会公开分享失败经验(用于他人的学习),会怎样来讲述	

---

① 瞿小栗.自尊的重建:从我不配到我值得.北京:人民邮电出版社,2023:134-135.

三、做真实的自我

你或许没有听说过彼得·巴菲特,但一定听说过他的父亲——沃伦·巴菲特(Warren E. Buffett),他是名列《时代》杂志全球 100 名最具影响力人物榜、富可敌国的"股神"。然而,身为股神之子,彼得·巴菲特却没有继承衣钵成为华尔街金童,而是选择用音乐谱出人生最美妙的乐章。彼得从父亲那里获益最大的是一套人生哲学:人一生最大的财富,就是能做自己!在父亲的鼓励下,彼得的哥哥成为摄影师,姐姐成为家庭主妇和两个孩子的母亲。彼得永远记得,当他 20 岁出头,决心以音乐作为终生职业追求时,他的父亲对他说过的一番话:"儿子,咱们俩其实做的是同一件事。音乐是你的画布,伯克希尔(沃伦·巴菲特的投资公司)是我的画布,我很高兴每天都在画布上添几笔。"

能做自己,意味着首先对自己有良好的自我认知,知道自己想要什么;其次,做自己意味着能接纳自己对自己的看法,接纳自己的情绪体验,无论积极的还是消极的;最后,做自己意味着能勇敢地按照自己的想法来表达和行动。只有从知、情、行三个方面都能做自己,才说明拥有了良好的自我意识。

(一)接纳独特的自我

1. 接纳自己的缺点和不同

每个人都是独特的,就像世界上没有两片完全相同的树叶一样,世界上也没有完全相同的两个人。每个人都有自己的闪光点和价值,我们无须用自己的短处和别人的长处比,这样做只是徒增无谓的烦恼。我们关键是知道自己想要什么,而不是生活在和别人的比较中。

把自己所认为的不足当成特点而不是缺点,这样接纳自己就会容易得多。有一位男大学生总觉得自己的声音太嘶哑,不好听而不太敢说话和表达自己,更不敢唱歌。当他听了阿杜的歌后,忽然觉得沙哑也是一种特点,这种接纳不仅让他敢于开口说话,还在歌手比赛中获了奖。

歌手周深空灵婉转的嗓音总能在不经意间拨动人的心弦,殊不知中学时,周围的男生相继变声,只有他的嗓音变化不明显,这一度让他感到自卑。他越来越不喜欢自己的声音,不敢在别人面前唱歌,甚至不敢大声说话。当他越来越接纳自己独特的嗓音时,也越来越敢于用自己的歌声给别人带来力量。

在人本主义心理学家看来,人性规定了价值,我们天生就有自我实现的趋向,不管是一株草、一棵树,还是一头狮子、一个人,只要被赋予了生命,就会表现出一个明显的生长发展的趋势。这个趋势大概而言就是一种求生存、求强大、求茂盛、求完满的趋势。是画家就要画画,是诗人就要作诗,是音乐家就要演奏音乐,是歌手就要纵情歌唱。所以,无论是在满意、成功面前,还是在失落、失败面前,我们都是有价值、有潜力的。

你是独特的,但并不意味着你是完美的。一个拥有智慧的人不仅能够欣赏自己的优点,同时也有能力去接纳自己的不足。对于可以改进的缺点,如不良的生活习惯,应学会勇敢地承认并积极去改正;而对于不可改进的缺点,则要坦然承认和接受,并尝试通过其他方面的优秀来弥补,承认和接纳自己的不足本身也是自信的。

【延伸阅读】

我不是第一,也没有保研,因为热爱也在发光(节选)[①]

"他们为什么样样都做得很好,学习成绩、科研经历、学生工作、志愿实践……唉,我好像没有一样能拿得出手……"

面对优秀的"天之骄子",你是否也陷入了这样的自卑与内耗。今天,我们想和正在因此而焦虑的小伙伴们说,榜样的事迹应该被宣传,但"每颗星星的故事"都值得分享。

故事一:帅气助管小鹏哥
——每一个故事不一定都需要一个华丽的结局

大学四年中我有三年的时间在招生助理团工作,辅助北科大招生办的招生宣传工作。在这里,招生办的老师们对我悉心指导,传授丰富的知识和经验,我也结识了一群志同道合的朋友,我们互相扶持,共同成长。

虽然这段旅程中没有一些"惊天动地"的大事,但每个故事不一定都需要一个完美的、华丽的结局。这些普通而又快乐的日子教会了我如何坚持,如何不畏困难,在不断奋斗中找到自己的价值和方向。

故事二:最美的玥玥
——我们都是不完美小孩

因为"既要又要"的心态,学术保研和艺术保研这两条路我都失败了,固然知道尝试和过程很重要,但那时的我还是会困惑于没有结果的付出争取是否有意义。在这段最迷茫的日子,是舞蹈团的记忆让我找回了快乐,给了我考研的信心。我学着放下完美主义的包袱,专心当下的努力和收获。

想要和每一位"暂时失败"的朋友说,很多时候我们不需要斤斤计较一时的得失,更不要因为"没有结果"而否定自己,在舞台上即使出错我也会跳完整段舞蹈,而每一段舞蹈的魅力不在于它是否完美,而在于它是不是为自己而跳。

故事三:克里斯蒂亚·小马哥
——生活破破烂烂,热爱缝缝补补

生活是一本无穷无尽的书,我们需要用热情去阅读,去探索其中的奥秘和精彩,而我的热情恰恰来自足球这项运动。无论是在球场上还是在电视机前,我总会被激烈的比赛节奏和球员们的拼搏精神所深深吸引。

作为一名重度足球爱好者,刚上大学的我就参加了学校的校队并跟随队伍征战大学生足球乙级联赛。足球教会了我团队合作、坚持不懈和努力奋斗,让我拥有积极乐观的心态。无论面对什么困难和挑战,我都能坚定地追求自己的梦想。也正是这种心态让我在考研的路上越走越稳,最终实现了自己的目标。想踢球的时候就不要犹豫,想学习的时候也不要不好意思,不焦虑,才能不遗憾。研究生对我而言是一个新的起点,我会继续保持对生活和足球的热爱,不断追求属于自己的进步和成长。

---

① 资料来源:https://mp.weixin.qq.com/s/hbuFiwIadYKGWYs-Sf8rug。

故事四:期待下雪天的小诺
——晴天还是雪天,都是美好的一天

作为一个来自南方的大学生,入冬以来每天都在期待着初雪的到来。终于,在周一的清晨我迎来了期盼已久的雪!在这片白茫茫的世界里,我感受着雪花飘落在脸颊的温柔,既幸福又快乐!

我们每天都在为学业而奔忙,但一定不要忽略了生活中的小幸福。就像这场可爱的雪,它让我感受到了大自然的神奇魅力。片片雪花落在我们的手心,很快融化成了水珠,仿佛是在告诉我,时间是有限的,转瞬即逝,我们要珍惜每一个美好的瞬间。

童话的世界里有公主和王子,也有平凡的路人甲,他们在你不知道的故事里也过上了幸福的生活。所以我亲爱的小伙伴,无论是第一名还是最后一名,无论是晴天还是雪天,请拥抱它!接受才能改变,理解才能成为,真正放下了才能遇见更好的。

【互动体验】

独 特 的 我

目的:帮助个人具体界定自己的长处和限制,学习接纳自己和欣赏自己,同时肯定自己是一个独特的人。

① 认真地自行填写下表。

我 的 长 处	我 的 限 制

② 假如你所填的长处太少,说明你是一个自我评价比较低、自我形象贫弱的人,同时你肯定也是一个不能接纳自己的人。因此,接下来所要做的就是设法具体地发掘、界定你的长处,对自己做出肯定。

下面要做的是:邀请你的家人或者熟悉你的同学、朋友(起码要有两位)参与进来,根据他们对你的了解分别说出你拥有的长处。然后,你把包括自己在内的三(或更多)种回答比对一下,看看其中有多少项是你没有发现而别人却一致的看法。遇到这些项目时,你还可以和参评人做些讨论,了解自己在他人眼中是一个什么样的人。经过别人的帮助和启发后,你的表格中往往是长处多于限制。请再填写下表。

当我再一次看清楚自己的长处和限制之后,我感到:

③ 还可以进一步深入地进行一些探讨：在限制方面，按"不能改变"的限制和"可以改变"的限制进行分类。分好类后，对于后者，还可定出改进的计划和方法。

④ 你可以和你的同学、朋友或者小组成员进行分享和交流。

2. 接纳意味着接受不完美

完美主义作为一种人格特质，指的是一个人个性中有凡事追求尽善尽美的倾向，对自己有着高标准、严要求。最早对完美主义倾向进行研究的人是心理学家阿德勒，他认为追求完美是人类最本质的动机，是无可厚非的，但是追求完美有着不同的取向，一般来说，如果不是以社会兴趣为目的取向的话，容易产生各种心理问题和心理障碍。

有研究发现[1]，大学生完美主义水平比较高，其中，典型完美主义者占43.1%，有完美主义倾向的占43.5%。但并非只要是完美主义就会产生不良后果。大学生的完美主义可以分为三种类型[2]：适应完美主义者、适应不良完美主义者以及非完美主义者。适应完美主义者表现为具有高标准，尽力将事情做得尽善尽美，自己有很高的期望。但在追求高标准的同时，能及时根据自己的实际水平调整对目标的期望，在追求完美的同时不伴随过度的自我批评，能在工作中体验到满意感和快乐感。因此，适应完美主义者在追求高标准的同时，也能带来积极的感受，拥有较高的自尊水平和较多的正性情绪体验，适应完美主义者是这三类群体中心理健康水平最高的。

大学生应对自己有更高的要求，但也不能过度或极端，陷入适应不良的完美主义。这是对我们自身能力以及现状的接纳，也是适应良好的表现。

【延伸阅读】

完美主义和拖延的"近亲"关系

拖延在大学生中普遍存在，有的大学生会自嘲地称自己为"拖延症患者"，甚至"拖延癌患者"，他们迫切想改变自己的拖延现状，但是常常在抗拖延实践中陷入困境。研究发现，完美主义高标准是拖延行为研究领域关注的重要因素，完美主义高标准是指人们为自己或他人设定不切实际的"高标准"，或接受别人为自己设定的类似标准，而完美主义高标准和拖延行为呈正相关，完美主义高标准会间接影响大学生的拖延行为，克服高标准带来的拖延可以从以下方面入手：

（1）先完成、再完美。追求高标准是我们进步的动力，但若陷入非适应性的完美主义，一味追求细节，无法继续向前，则很容易滑入拖延。先完成任务，时间允许的情况下再进一步完善。

（2）少惩罚、多奖励。对于完美主义的人来说，大脑总是倾向于惩罚自己而非奖励自己。任何喜欢的东西都可以作为一种奖励，最好是可见的物质，而非活动形式，如果一定要活动也是要能把控的。不建议将看电视剧、打游戏作为奖励。如果要用上网之类的行为奖励自己，最好是规定一个时段，最好是每天最后，比如每晚10—11点，而且确保自己没有熬夜打游戏的习惯。

（3）做起来、调状态。即使状态不理想，或者心情不对，仍然可以着手做事。只要迈

---

[1] 秦芳.大学生完美主义及其与自尊、情感的关系研究.中国电力教育,2013(23):119-120.

[2] 张斌,谢静涛,蔡太生.不同完美主义类型大学生的心理特征.中国心理卫生杂志,2013,27(11):868-872.

出了第一步,情绪就会被缓解,发现事情并没有预期那么困难,信心增加,行动力就会增强。有心理学家建议,有时要适当屏蔽感受、直接行动。当你要做一件事的时候,倒数5个数,数到1的时候就立刻去做。

3. 接纳自己处于不断成长中

大学生正处于人生急剧变幻的时期,如狄更斯所说:"它是人生最好的时期,也是最坏的时期;它是智慧的时期,也是愚蠢的时期;它是信仰的时期,也是怀疑的时期;它是光明的时期,也是黑暗的时期;它是充满希望的春天,也是令人失望的冬天;我们前途有着一切,我们前途什么也没有;我们正在直升天堂,我们也正在直坠地狱。"所以,我们要接纳自己还处于不断成长的过程中,我们拥有很大的弹性、可塑性和广阔的成长空间。

当然,我们有时也会自我评价很低、也会低落,这都是正常的。在我们自己感觉自尊比较低、自我形象比较差时,我们要学会自我鼓励、自我肯定。

【互动体验】

(1)欣赏你自己[①]

列出你真正喜欢并欣赏自己的十项优秀品质(这些品质并不是你平时一直具有的,而是偶尔会有的)。在写下这些品质的时候,观察自己是不是产生了一些不舒服的感觉,比如尴尬、陌生以及对虚荣的恐惧感?如果这些不舒服感产生了,你就试着告诉自己,这并不是说你比其他人更优秀或者你是完美的,你仅仅是注意到了自己偶尔会表现出来的优秀品质,因为每个人都有优点。观察自己是不是已经承认并悦纳了自己具有这些优秀品质的感觉,细细地欣赏这些优秀品质,并把它们融入自己的内心。

1. _____
2. _____
3. _____
4. _____
5. _____
6. _____
7. _____
8. _____
9. _____
10. _____

(2)如实看待自己

许多人都认为他们在某些社会所赞许的个人特质上——诸如友好、聪明、吸引力等方面优于一般人。这种倾向有助于我们产生良好的自我感觉,但同时也会让我们感到与外界和他人的隔离和疏远。此项练习旨在帮助我们更为清晰地审视自己,接纳本来的自己。所有人都具有他们的文化所珍视的特质,有的人在某些特质上高出常人,有的只是表现平平,有的则不及常人。那么,我们能坦然地接受这种现实吗?

[①] 克里斯廷·内夫.自我关怀的力量.北京:中信出版社,2017:20-21.

A. 请列出你高于平常人的5个积极特质：
1. _____
2. _____
3. _____
4. _____
5. _____

B. 请列出你表现平平的5个积极特质：
1. _____
2. _____
3. _____
4. _____
5. _____

C. 请列出你低于平常人的5个积极特质：
1. _____
2. _____
3. _____
4. _____
5. _____

D. 审视上面所列出的特质，你能否接纳自己的这些方面呢？人之为人并不意味着你要超过其他人。人之为人意味着你具有人的全部经验，包括积极的、消极的和中性的。

（二）开放封闭的自我

【案例】

一位大学生的自我描述

我是被鲜花和掌声簇拥着长大的女孩。我的学习成绩优异，多次在比赛中获奖，我连任九年班长，做过学生会的文艺部长、团委会的宣传委员，在无数的光环照耀下我就像一个骄傲的公主。这使我形成了自傲的性格，或者说我从来没有时间想自己，但这里人才济济，我只是这个环境里的小角色，我努力过，但并没有获得更大的收获。我感到内心的失落和压抑，这种苦闷比其他人更加强烈。我对自己失望了，开始自我放纵，成了享乐主义者，但这却与我的性格发生着强烈的冲突。我选择逃避，隐藏了自己的才华，成了一个封闭的人，我再也找不到曾经的光彩，在一个狭隘孤独的空间里我不断发现自身的缺点，与这个环境格格不入，最终产生了恶性循环，使我产生了自卑心理。这种自卑像一块阴云一直笼罩着我，更加影响了我的生活……

大学和高中是两个截然不同的人生阶段。大学时期特殊的发展阶段，以及特殊的成长任务，都让大学生活充满了跌宕起伏，充满了青春气息。但是，正如前文所言，大学生面临的是自我同一性的危机，如果自我没有达到好的整合，就容易逃避到自己的小世界，封闭自我。在前面的案例中我们就看到，这个大学生因为失落和压抑，逐渐隐藏到自己的世界里，找不到昔日的风采，逐渐变得孤独和自卑。

1. 独处带来沉淀和反思

有些时候，我们很想逃避，逃到属于自己的空间里，不愿意再和外界有任何交流。正如动物受伤后，也会给自己一段时间，躲在自己的洞穴里，舔舐自己的伤口，靠自己的免疫力逐渐让身体恢复强壮和健康。一时的逃避，偶尔的独处让我们有时间静下心来看看自己走过的路，有利于自我反思，不断沉淀，"学而不思则罔，思而不学则殆"，我们也需要在"吾日三省吾身"中思考，这个过程对我们的成长是很重要的，我们不仅要埋头赶路，也要偶尔总结一下自己。

独处不同于孤独，孤独是一种人际的疏离感，是自我的脆弱和无力，独处则是自我主动给现实生活放假，促使我们进入另一种模式以汲取力量。

2. 过度封闭容易导致自卑

长时间的逃避，封闭自我，不和他人进行交流，有可能会恶化本已脆弱的自我。封闭意味着隐藏自己，怜悯自己，不断发现自己的缺点和短处，产生自卑感。而且，这种自卑感同样会不断发酵，产生一种恶性循环，从而使得我们更加封闭。

残疾演说大师尼克·胡哲，从一生下来就没有四肢，他也曾经封闭过自我，也曾经自卑过，想过放弃自己。但最终他选择了勇敢面对自己的不足，并努力适应社会，他获得了两个学士学位，创办了国际公益组织，拥有幸福的家庭生活，并激励了无数人。就像他说的那样："在生命中，我们不能选择什么，却可以改变什么。"

【延伸阅读】

你所不知道的自卑

关于自卑，心理学家阿尔弗雷德·阿德勒讲过这样一个小故事。

有三个小朋友，都是第一次到动物园去，他们站在狮子面前，被狮子的威严吓坏了。一个小朋友躲在妈妈的背后说："我要回家。"另外一个小朋友脸色苍白全身发抖，但他站在原地仰着头说："我一点都不害怕。"第三位小朋友恶狠狠地瞪着狮子，问妈妈说："我能向它吐口唾沫吗？"

听完这个故事，大家觉得在这三位小朋友当中，谁在凶猛的狮子面前表现出自卑了呢？大家都对第一个小朋友表现出了自卑没有疑义。对第二个、第三个小朋友的表现，就有些众说纷纭了。有人说，这也是自卑，更多的人说这不是自卑。阿德勒认为，这三个孩子实际上都怕、都自卑，但每个人都根据自己的生活方式，以自己的方式表达了这种感觉。第二个小朋友因为自卑否认自己的感觉，第三个小朋友则用反向形成隐藏自己真实的感受。自卑感本身并不是什么异常的事情，它是人类处境得以改善的原因所在。因为你认识到了自己的无知和不足，意识到了自己需要为将来有所准备，你才可能更加努力和进步。自卑本身并不是耻辱，但如果久久地挣扎在自卑当中不能自拔，成了压力，这就成了一个需要克服的问题。

3. 拆掉思维里的墙

我们不能长期地封闭自我，就像植物需要阳光和水分一样，自我也需要他人的肯定和鼓励，需要他人的警醒和指点，自我评价也需要和他人评价结合，才能更加全面和完善。当我们把内心的感受和他人交流时，会发现自己的痛苦并不是唯一的，自己也不是一个人在战斗，从他人那里，我们也能收获意见和建议，这些对于我们完善自我都是有益的。

很多人认为，我之所以封闭和逃避，是因为我对自己没有信心，我太自卑了。这句话的潜台词是如果我变得更加自信，我就能有勇气走出去了。这是一种认为只有我们的认知改变了，行为才能改变的思维模式。我们需要拆掉思维里阻碍我们前进的这堵墙，因为有的时候，并不是你的认知改变了，你的行动才会改变，而恰恰相反，你的行为改变了，你的认知才会随之改变。例如，一个矮个子的男生认为只有自己自信了，才能找到女朋友，这个想法并没有什么不妥。但也可以换个视角，你可以尝试走出去，结交更多的异性朋友，当你最终找到一个女朋友时，也是你对自己拥有自信的时候。与其在等待中枯萎，不如在行动中绽放。

【延伸阅读】

"自信的行为"要先于"自信的感觉"

每一天，我们脑海中都有纷繁复杂的诸多消极想法，人脑就像一台不知疲倦的"想法制造机"，总是轰隆隆地运作着，它制造出的想法中有80%都是消极的，比如"我还不够努力""我要是像他那么自信，我的演讲能力就会提高很多"。自我否定和自我怀疑的声音经常尾随着我们。那么，我们要如何获得自信？通常，我们认为，我要有足够的自信，我才能做更多的事情，比如，我只有更自信了，我才可能去追求女生；我只有更自信了，才能去参加比赛，等等。但也正是因为这些"只有……才……"，我们裹足不前、前瞻后顾，因为"自信的感觉不会魔术般地凭空冒出来"。

接纳承诺疗法（acceptance and commitment therapy，ACT）认为，"自信的行为要先于自信的感觉"。换句话说，只有你先迈出脚步，做出自信的事情，然后才能逐渐成为一个有自信的人。而在行动的过程中，全身心投入所做之事，不执着于结果，而只是对过程充满热情。当然，自信并不是一劳永逸的事，而是持久行动、寻找自我的过程。

（三）提升内在的自我

【故事】

两 只 蜗 牛

蜗牛甲愤愤不平地说道："为什么我们从生下来，就要背负这个又硬又重的壳？害我每天都得活在巨大的负担和压力之下！"蜗牛乙淡然地回答："因为我们的身体没有骨骼的支撑，只能爬，又爬不快。所以要这个壳的保护！"蜗牛甲听了，心里更加不平衡："毛毛虫没有骨头，也爬不快，为什么它却不用背负这个壳呢？"蜗牛乙答道："因为毛毛虫能变成蝴蝶，终有一天，天空会保护它！"蜗牛甲还是充满愤慨："可是蚯蚓也没骨头，也爬不快，也不会变成蝴蝶，那它为什么也不需要背这个壳呢？"蜗牛乙微笑说道："因为蚯蚓会钻土，大地会保护它！"蜗牛甲哭了起来，充满哀怨地做出结论："我们好可怜，天空不保护我们，大地也不保护我们！"蜗牛乙反过来安慰它："所以我们有壳啊！我们不靠天，也不靠地，我们靠自己，不一样活得好好的吗？"

我们每个人的生活里都充满了各种各样的逆境、挫折和打击。有人像蜗牛甲般，因为这些打击，使自己变得愤怒、恐惧、悲伤，甚至让自己持续活在懊悔和愤恨的日子当中。然而有些人却像蜗牛乙那样,能够在挫折中屹立不倒,不断在逆境中调适自己,自我坚持,找出新的出路!

就像蜗牛乙所说,自我已经具备了达成梦想的所有资源,我们生来就是有实现自我的能力的,我们就是自己最好的工具。大学生需要不断发现自我,激励自己,挖掘潜力,才能达成自我实现。

1. 想象出你想成为的那个人

提升自我的一种有效方法是想象出一个你想成为的人——苗条的我、自信的我或富有的我。想象你的"可能的自我"(包括想要的和害怕的自我)不仅会帮助你实现目标,也会帮助你更有效地应对现在的状况,还可能帮助你处理目前生活中的难题。其中主要的暗示是我们可以创造新的自我形象,反过来,这个能力又可以帮助我们更有效地应对现在的生活。

你内在的潜能好比你的咨询顾问,如果一开始你信任他,他就会越来越努力,为你做越来越多的事情。但是如果你一开始就不信任他而去依赖其他的东西,他就会慢慢远离你,在你需要用到他的时候,他也不会再来。所以,我们应用暗示来激发自身的潜能,最终朝着自己内心的期望不断前进。

【互动体验】

想象自己想成为的那个人

选择一个你可以放松并独处几分钟的安静地方。闭上眼睛,尽可能清晰地想象出你想成为什么样的人。

你的长相将会如何?

你的穿戴将会如何?

你的感觉将会如何?

你将是快乐、严肃还是放松的?

你将会做什么?

你将会在哪里?

你可以在每晚睡觉前重复这个练习,例如,重复一个星期。你注意到自己有什么变化吗?

2. 咨询:了解自我的一种方式

关注自己的身体、心理、社会和精神的健康是非常重要的。当你发现自己不能给予自己想要的帮助,也不能从朋友和家人那里得到想要的帮助时,你可以尝试寻求专业咨询师的帮助。人们当身体出问题的时候会上医院,可是当心理出问题时,却怯于寻求心理咨询师的帮助。

咨询师是帮助你利用内在潜能的引导者。优秀的咨询师不会尝试帮你解决问题。相反,他们会帮助你学会更有效地解决问题。从很多方面来说,咨询师是心灵的导师,让你学会如何从生活中获益最多,如何让生活更加有趣,如何运用你自己的力量以及如何成为理想中的自己。

咨询师的作用是教导你最终成为自己的治疗师。咨询师不会通过洗脑的方式改变你的信念,相反,他们会帮助你思考你的思想怎样影响了你的情感和行为,会帮你找到那些阻碍你更好地生活的特定信念。选择适合自己的咨询师是很重要的,正如你愿意接受信得过的医生看病一样,你也必须找到信任的心理咨询师。面对和解决自身的问题是需要勇气的,只是简单地去做咨询,你就走出了通往痊愈的第一步,意识到自己需要帮助本身就是一种成长的进步。

最后,咨询是帮助你强大的自我探索过程。咨询本身并不是目的,最终你会停止会见你的咨询师,但是,你的成长过程并不会因此而结束。

【延伸阅读】

世界是自己的,与他人毫无关系
——杨绛的一百岁感言

我今年一百岁,已经走到了人生的边缘,我无法确知自己还能走多远,寿命是不由自主的,但我清楚我快"回家"了。

我得洗净这一百年沾染的污秽回家。我没有"登泰山而小天下"之感,只在自己的小天地里过平静的生活。细想至此,我心静如水,我该平和地迎接每一天,准备回家。在这物欲横流的人世间,人生一世实在是够苦。你存心做一个与世无争的老实人吧,人家就利用你欺悔你。你稍有才德品貌,人家就嫉妒你排挤你。你大度退让,人家就侵犯你损害你。你要不与人争,就得与世无求,同时还要维持实力准备斗争。你要和别人和平共处,就先得和他们周旋,还得随时准备吃亏。

少年贪玩,青年迷恋爱情,壮年汲汲于成名成家,暮年自安于自欺欺人。人寿几何,顽铁能炼成的精金,能有多少?但不同程度的锻炼,必有不同程度的成绩;不同程度的纵欲放肆,必积下不同程度的顽劣。

上苍不会让所有幸福集中到某个人身上,得到爱情未必拥有金钱;拥有金钱未必得到快乐;得到快乐未必拥有健康;拥有健康未必一切都会如愿以偿。

保持知足常乐的心态才是淬炼心智、净化心灵的最佳选择。一切快乐的享受都属于精神,这种快乐把忍受变为享受,是精神对于物质的胜利,这便是人生哲学。

一个人经过不同程度的锻炼,就获得不同程度的修养、不同程度的效益。好比香料,捣得愈碎,磨得愈细,香得愈浓烈。我们曾如此渴望命运的波澜,到最后才发现:人生最美的风景,竟是内心的淡定与从容……我们曾如此期盼外界的认可,到最后才知道:世界是自己的,与他人毫无关系。

本章小结

自我是一个人如何对待自己、他人和世界的独特方式,是每个人心理活动的核心。大学阶段最重要的人生课题就是开始探索自己,真正认识自己,接纳自己,然后才能不断超越自己,实现自我的发展与成长。

思考题

1. 你如何看待自己？有哪些优势与不足？你的特点是什么？
2. 大学期间，你打算怎样完善自我？
3. 如果让你给未来的自己写封信，你会怎么写？

【书籍推荐】

《我们都是自己的陌生人》

作者：戴维·迈尔斯

译者：沈德灿

出版社：人民邮电出版社

人们常常认为自己是最了解自己的人，可是殊不知，我们对于自己的感觉和预测经常是错误的，我们无意之间成了自己最熟悉的陌生人。人们最渴望认识的是自我，而最难认识的往往也是自我。

《我们都是自己的陌生人》改编自戴维·迈尔斯的超级畅销书《社会心理学》。为了更贴近读者，让更多的人接触到优秀的心理学成果，本书删除了原著中过于学术性的内容和元素，撷取了读者感兴趣的有意思的主题，分别从"自我概念""有意识的自我控制""自尊""自我服务偏见""自我表现"五个方面，图文并茂地向读者展示了当今心理学家对于自我的科学认识。

《自信的陷阱——如何通过有效行动建立持久自信》

作者：(澳)路斯·哈里斯

译者：王怡蕊、陆杨

出版社：机械工业出版社

接纳承诺疗法（acceptance and commitment therapy，ACT）是"第三代认知行为疗法"，是临床心理治疗中的一颗新星。作者哈里斯是知名的接纳承诺疗法培训师，压力管理专家。

本书是基于接纳承诺疗法的自助书籍，行文风格通俗易懂、生动有趣。所谓"自信的陷阱"，即人们错误地认为，只有自己有了自信，才能自信地去做重要的事情。本书提出了全新的关于如何建立自信的观点，即自信的行动要先于自信的感觉，并一步一步指导你通过清晰、简单的练习和新技巧，来管理恐惧、焦虑、自我怀疑等负面情绪，帮助你跳出自信的陷阱，建立真正持久的自信。

【视频推荐】

《心灵奇旅》

电影讲述了一个关于自我发现和认识内在真实欲望的故事，巧妙地描绘了人类对于生活意义和个人目的的探索。

主人翁乔·加德纳乔是个热爱爵士乐的音乐老师，他的终极梦想是成为职业爵士乐手,并将其视为自我实现的标志。但是他与一个叫作"22"的灵魂开启了一段意外的旅程,探索了生命的本质和自我实现的重要性。"22"是一个还未体验人类生活的灵魂,对生活有着纯粹好奇和探索,通过"22"的眼睛,观众得以重新审视原本被忽视的事实,即自我实现并非只有一条路径。一系列超自然事件后,乔意识到真正的自我认识并不是关于达到某个具体的里程碑,而是关于理解和欣赏构成我们日常生活的那些细微而平凡的瞬间。

从心理健康的角度看这部影片,它涉及认识自我的多个方面,包括我们的激情、恐惧、失败和成功。通过乔的故事,提醒我们即使在最平凡的日常中也能找到自我的意义。这个过程需要我们去体验、去感受,并且与内心的自我保持对话。《心灵奇旅》提供了一个关于自我认识的丰富视角,引导我们思考什么是真正的幸福和满足。它提醒我们每个人都有自己的"火花",即那些激发热情、给予生活动力的东西。

第三章 学会学习

名人名言

　　君子不隐其短,不知,则问;不能,则学。

——《春秋繁露》

本章要点

　　大学学习的特点与规律;
　　大学生常见的学习困扰;
　　学会有效学习。

【案例】

　　小赵一直很怀念高中生活,大一第一次期中考试成绩非常不理想,很多科目均未通过。老师多次找其谈话,但是效果不明显。小赵来自云南,父母在外做生意,家庭经济情况较好。他缺乏学习的目标,考试只求过,学习状态不理想,学习的努力程度也不够,他不喜欢理论性课程,特别不喜欢英语。除此之外,他上课还喜欢睡觉,偶尔会有翘课现象,但是能按时参加班级活动,上课效率不高,对学习没有兴趣,曾经想出国,但是并未为此付出努力。他不喜欢向老师、同学请教,最终第一学期就收到了学业警示。

提问:

1. 小赵在学习中遇到了哪些困难?
2. 大学生应当怎样更好地学习?

一、透视大学学习

　　学校学习是我们人生中重要的组成部分,但是我们真的足够了解熟悉这个生命中的"朋友"吗?学习背后蕴藏着哪些主要的心理活动呢?你能用学到的知识做些什么呢?如果你还没有确切的答案,甚至还从来没有思考过,本章将带你踏上学习的心理学之旅。

(一)学习是什么

1. 学习的意义

　　一些大学生曾经对"为什么学习"有如下的对话:读书是为了什么?考

大学,毕业了能够找到一份好工作。找到好工作以后呢?找到一个好老婆。然后呢?生孩子,让他也读书,考大学,找工作,娶媳妇……

这段对话看似平淡,却折射出大学中不少学生的心声:我这样辛苦学习是为了什么?努力不一定就有好分数,高分不一定就有好工作。在大学学习中"专业空泛,感觉学不到什么""学习没动力,只为了一场考试""不知道读大学究竟在读什么"……这样的疑惑也经常会被学生谈起,甚至成为流行于学生之中"郁闷"的主要原因。不是我们不想学习,实在是不知道学习是为了什么。

那学习对于你而言到底意味着什么?如果没有学习,你又会变成怎么样?当你问自己这个问题时,你的脑海中会出现什么样的画面呢?也许是儿时对于天空中"展翅翱翔"的飞机的无限好奇,也许是对回答完老师提问时的洋洋得意。仔细体味学习这个伴随着我们生活的朋友,一定是酸甜苦辣咸五味俱全。

每个人对学习的意义都可以有独到的见解,学习可以让生命有更多的真实意义,接触新事物带给我们更多的可能性,学习可以认识和改造世界,等等。

除此之外,从心理学的角度来说,学习还可以更好地认识自己,了解我是如何学习,我是怎样的一个人,掌握使自己快乐的学问,通过我与他人、我与环境的关系发现独特的自己,学会快乐地享受生活。所以,学习不仅仅是为了找到一份好工作、为了养家糊口、为了生存,更是对自己人生的超越,是一种升华,是对自我更深层次的探索。

2. 学习的定义

人类对学习和体验新事物具有天生的欲望,我们能够区分并记住人、事、物之间的不同,随着成长,我们学习的范围也越来越大,直到学习变成一项专门的活动——学校学习之后,上学、读书成为学习的代名词。其实人的一生都在学习,从婴幼儿学习说话、行走,儿童学习写字、算术,成年人学习求职、做父母,直到老年人学习休闲生活、安度晚年,就如俗语所说的"活到老,学到老"。

学习发生在人的整个生命中,也发生于生活的方方面面。广义的学习是个体在特别情境下,由练习或反复经验而产生的行为、能力或倾向上的比较持久的变化及其过程;而狭义的学习,指的即是学生的学习,即在各类学校环境中,在教师的指导下,有目的、有计划、有组织地进行的,在较短的时间内系统地接受前人积累的文化经验,以发展个人的知识技能,形成符合社会期望的道德品质的过程。所以,你会发现,在课堂上老师教授的专业知识是学习,在课下你参加有趣的第二课堂也是学习;在校内你上自习、复习功课是学习,在校外社会实践中你与人交流、解决问题还是学习。

所以,现在你可能需要更新自己对学习的定义,当再谈及大学学习学什么的问题时,你是不是可以跳出教室、图书馆、自习室的束缚,给出更多元的答案?国际21世纪教育委员会代表雅克·德洛尔在向联合国教科文组织提交的报告《教育——财富蕴藏其中》对于学什么提出了更加概括的阐述:

- 学会求知;
- 学会做事;
- 学会共处;
- 学会做人。

这被认为是终身教育的四个支柱,也是人生发展的基石。这些是支持现代人在信息社会有效工作、学习和生活,并且从容应付各种危机的四种最基本的内容。其中学会求知,并不是记住尽可能多的知识,而是掌握学习知识的手段,即学会学习。这正是本章的核心目标。

(二) 大学学习的特点

【案例】

法学系大一新生潇潇来自北方的一所重点高中,原来学校对学习要求很严格,每天早上七点到晚上十点都必须学习,每堂课都有老师在场,而且每周一次小考,每月一次大考,潇潇总是名列前茅。然而在大学里没有老师约束时间,每天课程的安排也不尽相同,每次上课老师都讲好几十页课本,而且大多情况下任课教师上完课就走。也没有每周的小测,有些科目只有一次期末考试。潇潇开始困惑,大学该怎么学?在大学里应该如何安排自己的学习时间呢?

对于潇潇来说,大学里的学习方式与她一直擅长的高中模式有很大的区别。高中的学习更多的是被动接受,而大学学习则更靠近主动发展,需要更多主动地认知参与,和中学教育相比,大学的学习特点表现在以下几个方面:

1. 学习的专业性

中学教学是多科性、全面性、不定向性的基础知识,而大学是培养高级专门人才,是有目的地进行系统的专业理论知识学习和专业技术训练,为以后专业工作打下坚实的基础。大学的学习实际上是专业学习,从入学开始就有了职业定向。在四年的学习中,你的知识结构、智能结构和各种素质结构,都被深深地打上了专业的烙印。俄国的季米里亚捷卡曾说过,"一切学科你都要知道一些,但有些学科你要知道其中的一切"。这就很恰当地说明了大学学习不仅要"博"更要"专"。

2. 学习的自主性

中小学生的学习是在教师指导下进行的,有固定的教室和指定的老师,这种学习具有强制性。在大学阶段,学习虽然也有一定的强制性,但较中小学要少得多。大学生求知欲、观察力和记忆力都很强,学习自由度相对增大。大学生可根据自己的特点、兴趣、爱好,合理地安排学习计划,需要更强的学习主动性和自我组织性,较强的自我识别、自我选择、自我培养、自我控制和自我设计的能力。

在过去的12年学习经历中,你养成的学习习惯是一切跟着老师走,老师让你做什么就做什么——被动的学习。到了大学后你会发现一切事都需要自己做主自己去做。当你坐在课堂里,老师讲课的速度让你有些跟不上节奏,你若有问题也只有到答疑时间才解决。一般来说,根据专业特点和教学计划,大学安排上课的时间是20~24学时/周,平均4~5学时/天,剩余时间用作学生自习、消化老师所讲内容、查参考书、扩展知识等。这个特点就决定了你必须主动学习,等他人安排学习是不可能的。有人说,上大学就轻松了,实质上就是可供自己支配的时间增多了,学习的心理压力减轻了。但是,若想学得好并不轻松。关键在于你是否能够把握自己，准确定位。

3. 学习方法的多重性

在学习方法上，中学时期，老师教学生是"手拉手"领着教，老师安排得详细周到，不少同学养成了依赖老师、只会记忆和背诵的习惯。而大学老师则是"老师在前，学生在后引着走"教，提倡学生自主学习，课外时间要自己安排，逐渐地从"要我学"向"我要学"转变，不采用题海战术和死记硬背的方法，提倡生动活泼地学习，提倡勤于思考。在大学里多媒体教学已经成为普遍的教学方式，在课堂上老师采用PPT、模拟演示等动态教学的方式讲授，我们更要适应这种教学方式，跟得上课程，利用好课上课下的时间进行学习。

4. 教师讲课的差异性

大学教师讲课有以下特点：一是介绍思路多，详细讲解少。主要讲授重点、难点内容，而且许多教师都使用投影仪、多媒体授课，实现了授课手段多样化，授课进度比较快，一节课可能要讲授一章或几章的内容。二是抽象理论多，直观内容少。课程内容主要围绕理论知识，如公式、定理、概念等，而较少涉及实际案例或具体应用。三是课堂讨论多，课外答疑少。课上经常会有小组讨论、互动等环节，针对课程内容展开讨论和交流，而课下通过邮件、助教等方式进行答疑，机会比较少。四是参考书目多，课外习题少。老师会在课程大纲中列出大量的参考书目，鼓励学生自行查阅相关资料，深入理解课程内容，而非简单地进行课外习题的机械性练习。此外，大学学习的教学环境也发生了变化。中学时期，我们有固定的教室、固定的座位，而且是小班授课，但是在大学里，每个班没有固定的属于自己独享的教室，有时1、2节课可能在这一栋楼的某个教室学习，但3、4节课又会到另一栋楼去，与自己一起上课的可能还会有不同专业的同学。

5. 学习的探索性

和中学生相比，大学生的学习具有明显的探索和研究的性质。大学的教学内容由确定结论的论述逐步转向介绍各派理论观点和最新学术发展动向方面的知识。人文学科的内容变化更大，知识更新更快。这就要求大学生的学习观念从正确再现教学内容向汇集百家之长、形成个人见解的方向转变。大学生从在教师指导下完成作业，到独立完成毕业论文（或毕业设计），都带有明显的探索性质。

6. 学习的实践性

在学习方式上，中学学习的主要方式是课堂讲授，教学过程中有频繁的作业和课堂提问，是大量而紧凑的课堂教学。而在大学里，课堂讲授相对减少，自学时间大量增加，大学的实践性教学活动占有很大的比重。有研究表明，我们可以记住阅读信息的10%，视觉和听觉信息的50%，谈话内容的70%，亲身经历的90%。大学为学生学习提供了非常好的环境，有藏书丰富的图书馆，有设备先进的实验室，有丰富多彩的课外科研活动。学生可以通过自学、讨论、听学术讲座、参加第二课堂等活动来获取知识，利用参与实验、实习、社会实践和科研等实践性的环节来加强技能培养。

7. 评价的多样性

大学的学业成绩已经不再是评价的唯一标准，因此，考试成绩的高低并不完全决定一个人是否成功。学业成绩主要考察的是逻辑思维能力和语言能力,而如人际沟通能力、领导管理能力、艺术创作能力、动手能力等却在考试中难以体现出来,这些能力对一个人的成功非常重要。

【延伸阅读】

美国大学生是怎么学习的
——一个中国留学生眼中真实的美国大学生生活①

首先,课堂考勤制度严格得超乎我的预料。美国大学不像传说中的那么自由,尤其在考勤方面,有些时候甚至近乎苛刻。教授考勤的方法有很多,包括直接点名、随机点名提问、课堂讨论、课堂测试等,而且每次都占一定分数。请假要在前一天,必须要有纸质证明。这些规矩在开学第一次课上会由教授以纸质文件形式下发说明。

其次,课业负担之重远超乎我的想象。美国教育遵循课业负担与年龄相适应原则,幼教纯玩,小学半玩,中学开始紧张,大学全面紧张,再深造下去,就是成倍的紧张。这一点刚好与国内相反,国内是年龄越小越紧张,五岁要懂琴棋书画,进入大学以后反而就像美国小学一样生活了。美国大学课业重,学生需要大量阅读、检索资料、实地调研、走访问卷、反复思考甚至假设模拟。美国的这种作业,学生必须在读完书后再走进图书馆、走到街头、走进企业、召开小组会,没有三五天是不可能完成的。美国大学生的学习场景如图3-1所示。

图3-1 美国大学生的学习场景

再次,残酷的淘汰制度给学生极大的压力。美国高等教育与中国的严进宽出相反,是宽进严出,只要你符合录取条件、又掏得起学费,就可以进来选课学习,但能否拿到毕业证书就是另一回事了。有数据显示,美国大学生淘汰率占入学人数的40%,近半数学生中途就被淘汰了。学生遭到淘汰的原因主要是分数问题,而与此同时,极端务实的用人单位招工时也特别看重分数,所以,美国大学生对分数的重视超乎想象,比中国重视得多。而大学学费呢?一般大学一年在1万美元以上,美国户均收入大约不足4万美元/每年,拿出1/3供大学生(还有住宿生活等),拿不到毕业证,钱就打水漂了,其经济压力可见一斑。

---

① 资料来源:美国大学生是怎么学习的.http://blog.sina.com.cn/s/blog_7533297f0100qm4a.html.

所以,学生必须忍受这种压力,靠自己的努力一点一点给自己的人生加分。

最后,还需要说明,美国大学生绝不是一天16个小时都在学习的机器,他们有着非常丰富的文化体育生活,而且,往往把这些看得和业务学习一样重要。文化体育艺术类的专长被认为是学生素质的重要方面,被纳入学校正常评价考核范围,球赛(尤其棒球)、健美操、舞蹈、美术或雕塑展览、乐器或声乐演出等经常进行。美国学生从小讲究自立、自理,在时间管理上比较有分寸,做这些事情而耽误课程学习的很少见。

(三)影响学习的心理因素

【案例】
今年刚上大二的小东最近一直陷于困惑之中。他觉得自己大一努力了一年,还是没有考到专业第一,感觉自己挺失败的,也对自己当初听从父母的意见、选了一个自己不怎么喜欢的专业产生了深深的怀疑。看着周围同学每天开开心心地上课、学习,他很苦恼,觉得学习没什么意思,逐渐产生了自己不擅长学习的消极心理。

大学生是一个特殊的群体,在学习方面其心理健康的特点可以概括为:对学习保持浓厚的兴趣和强烈的求知欲望,智力正常,学习目标明确,好学上进,孜孜不倦,学习效率较高,能体会到学习的快乐。

1. 学习动机

学生的学习是否有效,主要取决于两大因素:一是会不会学,二是愿不愿学。前者属于学习方法与策略,后者便是学习动机问题。

根据动机的意义,我们把学习动机解释为:"激发个体进行学习活动、维持已引起的学习活动,并导致行为朝向一定的学习目标的一种内在过程或内部心理状态。"[①]

学习动机驱动学习,而学习的效果又能产生或增强后续学习的动机。动机有强弱之分,那是不是动机越强、做事情就越容易成功?

耶克斯—多德森定律给出了答案。如图3-2所示,这个定律最早由美国心理学家耶克斯和多德森提出,即中等程度的动机激起水平最有利于学习效果的提高。同时,他们还发现最佳的动机激起水平与作业难度密切相关:任务较容易,最佳激起水平较高;任务难度中等,最佳动机激起水平也适中;任务越困难,最佳激起水平越低,简称倒"U"形曲线。这就好比平时学习中写作业这件简单的事情,很多同学都会一拖了之,用较低的动机来应付,不能及时完成学习任务,而对于准备考大学或是应聘工作而言,暗示自己一定要成功,结果却焦虑不堪,效果不佳。有的时候你会听说,陪同面试的同学获得了这份工作,而志在必得的同学却失之交臂,这就是耶克斯—多德森定律在起作用。

那么应该如何利用好这个定律呢?有的同学会过度关注调整自己的动机,一直思考自己的动机是过强还是不足,结果产生更大的焦虑。其实最佳的水平是因人而异的,不是一个点而是一段距离,所以你只需掌握好自己的节奏,稍作调整即可。

---

① 李伯黍,燕国材.教育心理学.上海:华东师范大学出版社,1993:235.

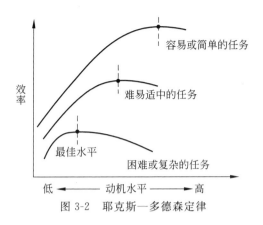

图 3-2　耶克斯—多德森定律

【延伸阅读】

成 就 动 机

成就动机是一个人希望从事对他有重要意义的、有一定难度和挑战性的活动,并获得成功的倾向。成就动机在不同学习者身上会表现出结构、倾向和水平的差异,从而使他们的学习行为表现出不同的动力色彩,构成学习风格的一个重要方面。

从动机结构上来看,成就动机可分为三个部分:认知内驱力、自我提高内驱力和附属内驱力。这三部分在成就动机结构中所占的比例,受年龄、性别、人格特征以及成长环境和经历等因素的影响。

从动机倾向上来看,成就动机可分解为两种相反的倾向:力求成功的倾向和避免失败的倾向。这两种倾向不同水平的组合,反映出学习者此方面的学习风格。

从动机水平上来看,动机水平也称为抱负水平,指学习者在学习之前为自己确立的学习目标和对自己可能达到水平的估计。个人的成功经验一般能提高以后的抱负水平,成功感越强,抱负水平越高;相反,失败的体验往往会降低以后的抱负水平,挫折感越强,抱负水平越低。因此,学习者在确立抱负水平时,既不能过高,也不能过低。过高容易失败,从而降低抱负水平;过低能轻易地达到,则失去了动机的意义;只有适度高于学习者现有能力的抱负水平,才能激发其意志的努力,体验艰苦努力过后的成功,从而增加学习者的信心。

2. 学习兴趣

让我们再回头看看小东的案例,他对待学习的动机明显没有那么强,因为在性质上就有差别,小东关注的是学习带来的外部结果,即外部动机。而真正能够激发持久行为的则是由活动本身的意义、个体内在的需要和价值引起的内部动机,例如,处于提高自身文化素质需求,满足求知欲、兴趣与爱好乃至自尊自信而努力学习。具有内部动机的人能够独立、自主和积极参与,具有好奇心,喜欢挑战,能够坚持不懈地努力,忍受挫折和失败。具有外部动机的人仅仅是为了达到外在目的,一旦达到目标,动机就会下降,一旦失败则会一蹶不振,没有后劲。发现学习的外部动机并不是难事:获得父母赞赏的微笑或是喜爱的老师的表扬,某次考试的奖学金等,这些都是外部动机;而推动我们持续投入的恰恰是珍贵的内部动机。在学习中的你,是内部动机多一些,还是外部动机更多呢?

毫无疑问,学习兴趣是一个人学习的内部动机,而且是可以伴随一生的学习驱动力。只有真正地学会爱自己的学业,才有可能在自己的领域中有所建树,并从中获得快乐。而当你爱错了对象,只追逐那些荣誉称号、奖学金的时候,挫败感、对自己的怀疑、无助、抱怨等一系列的负面情绪就会不断地产生。要真正地学会爱学业,享受学习的过程。爱学习,爱我们正在做的事情,这本身就是一种能力。

【延伸阅读】

自古以来,人们把求学成才的经历划分为三个过程来激励自己或他人。其中最有影响的当推清代王国维引用三句古词来形容成为大学问人的三种境界。

第一种境界是"昨夜西风凋碧树,独上高楼,望尽天涯路";

第二种境界是"衣带渐宽终不悔,为伊消得人憔悴";

第三种境界是"众里寻他千百度,蓦然回首,那人却在灯火阑珊处"。

王国维归纳的三境界,第一境界为求学与立志之境,此为"知"之大境界。第二境界为"行"之境界,为实现远大理想而坚忍不拔。第三境界为"得"之境界,功到自然成。后来,有人研究孔子关于学习的论述,发现了学习的三境界:第一境界是"知之",第二境界是"好之",第三境界是"乐之"。

3. 归因

归因是个体对自己或他人行动结果的原因知觉或推断。人是理性动物,具有强烈的理解环境和自身的需要,寻求理解是行为的基本动因。比如,面对不同的考试分数,每个人的内心都有一种了解自己为什么会得到这个分数的需求,并给出各自不同的解释理由,这一过程便是归因。前面的案例中,小东将自己学习成绩没有达到预期归因于学习的不是自己喜欢的专业,从而得出自己不擅长学习的结论。

控制点是美国心理学家朱利安·罗特(J. Rotter)提出的一种个体归因倾向的理论观点,认为个体对自己生活中发生的事情及其结果的控制源有不同的解释。对某些人来说,个人生活中多数事情的结果取决于个体在做这些事情时的努力程度,所以他相信自己能够对事情发展与结果进行控制,此类人的控制点在个人的内部,称为内控者。

而外控者认为个体生活中多数事情的结果是个人不能控制的各种外部力量作用的结果,他们相信命运和机遇等因素决定了自己的状况,而个人努力无济于事。这类人倾向于放弃自己生活的责任,控制点在个人的外部。

由于内控者与外控者理解的控制点来源不同,因而他们对待事物的态度与行为方式也不相同。内控者相信自己能发挥作用,面对失败也不怀疑未来可能会有所改善,面对困难情境,能付出更大努力,加大工作投入;而外控者看不到个人努力与行为结果的积极关系,面对失败与困难,往往归因于外部原因,不去寻找解决问题的办法,而是企图寻求救援或是赌博式地碰运气。他们倾向于以无助、被动的方式面对生活。

一般认为,我们对成功和失败的解释会对以后的行为产生重大的影响。如果把考试失败归因为缺乏能力,那么以后的考试还会期望失败;如果把考试失败归因为运气不佳,那么以后的考试就不大可能期望失败。这两种不同的归因会对生活产生重大的影响。

4. 意志力

意志力是心理学中的一个概念,是指一个人自觉地确定目的,并根据目的来支配、调节自己的行动,克服各种困难,从而实现目的的品质。意志力是学生学习和将来事业成功的重要心理因素。

【延伸阅读】

延迟满足

20世纪70年代,美国斯坦福大学附属幼儿园基地进行了一个著名的"延迟满足"实验。实验人员给每个4岁的孩子一颗好吃的软糖,并告诉孩子可以吃糖。但是如果马上吃掉的话,那么只能吃一颗软糖;如果等20分钟后再吃的话,就能吃到两颗。然后,实验人员离开,留下孩子和极具诱惑力的软糖。实验人员通过单面镜对实验室中的幼儿进行观察发现:有些孩子只等了一会儿就不耐烦了,迫不及待地吃掉了软糖,是"不等者";有些孩子却很有耐心,还想出各种办法拖延时间,比如闭上眼睛不看糖或头枕双臂或自言自语或唱歌、讲故事……成功地转移了自己的注意力,顺利等待了20分钟后再吃软糖,是"延迟者"。后来,参加实验的孩子到了青少年时期,研究人员又继续对他们的家长及教师进行了调查,发现"不等者"在个性方面更多地显示出孤僻、易固执、易受挫、优柔寡断的倾向;"延迟者"较多地成为适应性强、具有冒险精神、受人欢迎、自信、独立的少年。两者学业能力的测试结果也显示,"延迟者"比"不等者"在数学和语文成绩上平均高出20分。

延迟满足(Delay of Gratification)是个体有效地自我调节和成功适应社会行为发展的重要特征,是指一种为了更有价值的长远结果而主动放弃即时满足的抉择取向,属于人格中自我控制的一个部分,是心理成熟的表现。实验说明,那些能够延迟满足的孩子自我控制能力更强,他们能够在没有外界监督的情况下适当地控制、调节自己的行为,抑制冲动,抵制诱惑,坚持不懈地保证目标的实现。因此,延迟满足是一个人走向成功的重要心理素质之一。

在生活中,一些人常要在周末或晚上放弃休闲活动,专心工作,难道他们不知道怎么消遣吗?这其实就是延迟满足的表现。为了保障退休后的生活,现在就将部分收入储蓄起来或用于再投资,这也是延迟满足的表现。为了有健康的身体,不抽烟、不酗酒、不暴食,这也需要延迟满足的能力。

人有各种不同的目标,有些目标比较遥远。要完成遥远的目标,需要刻苦辛勤地工作。当完成目标时,所得的回报也很大。但要完成目标,便要付出代价,譬如要放弃即时的享乐,以及约束自己的行为。有时为了达到目标,先要完成一些比较单调的工作。比如想要成为一位律师,就得先强记法律条文。人在从事这些单调的工作时容易疲倦,甚至面对沉闷的工作感到厌恶。这时候,一些可以令人获得即时快感的活动便成了一种很大的诱惑。如果在沉闷的工作中找一点消遣,也是无可厚非的。可是,如果缺乏意志力,每遇上外界的诱惑便放下学习或工作、追求即时享乐,便很难完成自己的目标。

所以从某种意义上来说,意志力通常是指我们全部的精神生活,而正是这种精神生活引导着我们行为的方方面面。当我们善于运用这一有益的力量时,就会产生决心,人有决心就说明意志力在起作用。人的心理功能或身体器官对决心的服从,克服自己的现实欲望,正说明意志力存在的巨大力量。

5. 学习策略

学习策略是指学习者为了完成一定的学习任务与目标,提高学习效率,有目的、有意识地制定有关学习过程的复杂方案。这个定义充分说明了策略的功能和作用。根据学习策略覆盖的成分，学习策略可以分为三种，分别是认知策略，关于如何加工记忆的方法；元认知策略，关于自我计划、自我监察和自我调控的策略；资源管理策略，如何利用资源的策略。

（1）认知策略。复述策略属于认知策略的一种。例如，老老实实遵循预习、听课、复习、练习的同学最后的成绩并不比考前临时抱佛脚的同学高多少。如果你只会临阵磨枪这一招，有可能只是当个考试英雄，和同学交流和解决问题时，就会深刻体验到知识的匮乏。对于大多数学生而言，分散复习更有益于长期保持。利用遗忘曲线规律，平时进行及时复习是重要的学习策略。

精细加工与组织策略也属于认知策略，目的是尽可能多地与原有的知识产生联系。另外，提问题、列提纲、做笔记、画流程图等形式都是不错的策略。特别重要的是，应用知识，如将所学的知识用于试验证明，写分析报告，做总结，与人讨论以及向别人讲解，要比单调重复更有利于理解和记忆。某一领域的专家之所以能记得住许多专业知识，是因为他们在反复地应用这些知识。只有善于在不同的情境下反复应用所学的知识，才能加深对知识的理解和保持。

【互动体验】

你能说出圆周率小数点后几位呢？试试看！

用这样的方法来记忆，会怎么样呢？

"山巅一寺一壶酒，尔乐苦煞吾，把酒吃，酒杀尔，杀不死，乐而乐"……

3.1415926535897932384626……

（2）元认知策略。当别人都在准备明天的考试，你却在和朋友逛街，在逛街的时候你会一直不自觉地看表，或者当时很开心，但是结束之后，看到考试成绩时，悔恨就会涌上心头，这就是元认知的作用。它是对认知的认知，负责监视和指导认知活动的进行，评估学习中的问题，确定用什么样的学习策略来解决问题，评价所选策略的效果，并且改变策略以提高学习效果。

这种现象你是不是似曾相识？听说周五交作业，有些同学会到周四晚上才开始动手。每次完成任务都像是在救火，这反映了人类心理的某种拖拉倾向的作用。人们在从事一些活动时，总觉得准备不足，或是不想立刻行动，感到能拖就拖，但在不能拖的情况下，例如，当不允许准备的时候，或者已经到了规定的时间，人们基本上也能够完成任务。拖沓是一种自我折磨，可人们为什么要自我折磨呢？"人们拖沓的主要原因是恐惧"，宁愿被别人认为是没有下足够的力气，也不愿意被人认为是没有足够的能力。拖沓者往往也是完美主义者。

（3）资源管理策略。时间管理是一项重要的资源管理策略，一般我们用作学习的时间通常是基于习惯，而不是计划。前几年题为"清华双胞胎学霸"的帖子引发上万网友转发，超过10万网友关注。帖子发布了双胞胎姐姐马冬晗的一张学习计划表和一段姐妹俩申请清华大学本科生特等奖学金的答辩视频。学习计划表是一页A4打印纸，清秀的手写字密密匝匝，记录着马冬晗一周内每天的课程安排、学习情况、生活情况、一天总结等数十项量化内容。计划表显示，早上6点"起床锻炼"、中午11点25分到13点30分"吃午饭、打印课件"、晚上10点到11点"听英语"，晚上11点到凌晨1点"读《飘》，背单词"，凌晨

1点之后"SLEEP",每天只睡五六个小时。马冬晗的时间安排记录表不仅包括学习、社会工作、体育锻炼,还包括生活状态和修养品行的反思。她的成功不仅仅在于其学习计划,更在于她对时间的严格管理和对自我提升的不懈追求。

6. 智力水平

智商(Intelligence Quctient,IQ),即智力商数,具体是指数字、空间、逻辑、词汇、记忆等能力,也称智慧、智能,是人们认识客观事物并运用知识解决实际问题的能力。智力的高低通常用智力商数来表示,用以标示智力发展水平。根据比奈测验的结果,将一般人的平均智商定为100,而根据这套测验,正常人的智商大多在85～115。

美国心理学家雷蒙德·卡特尔把智力的构成区分为流体智力和晶体智力两大类,如图3-3所示。流体智力是一个人生来就能进行智力活动的能力,即学习和解决问题的能力,依赖于先天的禀赋,随神经系统的成熟而提高,如知觉速度、机械记忆、识别图形关系等,不受教育与文化的影响。

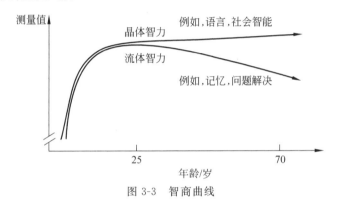

图3-3 智商曲线

流体智力属于人类的基本能力,受先天遗传因素影响较大,受教育文化影响较少。流体智力的发展与年龄有密切的关系:一般人在20岁以后,流体智力的发展达到顶峰,30岁以后随着年龄的增长而降低。

晶体智力则是指通过掌握社会文化经验而获得的智力,如词汇概念,言语理解,常识等记忆储存信息能力,一直保持相对稳定。

【延伸阅读】

学习的"高原现象"

"高原现象"一词源于教育心理学中动作技能的学习曲线。

技能学习的练习曲线显示:练习者开始进步快,曲线学习高原现象中间有一个明显的或长或短的进步停顿期,后期进步慢。中间的停顿期叫高原期或高原现象。相当多的考生在高考复习过程中出现一段时间学习和复习效率停滞不前,甚至学过的知识感觉模糊,其实这是学习过程中出现的一种学习成绩与学习效率停滞不前的时间。心理学称为"高原现象",如图3-4所示。

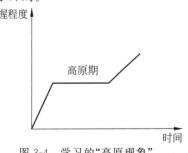

图3-4 学习的"高原现象"

学习是一个过程,经历开始阶段、迅速提高阶段、高原期以及再次迅速提高阶段的循环往复。在学习的初始阶段,你的成绩会突飞猛进,例如,学习英语从30分提高到60分很容易。可是到了80分,再想提高到90分,难度会大大增加。这就是学习的"高原现象"。"高原现象"并不是极限,也不是不能进步的代名词;相反,它就像是黎明前的黑暗,只要突破这一关,我们获得的将是一笔巨大的财富,而且创造性的成果也往往发生在高原期之后。

二、大学生常见的学习困扰

(一) 学习目标迷茫

一项针对江西部分高校本科生进行的关于"学习目标"的调查结果显示,有70%的同学学习目的较为明确,这部分同学读书是为了提高自己、学到真正的本领、为将来的工作做准备,这种态度是积极的。有53%的人认为学习是一种兴趣,有33%的人认为学习是一种责任,还有14%的人认为学习是一种包袱,是苦差事。这表明大多数人学习目的比较明确,学习的态度比较端正,心态也较为积极向上。少数人对待学习的态度如临大敌,没有摆正心态。有45%的同学设立自己的学习目标是为了就业,有32%的同学是为了兴趣,有14%的同学是为了考研,还有的人是受周围同学影响。

1. 大学生学习目标的现状

从心理学的角度说,目标是人的一种主观期望,是人们各项活动所企求的预期结果在主观上的反映,它能唤起人们必要的心理状态、情感、动机并激发他们的行动。绝大部分大学生并不是缺少学习目标,而是在学习目标的确立上有一些片面,总的来说有以下四种不同的类型:

(1) 埋头书本,是只求高分的"好学生"。这类学生通常被我们称作"中国式"的好学生。他们往往学习认真,态度端正,成绩优良,深得家长特别是老师们的喜欢。可实际上这些学生除了知道上课要认真听讲、认真复习、考个好成绩外,居然说不出学习专业知识用来干什么,只是机械地学习,缺少思考。这类学生是有学习目标,然而他们的学习目标太过简单,简单到只要考试好就行,显然不能满足社会需要。在他们面临就业时,也往往会出现虽然成绩好却找不到好工作的局面。

(2) 忽略基础,是忙碌专注的"考证族"。就业压力让许多学生成为"考证族"。目前,大学毕业生拥有证书的数量,少则三四个,多则十几个,从普通话证到驾照,各种职业资格认证证书,一应俱全。很多大学生认为多考一张证,毕业时就多一张就业通行证。在考证的同时,大家却觉得专业基础知识的学习是浪费时间,可有可无。殊不知,专业基础知识好比是大厦的基石,专业证书却似那大厦的装饰品,缺乏坚实基础的装饰品,对大厦来说又有什么意义呢?这类学生也是有学习目标的,然而他们的目标却过于功利、过于急切,这样使得他们如无根的浮萍,经不起风浪。

(3) 不挖掘专业能力,是热衷社会工作的"校园达人"。大学是一个微缩版的小社会,一些大学生通过参加社团工作、兼职打工等方式在这个小社会里如鱼得水,体现出了较强的社会工作能力,也为毕业之时从学生身份顺利过渡到社会人提供了实践经验。然而由于时间有限,在花大力气注重社会能力培养的同时,却忽视了自身专业实践能力的养成。这类大学生的学习目标中缺少了学习专业知识这一最基本的部分,他们的学习目标偏离了一个正确的方向。

(4)信奉"60分万岁",是"多一分浪费"的求"过"者。这类学生是没有学习目标的,他们浪费着自己宝贵的大学生涯,与游戏、玩乐、爱情等为伍,完全忘记自己身为学生的重要责任,也忘记毕业后所要面临的生存压力。当真的要面对学习不合格的后果时,才发现为时已晚,后悔不已。

2. 学习目标迷茫的原因

(1)学习认识片面

进入大学后,部分大学生无法适应大学的教学方式,会有一种从过于繁忙劳累的高中学习中获得解脱的感觉,缺少了高中学习的自主性,使他们产生懈怠、惰性的心理。"UNIVERSITY"变成了"由你玩四年"。有的同学觉得学习没有用处,未来没前途,抱负水平减低;有的同学学习热情不足,厌学情绪突出;有的同学不满意自己所学的专业,对学习无热情、无兴趣;有的同学抱怨师生、同学关系的冷漠和冲突;有的同学厌倦刻板的教学方式,往往产生一种"混"的学习心态,难以取得良好的学习效果。

(2)目标计划不明确

部分大学生学习目标不够明确合理,日常学习缺乏具体可行的学习计划。有的学生学习目标定位太低,只求考试过关,如期毕业;有的定位过高,导致个体所追求的"理想"成为"空想"而逐渐丧失斗志;有的学生反映,"大学生活自由得让人不知所措",往往觉得毕业遥遥无期,缺乏长远目标,缺乏对未来的规划,导致终日无所事事,懒懒散散;有的学生学习目标被动模糊,易受他人影响和同化。

(3)学习动机不强

很多学生进入大学后,由于远离师长的管束,缺少外部学习压力,缺乏引发他们学习的强化物的刺激,而且他们自身似乎已经"自我实现",难以产生继续学习的需要。因此,他们往往安于现状,不思进取,导致学习动机水平较低,难以取得学习上的突破和发展。有的学生在考取普通学校后非常自卑,连基本的自信心都要丧失了,觉得前途渺茫。

(4)学习策略不多

有的学生尚未探索出科学的学习策略体系,依然习惯于中学阶段的学习策略和方法,产生学习的定式心理。他们对不同学科、不同任务所采用的学习方法趋同,满足于机械识记、题海战术。他们的学习策略多表现为重复地诵读和机械地练习等较低水平的复述策略,而很少对学习内容进行高水平的思维操作,难以将所学知识整合为一个知识体系。他们缺少高效率的预习、复习、听课、笔记、阅读、应试、时间和环境管理等学习策略。

(5)学习毅力不强

愉快学习只是一种理想状态,对于学习本身而言,是一个艰苦与快乐并存的过程。我们往往有"痛并快乐着"的感受,实际上应该持有这种状态,将学习进行到底。但有的学生缺乏坚持性,缺乏学习的决心和恒心,在学习过程中难以保持充沛的精力和毅力,总是无法坚持下去,遇到困难就退缩,遇到挫折就放弃。

(6) 缺少学习反思

学习反思有助于对学习合理归因，从而有效调节学习过程，不断提高学习的有效性。学生们从一年级起，每周至少需要一次机会来反思自己在这一周的学习情况。但是事实上，大学生的学习反思可能很难达到这个标准。他们通常只对学习结果进行简单反思，难以对学习目标、方法、策略和过程等进行深层反思，难以提出有效的改进措施。

(7) 专业认同困惑

认同是一种情感、态度乃至认识的移入过程，大学生从进入大学开始第一次有了明确的专业划分，面对的是自我管理式的专业性学习。大学阶段是专业发展的重要阶段，在这样的背景下，大学生对自己所学的专业不满意，选择调剂专业或者重新参加高考再次选择专业的例子屡见不鲜。还有部分大学生因未能考入自己理想的专业，或者发现所学专业与自己想象的相差甚远，从而产生失落感或挫折感，导致其丧失了专业学习的积极性和动力，直接影响了大学生对所学专业的认同。这一方面使得学生的专业理想模糊化，不利于个体的成长和发展；另一方面也造成了高等教育资源的浪费。大学生对自身专业的认同程度直接影响到了大学生的学习情况，进而影响以后的就业。

（二）考试焦虑与挫折

考试焦虑指个体面对考试情境产生的以担心、紧张和忧虑为基本特征的复杂的情绪反应，可产生头晕、心慌、失眠、尿频等躯体症状，以至影响个体正常能力的发挥。考试焦虑是困扰很多大学生的学习问题。研究表明，大学生的考试焦虑现状十分严重，有焦虑感的学生达到总人数的 55.2%，而高度焦虑的学生达到总人数的 20% 左右。

考试焦虑的程度对学生实际学习能力的发挥有重要影响，适度的考试焦虑对学习有促进作用。过度的考试焦虑一般会分散学生的注意力、减缓思维过程，使其能力难以正常发挥，对学习成绩产生消极影响，同时还会对身体健康产生危害。

1. 大学生考试焦虑的特点

(1) 威胁因素简单。大学生考试焦虑与一般性质的焦虑相比，其威胁成分要简单许多，主要是受到了考试情境的刺激。大学生考试焦虑也被称为状态焦虑（也称情境焦虑，指因特定情境引起的暂时不安状态），而非特质焦虑（指一般性的人格特点，持续的担心和不安）。

(2) 持续时间较短。大学生考试焦虑主要受考试情境的影响，多发生在考试之前和应试之中的数天之内。伴随着考试的结束，这种焦虑也就逐渐消除了。

(3) 存在年级差异。我们认为，一般性质的焦虑主要是新生适应与毕业生就业方面的焦虑，多发生在新生与毕业生之中。而大学生考试焦虑多为轻度焦虑，大多发生在新生与二年级学生之中。通过对大学考试的适应，大学生的考试焦虑水平会表现出逐渐下降的趋势。

国外有不少学者针对"焦虑与考试成绩的关系"进行了大量的研究。研究表明：能力与考试焦虑呈负相关，能力较高的人，考试焦虑一般较低，而对自己没有把握的人，考试焦虑较高；抱负水平与焦虑呈正相关，抱负水平过高的人，考试焦虑一般也高，缺乏自信、情绪不稳的人容易产生考试焦虑；经常接受考试的人焦虑较低，而对测验程序不熟悉的人焦虑较高；当考试成绩对被试者来说关系重大时，被试者容易产生焦虑，当被试者不了解考试的目的,指导语不清等也会增加被试者的焦虑。

2. 考试焦虑的原因

(1) 不能正确对待考试

担心考试不及格:产生这种想法的学生主要是学习基础比较差,学习比较吃力,对大学的学习方法不适应,或者是把考试看得太重,经常担心考试不通过会挂科、降级甚至退学怎么办,英语不能通过四级考试影响自己就业等。这些都会产生巨大的思想压力,当这种压力超过心理负荷时就会造成过度紧张,容易产生心理适应不良,遇到学习中暂时的困难就失意苦闷,陷入自卑,从而导致考试前十分焦虑。

担心考试失败:有些大学生为了保持自己高中时代原有的学习优势,与周围云集的"尖子生"一起竞争、一起比赛,结果负于强手,在心理上出现了自责、自卑和难以服气的精神压力,于是背着沉重紧张的思想包袱,每当考试时就会自然产生种种想法,诸如担心再次失败的焦虑情绪。

(2) 外部压力大

现代社会人才竞争十分激烈。在家庭中家长的期望全部指向子女的学习成绩和考试结果,家长的巨大压力使学生的考试焦虑不可避免地产生。在学校中检验学生的学习效果,尤其是检验学生专业文化知识的学习效果,必须通过考试进行。因此学校是举行考试最频繁的地方,也是学生产生考试焦虑最直接的原因。学校在现有制度下把严格考试后的结果与评优、入党、评奖学金等紧密挂钩,这样做的直接负面效应是学生产生持续的甚至严重的考试心理焦虑。

(3) 大脑休息不足

有些学生为了应付考试而拼命复习功课,以至于睡眠不足,若不及时注意营养,身心需要的能量得不到及时的补充和缓冲,也会使自己陷入考试焦虑之中。

3. 学习挫折

有这样一份人生经历:

幼年时期:出生在山东沂蒙山区的一个小村庄,家里兄弟姐妹比较多。

童年时期:没有玩具,很少吃肉,很少吃白面,没有好衣服穿,穿的都是大一号的衣服。

高考时:想考清华大学没考上,被山东大学录取。

考研时:

第一年报考哈尔滨工业大学失败,自认为比较擅长的高等数学只考了39分。

第二年报考中国科学院物理研究所失败,自认为学得很好的物理也只考了39分。

第三年终于考入中国科学院物理研究所。

读研期间:别的同学用三到五年就可以毕业,他却用了七年的时间,毕业时已31岁。

这个人就是薛其坤。中国材料物理学家,理学博士,教授。他2005年当选为中国科学院院士,2012年带领团队首次在实验上发现量子反常霍尔效应,2016年获得未来科学大奖物质科学奖,2020年获得菲列兹·伦敦奖,2024年获得2023年度国家最高科学技术奖。薛其坤曾经给自己定的第一个人生目标是"走出大山,读大学",为了实现自己的科学家梦想,他求学期间连续三次考研,历时七年攻读博士学位。1992年6月,薛其坤来到日本东北大学金属材料研究所学习。他的导师樱井利夫要求，工作日必须早上7点到实验室，晚上11点离开。起初，语言不通、作息严苛，让薛其坤感觉孤单，跟家人通电话，几乎要落泪。后来他不仅把"7—11"复制到周末，还把这个习惯带回清华大学物理系。在清华大学工作时他早上7点一头扎进实验室，一直干到晚上11点。这样的作息时间，薛其坤坚持了20年，于是他在清华大学有一个比"院士"还要响亮的名号——"7—11"。

大家常常将考试没有考好、事事不顺利叫作挫折，其实挫折是一种消极的心理状态，起源于我们的内心。在心理学上，挫折是一种心理感受、情绪体验，具体指人们为实现目标而采取的行为遭遇无法逾越的困难阻碍时，所产生的一种紧张的情绪反应或体验，是一种消极的心理状态。学习方面的挫折是刚进入大学的新生在学习方面遇到的主要挫折。与中学阶段的学习方式不同，大学实行的是流动教室，教师的指导是粗线条的，教学管理也比较宽松，主要靠学生的自觉和自学能力的培养。这种学习方式使一些大学新生无所适从，学习上的挫折感主要来源于学习不适应和考试失败。

（三）网络成瘾

【案例】

项某，某大学大二学生，入校以来，积极上进，并热衷于学校组织的各类学生活动，然而到了二年级，却沉溺于网络游戏，经常旷课导致成绩直线下滑。通过深入的谈心谈话，得知其大二成绩一落千丈的主要原因是入学之前父母管教严格，没有太多的时间来玩游戏，到了大学以后开始放纵自己，想通过虚拟的网络世界来麻痹内心压抑的情绪，从刚开始的宣泄到逐渐沉迷，最后导致网络成瘾无法自拔，浪费了大量时间和金钱，甚至欺骗父母，矛盾、愧疚、压力导致精神高度紧张，失眠，记忆力下降，学习效率降低，对自己的未来迷茫。并且因学业问题与父母以及亲戚朋友的关系越来越紧张，缺乏社会支持系统，导致其不仅学习困难，而且由于各方面压力出现心理危机。

1. 网络成瘾的表现

成瘾包括物质成瘾（药物依赖）和行为成瘾（过程成瘾），指个体不可自制地反复渴求滥用某种药物或从事某种活动，以取得快感或者避免痛苦为目的的一种特殊的病态状况。成瘾者虽知道其行为会给自身带来不利后果，但仍旧无法控制，越陷越深，影响大学生学习的网络游戏成瘾就是一种典型的行为成瘾。

"网络成瘾"（Internet Addiction Disorder，IAD）的概念是1994年纽约市的精神医师戈德堡首先提出的。网络成瘾是指由重复的对于网络的使用所导致的一种慢性或周期性的着迷状态，并带来难以抗拒的再度使用之欲望；同时还会产生想要增加使用时间的张力与耐受性、克制、退瘾等现象，对于上网所带来的快感会一直有心理与生理上的依赖。2019年一项针对在校大学生网络使用情况的调查指出，42.5%的大学生存在网络成瘾。

【心理测试】

你是网络成瘾者（IAD）吗

指导语：请根据自己的实际情况填写：

扫码查询结果解释

序号	题目	几乎没有	偶尔	有时	经常	总是
1	你觉得上网的时间比你预期的要长吗	1	2	3	4	5
2	你会因为上网忽略自己要做的事情吗	1	2	3	4	5
3	你更愿意上网而不是和亲密的朋友待在一起吗	1	2	3	4	5
4	你经常在网上结交新朋友吗？	1	2	3	4	5
5	生活中朋友、家人会抱怨你上网时间太长吗	1	2	3	4	5
6	你因为上网影响了学习吗	1	2	3	4	5
7	你是否会不顾身边需要解决的一些问题而上网查 E-mail 或看留言	1	2	3	4	5
8	你因为上网影响到你的日常生活了吗	1	2	3	4	5
9	你是否担心网上的隐私被人知道	1	2	3	4	5
10	你会因为心情不好去上网吗	1	2	3	4	5
11	你在一次上网后会渴望下一次上网吗	1	2	3	4	5
12	如果无法上网你会觉得生活空虚无聊吗	1	2	3	4	5
13	你会因为别人打搅你上网而发脾气吗	1	2	3	4	5
14	你会上网到深夜不去睡觉吗	1	2	3	4	5
15	你在离开网络后会想着网上的事情吗	1	2	3	4	5
16	你在上网时会对自己说："就再玩一会儿吗"	1	2	3	4	5
17	你会想方法减少上网时间而最终失败吗	1	2	3	4	5
18	你会对人隐瞒你上网多长时间吗	1	2	3	4	5
19	你宁愿上网而不愿意和朋友们出去玩吗	1	2	3	4	5
20	你会因为不能上网变得烦躁不安、喜怒无常，而一旦能上网就不会这样吗	1	2	3	4	5

2. 网络成瘾的原因

【案例】

游戏成瘾者的心声

在高中的时候，我成绩好，所以各方面都很顺利。老师时常夸我，同学们也捧着我。那个时候的我真的很骄傲，以为成绩好就代表了一切。进入大学之后才发现只有成绩好是没有用的，而且比自己优秀的人真是太多了，自己太普通了，相貌平平，成绩平平，也没有特长，还是穷乡僻壤出来的学生。这种落差让我一下子觉得自己一无是处。我不敢和别人去竞争，只能装作自己不在乎，每天打打游戏消磨时间。

（1）网络自身的特点。网络具有的匿名性、方便性和逃避现实性导致了网络成瘾。也有研究者认为，网络本身的"去抑制性"具有致瘾倾向。网络的"去抑制性"使得个体潜意识中的不为现实社会意识所容许的各种需要和愿望得以满足，并使得个体探索和体验不同社会和人格角色的潜在欲望不断增强。通过上网可以使人获得一种从现实生活的规范和约束中"解脱"出来的快感、刺激和满足。

（2）生理因素。现有研究认为，网络成瘾的形成与多巴胺分泌有着密切的关系。多巴胺神经递质的增加，能够消除焦虑情绪、重新体验快感。而长时间上网会使大脑中的多巴胺水平升高，导致短时间的高度兴奋，但其后则令人更加颓废、消沉。

（3）人格特征。很多研究发现，网络成瘾者往往具有某些特殊的人格特征，如要求高、孤独、抑郁、焦虑、低自尊等。有网瘾倾向的大学生在面对问题或挫折时，多采用逃避、自责等不成熟的应对方式。而社交焦虑越严重、社会支持较低者更有可能表现出成瘾倾向。

（4）其他因素。在家庭中，缺失情感温暖、理解、交流，过多拒绝、否认和惩罚严厉是导致大学生网络成瘾的重要原因。家庭不和或家庭破裂的学生更容易沉迷在网络中寻求归属感和满足感。大学新生出于对大学生活的不适应，也可能导致网络成瘾。同一班级或宿舍中有多人沉迷网络，也容易对其他学生产生影响。同时，校园周边的网吧及学校对网络使用政策的宽松也是导致大学生网瘾的外在因素。

【延伸阅读】

网络成瘾与网络依赖的区别见表3-1。

表 3-1 网络成瘾与网络依赖的区别

表现方面	网 络 成 瘾	网 络 依 赖
对现实生活的影响	严重地影响生活，除了维持生命需要的吃睡，时间精力都花在网上	一旦有空闲时间就想上网，但仍旧能保持正常的社会生活
人际交往	实际生活中没有人际交往，自我封闭	和周围人正常交往
情感表现	情感冷漠，和家人朋友没有语言交流	情感表现正常，有固定的社交圈
思维意识	依赖虚拟世界，厌恶现实	能分清虚拟和现实的区别
心理病症	程度不同地存在抑郁症、自闭症、强迫症、偏执症等心理症状	没有心理上的病症
大脑控制元素	大脑中控制情绪、心境的元素5HT不平衡	5HT平衡

网络成瘾专家认为，网络游戏成瘾分为两种：一种是被游戏的刺激性所激发。游戏者之所以进行游戏是为了得到回报，或是通过游戏检验他们的技术和水平，所以会增加游戏时间和游戏投入。另一种是为了用游戏来替代别的活动，或是通过游戏来减少来自某个领域的压力，从而将游戏当成某种寄托。一般认为，后者相较于前者是更严重的成瘾，因为从心理上看，后者倾向于逃避现实生活。

【延伸阅读】

你有手机成瘾倾向吗

无论是在喧闹的走廊、食堂，安静的图书馆、教室，还是在校园的其他角落，我们都会很容易地看到手机不离手的现象，以及一些正在手指弹动，埋头于"微信、短视频、直播"的学生的身影。他们已经是校园中司空见惯的风景，常被称为"拇指一族"或"低头族"。

现在大学生几乎都有手机、手机使用导致的负面行为引起了国内外的关注,出现了问题性手机使用、手机依赖、手机成瘾等概念。大学生突然忘记带手机时,40%的人觉得很不舒服,37%的人觉得无法忍受,一定要取回。

手机上瘾曾经一度表现为"偷菜",现在则表现为使用手机随时上网、玩游戏、聊天、刷微博、刷微信和刷短视频等。由于手机使用方便,"手机上瘾"与传统的网瘾相比,更具有广泛性和隐蔽性,危害更大。

【互动体验】

你是否已经患上手机依赖症

1. 你是否总是把手机放在身边?如果没有带手机就会感到心烦意乱,甚至害怕却不知道害怕什么?

2. 总是有"我的手机铃声响了"这样的错觉,总是产生一种幻觉,铃声响了或来消息了。

3. 经常下意识地找手机,不时拿出手机来看看,有时候甚至手机要拿在手里才觉得踏实。

4. 吃饭的时候总是要把手机放在手边以便防止漏接电话。

5. 你晚上睡觉的时候即便什么事情也没有,手机总是开着机。

6. 你对别人看自己手机的举动,无论是有意或者无意都感到非常恼火、非常反感。

图 3-5 手机依赖症

如果你有 4 种以上症状,那么证明你可能已经患上手机依赖综合征,如图 3-5 所示,你越来越被手机所控制。

三、提高学习效率的途径

毫无疑问,每一个大学生都经历了多年的学习生活,对于学习是再熟悉不过的。但是,大学阶段的学习与大学之前的学习存在着本质的差别,如果在大学时期仍然采用高中的学习方法,那么往往会造成事倍功半的效果。有的大学生将主要精力用于学习上,结果学习成绩仍然无法名列前茅,或者平时学习成绩非常优秀,却在考研方面不能如意;有的学生平时看起来无所事事,但在重要关头总能镇定自如、把握机会、取得理想的结果。在大学学习生活中,有几件事是我们应当关注并且做到的。

(一)建立恰当的学习目标

对照学习目标迷茫的情况,我们在实际的学习中可以从提高学习兴趣入手,建立起适合自己职业生涯发展的恰当的学习目标。

兴趣在人的实践活动中具有重要的意义。兴趣可以使人集中注意力,产生愉快紧张的心理状态,这对人的认识和活动会产生积极的影响,有利于提高工作的质量和效果。兴趣是人认识需要的情绪表现,反映了人对客观事物的选择性态度。兴趣是知识的入门。

瑞士著名心理学家、教育学家皮亚杰说过:"所有智力方面的工作都要依赖于兴趣。"当一个人对某种事物发生兴趣时,他就会入迷地去追求、去探索。学生一旦对学习产生兴趣,必将成为他学习的内在动力。但现实情况却是,很多大学生对自己的专业并不感兴趣,找不到自己的兴趣点。心理学研究表明,兴趣不但可以培养,而且兴趣的发展也是逐步深化的,通过创造一定的客观条件和自身努力,专业兴趣就能得以培养和激发。对于在读的大学生来说,客观条件已经具备,所以培养专业兴趣的关键在于自身的努力。为了提高专业兴趣,我们可以从以下几个方面来做:

1. 了解学科发展史和前沿科学知识,激发学习兴趣

很多学生对于自身专业并不熟悉,在最初接触时,往往对本专业缺乏强烈的兴趣。可以通过职业生涯规划的课程学习或是优秀校友的先进事迹,了解专业就业前景和发展机会,或通过实践逐步提高学习兴趣。

2. 明确学习目的,将专业学习和社会发展需要联系起来

心理学认为,兴趣分为直接兴趣和间接兴趣。直接兴趣是指人们主动参与某项活动的兴趣,如喜欢打篮球、看电影等。间接兴趣则是由于某些外部因素的作用,才对某个领域产生兴趣。直接兴趣和间接兴趣是相互联系、相互促进的,如果没有直接兴趣,在进行活动的过程中就会感觉很乏味、枯燥;而没有间接兴趣的支持,也就没有目标,过程就很难持久下去。一些学生所说的"没有兴趣",实际上是对活动本身没有兴趣,如果我们明确了学习目的,想到学习对自己将来、对社会的作用,建立起专业学习的间接兴趣,并且投入进去,就能将间接兴趣逐渐转化为直接兴趣。

3. 学以致用,对学习结果进行正确的总结和评价

"纸上得来终觉浅,绝知此事要躬行。"社会实践是理论与实际的最佳结合点。在实践中激发学习兴趣,让自己所学的知识技能得以应用,把知识技能融入社会生产活动中,用自己的知识技能解决实际问题。这样就能使自己体验到专业学习的价值和趣味,增强自己对于专业的热爱。

4. 培养良好的兴趣品质,巩固专业兴趣

一个人会有多个兴趣,但在众多的兴趣中,应该确定一个中心兴趣,一旦确定就要坚持下去。有的人虽然兴趣广泛,但同时又是"三分钟热度",不能持之以恒。这种短期的兴趣,往往会使我们对于一个问题无法进行深入全面的了解,也就不容易取得成就。另外,有的人对某种事物存在强烈的兴趣,但是却总停留在想象中,从不付诸行动,这种兴趣也算不上真正的兴趣。

因此,我们要在生活学习中把兴趣变成推动自己实际行动的步骤,积极面对专业学习上遇到的问题,提升自我调适能力。大学生应当多阅读与专业相关的书籍,多参加与专业有关的实践活动以培养自己的专业学习兴趣;另外专业也并不是一成不变的,可以通过申请第二学位或转专业等方式学习自己感兴趣的专业。我们要充分调动多方面资源,珍惜在校时光,学好专业知识,提高专业素养。

(二)开展积极的心理调适

心理调适是使用心理科学的方法对认知、情绪、意志、意向等心理活动进行调整,以保持或恢复正常状态的实践活动。在学习过程中,经常会遇到两个极端:过于紧张和过于放松。而学习之道,却在于一张一弛。只有做好自己的心理调适,才能更加有效地进行学习。

1. 提高自控力

自律与他律最初是由康德提出的一对哲学伦理范畴。康德和卢梭等思想家把自律当作道德主体的一个基本条件,用来指不从外在的某种要求(如神、世俗权威、传统或自然本能)来获得道德力量,而是通过自己的理性,根据自己的良心,为追求道德本身的目的而制定和遵守伦理原则。不同的学科对自律的定义不尽相同,但普遍认为,自律的共性在于要求人们更多地将理性、信念等作为行为选择的约束力和驱动力,尊重人的主体性,强调自主、自治和自我教育,具有自觉性、自主性、内控性、自教性等特征。在学习上具有自律意识和自律能力,就是指个体在学习过程中,依靠理性、信念等内在因素和内在力量,对学习进行自我规划、自我控制、自我调节,以达到最优学习目标的自觉的思想认识和能力。

根据前文提到的控制点理论,对控制点的不同看法能够影响学生对学习的兴趣和求知欲望,能够决定学生对学习任务是持接受的还是持拒绝的态度,在完成学习任务的过程中注意力是否集中,在学习中能否克服困难等。

一般认为,内控者由于倾向于把学习上的成功归因于自己的能力和勤奋,而把学习上的失败归因为自己努力不够,因而在事后分析原因时,把失败作为需要付出更大努力的标志。这样,无论是学习上的成功还是失败,都能够促进他们更加勤奋、更加努力。因而学生的成就动机就比较强,其学习成功的可能性也就比较大。而外控者一般倾向于从外部找原因,把学习上的成功认为是运气较好,而学习失败则认为是运气不好、教师教得不好、学习任务太难等。这种学生的成就动机比较弱,他们对学习没有兴趣,逃避有关学习活动。在被迫选择时,有的是怀着侥幸的心理选择太难的任务,有的是从保险的角度选择太容易的任务。在失败的情境中,他们显得无能为力,往往会中止自己的学习。与外控者相反,内控者对自己的学习充满自信,相信自己能够控制自己的成功和失败,因而他们能积极地适应中等的、适度的课堂挑战,选择现实的学习任务。当然,这并不是说,内控水平越高越好,科学的观点是应该培养发展平衡的控制结构。

2. 学会放松

从紧张的学习状态中脱离出来,有时候需要掌握一些放松训练的技巧。放松训练属于现代词,指的是使有机体从紧张状态松弛下来的一种练习过程。放松训练是一种自我调整方法,是通过机体主动放松来增强对自我控制的有效手段。一般是在安静的环境中按一定要求完成特定的动作程序,通过反复的练习,使人学会有意识地控制自身的心理生理活动,以达到降低机体唤醒水平,增强适应能力,调整因过度紧张而造成的生理心理功能失调,起到预防及治疗的作用。

放松训练方式有如下几种:

(1) 身心放松训练

身心放松训练是用于克服紧张、焦虑的方法,其目的是使身心放松,使生理与心理活动趋于平衡,使人从烦恼、愤恨、紧张、忧愁等不良情绪中解脱出来,达到内心的平静与安宁。放松的具体方法有多种,如深度呼吸训练、静心反思、生物反馈等。

深度呼吸训练。这种训练方法简单易行,不受场所、时间等条件的限制,行、站、坐、卧都可以进行,其目的是通过深度呼吸,使身体各组织器官与呼吸节律发生共振,从而达到身心放松的效果。

【互动体验】

现在请你放下手中正在做的事情。如果你身边有椅子,请你全身放松坐在椅子上,调整你的坐姿,直到感觉最好、最舒服为止;如果你在寝室,请你全身放松仰卧在床上;如果你身边什么也没有,就请你全身放松站在你认为最方便的地方。准备好之后,我们就开始做放松训练。

请用鼻子深吸一口气,再慢慢地、均匀地呼出,呼气时平和而舒畅。继续呼吸,慢慢地、均匀地、深长地、平和而舒畅地呼吸。现在让我们数一下呼吸的次数,1、2、3、…、10;再重新开始,从1数到10。你可以重复数10遍、20遍。注意一下你身体各部位的感觉,各部位感觉在渐渐地、渐渐地与呼吸节律趋向一致。全身的毛孔在随着肺部的一张一合有规律地开合、开合……现在你不仅仅是用肺呼吸,而且还在用身体呼吸;吸气的时候,似乎空气从身体的毛孔中吸入,呼气的时候,气体又从毛孔中呼出。吸进新鲜的空气,呼出污浊的气体,一次、二次、三次……渐渐地你会感觉到身体各个部位都很放松、很通畅,仿佛整个身体融入了大自然之中。好了,我们的放松训练要结束了,请慢慢闭上你的眼睛,静静地,不去想任何事情。过一两分钟就可以做你该做的事情了。

静坐与冥想。有时候你可能觉得自己的思维很混乱,一会儿想到家里,一会儿又想到吃饭,再一会儿想到刚才发生的事情。每个念头之间似乎没什么联系,从一个想法一下子跳跃到另一个毫无联系的想法,心情因此而烦躁,不能专心地做自己想做的事情。这表明大脑在提醒你,该平心静气地休息一下了。此时你应该收心摄念、闭上眼睛,做下面的训练。先静下心来,反思一下自己现在在想什么,注意出现在你脑海中的每一个想法。一个想法出现了,不要去理它,看它往哪里去。这时你会发现,你不理它时,它自己就悄悄地溜掉了。一瞬间你会感到头脑中很空、很静,这些也不要去管它。忽然又一个念头出现了,你还是似注意似没注意地对待它,自然而然地它也会像前一个念头一样,转瞬即逝。你就这样去对待每一个念头,不要有意去捕捉它们。慢慢地你会发现,这些念头像行云流水一样,从面前一闪而过,不知飘到哪里去了。这样随想几十分钟,慢慢地睁开眼睛,你会感觉到眼睛比先前明亮多了,思路也清晰了,思维也更敏捷了。这时,你就可以再去做你还没做完的事情了。

意象训练。意象训练的基本原理就是通过想象轻松、愉快的情境(如大海、山水、瀑布、蓝天、白云等),达到身心放松、情绪舒畅的目的。意象训练的效果取决于想象的生动性和逼真性,想象越清晰生动,放松的效果就越明显。意象训练法不仅能消除疲劳、恢复精力,长时间坚持训练还可以达到开发智力的效果。下面我们通过语言引导来试做一次意象训练。

肌肉放松训练。肌肉放松训练是通过从头到脚的一步一步放松并结合自我暗示来达到消除紧张、调节精神状态的目的。这个过程你可以重复做几次,十几次甚至更多,要看自己是否方便。

（2）音乐疗愈

目前，音乐调节已应用到外科手术和精神病、抑郁症、焦虑症等的治疗上。如忧郁烦恼时，可以听《蓝色多瑙河》《卡门》《渔舟唱晚》等意境广阔、充满活力、轻松愉快的音乐；失眠时可以听莫扎特优雅宁静的《摇篮曲》、门德尔松的《仲夏夜之梦》等乐曲；情绪浮躁时可以听《小夜曲》等宁静清爽的乐曲。每个人都可以根据自己的情绪状况，选择曲调适合的音乐乐曲来调节自己的情绪情感状态。

（3）积极的自我暗示

自我暗示是运用内心语言或书面语言的形式来自我调节情绪的方法。这种方法既可用来松弛过分紧张的情绪，使内心平静，也可用来调节身体局部或全身各部位的紧张状态。不仅如此，它对其他情绪问题也同样起作用，而且对生理上的疾病有一定疗效。此外，这个方法还可用来激励自己的斗志。

采用自我暗示时应注意以下几个问题：暗示的语言要简洁，不多于5个字；暗示的语言要积极、肯定，千万不要采用消极、否定的暗示语言；暗示时，意识的运用要温和，不要带强制性；暗示后就不要再去想暗示语了，过一段时间后，可重新自我暗示；每次自我暗示时，重复默念暗示语3～5次为最佳；在一段时间内，最好只用一种暗示语或某一特定暗示语。自我暗示调节情绪的具体方法是：首先要发现自己紧张或不舒服的身体部位，确定紧张或不舒服的症状反应。然后针对症状反应发出良好的信息，如"放松""清静""别发火""我能行"等，每次重复3～5遍。如果经过一段时间还感觉到紧张或不舒服，就再重复第二步的过程。

【互动体验】

放松训练示例

指导语：现在请你全身放松，闭上眼睛，静静地观察你头脑中闪现的每一个念头，不要去理它，任它来去。你可以想象秋天的天空，你站在高山云巅，仰望湛蓝的天空，它显得那么高远，那么幽深。天空中，行云如流水，又仿佛是一片片棉絮从天际涌出，悠悠然从天空飘过，又消逝在无尽的远处……你可以重复想象上面描述的情境，渐渐地，一闭上眼睛，头脑中便会显现出秋天的景色，一幅动态的、有序的画面。你也可以想象自己所喜欢的静态画面，或是蓝天白云，或是绿水青山等。如果你的想象力很好，你可以做进一步的训练，把想象从外界转向体内，想象自己站在或坐在一朵金色的莲花上，周身金光四射，就像刚刚初升的太阳，照耀万物。这种训练方法你可以做几分钟至几十分钟，坚持不懈地进行训练，经过一段时间你会发现自己的身体素质、学习效率都会发生很大的变化。

（三）进行有效的时间管理

时间是人们终生相随的忠实伴侣。它既比土壤、水、空气、阳光还普遍，又比金银、钻石还贵重。时间这种稀有的、珍贵的资源是世界上独一无二的，它既无弹性，也无法取代。一天24小时对每个人都相同，但时间管理却因人而异。个人如何合理地利用时间，挖掘时间潜力，提高时间效率，对时间的使用如何从被动的自然经历与随意打发，转到系统地有计划有目的地主动分配，这些都属于"时间管理"的内涵。从更深层次来看，时间管理的核心是人的自我管理。一个人能否有效地管理时间,不单单是方法和技巧的掌握,还与其对时间价值的认识、自身素质及对工作和休闲这些相互联系的事情的看法有关。"时间管理"所探索的是如何减少时间浪费,提高时间效率,对时间进行合理的计划和控制、有效安排与运用的管理过程。

对于大学生而言,如何在大学的学习和生活中去充分合理地有效利用时间,为自身的成长和发展提供有力保证,是衡量大学生自我管理能力的重要方面,也是构成大学生自我管理能力的重要维度。

充分把握时间,合理利用时间,学做时间的主人,是大学生必须要学会的本领。大学期间,学生除了上课、休息和集体活动之外,其余时间都是自己支配,科学地安排好学业,充实自己的知识是非常有必要的。"00后"大学生普遍存在着时间安排分配不合理的现象,不知道如何利用时间更好地学习和生活,上网和谈恋爱几乎占据了他们绝大部分课余时间,甚至没有时间锻炼身体。这样不仅浪费了大学四年的美好时光,也没有打下扎实的学习基础。我们可以按照"四步走"的方法来进行时间管理。

(1) 了解时间模块

我们每个人的生活都是由不同的模块组成的,对于大学生来说,大学生活也不仅仅就是学习。那我们还需要哪些时间模块呢?特别是在制订学习计划的时候,为了保证学习任务的完成,应当对学习和生活做出全面的考虑和安排。表3-2列出了我们生活活动的一些基本模块及建议完成的时间段,你可以根据自己的实际情况再进行补充和完善。

表 3-2 时间分配表

活动类型	活动说明	完成时间段
生理需要	人必须要通过饮食、睡眠等补充能量,满足正常的生理需求	晚上11点至凌晨6点,三餐时间
工作与学习	工作是人谋生的手段,学习是谋生前的准备或是工作过程中的进修	全天8小时工作或学习时间
休闲与娱乐	从事个人喜好的活动,如进行体育锻炼、阅读、听音乐或看电影等	8小时之外的时间
人际与社交	生活在社会环境中,用于和亲朋好友共度、分享的时间	8小时之外的时间
个人独处	在独处的时间里,完全脱离了社会角色的束缚,对个人和未来进行一些思考,或是冥想,任由思绪天马行空	8小时之外的时间

如表3-2所示,除了学习之外,大学生还要安排好社会工作的时间、锻炼身体的时间、充分睡眠的时间、休闲娱乐的时间等,只有这样才能保证全面发展,才能保持旺盛的精力,才能使学习生活丰富多彩、生动有趣。

(2) 设定恰当的目标

人们常说,方向比努力更重要,这就强调了目标的重要性。有了目标可以使我们的生活更有方向感,可以使我们做事情更加专注。同时目标也会让我们区分出事务的轻重缓急,让我们把时间优先花在更重要更紧迫的事情上,在设定目标时要注意目标的完整性、清楚性和合理性。一个好的目标应该包含长期目标、中期目标和短期目标三种类别,每一个阶段性目标都应该有明确的完成期限。为了保证目标的实现,我们在设定目标时既不应该过于简单,也不应该不切实际。目标的设定也是一个动态变化的过程,不是一成不变的。如果在目标实行过程中发现原有目标已经偏离我们的现实生活,就要及时地对目标进行修订。

(3) 明确时间规划

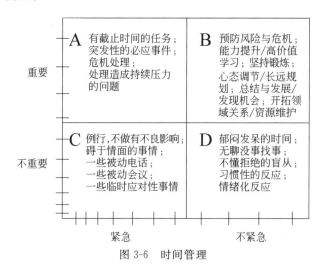

图 3-6 时间管理

一天 24 个小时实在是相当有限,还要有约 1/3 的时间用来睡觉,因此如果我们给自己设定太多目标,就会导致精力分散、一事无成。面对众多目标,要学会分清主次和迫切程度,安排优先级。时间管理策略的理论告诉我们,可以将事情按照重要程度和紧迫性分类,如图 3-6 所示,把事情在图表中排好之后,很明显我们就能看到,应该先做 A,后做 B,少做 C,不做 D。始终抓住重要的事情,才是最有效的时间管理,才是最好的节约时间的方法。

(4) 严密执行计划

时间管理的最后一个步骤就是执行已经制订的计划,在计划付诸实施时,通常会遇到以下的情况:

① 遇到阻力。这些阻力有的是来自自身,有的则来自环境。比如有的同学计划毕业后出国留学,在实现自己目标的过程中发现自己的学科水平达到了,但是外语水平还不足以让自己拿到全额奖学金,这样在申请时就会带来经济上的压力。那么执行出国目标的计划阻力归根结底来源于自身,这就需要我们更加努力地学习,来实现自己的理想和目标。

【延伸阅读】

完成工作或学习计划的过程就像是一场马拉松。你在开始时因为种种原因落后别人不少,于是你就开始纠结自己到底有没有跑下去的必要,却不努力去跑,结果只会是落后得更远。这时,你望着遥远的终点,感觉很绝望,都不想跑下去了。但是,如果你不去看不去想终点,也不去想别人,只看着自己的脚下跑——"管它呢,我先跑过这个小土丘再说"。就这样一个小目标一个小目标地跑,最终你一定会跑到终点,那时你也许会发现,你并不是最慢的,甚至是很不错的。所以,专注于你努力的过程而非最后的结果,为你认真学习了一个下午或认真做了一个实验而不是最后考试的那个 A 或一个漂亮的实验结果而表扬自己,你会发现完成工作其实不怎么难。

② 拖延现象。不论是因为做事追求完美,永远停留在力求"完美"的准备当中,而迟迟无法开始执行;还是学习和工作任务的价值通常比较抽象,没有多大兴趣,对完成目标的情绪不高;抑或生活中最为普遍的在做事过程中遇到困难而导致拖延,都会对目标计划的执行产生不良后果。因此在执行计划时,我们也要注意改变拖延的习惯,做到今日事今日毕,不能永远停留在计划阶段,让时间白白地流逝,结果只能看到别人的成功,自己却懊恼不已。

【延伸阅读】

战胜拖延,归根结底,还是要改变自己的思维方式。这并不容易,但不是不可能。改变思维方式,尤其是改变潜意识,最重要的是要改变自我对话的方式。下面是一些自我对话的建议:

建议	不建议
我选择/我想要……	我必须/我一定得……
这个任务我可以每次做一小步	这个任务太大了
我今天要开始做……	我今天必须完成……
我也可以是平凡人	我必须完美/出类拔萃
我一定要休息娱乐/休息娱乐是正常生活的一部分	我没空休息娱乐/休息娱乐就是偷懒

③ 不够专注。在执行计划的时候往往容易被周遭的情况打扰而偏离原来的计划内容,所以要专注于当下。专注于当下,不是指专注于你现在脑子里的想法和情绪,而是专注于你现在在做的或选择要做的事情。从心理学的角度来说,如果过于关注自己一时的情绪是不懂得推迟满足感的一种表现,就像小孩子想要一个玩具就非要马上得到一样,这样的做法会大大削弱一个人的自制力。而且,心理学实验表明,满足自己一时的情绪需求并非最佳策略,从长期角度上来讲,它会降低一个人的自我满足感和幸福感而非增加。想想因为玩乐休闲而拖延了工作后自己的负罪感和焦虑感就知道了。养成全神贯注做事情的习惯,投入地去做一件事情,达到"心流"的状态,必然会事半功倍。这在无形中节省了很多时间,大大提高了效率。

【延伸阅读】

"一心二用"媒体多任务或导致记忆力不佳

这是一个媒体智能化的时代,电脑、智能手机、平板等电子媒体设备已经成为人们生活、工作中不可替代的重要生产和娱乐工具,"海草式上网"的现象也越来越普遍。"海草式上网",顾名思义就是像海草一样摇摆不定、在各个网页或多媒体设备之间来回切换,进行着媒体多任务。诸如此类的媒体多任务行为,在互联网上被网友们戏谑地称为"海草式上网"。[①] 比如说,一边看电视一边发信息和浏览网页的行为,又或者说,手头写着报告,

---

[①] 黄泽方.海草式上网——浅谈媒体多任务对青少年的影响.北京教育(德育),2018(12):16-20.

还得处理邮件,又要回复信息,还得发个视频……这就像"抖音"中红极一时的海草舞中描述的那样"随风飘摇"。

在当代年轻人当中,随处可见一边双倍速怒刷网剧,一边扫视着手机屏上无穷无尽的朋友圈信息的媒体多任务行为,这种"多线程学习"的快乐感觉会令人精神振奋,觉得自己在用更少的时间学到更多东西。不过,此类错觉只能在童话里成真。所谓的"多线程学习"或被称作"媒体多任务处理",已经被科学研究判定为:越学越糟,会引起"舌尖现象"。"舌尖现象"指的是记忆的暂时性抑制。更通俗地说,就是话到嘴边了,可就是死活想不起自己原本要介绍的某人的名字、某道试题的答案,或是某个故事的结局。①

美国斯坦福大学的研究人员通过一项测试发现,"媒体多任务行为"(比如一边看电影一边浏览社交媒体,或一边听音乐一边阅读)可能与注意力更分散和记事更困难有关联。该校研究者凯文·马多雷及其研究团队募集了80名年龄在18岁到26岁之间的受试者,把他们自报的媒体多任务行为与其在记忆任务中的表现进行比较。测试中,研究人员用电脑向受试者展示物体的图片,而后要求他们回忆自己是否曾在测试前某个时候看到过这些物体,以此专门测试帮助其回忆事件的情境记忆。与此同时,研究团队利用脑电图和眼球跟踪技术来监测受试者的注意力。受试者还被要求填写一份调查问卷,以确定他们进行各种形式的媒体多任务行为的频率。研究者发现,报告自己实施媒体多任务行为频率越高的人,在测试中完成记忆任务时的注意力越分散,这种情况与其更难以记住事情有关。

马多雷表示:"我认为有意识地集中注意力、减少可能的干扰,对于做好记忆准备、减少走神或大脑空白次数大有帮助。在上网课或远程办公时抵制媒体多任务行为,或限制媒体多任务时间,可能很有价值。"②

显然,同时处理完成更多的媒体任务,看似是很有效率的做法,但实际研究表明,这并不是适合我们大脑的运作方式。斯坦福大学稍早一项研究也表明,媒体多任务对人的认知能力和信息处理能力存在影响,人类大脑的认知资源有限,当人们尝试一次做多个任务时,任务完成速度就会减慢。这一研究结果对人们的日常习惯起到重要警示作用,无论是注意力"跑偏",还是记忆力"跑丢",皆得不偿失。

尽管媒体和网络对人们的日常生活带来积极影响,拓展了沟通和获取信息的渠道,但随之而来的是人们处理信息方式的改变,人们愈发倾向于短小的信息,对较长信息的阅读耐心逐渐减少,更多人开始践行多任务处理的工作风格,经常迅速地在不同媒介之间切换,甚至无法集中注意力在一件事情上,对所有东西都失去耐性,这种新型的媒体多任务现象甚至会导致人们患上类似"专注力障碍"的疾病。③ 年轻人当中阅读小说、写篇文章等专一集中的注意活动正变得越来越少,取而代之的是刷短视频、即时通信等需要分配注意的活动越来越多。在处理繁杂信息时,寻找关键点对人们而言是个挑战,诸多因素常常

---

① Poldrack, Russell, & A. (2009). Decoding the Large-Scale Structure of Brain Function by Classifying Mental States Across Individuals. Psychological Science.

② 光明网 2020-10-31:喜欢一心二用多媒体的人注意了!当心记忆力受损 https://m.gmw.cn/baijia/2020-10/31/1301743779.html.

③ 文汇客户端 2021-01-16:边刷剧边扫朋友圈很飒?小心"话到嘴边又忘记"!媒体多任务处理正破坏你的记忆 https://wenhui.whb.cn/third/baidu/202101/16/388432.html.

引起注意力的分散。当专注于特定任务时,人脑会把新的信息有效地转移到与记忆相关的海马区域;相反,在同时应对多重任务的情况下,大脑会利用纹状体处理新的信息,这样导致了思维速度明显降低。当人们的专注力遭受重大干扰时,他们的认知功能也会显著减弱,导致思考过程变得浅显。美国加州大学的心理学家 Patricia Greenfield 在《科学》杂志中曾提出警告:当人们在进行媒体多任务行为时,大脑在不停地被训练着进行快速但浅薄的信息加工过程,这可能会极大地影响人们思维的深度、批判性思维的能力以及创造能力。

④ 方法不当。在计划执行的过程中,还会遇到自己很努力、很专心地想完成一项任务,可是结果却不尽如人意的情形,方法在此时就显得尤为重要。

【延伸阅读】

碎片式学习——高效能人士的学习方法

现代社会的忙碌节奏,让人总是处于马不停蹄的状态,可自由支配的完整时间越来越少,而与此相对应的零星的时间却多了起来。现代社会人们每天朝九晚五,奔波于公交地铁,很容易发出这样的感慨:"空有一颗想学习的心,却偏偏生了一条奔波的命"。要想在忙碌的工作、紧张的生活之外不放弃学习,就得学会利用这些边边角角的碎片时间。于是,"碎片式学习"的概念悄然流行起来。

(1) 利用零碎时间

无论是工作还是生活,做个有心人,就一定能获得可观的一笔"零碎时间"。等朋友赴约的时间,坐公交地铁的途中,或者等电梯的时候,一不留神,时间就会从指缝中流失。如果有意识地去留意并积累零碎时间,比如将中午休息的时间缩短五分钟,或者在等人的时候带上一本书,甚至在排队的时候背几个单词,都能帮助人们轻松实现学习梦想。

(2) 利用现代科技

利用现代科技,变手机为学习利器。智能手机的巨大平台,为大众提供了多元化的学习资源,可以实现随时随地学习,把知识库装在自己的口袋里。每天利用早晚等公交的时间,对着手机练习英语,内容自然也烂熟于心了。

5G 手机时代的到来,为碎片式学习提供了良好的平台。每一个渴望学习的人都会拥有无处不在、无时不有的"碎片式"学习工具和手段,利用自己天天都会有的"碎片时间"来加强学习,激活自己容易僵化的大脑,让工作和生活更加有质量,以拥有更多的快乐时光。"碎片式"学习,日积月累,"碎片"显然就不是碎片了!

(四)养成科学的用脑习惯

人的大脑皮层由大约 150 亿个神经元——神经系统的基本功能单位组成。在一个瞬间,信息在大脑中可以进行多次不同线路的散布和循环往复,这是大脑分析、综合、联想、想象、判断的物质基础之一。大脑的这种结构与工作原理,具有有效地完成信息的收集、类化、解释、调控的功能。研究发现,一个人"聪明"与否与大脑的容量没有必然联系,而与大脑中神经系统联结的"突触"数量有关。特别值得一提的是,这种大脑突触数量的增多与功能的完善还与大脑的使用程度有关,在一定限度内,大脑越用越灵。因为大脑在使用过程中可以形成新的神经联系,从而增加突触的数量,同时使大脑的血管经常处于舒展的状态,使脑细胞得到很好的保养。突触的增多与功能的完善,也依赖于人的精神状态和情绪状况。特别是有效学习、适度使用大脑,是促进聪明的关键。大学生把握好这些因素,就能更充分地发挥出自己的聪明才智。

1. 记忆与遗忘

记忆是过去的经验在头脑中的反映。所谓过去的经验是指过去对事物的感知、对问题的思考、对某个时间引起的情绪体验,以及进行过的动作操作等。这些经验都可以以映像的形式存储在大脑中。在一定条件下,这种映象又可以从大脑中提取出来,这个过程就是记忆。记忆不像知觉那样反映当前作用于感觉器官的事物,而是对过去经验的反映。记忆是脑的重要功能。人脑平均存储100万亿比特(bit)的信息,容量巨大。我们在日常的学习、与人交流、运动等时刻都需要记忆的参与,但是通常往往在忘记时才会开始关注它。

20世纪60年代发展起来的认知心理学,把记忆看作是人脑对输入信息进行编码、储存和提取的过程,并且按照上述不同,以及信息储存时间长短的不同,将记忆分为感觉记忆、短时记忆和长时记忆三个系统。

【延伸阅读】

很多人在工作与学习中,都会感觉到自己的记忆能力有些吃力。其实这并不是因为自己的记忆力下降,而是因为没有掌握到记忆方法。一个好的记忆方法,会让我们在工作与学习中做到事半功倍。如果没有一个好的记忆方法,就是再好的记忆力,我们也会感觉到吃力与疲劳。

记忆方法小贴士:

1. 最佳时间:一般来说,上午9—11点,下午3—4点,晚上7—10点为最佳记忆时间。利用上述时间记忆难记的学习材料,效果较好。

2. 注意力集中:记忆时只要聚精会神、专心致志,排除杂念和外界干扰,大脑皮层就会留下深刻的记忆痕迹而不容易遗忘。如果精神涣散、一心二用,就会大大降低记忆效率。

3. 视听结合:可以同时利用语言功能和视、听觉器官的功能来强化记忆,提高记忆效率,这样比单一默读效果好得多。

4. 兴趣浓厚:如果对学习材料、知识对象索然无味,即使花再多时间,也难以记住。

5. 理解记忆:理解是记忆的基础。只有理解的东西才能记得长久,仅靠死记硬背,则不容易记住。对于重要的学习内容,如果能做到理解和背诵相结合,记忆效果会更好。

6. 多种手段:根据情况,灵活运用分类记忆、图表记忆、思维导图及编提纲、做笔记、做卡片等记忆方法,均能增强记忆力。

7. 熟记牢记:即对学习材料在记住的基础上,多记几遍,达到熟记、牢记的程度。

8. 科学用脑:在保证营养、充分休息、进行体育锻炼等保养大脑的基础上,科学用脑,防止过度疲劳,保持积极乐观的情绪,能大大提高大脑的工作效率。这是提高记忆力的关键。

9. 及时复习:遗忘的速度是先快后慢。对刚学过的知识,趁热打铁,及时温习巩固,是强化记忆痕迹、防止遗忘的有效手段。

10. 经常回忆：学习时，不断进行尝试回忆，可使记忆的错误得到纠正，遗漏得到弥补，使学习内容的难点记得更牢，闲暇时经常回忆过去识记的对象,也能避免遗忘。

另外,研究者还发现上午8点大脑具有严谨周密的思考能力,下午2点思考能力最敏捷,但推理能力则在白天12小时内递减。根据这些测试,我们在早晨最好安排些严谨周密的工作,下午做一些需要快速完成的工作,晚上则做些需要加深记忆的工作。

我们在学习中应该顺应大脑的这些"脾气"和"禀性",扬长避短,合理安排工作学习,让大脑更好、更愉快地为我们工作。

德国心理学家艾宾浩斯(Ebbinghaus)是发现记忆遗忘规律的第一人。如图3-7所示,观察这条遗忘曲线,你会发现,学得的知识在一天后,如不抓紧复习,就只剩下原来的33.7%。随着时间的推移,遗忘的速度减慢,遗忘的数量减少。有人做过一个实验,两组学生学习一段课文,甲组在学习后不久进行一次复习,乙组不予复习,一天后对学习内容的记忆甲组保留98%,乙组则保留56%；一周后甲组保留83%,乙组仅保留33%,乙组的遗忘平均值比甲组高。

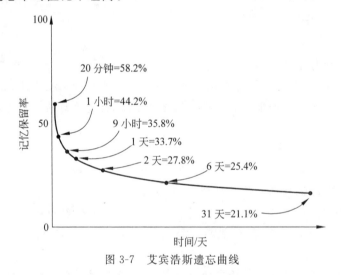

图3-7 艾宾浩斯遗忘曲线

另外,遗忘的进程不仅受时间因素的制约,也受其他因素制约。我们最先遗忘的是没有重要意义的、不感兴趣、不需要的材料,不熟悉的内容比熟悉的内容遗忘得要早。人们对无意义音节的遗忘速度快于对散文的遗忘,而对散文的遗忘速度又快于韵律诗。在学习过程中,对一种材料达到一次完全正确地背诵后仍然继续学习,叫作过度学习。过度学习可以使学习的材料保持得更好。要让记忆效果事半功倍,记忆得更牢、更深刻、更持久,就要真正把及时复习、理解记忆、联想记忆、过度学习运用到学习中。

2. 如何克服学习疲劳

人的生命过程是复杂的,又是奇妙的,它无时无刻不在演奏着迷人的"生物节律交响乐"。这就是通常人们所说的生物钟。生物钟也叫生物节律、生物韵律,指的是生物体随时间作周期变化的包括生理、行为及形态结构等现象。因此在一个月当中,人的智力、体力、情感都会经历一个周期波动。在一个人的身体上,存在着一个以23天为周期的体力盛衰、以28天为周期的情绪波动和以33天为周期的智力波动。于是科学家们将体力、情绪与智力盛衰起伏的周期性节奏,绘制出了三条波浪形的人体生物节律曲线图,如图3-8所示,被形象地喻为一曲优美的生命三重奏。

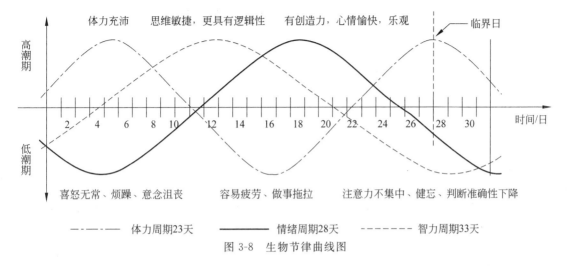

图3-8 生物节律曲线图

不仅科学家们找出了人体每个月的生物周期变化,还有心理学家测试得出,在一天24小时内,人的大脑也会有周期的波动,平均来说大脑每天有四次"黄金时刻",即早上4点到6点大脑清醒,是记忆的最好时刻;上午9点到11点,大脑由抑而扬,注意力强,记忆力好,联想力佳,是第二个黄金时刻;下午5点到7点,人的嗅觉灵敏度达到最好状态,脑力、耐力、体力又进入第三个高峰时期;晚上8点至9点,脑力再度处于活跃时期,是一天中第四个黄金时刻,可以从事各种创造活动。

人体生物钟三节律周期理论是指一个人在自身"水平线"上的波动,当人体三节律处于临界期或低潮期,人确实会感到智力下降、情绪欠安和体力易疲劳,但人是有理智的、有责任感的。我们了解了自己的临界期、低潮期,没有必要感到恐惧,更不要以生物钟低潮期或临界期为借口。

【延伸阅读】

如何根据生物钟原理安排醒睡节律及工作学习

最近,位于美国芝加哥医疗中心的生物节奏研究室的研究人员指出:周末睡懒觉对绝大多数人来说并非好事。因为这会使人体时钟紊乱,睡眠时间顺延,使星期天晚上难以入睡,星期一早上昏昏沉沉,而这种紊乱状态甚至需要数天时间才能恢复正常。

由于人体生物钟的变化,大脑皮层不同区域的功能也在时时发生着变化。研究结果表明:

上午8—11点,是组织、计划、写作和进行一些创造性思维活动的最佳时间。最好把一天中最艰巨的任务放在此时完成。同时,这段时间疼痛最不敏感,此时看牙医最合适。

上午11—12点,是开会的最佳时间,人们此时最为清醒。这段时间易用于解决问题和进行一些复杂的决策。

中午12—下午2点,在此期间人一天中快乐的情绪达到了高潮,适宜进行商业社交活动。

下午 2—4 点,会出现所谓的"下午低沉期"。此时易出现困乏现象,最好午睡片刻,或是打一些必要的电话,做些有趣的阅读,尽量避免乏味的活动。

下午 4—6 点,人体从"低沉期"解脱出来,思维又开始活跃。可把一天中较重要的工作放在此时做,并且这是进行长期记忆的好时光。

下午 5—7 点,人体的体温最高,此时做些锻炼,将有助于你在晚上顺利入睡并提高睡眠质量。

晚上 7—10 点,可就一些较严肃的家庭话题进行讨论,这也是学习的最好时间。

晚上 11—12 点,人体准备休息,各脏器活动极慢,易于进入梦乡。

在了解了生物钟之后,就不难理解"学习疲劳期"的概念了。

学习疲劳期是任何人都会有的。我们都是人,不是机器人,不是电脑,不可能一直情绪高涨地保持学习,每个人在学习过程中都会有厌烦的时候。生活中总会有那么几天,就是静不下心来,无论是看书、做题还是学习,都无法集中精力,大脑处于非常疲惫的状态。你不知道自己该干些什么,干什么都感觉没劲。是不是大家都有过这种经历?这就是我们所谓的"学习疲劳期"。学习疲劳期是由一定的主客观条件引起的学习心理障碍,并非完全是一种自然现象。

【心理测试】

我进入学习疲劳期了吗

指导语:如何了解自己学习是否疲劳以及疲劳的程度?下面提供一个简单的测试方法,请你作答"是"、"否":

扫码查询结果解释

序号	题 目	是	否
1	早上起来就感到难受		
2	如果你骑车上学,感到骑车没力气		
3	上楼梯容易绊倒		
4	不愿与老师或同学见面、交谈		
5	写作文不顺利		
6	说话断断续续,连不成句		
7	对别人的谈话不关心		
8	不知不觉地两手托着下巴靠在桌子上		
9	总想大量喝茶等提神的饮料		
10	不想吃油腻的东西		
11	饭菜中非常喜欢加上香料调料		
12	总觉得手发僵		
13	眼睛总像睁不开似的		
14	哈欠打个不停		

续表

序号	题目	是	否
15	连朋友的电话号码也说不出来		
16	想把脚搁在桌椅上放松		
17	体重不知不觉地降下来		
18	容易拉肚子或便秘		
19	难以入睡		

那么如何才能缩短学习的疲劳期，从低谷走出来呢？

(1) 拥有好的心情。学习效率与心情是有关系的。当心情好的时候，你会很喜欢学习，学习的效率也很高。当你不想学习的时候，可以听听音乐，外出散散步，缓解一下，让自己的心情变得好起来。不要强迫自己在"学习疲劳期"学习，因为要知道那时候学习是效率很低的，只有在自己有心情看书的时候效率才是最高的。

(2) 交替学习。通常采取交替学习的方法来缩短"学习疲劳期"。一门课程的学习时间要控制在两个小时之内。如果你对一本书毫无兴趣，那么改换另一本你感兴趣的，这样可以在单位时间里延长学习时间，而且能够帮助你平衡各门课程。另外，注意文理交叉学习，比如通常先开始做数学题，30 分钟后，背 10 分钟英语单词，再接着开始做数学题。这样在两个小时的时间里，实际上学习了一个半小时数学，背了半个小时英语单词。若是单独一直做一个半小时数学题，可能会感到厌烦，效率会降低；若是一直背 30 分钟单词，可能在 29 分钟时把背的第一个单词都忘记了——这就是交替学习的技巧，可以帮助你在处理每一件事的时候大脑都会保持高度集中、效率达到最高点而且不会产生厌烦情绪。

(3) 学会利用零散时间。爱因斯坦说过"人与人的差距在于业余时间"。这句话也可以这么理解：人与人的差距在于利用零散时间的能力高低。人们从一种行为转换到另一种行为，通常会有一段空白时间，这段时间就是零散时间。大多数人都把它浪费掉了，如等车的时候，饭前饭后，等人的时候等。对于这些时间，通常嵌入一些学习内容，可以是记忆单词，看看小说，听听有声读物等。另外，在某些松散的活动期间，可以并列地进行一些活动，如散步的时候，想想新的文章构思；洗澡的时候，进行一些思考性的活动（这个时候人是最放松的，会有很多灵感）等。这些本来需要你抽出大块时间进行的工作，在分解之后嵌入零星时间里，很容易地就完成了，而且有效利用了空白时间。

（五）促进问题的合理解决

解决问题的核心是在各个过程中尽可能多地收集资料，进行分析，调用头脑中原有的知识、概念、原型（核心概念）、图式（各种命题相互联系组成的图景），找到最有效的方法来解决问题，并进行评估和总结。执行只是很小的一部分，只有分析清楚问题，找到解决问题的办法才能保证问题得以顺利解决。

1. 学习迁移

迁移是已有的经验对解决新问题的影响。例如，学会了骑摩托车再学开汽车就要容易些;学会了骑自行车反而影响学骑三轮车……这些现象都是迁移的表现。迁移有正迁移和负迁移之分。正迁移是指已获得的知识经验对解决新问题有促进作用。例如,毛笔字写得好的学生,钢笔字往往也会写得不错。负迁移是指已获得的知识经验对解决新问题有阻碍或干扰的影响。例如,学过汉语拼音的学生在初学英文时往往有一些困难。一般来说,知识经验越丰富、概括水平越高,新旧情境间共同因素越多,越易于将知识经验迁移到解决新问题的情境中去,促使问题解决,产生正迁移;相反,知识经验片面、概括水平低或使用不当,会妨碍问题的解决或把问题解决的思路引向歧途,导致负迁移产生。

迁移的发生特别需要学习者的主动参与。有的大学生因为专业不是自己所喜欢的,往往容易产生较大的情绪反应和动力问题。如果你把兴趣和专业当作完全不沾边的两个内容,那么产生的压力就不足为奇了;但是如果你留心发现两者之间的联系,则别有洞天。

所以我们特别需要注意可迁移知识的学习,比如具有相似性和共通性的问题的解决能力、分析能力、沟通能力等,把冷冰冰的知识变得与自己有关,就会发生活生生的迁移。这种联系,会让学习变得举一反三、事半功倍。

2. 原型启发

原型启发是指在其他事物或现象中获得的信息对解决当前问题的启发。其中具有启发作用的事物或现象叫原型。作为原型的事物或现象多种多样,存在于自然界、人类社会和日常生活之中。例如,人类受到飞鸟和鱼的启发发明了飞机和轮船,由蒲公英随风飞行的启发制成降落伞,模拟蝙蝠定向作用而设计出了雷达,模拟狗鼻而设计"电子鼻"……科学家们从动物的形态、动作和某些机体结构中获得启发,解决了大量的生产、生活和军事上的问题,并形成仿生科学。

3. 定势

定势是指由先前的活动所形成的并影响后继活动趋势的一种心理准备状态。它在思维活动中表现为一种以最熟悉的方式做出反应的倾向。比如一个理科的学生去食堂打饭,会对大师傅说:"给我一个锐角扇形饼。"一个学计算机的学生觉得冷了,会让宿舍的同学关闭窗口(关上窗户)等。定势在问题解决中有积极作用,也有消极影响。当问题情境不变时,定势对问题的解决有积极的作用,有利于问题的解决;当问题情境发生了变化,定势对问题的解决有消极影响,不利于问题的解决。

破除定势消极影响的办法是要具体情况具体分析,一旦发现自己以习惯的方式解决问题发生困难时,不要执意固守,应换一种思路,寻求新方法。

4. 动机与情绪状态

动机是促使人解决问题的动力因素,对解决问题的思维活动有重要影响。动机的性质和动机的强度会影响问题解决的进程。就动机的性质来说,如果一个人的动机越积极,越有社会价值,它对人活动的推动力就越大,人们就会为问题解决积极、主动地进行探索,这样,活动效率也就会越高。就动机的强度来说,它对解决问题思维活动的影响比较复杂。一般情况下,当人具有某种解决问题的强烈动机时,人的思维才活跃,才能以积极的态度去寻求解决问题的途径、方法;相反,动机强度太弱,对解决问题漠不关心,自然不能调动个体解决问题的积极性,就不会主动、积极地寻求解决问题的途径、方法,不利于充分活跃个体的思维活动和人的能力的发挥,这时易产生畏难、退缩行为。

适中的动机强度最有利于问题的解决。动机超过适宜强度,反而不利于问题的解决。因为动机过强会造成很大的心理压力,易出现情绪紧张,思维紊乱,反而抑制思维活动,降低解决问题的成效。动机强度的适中点会随解决的问题的难度而变化。一般来说,越是解决复杂的问题,其动机强度的适中点越低。

个体在解决问题活动中的情绪状态对活动的效果有直接的影响。一般来说,高度紧张和焦虑的情绪状态会抑制思维活动,阻碍问题的解决;而愉快、兴奋的情绪状态则会使思维活跃,思路开阔,有利于问题的解决。但情绪过于兴奋和激动,也会抑制人的思维活动,使人的思路狭窄,妨碍问题的解决。

【延伸阅读】

ChatGPT——人工智能时代新工具

ChatGPT(Chat Generative Pre-trained Transformer),是美国人工智能研究实验室OpenAI研发的一款聊天机器人程序,于2022年11月30日发布。ChatGPT是人工智能技术驱动的自然语言处理工具,它能够基于在预训练阶段所见的模式和统计规律,来生成回答,还能根据聊天的上下文进行互动,真正像人类一样来聊天交流,甚至能完成撰写邮件、视频脚本、文案、翻译、代码、写论文等任务。ChatGPT一经推出,迅速在社交媒体上走红,短短5天,注册用户数就超过100万。然而,其在短时间内引爆全球的原因在于,在网友们晒出的截图中,ChatGPT不仅能流畅地与用户对话,甚至能写诗、撰文、编码。ChatGPT的应用场景还包括:用来开发聊天机器人,也可以编写和调试计算机程序,还可以进行文学、媒体相关领域的创作,包括创作音乐、电视剧、童话故事、诗歌和歌词等。在某些测试情境下,ChatGPT在教育、考试、回答测试问题方面的表现甚至优于普通人类测试者。

一项调查显示,截至2023年1月,美国89%的大学生都是用ChatGPT做作业。截至2023年2月,这款新一代对话式人工智能便在全球范围狂揽1亿名用户,并成功从科技界破圈,成为历史上增长最快的消费者应用程序。2023年6月,据香港《南华早报》报道,香港教育局已将人工智能技术和ChatGPT聊天机器人纳入学校课程。

然而,ChatGPT也带来了一些争议。2023年1月,巴黎政治大学(Sciences Po)宣布,该校已向所有学生和教师发送电子邮件,要求禁止使用ChatGPT等一切基于AI的工具,旨在防止学术欺诈和剽窃。有专家认为,使用ChatGPT完成作业和写论文是不道德和不健康的学习方式。学生们需要学会自主思考,理解知识并自己动手完成作业。使用ChatGPT完成作业只能短暂地帮助学生获得分数,但不能提高他们的学习能力和知识水平。

本章小结

学习是大学生的重要任务,本章通过介绍大学学习的特点与规律,分析大学阶段可能出现的学习困惑与相应的解决办法,以帮助个体有效提高与管理大学的学习。

思考题

1. 你是否已经适应大学阶段的学习?有哪些好的学习方法?还有哪些方面需要改进?
2. 你是如何根据大学学习的特点来调整自己的学习状态和效率的?

【书籍推荐】

《意志力:关于专注、自控与效率的心理学》

作者:罗伊·鲍迈斯特,约翰·蒂尔尼

译者:丁丹

出版社:中信出版社

意志力不是魔法,不是励志口号,是让人生更美好的科学途径。本书系当年最受欢迎的心理学图书,绝对颠覆你对"意志力"的惯有思维!让所有渴望被拯救的人们掌握人类意志力运行的规律,实现自我拯救、自我治疗。

《哈佛凌晨四点半》

作者:方向东

出版社:中华工商联合出版社

凌晨四点半的哈佛大学图书馆,依旧灯火通明,座无虚席……在勤奋这一点上,哈佛不是神话,哈佛只是一个证明,关于人的意志、精神、抱负、理想的证明。再杰出的哈佛人,都曾经在勤奋和忙碌中为自己的人生打下坚实的基础。这才是哈佛人取得如此成功的真正原因。品味哈佛精英的成功心得,感悟一流学府的人生智慧。阅读这本书,你总能为进取找到理由!

【视频推荐】

《三傻大闹宝莱坞》

大学从来都是一个囊括万象的地方,包含各种各样的人,各种各样的事,既可以在其中反映出社会问题,又能够通过学生看出人性走向。《三傻大闹宝莱坞》这部电影通过对兰彻等人求学经历的真实描绘,向我们展示了理想化的教育环境应该具备的特征:鼓励创新思维、尊重个体差异、重视实践技能培养等等,反映出教育不应是单向的灌输,而是双向的交流过程,通过激发学生的好奇心与创造力,使他们在学习中找到乐趣与意义。《三傻大闹宝莱坞》告诉我们即使身处困境也不要轻易放弃希望,只要坚持努力不懈奋斗,终将能够迎来属于自己的春天。

第四章　人际交往

名人名言

　　交朋友不是让我们用眼睛去挑选那些十全十美的,而是让我们用心去吸引那些志同道合的。

——罗曼·罗兰

本章要点

　　人际交往的过程;

　　人际交往的影响因素和常见类型;

　　大学生常见的人际交往困扰与解决办法。

【案例】

　　小张性格内向,上大学之前从来没有住过校。进入大学后他与5名同学同住,在条件优越的环境中成长的他,看不惯室友"不良"的卫生习惯,更不喜欢他们"随便"的作息制度,尤其不喜欢他们的高谈阔论。总之,他看谁都不顺眼。内向的他本来就不擅长与人沟通,再加之看不起那些同学,于是,就独来独往,很少与同学们交往。时间一长,他发现寝室同学说说笑笑,进进出出都结伴而行,似乎当他不存在。他开始感到失落,孤独感油然而生,曾经多次萌发主动与室友交往的念头,可每次都事与愿违。他回寝室时总觉得室友在议论他,对他评头品足,还窃窃私语,一副嘲笑、鄙视的模样。为此他想换寝室,但没有得到学校的批准。为了不和他们交往,他很少回寝室,只有睡觉时才回去。即使这样,似乎还是没有减少他们对自己的议论与不满。为此,小张开始失眠,食欲下降,精神状态也越来越差,身体急剧消瘦;在寝室讲话越来越少,甚至连笑声都很少听见。他感觉到听课的效率也越来越差,最后终于病倒了。住院期间,室友轮流守护在他病床旁,看到那些平时让自己反感透顶的室友都忙着照顾自己、送水喂饭,就像亲人一样。他的心被震撼了。他把内心的苦闷与孤独告诉了室友,才知道原来一切都是自己"想"出来的。室友只是觉得他不愿与他们交往,并不知道由此引发了他内心如此大的震荡。

　　提问:

　　1. 如果你是小张,你会怎么做?

　　2. 上大学后,如何提升人际交往能力呢?

一、解密人际交往

你是否觉得在大学里难以找到知心朋友?在宿舍里,为了和室友关系和谐,你是否觉得自己很委屈?你是否担心别人超过自己?你是否感觉内心孤独?你是否害怕与陌生人打交道?你是否曾经感叹:人际关系怎么这样难处?

早在公元 328 年,亚里士多德就指出,人在本质上是社会性的动物。每个人都处于一定的人际关系网中,无时无刻不在和各种各样的人打交道。对于大学生来说,主要的人际关系包括亲属关系、同学关系、朋友关系、师生关系等。

(一)人际交往及其意义

人际交往就是在社会生活过程中,人与人之间的意见沟通,信息情报交流与相互作用的过程。美国著名的人际关系学大师卡耐基(Dale Carnegie)曾说:"一个人事业的成功,只有 15% 是由于他的专业技术,另外 85% 要靠人际关系和处事的技巧。"因此,对于正在成长和发展中的大学生来说,积极开展人际交往,处理好人际关系,有着十分重要的现实意义。

1. 人际交往是人身心健康的需要

我国著名的心理学家丁瓒教授曾指出:"人类的心理适应,最主要的就是对人际关系的适应,所以人类的心理病态大多是由于人际关系失调所致。"心理学家从全国 29 个省、市、自治区回收的 1433 份有效问卷的统计结果显示,人们的人际关系与身体健康和心理健康是密切关联、相互影响的,人际关系高度影响身体健康和心理健康,但其对于心理健康的影响作用,比对身体健康的影响更大。

心理学研究表明,如果一个人长期缺乏与别人的积极交往,缺乏稳定而良好的人际关系,这个人往往会有明显的性格缺陷。人际交往促进个体心理健康主要是通过满足个体的需要,使人的情绪愉悦。社会心理学研究表明,当个体的需要得到基本满足时人就会感到心情舒畅,并且他的行为动机就容易得到激发。相反,如果个体的需要得不到满足,人的心理就容易失衡,情绪易于沮丧,行为动机也会受到抑制。

因此,能否与人建立起长期、稳定、良好的人际关系,是衡量一个人心理健康与否的重要标准。大学生人际交往欲望强烈,希望被人接纳和认可的心理尤为迫切。良好的人际关系能促进大学生之间相互的理解和关怀。通过交往可以缓解大学生内心的冲突和紧张,减少内心的空虚、孤独,激发其对生活的热爱,最大限度地避免不良情绪的产生。

在大学生心理咨询中发现,绝大多数大学生的心理危机都与其缺乏积极的人际交往和良好的人际关系相关。同时心理学家也从各个不同角度做过大量的研究发现,健康的个性总是与健康的人际交往相伴。心理健康水平越高,与别人交往越积极,越符合社会的期望,与别人的关系也就越深刻。心理学家专门研究了身体、智力和心理健康水平都处于高水平的宇航员、研究生和大中学生,得出了一个共同的结论,心理健康水平高的人同他人可以保持良好的人际关系及交往。他们有着一系列有利于积极交往和建立良好人际关系的个性特点,如友好、可靠、替别人着想、温厚、诚挚、信任别人等。这些研究还发现那些心理健康水平高者往往来自人际关系状况良好的幸福家庭,这从一个侧面提供了人际关系状况影响个性发展和健康的佐证。

与人发生冲突会使人的心灵蒙上阴影,导致精神紧张、抑郁,不但会导致心理障碍,而且还会刺激下丘脑,使内分泌功能紊乱,进一步引起一系列复杂的生理变化。许多疾病,如冠心病、消化性溃疡、甲状腺功能亢进、偏头痛、月经失调和癌症,都与长期不良情绪和心理遭受强烈的刺激有关。

2. 人际交往是人获得安全感的需要

社会心理学家所做的大量研究表明,与人交往是获得安全感的重要途径。当人们面临危险的情境而感到恐惧时,与别人在一起可以直接而有效地减少恐惧感,使人感到安宁与舒适。有人研究过战场上与部队失散的士兵的心理,发现最令士兵恐惧的不是战场的炮火硝烟,而是失去与战友联系的孤独。一旦一个失散的士兵遇到自己的战友,哪怕其完全失去了战斗力,也会感到莫大的安慰,独自一人时的高度恐惧感也会大大减轻甚至消失。

人不光有生物性的安全感需要,而且还有社会性的安全感需要。当人置身于自己不能把握或控制的社会情境时,也同样会缺乏安全感。如大一新生来到学校,脱离了原来的人际关系支持,新的人际关系尚未建立,因而在自我稳定感和社会安全感方面可能出现危机。在新的人际关系建立起来之前,会一直处于高度的自我防卫状态。心理学研究发现,同生物安全感的建立相似,获得社会安全感的最有效途径同样是与人交往,并由此建立稳定的人际关系。不过与生物安全感不同,一个人要获得充分的社会安全感,仅有别人的陪伴或表面交往还远远不够。社会安全感的本质是人与人之间的情感联系。只有通过交往,同别人建立了可靠的人际关系之后,人们的社会安全感才能得到确立。

3. 人际交往有助于自我认知的发展

人的自我意识的确立是通过社会比较过程来实现的。一个人只有将自身置于社会背景之中,通过将自己与别人进行比较才能确立自己的价值。所以,人需要了解别人,也需要通过别人来了解自己。因此,同别人进行交往,同别人建立并保持一定的人际关系就成为生活中必不可少的部分。一个人不断地通过社会比较获得充分信息,相信自身是有价值的,才能保持其稳定的自我价值评判。如果社会比较的机会被长期剥夺,则会使人因缺乏对自我状况的社会反馈信息而导致个人价值感的危机,并使人产生高度的自我不稳定感。人是难以忍受自己的价值得不到肯定的。因此,自我不稳定感会引起人的高度焦虑,并促使个体去同他人进行交流,进行有意无意的社会比较,以便获得有关自我状况的社会反馈,了解自我,使自己的行为具有明确的方向,并使自我价值感重新得到确立。

能正确地认识自我、认识他人是大学生自身全面发展的重要体现,要做到此需发挥人际关系的重要作用。因为在社会生活中,人只有通过各种交往活动才能体会自我的交往方式、自我的同伴偏好,并根据自我的行为与态度对他人的影响以及他人对自我的评价逐步认识自我。良好的人际关系不仅能令大学生看到自己的优势,而且能让他们意识到自己的劣势,并能够得到较多的社会支持来改善、发展自我;而不良的人际关系很容易误导大学生的自我认识,造成盲目自卑或自大。另外,良好的人际关系是大学生知识体系不断完善的保证,是促进大学生有效学习与智力发展的必要条件。大学生可以通过与他人交流来获取信息,获得知识,丰富经验,提高认识,实现自我认知的发展。

4. 人际交往是人生幸福的需要

在日常生活中,有些人认为,人的幸福是建立在金钱、成功、名誉和地位的基础之上的。实际上,对于人生幸福来说,所有这些方面远不如健康的交往和良好的人际关系重要。交往和人际关系在人们生活中的地位无法被金钱、成功、名誉和地位所取代。心理学家通过研究发现了一个奇特的现象:自20世纪30年代以来,人们的金钱收入一直呈上升趋势,但是对生活感到幸福的人口比例并没有增加,而是稳定在原来的水平。这说明金钱并不能简单地决定人的幸福。

心理学家克林格做了一个广泛的调查,结果发现良好的人际关系对于生活的幸福具有首要意义。当人们被问到"什么使你的生活富有意义"的时候,几乎所有的人都回答是"亲密的人际关系是首要的"。自己的生活是否幸福取决于自己同生活中其他人的关系是否良好。如果同配偶、恋人、孩子、父母、朋友及同事关系良好,有深刻的情感联系,那就会感到生活幸福且富有意义;反之,则会感到生活缺乏目标、没有动力和不幸。在这些被调查者的回答中,人际关系的重要性远远超过成功、名誉和地位,甚至超过了西方人最为尊重的宗教信仰。一项研究表明,社交焦虑对青少年的身体健康有着损害性的影响。研究者认为,发展适用于中国青少年缓解社交焦虑影响的心理方法是很有必要的①。学习人际交往的必要技能,调整人际交往中的不良认知,有助于大学生通向幸福人生。

【心理测试】

我的人际交往能力如何

扫码查询结果解释

指导语:以下各题,你可按照自己的符合程度进行打分。完全符合者打5分,基本符合者打4分,难于判断者打3分,基本不符合者打2分,完全不符合者打1分,最后统计总得分。

序号	题目	完全符合	基本符合	难于判断	基本不符合	完全不符合
1	我去朋友家做客,首先要问有没有不熟悉的人出席,如有,我的热情度就明显下降	5	4	3	2	1
2	我看见陌生人常常觉得无话可说	5	4	3	2	1
3	在陌生的异性面前,我常感到手足无措	5	4	3	2	1
4	我不喜欢在大庭广众之下讲话	5	4	3	2	1
5	我的文字表达能力比口头表达能力强	5	4	3	2	1

① Ningning M,Ting L,Chieh L,et al. Smartphone-Based Training of Cognitive Bias Madification:Efficacy for Reducing Social Anxiety in Chinese Adolescents. Journal of Child and family studies,2023,DOI:10,1007/s10826-023-02619-8.

续表

序号	题　目	完全符合	基本符合	难于判断	基本不符合	完全不符合
6	在公共场合讲话,我不敢看听众的眼睛	5	4	3	2	1
7	我不喜欢广交朋友	5	4	3	2	1
8	我的要好朋友很少	5	4	3	2	1
9	我只喜欢与我谈得来的人接近	5	4	3	2	1
10	到一个新环境,我可以接连好几天不讲话	5	4	3	2	1
11	如果没有熟人在场,我感到很难找到彼此交谈的话题	5	4	3	2	1
12	如果在"主持会议"与"做会议记录"这两项工作中挑选一样,我肯定挑选后者	5	4	3	2	1
13	参加一次新的集会,我不会结识多少人	5	4	3	2	1
14	别人请我帮助而我无法满足对方要求时,我常常感到很难对人开口	5	4	3	2	1
15	不到万不得已,我绝不求助于人,这倒不是我个性好强,而是感到很难对人开口	5	4	3	2	1
16	我很少主动到同学、朋友家串门	5	4	3	2	1
17	我不习惯和别人聊天	5	4	3	2	1
18	领导、老师在场时,我讲话特别紧张	5	4	3	2	1
19	我不善于说服人,尽管有时我觉得很有道理	5	4	3	2	1
20	有人对我不友好时,我常常找不到适当的对策	5	4	3	2	1
21	我不知道怎样和妒忌我的人相处	5	4	3	2	1
22	我同别人的友谊发展,多数是别人采取主动态度	5	4	3	2	1
23	我最怕在社交场合中碰到令人尴尬的事	5	4	3	2	1
24	我不善于赞美别人,感到很难把话说得亲切自然	5	4	3	2	1
25	别人话中带刺揶揄我,除了生气外,我别无他法	5	4	3	2	1
26	我最怕做接待工作,同陌生人打交道	5	4	3	2	1
27	参加聚会,我总是坐在熟人旁边	5	4	3	2	1
28	我的朋友都是同我年龄相仿的	5	4	3	2	1
29	我几乎没有异性朋友	5	4	3	2	1
30	我不喜欢与地位比我高的人交往,因为我感到这种交往比较拘束、很不自由	5	4	3	2	1

（二）人际交往中的心理学效应

社会心理学研究表明，在人际交往中有一些非常有趣的心理现象，科学地用好人际交往中的心理效应对大学生很有意义。

1. 首因效应

【案例】

小赵来自南方的一个小城市，读大学前，小赵对于北方的大都市充满了期待和好奇。当他大一入学第一次走进大学宿舍的时候，发现其他三位舍友都已经到了，舍友有的在打游戏，有的在收拾床铺，有的在翻看《新生指导手册》……小赵主动向舍友们打招呼，并介绍自己。他热情地分享了自己家乡的风景和美食，还主动询问了舍友们的兴趣爱好，因为小赵的到来，本来都在各自忙碌的舍友们聚在一起有说有笑，之前的陌生感一点点消散。在接下来的日子里，舍友们去游玩、吃饭都喜欢叫上小赵。大学毕业5年后，宿舍聚餐，舍友小李还提起了当年第一次见面时小赵分享的桂花糕。小赵通过热情、真诚和主动的态度，给室友们留下了良好的第一印象，从而赢得了他们的信任和友谊。而那些初次见面时没有留下足够吸引力的第一印象的同学，则可能需要在日后花费更多时间去融入新的社交圈。

首因效应，是指人与人第一次交往中给人留下的印象，在对方的头脑中形成并占据着主导地位的效应。首因效应也叫首次效应、优先效应或第一印象效应。首因效应启迪我们一方面要给他人留下良好的第一印象；另一方面又要在以后的交往中纠正对他人第一印象的不全面认识。

【延伸阅读】

美国社会心理学家洛钦斯（A. S. Lochins）1957年以实验证明了首因效应的存在。他用两段杜撰的故事做实验材料，描写了一个叫詹姆的学生生活片段。这两段故事描述的是两种完全相反的性格。一段故事中把詹姆描写成一个热情并且外向的人，另一段故事则把他写成一个冷淡而内向的人。两段故事分别列于下方：

"詹姆走出家门去买文具。他和他的两个朋友一起走在充满阳光的马路上。他们一边走一边晒太阳。詹姆走进一家文具店，店里挤满了人。他一边等待着店员对他的注意，一边和一个熟人聊天。他买好文具在向外走的途中遇到了熟人，就停下来和朋友打招呼，告别朋友后就回学校。在路上他又遇到了一个前天晚上刚认识的女孩子，他们说了几句话后就分手告别了。"

"放学后，詹姆独自离开教室走出了校门。他走在回家的路上，路上阳光非常耀眼。詹姆走在马路阴凉的一边。他看见路上迎面而来的是前天晚上遇到过的那个漂亮的女孩。詹姆穿过马路进了一家饮食店，店里挤满了学生。他注意到那儿有几张熟悉的面孔。詹姆安静地等待着，直到引起柜台服务员的注意之后才买了饮料的。他坐在一张靠墙边的椅子上喝着饮料，喝完之后他就回家去了。"

洛钦斯把这两段故事进行了四组排列：一组是将描述詹姆性格热情外向的材料放在前面，描写他性格内向的材料放在后面；二组是将描述詹姆性格冷淡内向的材料放在前面，描写他性格外向的材料放在后面；三组是只出示那段描写热情外向的詹姆的故事；四组是只出示那段描写冷淡内向的詹姆的故事。

洛钦斯将4组不同的材料,分别让4组水平相当的中学生阅读,并让他们对詹姆的性格进行评价。结果表明,第一组被试中有78%的人认为詹姆是个比较热情而外向的人;第二组被试只有18%的人认为詹姆是个外向的人;第三组被试中有95%的人认为詹姆是外向的人;第四组只有3%的人认为詹姆是外向的人。

洛钦斯的研究证明了第一印象对认知的影响。在首因效应中,对情感因素的认知常常起着十分重要的作用。人们一般都喜欢那些流露出友好、大方、随和情感的人,因为在生活中,我们都需要他人尊重和关注。这个特点在儿童身上表现得最为明显。小孩子一般都喜欢第一次见了他就笑的人,如果再给予相应的赞美,那么他会更加高兴。

2. 近因效应

【案例】

王先生和他的大学同学赵先生在大学毕业前夕分别向班上的女同学小张表白,小张接受了王先生的表白,赵先生的表白则被婉拒。赵先生十分失落,心情不好,并将自己的痛苦归因于王先生。两个人在散伙饭上闹得很不愉快,毕业后王先生和赵先生再也没联系过。然而,在一次偶然的机会下,他们在一个同学聚会上重逢了。刚开始时,两人因为之前的不愉快都有些尴尬,但随着聚会的进行,他们发现两个人目前所做的工作内容相似,并且都有一对儿女。这次聚会之后,赵先生被王先生的专业能力和人品打动了,两人开始了紧密的商业合作。

近因效应,是指最近一次交往的印象对我们的认识所产生的影响。最近一次交往留下的印象,往往是最深刻的印象。一般而言,熟人之间的交往近因效应会发挥较大的作用,因此我们平时应该注意给人留下良好的印象。

心理学者洛钦斯做了这样的实验。分别向两组被试者介绍一个人的性格特点。对甲组先介绍这个人的外倾特点,然后介绍内倾特点;对乙组则相反,先介绍内倾特点,后介绍外倾特点。最后考察这两组被试者对此人的印象,结果与首因效应相同。洛钦斯把上述实验方式加以改变,在向两组被试者介绍完第一部分后,插入其他作业,如做一些数字演算、听历史故事之类不相干的事情,之后再介绍第二部分。实验结果表明,两个组的被试者,都是第二部分的材料留下的印象深刻,近因效应明显。

想到多年不见的朋友,在人们的脑海中印象最深的其实就是临别时的情景;一个朋友总是让你生气,可是谈起生气的原因,大概只能说上两三条,这也是一种近因效应的表现。在学习和人际交往中,这两种现象很常见。心理学家认为,在学习系列材料后进行回忆时,对该系列中的最后几个项目的回忆与对它们的识记相距时间最短,因而是从短时记忆中提取的。这种观点用改变识记与回忆之间间隔时间的方法进行实验可以得到证明。延缓回忆对首因效应没有影响,但却消除了近因效应。这说明短时记忆的提取促成了近因效应。

3. 光环效应

【案例】

心理学家戴恩做过一个这样的实验。他让被试者看一些照片,照片上的人有的很有魅力,有的毫无魅力,有的处于二者之间。然后让被试者在与魅力无关的特点方面评定这些人。结果表明,被试者对有魅力的人比对无魅力的赋予更多理想的人格特征,如和蔼、沉着、热情等。

光环效应又称晕轮效应,是指在交往的过程中,我们往往会从对方的某个优点而泛化到其他有关的方面,由不全面的信息而形成完整的印象。光环效应往往对恋爱的双方起更明显的作用,正所谓"情人眼里出西施"。

光环效应最早是由美国著名心理学家爱德华·桑戴克于20世纪20年代提出的。他认为,人们对他人的认知和判断往往只从局部出发,然后由此为中心扩散而得出臆想的整体印象,常常以偏概全。一个人如果被标明是好的,他就会被一种积极肯定的光环笼罩,并被赋予一切都好的品质;如果一个人被标明是坏的,他就被一种消极否定的光环所笼罩,并被认为具有各种坏的品质。这就好像刮风天气前夜月亮周围出现的圆环(月晕),其实呢,圆环不过是月亮光的扩大化而已。据此,桑戴克为这一心理现象起了一个恰如其分的名称"晕轮效应",也称作"光环作用"。

光环效应不但常表现在以貌取人上,而且还常表现在以服装定地位、性格,以初次言谈定才能与品德等方面。在对不太熟悉的人进行评价时,这种效应体现得尤其明显。例如,当我们看到某个明星在媒体上曝出一些丑闻时总是很惊讶。这是因为在我们心中这个明星的形象就是其在银幕或媒体上展现给我们的那圈"月晕",其真实的人格我们是不得而知的,仅仅是推断得出的。

4. 投射效应

【案例】

张老师是一位新入职的辅导员,因为家庭的变故,本来准备读博深造的张老师选择了先参加工作。进入辅导员岗位后,张老师把做学术的热情都投入到学生身上。充满活力的张老师非常关心自己的学生,尤其是在专业上表现突出的小明,张老师仿佛在小明身上看到了那个成绩优异的自己。小明是一个聪明但内向的学生,张老师对他寄予了很高的期望,在张老师的眼里,"学霸"小明要努力学习,争取保研名额。张老师在和小明谈心谈话的时候很关心小明最近的学习状况,刚进入大二,张老师就鼓励小明去联系导师,早点儿为保研铺路。然而,刚升入大二的小明更希望去探索专业之外的兴趣爱好。每次要去见张老师时,小明都会感到害怕和紧张,甚至开始怀疑自己的能力和价值……

投射效应是指在交往的过程中,我们总是假使他人和自己拥有相同的倾向,即把自己的特性投射到他人身上,从而形成对他人的印象,有时候,我们对他人的猜测,无形中透露的正是自己。所以,我们不要瞎猜别人的坏处,不要带"有色"的眼镜去看待别人。

心理学家罗斯做过这样的实验来研究投射效应,在80名参加实验的大学生中征求意见,问他们是否愿意背着一块大牌子在校园里走动。结果,48名大学生同意背牌子在校园内走动,并且认为大部分学生都会乐意背;而拒绝背牌子的学生则普遍认为,只有少数学生愿意背。可见,这些学生将自己的态度投射到其他学生身上。

当别人的行为与我们不同时,我们习惯用自己的标准去衡量别人的行为,认为别人的行为违反常规;喜欢嫉妒的人常常将别人行为的动机归纳为嫉妒,如果别人对他稍不恭敬,他便觉得别人在嫉妒自己。"以小人之心度君子之腹"就是一种典型的投射效应。

5. 刻板效应

【案例】

王学长是文学社团的社长,他带领了32名社团成员,办活动时需要每个人负责不同的工作内容。王学长经常对同学们进行分类:例如,他常常认为高年级的学生比较保守、难以适应新事物,而低年级的小同学则过于冲动、缺乏经验。因此,在沟通时他往往会根据这些标签来解读对方的话语和行为,导致工作中沟通不畅、误解频发,不仅影响了王学长和同学们的关系,也让社团活动的工作内容不能分配到最合适的人手上。此外,高年级学生可能因为被贴上"保守"的标签而不敢尝试新方法,低年级学生则可能因为被认为"冲动"而失去展现自己的机会。王学长对此更是感到困惑,为什么自己有丰富的经验却不能把工作做好呢?

刻板效应是社会上对于某一类事物或人物的一种比较固定、概括而笼统的看法。在人际交往中,我们有时会把对某一类人物的整体看法强加到与此相关的个体上而忽视了个体特征。刻板效应有利于总体评价,但对个体评价会产生偏差。比如,在MBTI测试中,"I"型人格的同学会被认为是不擅于人际交往的,"E"型人格的同学会被认为是在任何社交场合都不会怯场的。实际上,人们的社交需求和表现会随着场景不同而发生变化。在日常生活中,当一个活泼、爱与人交谈的同学在聚会中独自坐在角落,你会感到吃惊;一个你认为十分内向的同学在KTV成为"麦霸",你往往感到震惊;吃水果的朋友,也许会有这样的一种感觉,他们偏爱买黄皮橘子而不买青皮橘子,尽管这两种橘子一样甜,一样好吃。因为在他们的印象中,青皮橘子是未成熟的酸橘子。

(三)影响人际交往的心理因素

"到了大学很难再找到知心朋友了",这是很多大学生的慨叹。他们一方面渴望真诚的友谊;另一方面又感到好朋友太少。有些人我行我素,不会理解他人,而又希望别人能够顺从自己。到底怎样才能交到知心朋友呢?影响人际交往的心理因素有哪些呢?

1. 认知因素

首先是对自己的认知,有无正确的自我评价,会影响人际交往中的自我表现;其次是对他人的认知;最后是对交往本身的认知。交往的过程是双方彼此满足需求的过程,如果只考虑自己需求的满足而忽视对方的需求,就会引起交往障碍。

【案例】

小杰是大三的学生,从大一起他就和室友相处不好,为此他调换过一次寝室。但在新寝室里,他依然不能和同学和睦相处,为此,他十分烦恼。他认为室友都不理解他,而且都存在一些自己不喜欢的毛病,因此,常常和他们发生争执,有时为一件小事也争得面红耳赤。他很纳闷,为什么就没有同学理解他呢?日益恶劣的人际关系不仅影响着他的生活状况,更影响着他的学习和自信心。

小杰的家庭经济条件很好。父母对他的要求从来都是有求必应,无条件给予满足。但父母感情不和,经常为家庭琐事吵架,尽管父母都不会迁怒于他,但逐渐地他认为人与人之间的相处是非常困难的,即使是最亲近的人也是如此。他曾声称自己将成为一个独身主义者。

我们发现,在小杰的头脑里根深蒂固地形成了两个观念:一是我应该获得我需要的一切,包括别人的理解;二是人与人之间的相处是困难的,因此,我不会放弃自己的利益来适应别人。正是这两个不知不觉中形成的不合理认知,造成了小杰人际交往中的诸多问题。

2. 情绪因素

人际交往中的情绪表现应是适时适度的,应当与引起情绪的原因及情境相称,并随客观情况的变化而变化。情绪反应过分强烈,不分场合和对象,恣意纵情,会给人轻浮不实的感觉;若情绪变化激烈,则会让人觉得过于感情用事;情绪反应过于冷漠,对本可引起喜怒哀乐的事情无动于衷,则会被认为麻木、无情。这些不良情绪反应都会影响交往。

【案例】

一天中午,大四男生小王正在食堂排队打饭。由于屡次求职受挫使他郁郁寡欢。这时,室友小高也过来排队打饭。小高一边伸长脔子扫视窗口上方的食谱,一边自言自语地点着想吃的菜,时不时还问小王:"你说呢?"小王不搭理,小高也不介意。小高忽见旁边队伍有一漂亮女生,连捅小王让他快看,还连连啧啧赞叹。心情不太好的小王突然嚷嚷:"你烦不烦!"旁边无数眼光投过来,小高十分尴尬。小王突如其来的发火,让他一时失措;旁边扫来的眼光令他尴尬得无地自容。而小王并未就此罢休,继续情绪激动地嚷道:"你懂不懂得尊重女生,盯着人家看礼貌吗?"嚷完后将饭盒和卡向小高怀里一掷,拂袖而去。小高又羞又恼,将饭盒向小王背影掷去。事后,两人见面怒目相向,不久,小王换了寝室,并声称无法容忍小王这种"神经病";小王也扬言从此不理小高这个"平时一本正经,见了女生就挪不动步子的伪君子"。临近毕业,和睦相处了近四年的室友就此翻脸。

案例中的小王由于求职受挫正处于不良心境之中,偏巧小高没能意识到这一点,点燃了他的情绪爆发点。小王始终未意识到自己的"无名火"是误发在同学身上,这说明了他存在自我情绪认知障碍;而小高一开始没有注意到小王情绪的异常,后来也并未深入思考小王发火的原因,只停留在"莫名其妙的神经病"的抱怨层面,这也说明了他存在他人情绪认知障碍,不能体察他人的情绪异常及其真正原因。

3. 人格因素

人格也称个性。美国人格心理学家伯格对人格做了如下定义:人格是指稳定的行为方式和发生在个体身上的人际过程。这个定义明确指出了人格对人际关系的影响。人格会影响人与人之间的交往。

不良的人格特征容易给人以不良评价、不愉快的感受乃至一种危险感,因而会影响人际交往。下面是较常见的一些不良人格因素及其对交往的影响:

(1) 为人虚伪。与这种人交往,人们没有安全感。

(2) 自私自利。这种人只关心自己的需要,不关心他人,人们在与这种人的交往中会经常感到在精神上、物质上受损。

(3) 不尊重人。与之交往,容易被挫伤自尊心。

(4) 报复心强。与之交往,使人常担心稍有不慎,就会遭报复,感到心理紧张。

(5) 嫉妒心强。与之交往,易使人感到自己被嫉恨、被排挤、被剥夺,从而感到不舒服,不安全。

(6) 猜疑心重。常令人在交往中感到冤枉委屈,难以从内心接近。

(7) 苛求于人。这种人易使人感到紧张和压抑,并易使他人自尊心受挫。

(8) 过分自卑。这种人常被感觉为无能,与此种人交往使人感到有负担、沉闷。

(9) 骄傲自满。使人感到威胁或难以信任。

(10) 孤独固执。自我防御心理太强,相互间难以影响,使人感到交往无效或交往很累。

因此,为了改善人际交往,应努力培养良好的人格品质。

【案例】

20岁刘某自述如下:

高三时我的学习成绩相当好。我虽然常与人交往,也很喜欢与同学交谈,但我总觉得他们嫉妒我的才能,总是用一种异样的目光看我。他们也常常否定对我的嫉妒,但我觉得他们说的不是真话,是在为自己辩解。有的人因此不主动亲近我,这说明了什么呢?还不是嫉妒我的才能。还有,那时我爱顶撞班主任,我觉得他的想法经常是错误的,反而说我是错的,你看多可笑。我一向我行我素,说话办事全凭个人意愿,因为我具有比他们更强的能力和智慧。当然,有时结果不理想,但那并不是因为我的能力存在什么问题,而是客观原因造成的。我才不管别人的喜怒哀乐。我认为我在他们的眼中属于人见人恨那种。他们也一定认为我思想简单,好欺负。后来我就懒得与他们交往了,我更乐于自己独处。但我对别人的怀疑却丝毫没有减少。

读大学后,不管别人做什么事、说什么话,我都从心里怀疑。我为什么要信任他们呢?如果信任他们,说不定哪天他们就会利用我的信任加害于我。现实中我就被人暗算了。我莫名其妙地被调离了刚入学时所在的宿舍,去了一个新的宿舍。为什么要调离我?我断定有人在搞鬼,他们肯定嫉妒我的才干。我为此感到愤愤不平。我觉得辅导员这样对我实在是很不公平。辅导员说我不爱跟同学们来往,集体活动我也不爱参加,在宿舍时常和舍友发生矛盾。我为什么要理那些人呢?我已给学校领导发邮件,直述了我所蒙受的耻辱,并且直述了我对那个辅导员的看法。我非把他搞垮不可。我女朋友还不让我这样做呢!我不听她劝,她就说我有病,我有什么问题?我看是她不在意我了。我一直都注意到,她总是爱追星,和我在一起还总是看男明星的视频。如果她真的想和我分手,我就要和她没完。

从刘某的自述中,能明显感觉到,他敏感多疑,难以信任他人,经常感到自己被人轻视,受到别人的攻击。从他与女友的关系中也不难发现,刘某虽然觉得自己在很多方面都不失为强者,但内心深处感到很自卑。

4. 能力因素

人际交往能力的欠缺是影响人际交往的原因之一,并且对有些大学生来说是主要原因。这些同学想关心人,但不知从何做起;想赞美他人,可怎么也开不了口或词不达意;交友的愿望强烈,然而总感到没有机会;想调解他人的矛盾,没想到却好心办了坏事;交往中想表现自己却出尽洋相;内心想表达温柔,言语则是硬邦邦的。人际交往的能力可以通过有意识地锻炼来提高,关键是要多动脑筋多交往。

【案例】

小强是一名来自某省边远山区的大学生。他性格很孤僻，入学后，常常独来独往，生活也非常简朴，几乎很少和同学说话，总觉得别人瞧不起自己。上计算机课时，他发现全班似乎只有他一个人没有任何电脑基础知识。因为害怕同学嘲笑，他不敢告诉别人他根本不知道电脑怎么使用，甚至连开机都是在第一次课后，仔细留意其他同学的操作才学会的。看到其他同学自如地在网上聊天、打游戏、做作业，他恨不得挖个地洞钻进去。上课时他小心翼翼地坐在电脑旁听老师讲解，但觉得周围的同学似乎都在嘲笑他的笨拙。他不敢动手操作，只是低着头，默不作声。每次上计算机课他都弄得大汗淋漓，紧张而焦虑。有一次，同学小王看到他没有按老师的指令完成相应操作，就在他的计算机键盘上熟练地敲了几个键，他突然感到了莫名的羞辱，愤怒地把电脑关掉了。从此，小强更加孤僻，不敢抬头看人，害怕与人说话，甚至想到了退学。

小强的问题源于自我认知的偏差，夸大了自己的不足与无能，因为自卑导致过度的自我防御，最终使他丧失了与人交往的勇气与信心。类似他这样的大学生并不鲜见。其实，只要改变一下对自我的评价，全面地看待自己的不足，同时，发现自己的优点，在人际交往中就可以抬头挺胸、自信起来了。

（四）人际沟通的五种模式

沟通是人与人之间、人与群体之间思想与感情的传递和反馈的过程，以求思想达成一致和感情的通畅。沟通包含两类信息——言语和非言语（情感）信息。当两者不一致的时候就称为不一致的沟通。家庭治疗大师萨提亚认为，人们在追求生存的压力状态下会产生四种不一致的沟通方式。下面我们详细介绍这四种沟通方式：

1. 讨好型

使用讨好型沟通模式的人试图远离造成自身压力的人或减轻自己因某些人所带来的压力（图 4-1）。

言语——同意："这都是我的错""我想要让你高兴"。

情感——祈求："我很渺小""我很无助"恳求的表情与声音，软弱的身体姿势。

行为——举动：过分的和善，道歉，请求宽恕、谅解，哀求与乞怜，让步。

内心感受——"我一无是处""我觉得自己毫无价值"。

图 4-1　讨好型

心理反应——神经质、抑郁、自杀倾向。

躯体反应——消化道不适、胃疾、恶心呕吐。如糖尿病、偏头痛、便秘等。

当我们讨好别人时，即便自己感觉不好，也会对别人和颜悦色。我们常常一边掩藏起自己紧咬的牙齿，一边还说出令人信服的谎言。讨好者的另一个明显的特征就是忙于平息各种麻烦。如只要人们看上去有一点点痛苦，他们就会把自己的时间、金钱，甚至更多的东西献给对方，以减少他们的困扰和麻烦。他们会表现得好像自己存在的唯一目的就是解决对方的问题。

2. 指责型

使用指责型模式的人总是试图借用具体方式表明不是自己的过错，让自己远离压力的威胁(图 4-2)。

言语——不同意:"你永远做不好任何事情""你到底怎么搞的""都是你的错"。
情感——指责:"在这里我是权威"。
行为——攻击:独裁、批评、吹毛求疵。
身体姿势——很有权力的样子,身体僵直。
内心感受——隔绝:"我很孤单和失败"。
心理反应——报复、捉弄、欺侮。
躯体反应——肌肉紧张、背部酸痛。循环系统障碍、高血压、关节炎、便秘、气喘等。

指责是一种与讨好截然相反的姿态。指责型的姿态用不一致的方式反映了这样一条社会准则,即他们应该维护自己的权利,不接受来自任何人的借口、麻烦或辱骂。他们决不可以表现得"软弱"。为了保护自己,他们不断烦扰和指责其他人或者环境。指责意味着藐视他人,认为只有自己所处的情境是需要考虑的。

3. 超理智型

使用超理智型沟通模式的人逃避现实的任何感受,也回避因压力所产生的困扰和痛苦(图 4-3)。

图 4-2　指责型　　　　图 4-3　超理智型

语言——极端客观:使用抽象字眼及冗长的解释,"什么事都与学术有关""我只关心事情合不合乎规定或正不正确""人一定要有理智"。
情绪——顽固、疏离:"不论代价,人一定要保持冷静、沉着、绝不慌乱"。
行为——威权十足:顽固、不愿变更、举止合理化、操作固执刻板。
身体姿势——僵硬。表情很优越(若有表情的话)。
内心感受——"我感到空虚与隔绝""我不能露出任何感觉"。
心理反应——强迫心理,社会性病态、社交退缩、故步自封。
躯体反应——内分泌疾病,癌症、血液病、心脏病、胸背痛。

超理智型沟通者,无论是说话还是思考都力求尽善尽美,不断运用复杂的术语,琐碎的细节以及详尽的描述;他们通过变成一个学术上的沙文主义者来获得快感,从不因为听众根本不能理解而感到困扰;他们会通过引经据典、罗列数据来支持自己的观点。他们以这种方式处理矛盾和冲突,证明自己是永远正确的。

4. 打岔型

使用打岔型沟通模式的人让别人在与自己交往时分散注意力,从而减轻自身对压力的关注,试图与压力保持距离(图4-4)。

言语——漫无主题;毫无道理,抓不到重点,随心所欲,随口表示,东拉西扯。

情绪——波动混乱,满不在乎,身体姿势特征是不停地动。

行为——转移注意力:不恰当的举动、多动、忙碌、插嘴、打扰。

内心感受——"没有人当真在意""这里根本没有我说话的地方"。

身体姿势——失去平衡,以打断别人的谈话来获得大家的注意。

心理反应——不适当、不合情理、心态混乱。

躯体反应——神经系统症状,如胃疾、眩晕、恶心、糖尿病、偏头痛、便秘。

图4-4 打岔型

除了以上这四种不一致的沟通方式以外,还有言语和非言语的信息相一致的沟通方式,萨提亚把它称为一致性沟通。

5. 一致性沟通

使用一致性沟通模式的人认可情绪的存在,正视自己处于情绪之中,承担起自己在情绪中的责任,为有效地应对而作出努力(见图4-5)。

言语——尊重现实、尊重自己、尊重别人。

情绪——稳定、乐观、开朗、自信。

行为——接纳压力和困难、应对投入、顾全大局、乐于助人。

内心感受——虽有时惶恐,但仍充满勇气和信心,有坚强的毅力,当时和事后心灵充满了坦然和安稳。

心理反应——合情合理、心平气和、泰然处之。

躯体反应——全身放松、精神抖擞、健康、充满活力。

图4-5 《这里有7个可以帮你表达出愤怒的心理技巧》漫画

图 4-5（续）

图 4-5 （续）

资料来源：简单心理：https://mp.weixin.qq.com/s/kdWtz7R8_1zn3k5_02PMvA.

二、大学生人际交往中的困扰

美国精神病学家哈里斯（Harris W. T.）提出了以下四种人际交往的态度类型：

(1)"我好,你不好"——狂妄自大,目中无人,不会交往。

(2)"我不好,你好"——自卑怯弱,不敢交往。

(3)"我不好,你也不好"——悲观绝望,回避社交,不想交往。

(4)"我好,你也好"——积极乐观,尊重、宽容他人,善于社交。

【心理测试】

测测你的孤独感
——《加州大学洛杉矶分校（UCLA）孤独量表》

指导语：下列陈述描述了人们一时的感受。请在每个句子的空格处选择数字以表明你感觉的频度。

扫码查询结果解释

序号	题　　目	从未	很少	有时	总是
1	*你是否经常感受到能与身边的人"融洽"相处	1	2	3	4
2	你是否经常感到缺乏友谊	1	2	3	4
3	你是否经常感到求助无门	1	2	3	4
4	你是否经常感到自己孤零零	1	2	3	4
5	*你是否经常感到自己是朋友圈子中的一员	1	2	3	4

续表

序号	题　　目	从未	很少	有时	总是
6	*你是否经常感到与身边的人有很多共同点	1	2	3	4
7	你是否经常感到不想再亲近任何人	1	2	3	4
8	你是否经常感到身边的人并不接纳你的兴趣和观点	1	2	3	4
9	*你是否经常感到自己外向而友好	1	2	3	4
10	*你是否经常感到与人关系亲密	1	2	3	4
11	你是否经常感到受人忽视	1	2	3	4
12	你是否经常感到与他人的关系没有意义	1	2	3	4
13	你是否经常感到没有人能真正了解你	1	2	3	4
14	你是否经常感到与人隔绝	1	2	3	4
15	*你是否经常感到自己需要时就能找到同伴	1	2	3	4
16	*你是否经常感到有人能真正理解你	1	2	3	4
17	你是否经常感到羞怯	1	2	3	4
18	你是否经常感到身边的人不愿意和你在一起	1	2	3	4
19	*你是否经常感到有人可以倾诉	1	2	3	4
20	*你是否感到经常有人可以求助	1	2	3	4

　　研究表明孤独感越高，社交焦虑越高，孤独感是成人焦虑的一个重要影响因素。社交焦虑是指在与其他人交往时产生的不舒适甚至是紧张和恐惧的体验。关于社交焦虑成因的研究发现，当个体希望给他人留下一个好的印象但是认为自己无法表现得足够好时，就会产生社交焦虑[1]。中青校媒调查显示，80.22%的受访大学生表示自己存在轻微"社恐"；6.90%表示自己有比较严重的"社恐"；0.64%表示自己有严重的"社恐"[2]。

　　大学生的性格日趋成熟与稳定，在各种问题的应对和处理中都表现出自己独特的观点，进入大学之后，建立良好的人际交往关系成为大学生面临的重要课题，大多数学生处于渴望交往、渴望理解的心理发展状态，大学生的人际交往呈现出与初高中时期显著的差别。大学生交往范围扩大，他们的交际圈子不再局限于同班同学，而是发展到年级、学院或者学校，甚至借助网络等手段接触到更多的社会人。同时大学生也渴望接触到更多和自己志同道合的朋友，在交往对象的选择上具有一定的选择性和理想性。交往频率也有所提高，大学生有更多的时间可自由支配，他们可以通过丰富多彩的社团和校园实践活动、娱乐聚会活动等进行自由交往。但是受应试教育的影响，大多数学生在进入大学之前，社交环境相对比较封闭，社交能力普遍较弱。部分同学因为较少参与到一些现实活动中，导致不能形成对自己的合理评价，也就对自己在社会环境中的地位和角色无法得到正

---

[1] 孙柳琦,晨婧,张志云等.大学生孤独感与问题性社交网络使用：社交焦虑、社会自我效能感的链式中介作用.心理研究,2024,17(1)：61-68.
[2] 黎娟娟,黎文华.Z世代大学生多重矛盾性社会心态解析.中国青年研究,2022(7)：8.

确认知,从而产生多种交往困扰,严重者甚至影响心理健康①。大学生常见的人际交往困扰主要表现为以下几个方面:

(一) 以自我为中心难以交往

【案例】

小白上大学前就读于北京的一所重点高中。小白认为自己高考发挥失常才考到了现在的大学。小白发现大学宿舍的其他同学都是来自外地,舍友们对自己的高考成绩普遍比较满意。小白在和舍友相处的过程中,发现他们不像自己的高中同学那样,熟悉北京的各个商场和公园,舍友们总是嚷着让小白当向导,带他们熟悉下北京的大街小巷,小白觉得麻烦,总是借口自己忙拒绝舍友。小白想和舍友约饭的时候,舍友会反馈小白选的餐厅太贵了,拒绝赴约。小白开始在心里觉得舍友"土",没见过世面,自己应该去更好的学校,现在难以交到朋友是由于身边的人不够优秀。小白一回宿舍就开始玩父母送给他的时下最流行款式的笔记本电脑。舍友邀请小白打游戏,小白同意一次后,发现舍友的电脑容易卡顿,小白觉得影响了游戏体验,之后拒绝和舍友一起打游戏。久而久之,小白发现宿舍的其他3个同学在课余时间会约着一起打游戏、吃饭,自己经常一个人。

案例中小白在人际关系中的主要问题是以自我为中心,缺乏换位思考,无法理解他人的处境,总是把自己的需求和感受放在第一位。小白由于自身成长环境优渥,在内心形成了骄傲自负的感受,认为自己优于其他同学,忽略了交往中的平等和分享。

大学中,一些学生有着较好的成长经历。他们往往一直是家庭、学校、社会的宠儿,走进大学后仍然是被关注的对象。这些学生在心理上有一种优越感,容易肯定自己,否定他人。他们更注意自我表现,注意吸引别人的关注,处处期待别人接纳自己、喜欢自己,这就从心理上存在以自我为中心的倾向。

以自我为中心倾向严重的学生,在与他人交往的过程中常常忽视平等、互助这样的基本交往原则,喜欢自吹自擂、装腔作势、盛气凌人,表现得自私自利;凡事从自己的立场进行价值判断,从不考虑对方的需要。这种交往方式的后果是:生活中他们难以找到真正的知心朋友,学习上大家也都不愿意与他们沟通,很有"众叛亲离"的味道。

有以上心理问题的同学应当认识到,在人际交往中,交往的双方是平等的。平等的原则就意味着在与他人交往的过程中一定要互相尊重,对所有的同学一视同仁。这是同学之间和谐交往的基本前提。在一定程度上,平等原则可以说是交往过程中最重要的原则。这些同学要认识到,尽管由于各种主客观因素的影响,人与人在气质、性格、能力、家庭背景等方面都存在差异,但是在人格上大家都是平等的。因此,在交往中要对自己有信心,对别人有诚心;只有彼此尊重、平等地交往,才可能有持久的友谊;一定要除去身上不必要的"骄傲之气",以诚待人,要学会换位思考,多从他人角度考虑问题。只有这样,这些同学才能逐渐获得其他同学的认同。这些学生的家长也应注意和孩子多沟通,帮助他们克服人际交往中的困扰。

---

① 孙琳娜.大学生人际交往困扰及对策研究.公关世界,2021,000(016):61-62.

（二）自我封闭不愿交往

【案例】

瑶瑶进入大学后参加了几个学生组织的面试。最初，瑶瑶怀着激动忐忑的心情去参加学生会的面试，在群体面试时，瑶瑶看到一同面试的其他同学滔滔不绝，而到了自己发言的时候，由于太过紧张，说话吞吞吐吐，想要表达的内容都没表达出来。当瑶瑶一连面试了3次都没有通过的时候，渐渐丧失了继续面试的勇气。

接连的面试失败给瑶瑶的内心造成了打击，瑶瑶觉得自己在大学生活里变得"社恐"。瑶瑶最怕迎面碰上认识的同学，想要低头装作没有看到又已经对视了，想打招呼但是还隔着老远，短短几秒就已经头脑风暴了。

瑶瑶害怕表现自己，精心准备好了PPT，却不敢上台演讲。看到感兴趣的竞赛，组队的时候怕被拒绝不敢去找优秀的人。上课的时候，遇到了不懂的问题，下课不敢去问老师……

瑶瑶想在大学交朋友，却不敢主动去认识感兴趣的人。想邀约舍友一起去图书馆学习，却怕被拒绝。眼看就要大二了，瑶瑶却无法感受到大学生活的美好……

瑶瑶由于在过去的生活里没有积累太多面试的经验，在参加不熟悉的活动时表现出了紧张、忐忑的情绪，集中的面试让瑶瑶没有时间去思考失败的经验，导致瑶瑶无法积累成功应对面试的技巧。在不熟悉的领域遭遇失败是很正常的事情，面对失败导致勇气缺乏也并非是永久的。瑶瑶因为一方面的失败而导致了在人际关系中缺乏勇气，瑶瑶拒绝在人际关系中尝试新的体验，在自己与社会、集体、老师、同学之间筑起了一道心理屏障，从而沉浸在失败导致的勇气缺乏中。美国心理学家Mark Tyrrell认为不敢主动联系别人/加入谈话属于人际互动问题中的一种，可归结为"不敢开始一段对话"，而这可能与自身的自尊感有关。自尊是一个人对于自我的概括性评价以及我们对于自己价值的判断。一个自尊感良好的人是敢于表达看法、寻求与他人联结的，就算自己的观点不被认同、不好笑，或者主动找人聊天时没有得到回复，他们的自尊感也不至于崩溃，不会感到无地自容般羞愧。

人的性格和能力与先天的遗传因素有关，但更主要的还是在后天的社会实践中获得。因此，大学生积极参与人际交往对他们的性格和能力的发展具有重要作用。对于青年大学生来说，拥有丰富的人际关系世界，并在这个世界共享爱与被爱，承担快乐与痛苦，帮助与被帮助是人生最幸福的事。在交往中，能够主动接纳别人的人，在人际关系上表现为自信；而较少接纳别人的人，则表现为退缩、回避。有的大学生因为爱面子，怕遭遇拒绝，担心别人不会像自己期望的那样被理解从而使自己处于尴尬的境地，因此很少与他人接触；或者人们在人际关系方面有一些误解。例如，当他打招呼时，别人没有看到，没有作出回应，他便会感觉自己很没面子；或总麻烦别人，他们可能以为自己无能，看不起自己。这些思想都会影响他们主动、积极地与别人交往。其实，这些思想都是个人头脑中想象出来的，别人并不会这样想，是一种"庸人自扰"的想法。在人际交往中，你怎样对待别人，别人就会怎样对待你。只要迈出第一步，害怕的心理就会消失。人们只有在人际交往中才能积累交际经验，增长与各种人打交道的能力，增强自信，克服各种消极心理。

(三) 缺乏交往技巧

大学生在与人交往过程中,由于未能掌握有效处理人际交往问题的方法,缺乏交往技巧,经常会导致沟通不畅、交流失败的问题出现。心理狭隘和嫉妒,害怕别人超过自己而不与人敞开心扉真诚交往,容易猜忌别人,敏感而易怒,深藏于内心的负面情绪经过长时间的酝酿,最后会以歪曲的形态爆发出来,表现为不愉快、敌视等。又比如有些同学虽然没有心理上的交往障碍,但由于个人成长背景、价值观的差异无法正确理解和感知他人的情绪,或是自己的情感无法通过正确的途径传递给对方,而导致沟通不畅,由此引发一系列焦虑、抑郁等心理问题。

【案例】

王阳是一名大二的学生,大一期末的时候因为和下铺同学刘泽作息时间不同,两个人发生了争吵。王阳认为舍友晚上11点还在打游戏影响了自己睡觉,如果不能保证8小时的睡眠,王阳担心会造成第二天白天无法集中精力学习。刘泽第一晚打游戏,王阳忍耐了,听宿舍其他几个同学说刘泽失恋心情不好,王阳也能理解。可没想到,刘泽连续一周每晚都打游戏到12点,在其他舍友的提醒下,刘泽不再和游戏队友语音交谈,但是敲击鼠标的声音仍是让王阳觉得心烦意乱。王阳忍无可忍,冲下床按了刘泽电脑的关机键,并冲刘泽大喊:"失恋有什么了不起的,睡不着就滚出去!"刘泽非常生气,把王阳桌子上的书都推到了地上,两人虽然在舍友的制止下停止了争吵,但是一直不搭理对方。王阳大二上半学期和异地女友分手,心情低落,这时刘泽提议宿舍一起出去春游来帮助王阳散心,王阳很是感动,想到之前在刘泽失恋时自己的言行,王阳有些羞愧,但又不知道如何表达。

大学阶段是大学生从校园逐步走向社会,开始探索人生、了解社会的重要时期。交往能力对大学生来说更为重要,因为他们的主要活动都离不开与他人的交往。但目前,大学生比较缺乏人际交往能力和技巧,在交往中经常处于被动的状态,不善于与陌生人联系沟通;或是怕被别人的言行所伤害,总是选择隐忍而不愿意向对方表示自己的不满情绪。大部分同学能正确地面对彼此之间的争执,只是处理矛盾不及时,缺乏冲突控制的技巧。交往能力是在与他人进行互动时带有一定的目的、加强理解和交流、及时疏通冲突、保证与他人交往能顺利进行的能力。在学校里,具有良好交往能力的人总是能快乐地生活,虽然每个人在这方面的能力参差不齐,但我们可以通过训练来提高这种能力。

良好的交往能力,有助于他们进一步认识、完善自我,使个性得到全面发展,是人们身心健康发展的重要条件。同时,它有助于大学生的社会化,帮助大学生在未来走向成功,是他们家庭幸福的重要保障。所以,良好的交往能力对大学生未来的发展具有重要意义。

有的大学生不善于了解和掌握交往的一些知识、技巧,在交谈的过程中显得过于生硬、书生气太足,像案例中的王阳一样,心中的愤怒不知如何合理表达,心存感激但不会讲出,而在当时却不能使人准确理解。有的学生表现为羞怯、自卑、孤独、猜疑、嫉妒、恐惧等,或缺乏人际交往的基本技能。他们一般都渴望交往,但由于交往方法欠妥、交往能力有限、带来个性缺陷或交往心理障碍等原因,在交往过程中既不了解自己,也不了解别人,导致交往失败。长期的交往失败,使一些学生把交往看成是一种负担,渐渐地变得自我封闭。

伴随着社会的发展和个人知识水平的提高,人际交往能力变得越来越重要。人际交往能力的高低不仅影响大学生的生活水平和质量,关系到大学生的未来,更重要的是关系到国家人才培养能力和在国际中的竞争能力。

【互动体验】

训 练 共 情[①]

如果你在接下来几个小时或几天里遇到了你无法理解对方的情况,请先停下来,按照下列步骤做:

避免快速做出评判、挑起争论。

往后退一步,跳出当局者迷的怪圈,你就会发现,双方只是在表达自己的观点而已。

谁能打动你,你知道答案的,那就是你自己。但谁能打动他人呢?你能站在对方的立场上思考问题吗?你知道他的感受吗?你了解他的背景吗?你知道他经历过什么吗?与你有关吗?

与对方进行对话,弄清他的动机。他为什么那么说?他为什么那么做?出于何种原因?

牢牢记住对话的目的。目的不在于探究谁是对的,而在于相互理解,找到共同的解决方案:走出竞争,走向合作。

你可以反复练习以上步骤,最好从你有好感的人开始。即和亲近的人相处,也会有分歧。如果效果好,你就可以选择下一个难度等级。跟着直觉走,拿出勇气,好好照顾自己,不要对自己和对方太过较真。如果进展得不够顺利,一点幽默或许能创造奇迹。祝愿你在共情训练中收获美好的体验。

三、良好人际关系的建立与维护

人际交往能力是现代社会人才的重要素质,是衡量一个人能否适应社会的标志。当代大学生应该努力培养自己的人际交往和人际关系维护的能力,掌握交往的主动权。

(一) 真诚与信任——人际交往的前提

真诚,是实现良好人际交往的一种途径,表现在与朋友同甘共苦。当自己得意的时候,不忘记朋友;在朋友有难的时候,不抛弃朋友。但是,有的人在自己得意之时,把原来的贫贱之交置于不顾,甚至欺压过去的朋友。更为严重的是有些人在朋友得势、顺畅之时来享受朋友的欢乐和荣誉,一旦朋友落难便逃之夭夭,置其生死于不顾。朋友必须荣辱相依,患难与共。真正的友爱在于当朋友困难的时候去帮助他,而不是在他得意的时候去奉承他。真诚的另一方面要彼此坦率,要真实地暴露自己,不向朋友隐瞒自己的短处和缺陷,更不能居心叵测,用心险恶,欺骗朋友。对朋友要说真话,对朋友的优点要学习和称赞;但对于朋友的缺点,要善意地批评,不能包庇,也不能无原则地妥协。

---

① 卡特琳.佐斯特著,吴筱岚译.恰到好处的敏感.北京:中国友谊出版公司,2021:84.

且不说在亲情交往中需要真诚,那是情理中的事,就是在复杂社会交往中,也非常需要真诚。比如在我们的周围有这样一群人:长期共处,但还未达到亲密无间的程度,需要注意真诚的程度。如果将自己内心隐藏的话和盘托出,难免会引发不友善之人的伤害,陷自己于不利之境。真诚是不编造恶意的谎言,不是言无不尽。所以,在交往中,也要注意把握对不同人说不同的话,有些时候可以在语言表达上更加巧妙,有的放矢。但是,当对方是我们能够信赖的人,是我们长期共处而又能保守秘密的人,比如亲朋、好友、同事、同学等,都可以成为我们说知心话的人。对这样一些人,我们可以先试着说出我们的真诚的话语,或许会收到将心比心的意外收获。总之,人际交往中还是要多一些真诚。

真诚是人们认为的最重要的品质。1968年,美国心理学家安德森在一项研究中向接受实验的大学生们呈现了555个形容词,让他们从中间挑选出自己最喜欢的品质和最讨厌的品质。结果表明,受到最高评价的是"真诚"。在8个评价最高的形容词中,有6个与"真诚"(真诚、诚实、忠诚、真实、值得信赖和可靠)有关,而评价最低的形容词是"说谎"和"假装"。

所以人们喜欢真诚的人,讨厌虚伪和假装的人。我们把这种现象称为真诚原则,即人们把真诚当作交友的最高原则。我们在和人交往的时候,赞美一个人,如果让人觉得你是真诚的,对方会很高兴,但是假如你的赞美让对方觉得虚伪,那反而会增加对方对你的反感。所以与人交往,真诚很重要。做错事情,要向对方道歉的时候也一样,真诚显得尤为重要。要是对方感觉不到你的真诚,那么对方只会觉得你是因为某种目的敷衍他,并不是真心实意地道歉。你就很难获得别人的谅解。所以,与人交往,保持真诚很重要,它是打开他人心门的一块敲门砖。

人们常说,人之相知,贵在知心。和别人交往的时候,通过表露自己的真实情感和真实想法,可以获得对方的好感与信任。因为这些信息的暴露传达给对方的就是一种信任。这种对对方的信任可以使你获得对方的好感,这就是人际交往中的自我暴露原则。

自我暴露并不一定要暴露自己的隐私。自我暴露的程度有深有浅。我们可以根据与他人关系的深浅选择适当的自我暴露程度。比如,在不太了解的人面前,我们可以交流一些生活中的并不私密的事情。这样既给人亲近之感,又不会让自己处于不安全的境地。

当然,自我暴露的多少也要适当。心理学家认为如果自我暴露过度,总是喋喋不休地向别人谈论自己,往往会被他人看作以自我为中心主义者。所以自我暴露也不是越多越好。在人际交往中,我们要灵活应用自我暴露原则,既要获得别人的好感与信任,也要保护自己。

【案例】

来自北方的小李准备去南方一所省城大学读书,临行前在一家企业做人事主管的父亲反复告诫他,在大学里首先要和寝室的同学搞好关系,这样你的生活才会愉快,才有归属感。进校后,小李时刻铭记父亲的话,但是由于和同寝室的一名来自南方的同学在对爱情的看法上相差甚远,经常斗嘴,导致彼此不服气,互相看不起,矛盾时有发生。而那位南方同学比小李更会处理人际关系。到最后同寝室的其他同学都站到了小李的对立面,同学关系开始变得紧张起来,其他人都不理解他、不信任他,少数同学甚至奚落他。小李对他们也充满怨恨和不信任,进而猜疑和反感,只要有两位同学当着他的面嘀咕几句,小李就认为他们是在说自己的坏话,为此他的心里十分苦闷;而那位南方同学却好像整天都过得很开心、很快乐。看到这一切,小李感到无能为力的同时又十分伤心,心胸开始变得狭窄,一度产生了退学的念头。

从小李和南方同学的对比来看,人际交往对大学生心理健康有着重要影响,小李因人际交往的紧张,使自己的心里充满了猜忌、嫉妒和对他人的不信任。学校心理辅导老师对小李进行了人际交往技巧和艺术的辅导,小李对来自南方的同学开始变得更加宽容,并试着改变和寝室其他同学的关系。慢慢地,小李的脸上又看到了灿烂的笑容。

(二) 分享与助人——人际交往的方法

不会分享与分担是这一代大学生特殊的成长背景中极易形成的负性品质,也是造成他们在人际交往中受挫的重要原因。良好的人际交往能够让大学生在良性的人际氛围中,充分体验与享受交往对象带来的快乐,并乐意将自己的快乐与他人分享,进而学会分担与体验他人的痛苦,从而产生同感与共情,积极帮助交往对象解决问题,重新找回分享与助人的快乐。分享是一个很重要的品质,尤其对心理健康发展有着特殊的意义。在樊富珉教授的团体咨询中,分享是排在首位的训练项目,其目的就是让每一个参与团体活动的人体验到分享的心理感受,学会分享,从而达成人与人的心理相容,在互相帮助下解决心理健康问题。

接受与给予是矛盾统一于人际交往中的一对交互影响的心理品质与行为。由于每个人都生活在某个群体中,必然会与群体中的人发生各种形式的联系。在这一过程中,我们无法离开他人的给予,也正是在这种接受与给予的过程中,体验帮助与被帮助的快乐。大学生是一个特殊的群体,更多的是在接受中成长,不懂或很少给予,体会不到给予的愉悦,在人际交往中表现出明显的"自我中心",而使人际关系遭到破坏,心理健康也备受影响。因此,学会接受与给予,有助于良好人际关系的建立;相反,良好的人际交往更能使大学生体验到接受与给予的乐趣,养成接受与给予的良好心理品质。

【案例】

小峰是一名大三的学生,同时也是学生干部。他学习成绩优秀,但人际关系较紧张,不仅与寝室同学相处不好,就连班上的许多同学也无法正常交往。在同学的心目中,小峰是一个清高、傲慢的人,虽然学习优秀,但对他的其他方面则不敢恭维。小峰也为此很头疼,只要是他主持的活动项目,同学们似乎都有意不参加,好像故意和他作对,而他本人长期坚持的做人准则就是:我行我素,万事不求人。他几乎不接受别人的帮助,也认为自己没有帮助别人的义务。他成绩好,可每当班上同学向他求教时,他要么说不知道,要么就在给别人讲完之后还将别人奚落一顿,有时还要加上一句"拜托你上课时认真听讲,下次不要再来问我这么简单的问题"。时间一长,同学们都不愿意与他交往,人际关系越来越差。小峰对自己的人际关系状况非常不满意。他时常感到孤独、没有归属感,有时孤独感令他窒息、焦虑甚至恐惧,但他不知道如何改善这一现状。

小峰人际关系不佳的重要原因就在于他是一个不懂得接受,更不知道给予的人。在他的观念里,每个人只要做好自己的事情就足够了,没有给予与接受的意识,最终失去支持,生活在自己孤独的世界里,痛苦不堪。不懂接受与给予,不仅影响良好人际关系的建立,而且影响了心理健康的水平。

【延伸阅读】

"给"永远比"拿"愉快

　　高尔基是一位伟大的作家,他很爱自己的儿子。

　　有一年,高尔基在意大利的一个小岛上休养,他的妻子带着儿子前来探望他。

　　高尔基的儿子只有10岁,还没有锹头那么高。来到爸爸身边以后,他顾不上休息,一直在忙着栽种各种各样的花草。假期很快过去了,他告别爸爸,跟妈妈回苏联去了。

　　春天到了,儿子种的花全都开了。春风吹来,姹紫嫣红的花儿轻轻摇晃着,散发出阵阵芳香,引来了一只只蜜蜂。

　　傍晚,彩霞染红了天空。高尔基坐在院子里,欣赏着儿子种的花,心里有说不出的高兴。瞧,那些盛开的花朵多像儿子红扑扑的脸庞啊!

　　不久,儿子收到了高尔基从远方寄来的信,信里说:

　　"你回去了,可是你栽的花留了下来。我望着它们,心里想:我的儿子在岛上留下了美好的东西——鲜花。

　　要是你无论在什么时候,什么地方,留给人们的都是美好的东西,那你的生活该会多么愉快呀!

　　那时候,你会感到所有的人都需要你。你要知道,'给'永远比'拿'愉快……"

(三)冲突应对——维护人际交往的能力

　　何为冲突?每当个体的动机、目标、信念、观点或行为妨碍别人,或者与别人矛盾时,就会发生人际冲突。冲突产生于差异,既可能表现为一时的情绪,又可能表现为持久的信念和人格。当个体的愿望或行动实际上妨碍或阻止了其他人时就会产生冲突。如何处理冲突,我们有五种选择,回避、退让、竞争、妥协和合作。

【案例】

　　小丁这段时间一直闷闷不乐。因为要参加一项重要的竞赛,指导老师对小丁寄予厚望,在开会的时候,指导老师发现小丁总是心不在焉,询问小丁原因,小丁说没什么事儿。但是,因为小丁没有完成训练任务,指导老师当着队友的面对小丁提出了批评。指导老师批评小丁,队友小李也提出小丁最近回复微信消息很慢。实际情况是,小丁因为最近期中考试,自己有一门课程学起来很困难,竞赛之外的时间都在图书馆没有顾上看手机。小丁没有解释原因,只是在心里觉得小李落井下石。小丁郁郁寡欢地回到宿舍,发现舍友都在讨论最近的足球赛事,小丁跟舍友说希望安静地休息会儿,但是舍友正在兴头上,继续热烈讨论,小丁生气地摔门走出宿舍去洗澡。

　　小丁意识到已经好多天没见女友了,上次见女友,因为最近找小丁总是得不到回应,女友和小丁不欢而散,小丁觉得女友不理解自己。女友和小丁约定去食堂吃晚饭,小丁在图书馆学习忘了看时间,女友在食堂等了小丁半个小时,一直没有等到小丁来,女友非常生气,见到小丁后还没等小丁解释,就开始数落小丁最近的种种表现。小丁既难过又懊恼,和女友大吵一架。此时,小丁点开女友的微信头像欲言又止……

从上面的案例我们可以看到,在大学生活中,同学之间的冲突是不可避免的一部分,你无法完全加以避免。但是,你可以采用一些简单的技巧来迅速化解冲突并且要做出应对反应。对冲突置之不理,就会葬送你的人际关系。不要因为不愿意而不及时做出针对矛盾冲突的反应,而让人际关系受到任何可能的破坏。

人际关系一旦出了问题,你的目标应该是解决问题,而不是赢得"战争"。每个人都有自尊,每个人都希望自己是正确的,这是人类的正常渴求。首先,你必须问自己,"我想实现什么目的"。换句话说,"我必须做出什么改变才能让事情进展得更好"。其次,尝试了解对方想要的是什么。最后,努力让双方的基本需求都得到满足。

在实际生活中,很多的人际冲突都是可以避免的。学会用共情的方式去体验别人为什么会有那样的言行,可以有效地帮助我们正确理解对方、避免判断错误,也可以防止产生不恰当的体验和行为。对于已经发生的冲突,如果处理得当、就事论事,往往不会给人际关系带来太大危害。心理学家经过研究,提出了解决冲突的有效步骤。实践证明,这些步骤可以帮助人们控制和消除冲突。这些步骤的具体内容如下:

第一,相信一切冲突都可以理性而建设性地获得解决;

第二,客观地了解冲突的原因;

第三,具体地描述冲突;

第四,向别人核对自己有关冲突的观念是否客观;

第五,提出可能的解决冲突的办法;

第六,对提出的办法逐一进行评价,筛选出最佳的解决途径,最佳方法必须对双方都最有益;

第七,尝试使用选择出的最佳方法;

第八,评估实现最佳方案的实际效应,并按照给双方带来最大利益和有利于良好人际关系维持的原则给予修正。

化解冲突的方法:

1. 有效沟通

开诚布公的沟通是任何成功关系的基础。发生冲突时,以尊重的态度倾听、理解和表达自己的意愿是至关重要的。积极倾听、阐释和使用以"我"开头的陈述,可以为建设性对话营造一个安全的空间,并防止误解发生。

2. 情绪觉知

冲突通常源于未表达或误解的情绪。在和我们自己以及人际关系中培养对情感的觉知是至关重要的。了解我们自己的情绪,辨识他人的情绪,可以让我们带有更多的同理心并发展更深层次的联系。

3. 冲突解决技巧

解决冲突的技巧是克服人际关系问题的重要工具。学会谈判、妥协和找到双方都满意的解决方案,可以加强人与人之间的联系。

4. 管理愤怒和沮丧

愤怒和沮丧会加剧冲突并对人际关系造成伤害。学会以健康的方式管理和表达这些情绪至关重要。

5. 建立同理心和理解

同理心和理解是解决冲突的有效"解毒剂"。培养从他人的角度看待事物的能力,可以培养同情心并促进解决方案。

6. 设定界限

建立清晰和健康的界限对于维持健康的关系至关重要,界限有助于界定个人界限并确保相互尊重。

7. 宽恕与治愈

随着时间的推移,怨恨和未解决的冲突会侵蚀关系,宽恕和治愈是克服问题和促进人际关系发展不可或缺的一部分。

【延伸阅读】

《跨时空对话!大学生宿舍发现 14 年前学姐留下的信》

近日,一位湖南网友分享出自己大学宿舍书柜上一张 2009 年学姐留下的明信片——"致 503 室后辈们的一封信"。该学姐写道,自 2006 年入住该室以来,四姐妹从来没有吵过架,并劝诫住在 503 室的后辈们在相处时多一些宽容。评论中许多人感叹这是一场"跨时空的对话","一直保留完好,说明住进来的人也都宿舍关系不错"……

503,在这个寝室住着 4 位为理想而努力奋斗的女孩子。像所有有梦想的女孩一样,她们憧憬未来,喜爱浪漫。自 2006 年入住该室以来,四姐妹从来没有红过脸、吵过架,是 2005 级汉语言文学 1 班的文明和谐寝室……"是想告诉以后住在 503 室的后辈们,多一分宽容,多一分理解,就会有快乐的结果……"明信片落款时间为 2009 年 6 月 12 日。

——节选自"青春北京"2023 年 3 月 14 日

【互动体验】

1. 我的人际圈

观察自己和同学的人际关系图(图 4-6),并认真思考:

(1)有多少人进入你的人际圈?你进入了哪些人的人际圈?分别在什么位置上?

(2)你对自己的人际关系状况感到满意吗?

(3)怎样让自己的朋友更多一些?

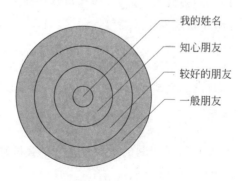

图 4-6 我的人际关系图

2. 戴高帽

目的：学习发现别人的优点并欣赏，促进相互肯定与接纳。

时间：约50分钟。

操作：5～10人一组围圈坐。请一位成员坐或站在团体中央，其他人轮流说出他的优点及欣赏之处（如性格、相貌、处事……）。然后被称赞的成员说出哪些优点是自己以前察觉的，哪些是不知道的。每个成员站到中央，戴一次高帽。规则是必须说优点，态度要真诚，努力去发现他人的长处，不能毫无根据地吹捧，这样反而会伤害别人。参加者要注意体验被人称赞时的感受如何？怎样用心去发现他人长处？怎样做一个乐于欣赏他人的人？活动结束时，大家心情愉快，相互接纳性增强。此活动一般适合在比较熟悉的成员之间进行。

本章小结

围绕人际交往，介绍人际交往的过程、影响因素与主要类型，解析大学生人际关系的特点和主要问题，介绍改善人际关系的方法与技巧，以帮助大学生提高人际交往的水平。

思考题

1. 结合自己的实际情况，谈谈你有哪些人际交往中的困惑或难题？准备怎样解决和应对？
2. 人际冲突对你意味着什么？你在日常生活中是怎样应对与解决冲突的？

【书籍推荐】

《恰到好处的敏感》

作者：卡特琳·佐斯特

译者：吴筱岚

出版社：中国友谊出版公司

作者卡特琳是一位高度敏感性研究专家，高度敏感者网络社交平台的创始人。她在书中分享了敏感性的新特点，针对人际关系烦恼和情绪问题的解决方案，以及她亲身经历的一个个小故事。读者可以通过书中的问卷、测试和练习，进一步认识自己，找到善待自己和与人交往之间的平衡，学会利用情绪的独特之处，让自己与敏感的关系达到一个新的境界。

《卡耐基口才的艺术与人际关系（全集）》（最新增订珍藏版）

作者：卡耐基

译者：马剑涛、肖文键

出版社：中国华侨出版社

《卡耐基口才的艺术与人际关系（全集）》（最新增订珍藏版）以社交和口才为基点，把语言与人性有效地结合在一起，旨在传授人们如何运用口才在社会交往中立于不败之地。

利用大量普通人不断努力取得成功的故事,通过他的演讲和著作唤起无数陷入迷惘者的斗志,激励他们取得成功,并提高了生活质量。同时,还教会人们如何克服畏惧、建立自信,扩展自己人脉关系。

《魅力何来:人际吸引的秘密》

作者:(美)戴维·迈尔斯

译者:寇彧

出版社:人民邮电出版社

《魅力何来:人际吸引的秘密》改编自美国著名心理学家戴维·迈尔斯的超级畅销书《社会心理学》。这本在国外大学的心理学学生中几乎人手一册的书,集合了当今与我们的生活最为贴近的社会心理学中最优秀的成果。我们节选了其中关于吸引力和亲密关系的一部分,配以大量插图,并且修改了原书中过于学术性的语句,以通俗易懂的语言揭示了吸引力产生的四个要素,即接近性、外表、相似性和被喜欢的感觉,介绍了我们应当如何发展、维持和促进与朋友、亲人和爱人的亲密关系。

【视频推荐】

《玛丽与马克思》

8岁的玛丽是一个胖女孩,住在澳大利亚墨尔本。她喜欢动画片"诺布利特"、甜炼乳和巧克力。孤独的玛丽没有朋友,某天从邮局的电话簿撕了一角,写信给住在纽约的马克思先生,想要问他满脑子奇奇怪怪的问题,没想到意外收到了回信。

44岁的马克思住在嘈杂的纽约城,患有自闭症及肥胖症,碰巧也喜欢看"诺布利特"动画片及吃巧克力。他迫于生活压力,总觉得自己与这个世界格格不入,时常感到孤独。某一天他收到了陌生小女孩玛丽寄自澳洲的信,上面还附了一根他很喜欢的樱桃巧克力棒。马克思回信后,二人成为笔友。在20年的通信中,他们分享着彼此的喜怒哀乐与人生变化,玛丽享受倾听马克思的所见所闻,马克思乐于解答玛丽的疑难杂症。玛丽为了更了解自己的朋友,在大学里写了一本关于阿斯伯格的书,马克思对玛丽在书中把自己当案例一事感到生气,并决意与玛丽决裂。玛丽因此伤心欲绝,并开始反思自己的做法有何不妥。玛丽试图弥补自己的过失,将一个写着"I'm sorry"的罐头寄给马克思。马克思逐渐意识到他需要玛丽这个朋友,他们的友谊在经历了波折后又开始延续起来。

第五章 情绪管理

名人名言

　　怒不过夺，喜不过予。

　　　　　　　　　　　　　　　　　　　　　　　　　——荀子

本章要点

　　情绪的定义与类型；
　　情绪的发生机制与作用；
　　情绪对大学生的影响；
　　情绪管理策略。

【案例】

　　欣欣是一所大学的新生。刚上大学没几天，她就觉得自己压力很大，不习惯大学的生活节奏。为此，她特意来到学校的心理咨询中心咨询，向咨询师诉说："我上大学后干什么事情总是没有精神，情绪很不稳定，看到大家都在读书，觉得很难受，甚至有点痛恨他们在读书。我经常一个人上课、自习、吃饭。我觉得一个人很自在，不受约束。我发现自己还有个问题，当我情绪不好的时候，就吃东西。常常是一个人在这个食堂吃完，又跑到另一个食堂去吃，然后再到超市买一大堆饼干回宿舍吃。我也知道这样不对，但就是无法控制自己。我就想不停地吃下去，什么都不想。但是我发现这种发泄带来了更多的问题：首先是钱的问题，我觉得对不起父母，因而自责；其次是我长胖了。我很注重自己的外表，希望自己精干，但是我现在长了十斤，可我还是控制不住自己。我把精力放在与学习无关的事上，这样我的生活不规律，学习不规律，饮食不规律。我觉得生活学习一团糟，对什么都没有信心。我的情绪不稳定，对什么都没兴趣。我觉得我对不起很多人，对不起所有对我有期望的人：父母、同学、师长，甚至我自己。可是我还是很难控制自己的情绪。我很害怕，但是不知该如何做……"

　　提问：
　　你是否也曾经遭遇过和欣欣类似的情绪低落？你是如何调节的呢？

一、认识我们的情绪

　　当代大学生面临着学习压力、就业压力、经济压力等问题。大学生的成长与发展、身心健康与情绪受外界环境的影响越来越大。而大学是人生非常重要的时期，是奠定人一生发展的基础。在这样关键的时期，一些大学生常常感到情绪不佳，主要因为我们的身心都正处于剧烈的变化期。因此，学会关注自己的情绪十分必要。每个人都会经历人生的酸甜苦辣，体验情绪的喜怒哀乐。当遇到情绪低落时，不可避免地会遭受苦恼和折磨。我们应该如何驾驭自己的情绪，找到快乐的金钥匙？答案是从了解自身情绪开始，进而管控情绪。让我们一同走近情绪，学习做情绪的主人！

（一）什么是情绪

1. 情绪的定义

情绪最开始的含义是移动，也就是从一个地方转移到另外一个地方。《心理学大辞典》将"情绪"定义为：随着客观事物环境的变化，有机体反映客观事物与主体需要之间的关系的态度体验。因此，有学者认为情绪这一概念表示的是某人处于变化过程中，即从一种状态变为另一种状态，例如从快乐到伤心。

实际上，情绪是一种多维度、多形态和多功能的复合体，是一种十分复杂的心理过程，也是人类对于各种认知对象的一种内心感受或态度。它是人们对于自己所处的环境和条件，对于自己的工作、学习和生活、对于他人的行为的一种体验。也可以说，情绪总是由某种变化和刺激引起的，如自然环境，社会环境或人自身的某种变化。而引发情绪刺激的前提条件是这些刺激必须是可认知的对象。由于认知对象会引发人的需要，进而就产生了人对认知对象的不同感受或态度。也就是说，情绪与需要总是相关的。需要是情绪产生的重要基础。根据需要是否获得了满足，情绪具有肯定或否定的性质。凡是能满足已激起的需要或促进这种需要得到满足的事物，便能引起肯定的情绪，如开心、愉快等；凡是不能满足这种需要或可能妨碍这种需要得到满足的事物，就会引起否定的情绪，如憎恨、伤心、不满意等。

我们在这里采取较为普遍的看法，认为情绪是个体对客观事物与个人需要之间关系的体验过程。这也就是说，情绪可以从以下四方面来理解（图 5-1）：(1)情绪由客观事物引起；(2)情绪的产生以需要为中介，也就是说根据需要是否获得了满足，情绪具有肯定或否定的性质；(3)情绪会引起相应的内心体验；(4)内心体验会引起生理变化。在不同的情绪状态下，人的心率、血压、呼吸等都会有相应的变化。

图 5-1　情绪的演变过程

情绪从内心体验到外部表现的过程涉及情绪的三个要素：内心体验，生理基础和外部表现。情绪的内心体验是大脑的一种感受状态，我们会对不同的事物有不同的主观体验，有些事物使我们感到开心与快乐，有些事物则使我们伤心。当我们产生某种情绪体验时，身体内部也会发生相应的变化，这是情绪的生理基础——生理唤醒。任何一种情绪的产生过程都伴随着一定程度的生理唤醒，会影响机体许多器官的活动。例如，当我们面临危险感到害怕时，会发生许多身体上的变化：心跳加快、呼吸紧促、脉搏加快、四肢发抖、肌肉紧张等。情绪的第三要素是外部表现,表现在人的面部表情、语态、身体姿势和行为动作中。当我们快乐时便会有开怀大笑的表情,甚至手舞足蹈;当我们害怕时便会睁大眼睛,捂住嘴巴,也会大声尖叫甚至做出想逃跑的动作。情绪的外在表现可以成为人们判断和推测一个人情绪的指标。

2. 情绪与情感

情绪主要指情感变化的过程,即个体需要与情境相互作用的过程,具有情境性、激动性和暂时性,往往随着情境和需要的改变而改变,可以用于人类,也可以用于动物。但是情感则经常用来描述那些稳定的具有深刻社会意义的感情。作为一种体验和感受,情感具有较大的稳定性、持久性和深刻性。这样来看,情绪与情感的区别是比较明显的,但又是相互依存、不可分离的。稳定的情感是在情绪的基础上形成的,而且又通过情绪来表达。情绪也离不开情感,因为情绪的变化反映情感的深度,并且在情绪中蕴藏着情感。

情绪与情感是同一现象、同一过程,只是强调的是不同方面。情感代表感情的内容,而情绪代表感情的反应过程。它们之间的区别如下:

(1) 对象不同:情绪是人和动物共有,而情感只是人特有;

(2) 需要不同:人的需要分为生物性需要和社会性需要,情绪与生物性需要相联系,情感则与社会性需要相联系,它受到社会规范的制约;

(3) 特征不同:情绪带有情境性和不稳定性,相对来说,情感则具有长期性、稳定性和深刻性;

(4) 外部表现不同:情绪较为强烈,冲动性大,具有明显的外部特征,而情感一般较弱,冲动性较少,外部表现不明显。

简单来说,在表示感情反应过程的形式方面采用情绪,在表示感情内容时采用情感,但它们之间有着强烈而紧密的联系,具体如下:

(1) 情绪和情感相互联系,相互依存,不可分离;

(2) 稳定的情感是在一定情绪的基础上形成的,也就是说,情绪的积累形成了稳定的情感,而情感则通过情绪得以表达;

(3) 情绪也离不开情感,情绪的变化反映了情感的深度,在情绪中蕴含着情感。

(二) 情绪的类型

对于情绪的类型,我国古代将人的情绪分为喜、怒、哀、乐、爱、恶、惧七种基本形式。现代心理学一般把情绪分为快乐、愤怒、悲哀、恐惧四种基本形式。另外一种重要的分类则根据情绪发生的强度、持续时间和紧张度,将情绪分为心境、激情和应激。

1. 四种基本情绪

我们所说的四种基本情绪,即快乐、愤怒、恐惧和悲哀。这四种情绪类型是先天固有的,每种情绪都具有独立的内心体验、生理基础和外部表现。

快乐是指一个人渴望和追求的目的实现后产生的情绪感觉。这是由于个体的需要得到满足,愿望得到实现,心理的急迫感和紧张感随之解除,快乐便随之而生。当收到心上人的电话、礼物,或者是工作中获得肯定时,人们都会感受到巨大的快乐。快乐按程度不同,可分为愉快、兴奋、狂喜等。这种程度不同是和所追求的目的对自身的重要性以及实现它的难易程度有关,同时也与愿望满足的意外程度有关。另外目的出乎意料的实现也会引起极大的快乐。

【延伸阅读】

小确幸①分享

① 忙了一整天,晚上终于躺下的那一刻。
② 一个信任的眼神。
③ 吃第一口冰激凌的美妙感觉。
④ 把爱撒娇的狗狗抱在怀里。
⑤ 等待许久后看到日出。
⑥ 一觉醒来发现还可以再睡上几个小时。
⑦ 看到他心里会产生七上八下的感觉。
⑧ 冬天在暖和的被窝里与亲密的朋友煲电话粥。
⑨ 与你爱的那个人牵手旅行。
⑩ 捧着一杯热咖啡听屋外的雨声。

愤怒是与快乐相对的,指所追求的目标受到阻碍,愿望无法实现时产生的情绪感觉。人在愤怒时有明显的外部表现:紧张感增加,有时不能自我控制,甚至出现攻击行为。愤怒也有程度上的区别。按程度上的不同,愤怒可以分为不满、生气、愤怒、暴怒几种。普通的愿望实现不了时,只会感到不快或伤心。一般来说,当人们遇到挫折时,都会产生一定的不满情绪,但不一定会发怒。但如果发现愿望无法实现是因为不合理的阻碍或故意的破坏时,愤怒便会油然而生,特别是当个人的自尊心受到伤害、人格受到侮辱时,往往会产生比较激烈的愤怒情绪,甚至勃然大怒。这种怒火冲天的情绪对人的身心有明显的伤害。这是一种不良情绪,它会破坏人的心理、生理平衡,从而导致各种疾病。

恐惧是遇到危险情境后企图摆脱和逃避而又无力应对,或预感到某种潜在的威胁时产生的情绪体验。这样看来,恐惧的产生不仅与危险情境的存在有关,还与个人摆脱危险情境的能力和应对危险的手段有关。一个初次走夜路的人遇到歹徒袭击时会感到无比害怕和恐惧,而一个经验丰富的人对此的恐惧感则会大大降低甚至可能会泰然自若。恐惧也可按程度不同,分为怕、惧怕、惊恐和恐怖等几种。人在恐惧时,外部表现也十分明显:脸色苍白,心跳剧烈加快,有时还会全身发抖。"心惊肉跳""毛骨悚然"等就是形容人在恐惧时的状态。可见恐惧也是一种消极情绪。恐惧会使人的知觉、记忆和思维过程发生一些障碍,失去对当前情景分析、判断的能力,并使行为失调。如旅馆失火时,住在旅馆的人常常在感到恐怖的状态下显得慌乱、紧张、不知所措,争先恐后地往外跑,跑不出去就选择跳楼。

悲哀是指失去心爱的事物时,或理想和愿望破灭时产生的情绪感觉,如亲人离世,考试失常等。悲哀也有遗憾、失望、难过、悲伤、哀痛等程度的不同。其程度取决于失去事物的价值和对自己的重要性。悲哀的外显行为可能是由于紧张的释放而导致的哭泣。通过哭泣,人们的悲哀能够得到缓解。当然,并不能说悲哀就是消极的。它在适当的时候能够

---

① 小确幸,出自村上春树的随笔,意思是微小而确实的幸福。

转化为前进的动力。

在上述四种基本情绪形式的基础上,还派生出许多情绪,组成各种复合的形式。与对他人评价有关的,如爱慕、讨厌、怨恨;与对自我评价有关的,如谦虚、自卑、骄傲等,都包含着快乐、愤怒、悲哀、恐惧四种基本因素。例如,美国心理学家伊扎德将复合情绪分为以下三类:

一是基本情绪的混合,如兴趣—愉快、恐惧—害羞等。

二是基本情绪和内驱力的结合,如性驱力—兴趣—享乐、疼痛—恐惧—愤怒。

三是基本情绪与认知的结合,如活力—兴趣—愤怒、多疑—恐惧—内疚等。

【延伸阅读】

情绪的外显行为

情绪的外显行为通常为表情,是由大脑和躯体神经系统支配的骨骼肌运动[①]。它分为面部表情、体态表情、语调(言语)表情。它参与情绪的发生,是情绪和情感状态下,身体各部位的动作量化形式。

面部表情:是指通过眼部肌肉、面部肌肉和口部肌肉的变化来表现各种情绪状态。根据心理学家研究,发现人的面部表情基本上反映在嘴唇、眉毛以及眼睛的变化上。例如,高兴、愉快时嘴角向后伸,上唇略提,两眼闪光,两眉舒展,也就是平常所说的"眉开眼笑";惊讶时张嘴、瞪眼、两眉紧竖,即所谓的"目瞪口呆"。

体态表情:面部以外的身体部位动作,包括手势、身体动作等,是借全身姿态和四肢活动来表达情绪。例如,欢乐时的活蹦乱跳、手舞足蹈、捧腹大笑;着急时的抓耳挠腮;痛恨时的摩拳擦掌、咬牙切齿等。

语调(言语)表情:言语的声调、节奏和速度。例如,高兴时,语调高昂、语速加快;悲哀时,语调低沉、语速缓慢;害怕时,声音发颤等。

【互动体验】

(1) 写下5个让你感到快乐的瞬间和5个让你感到伤心的瞬间。

(2) 向你的朋友展现你喜、怒、哀、乐时的不同外显行为。

(3) 通过活动,一方面学会关注自己的情绪;另一方面学会通过观察朋友的外显行为来了解身边朋友的情绪。

---

① 孟昭兰.情绪心理学[M].北京:北京大学出版社,2005:79.

2. 三种情绪状态

所谓情绪状态是指在一定的环境影响下,一段时间内各种情绪体验的一般特征表现。根据情绪状态的强度和持续时间,可分为心境、激情和应激。

(1)心境。心境也称为心情,具有渲染性和弥散性,是在某一时段内,作为人的情绪的总背景。它将人的言行举止、心理活动都染上相应的情绪色彩。例如愉快、喜悦的心情,往往使人感到"乱花渐欲迷人眼,浅草才能没马蹄";悲伤的心情则会使人感到风花雪月也垂泪伤心,所谓"感时花溅泪,恨别鸟惊心",就是指人在一定的心境下感到花鸟也在伤心落泪。一般说来,心境持续的时间较长,有时持续几个小时,有时可能几周、几个月甚至更长时间。这主要取决于引起心境的刺激的特点和个性差异。

【案例】

谢某来自陕西偏远的小山村里,2019年9月以优异的成绩考入北京市某高校。她成为极少数可以从山里来到首都念书的孩子,家里人都为她开心。她因家庭经济贫困无法交学费,但报到时学校的"助学贷款"解决了她的燃眉之急。在大学期间,她参加各种勤工助学活动,为生活奔波;她学习认真刻苦,多次获得了奖学金,并且光荣地加入了中国共产党。然而,即将毕业之际,她满怀信心走上社会就业时,在找工作期间却多次碰壁,看到其他同学都找到心仪的工作,心理压力特别大,无法面对养育父母和关心自己的老师。她想到即使找到工作也还要面临买不起房等诸多困难,心理压力越来越大,每天精神萎靡,甚至出现了抑郁的精神状态……

从以上案例可以看到,引起谢某不良心境的原因是多方面的,如生活环境的变化,遇到社会的压力、同辈的压力等,而情绪中的认知因素则是心境持续的主要原因。如果对某种产生情绪的刺激过于强调,这种强调的结果就可能导致某种心境。比如,找工作失败后若能认识到失败的原因并知道解决办法,其失望情绪会很快消失。但如果一直沉浸于这次失败,把它看成是一次万劫不复的深渊,进而自我否定,那么失望情绪就会持续。

心境对人的生活、工作、学习和健康有很大的影响。第一,心境影响个体的行动动机。一个人心境好的时候,将有积极的态度,对学习和工作有较大的兴趣。相反,一个人心境不好的时候,甚至连饭也不想吃,不愿意跟别人说话,什么事都不想干,凡事感到枯燥乏味。也就是说,在心境不好的时候,一个人的各种行动动机都是很消沉的。第二,心境影响人们记忆的选择性。我们常有这样的经验,当心情不好的时候,往往连回忆里都是不愉快的事情,而心情好的时候连回忆都是甜蜜愉快的事情。第三,心境也影响利他行为。利他行为存在于我们日常生活的各个角落,比如,公交车上有人给老人让座;学校中成绩好的学生帮助后进的学生温习功课;为灾区人民募捐等。而这些利他行为实际上是与人的心境有十分密切的关系的。美国儿童心理学家南希·艾森伯格曾做过这方面的实验研究并指出,处于好心境中的人比处于坏心境中的人,更愿意帮助别人。

(2)激情。激情是一种迅速强烈地爆发而持续时间短暂的情绪状态,如狂喜、暴怒等。引起激情的原因有两方面:一方面,由对个体具有重大意义的强烈刺激或突如其来的意外事件所引起;另一方面,过度的抑制或兴奋,相互对立的意向或愿望的冲突也容易引起激情。激情具有爆发性的特点,即激情产生的过程十分迅速和猛烈,强度很大,并使人体内部突然发生剧烈的生理变化,有明显的外显行为,如咬牙切齿、面红耳赤、捶胸顿足等,有时甚至还会出现痉挛性的动作或言语紊乱。值得注意的是,当个体处于激情状态时,往往失去对行为的控制,有一种情不自禁、身不由己的感受。因此,学会控制激情的方法十分必要:在激情爆发前,尽量将注意力转移到无关的行为上去;在激情状态中,合理释放、转移环境、言语宽慰等都是比较好的调节方法。例如,找人谈谈心、痛哭喊叫,这样可以释放怒气和怨气;也可以下棋、散步、听音乐等,这样可以转移当时的状态,冲淡激情爆发的程度。所以说激情是可以控制的,不能用激情爆发为自己的错误开脱。

激情也有积极的作用。积极的激情往往与冷静、理智和坚强的意志相联系,成为激发人正确行动的巨大动力。想象一下,在战场上保卫祖国安全的战士,为战友复仇所激起的对敌人怒不可遏的无比仇恨,会激励战士英勇杀敌。在重大的国际比赛中,为祖国争光所激起的拼搏精神,会激励运动员们克服重重困难去夺取金牌。这些激情状态,饱含着爱国主义的情感,是积极的。

(3)应激。应激是遇到出乎意料的紧急状况,人必须迅速果断地做出反应且时刻引起高度紧张的情绪状态。例如,人们遇到突然发生的火灾、地震等自然灾害时,瞬间人的身心都处于高度紧张的状态之中。这时人所产生的特殊紧张的情绪体验,就是应激状态。应激具有超压性和超负荷性的特征,即个体在应激状态中为了充分调动体内各种机能和资源去应对危险、重大的变故,常常会在心理上感受到超乎寻常的压力,在生理上承受超乎平常的负荷。应激的产生与个体面临的突发状况及对自己应对状况能力的估计有关。当突发的情境、对个体提出的要求是其从未经历过的及与以往的经验完全不一致且意识到现有的经验难以应付当前危机时,就会处于应激状态。

人处在应激状态下,可能会有两种表现:一种是积极状态,动员身体各种潜能应对危机,表现为急中生智、沉着果断、思维清晰,以致能超乎寻常地应付危急局面;另一种是消极状态,使活动受到抑制,表现为呆若木鸡、惊慌失措,甚至发生临时性休克。而应激的积极状态是可以训练的,只要有意识地提高思想觉悟,注意在实践中多锻炼,人们的应激水平就能逐渐得到提高,如军人的实战训练、学生的模拟考试等,都可以促成应激状态下的积极反应。通过训练,培养思维的敏捷性,提高行动的果断性,增强动作的灵活性,强化技能的娴熟性,提高在意外情境下的决策水平。这样碰到新的变故时就能应对自如。

【延伸阅读】

情绪的发生机制[①]

情绪是与生俱来的吗?

2012年12月14日,美国发生了史上最惨痛的校园枪击事件——一名枪手闯入了美国康涅狄格州新镇的桑迪·胡克小学,开枪打死了26人,其中包括20名儿童。惨案发生几周之后,康涅狄格州州长丹尼尔·马罗伊发表了题为"州情咨文"的年度演讲。在演讲的前3分钟,他感谢了每一个人过去的努力和付出,他的声音洪亮且充满活力。随后,他讲到了新镇的校园惨案:

我们一起走过了漫长而又黑暗的一段路。我们无法想象在康涅狄格州任何一个美丽

---

① 美莉莎·费德曼·巴瑞特著,周芳芳,黄扬名译.情绪[M].中信出版集团股份有限公司,2019.

的小镇或者城市发生新镇这样的惨案。但是,在我们有史以来最黑暗的这段日子里,我们也看到了康涅狄格州最美好的一面:胡克小学的数位老师和一名校心理医生为了保护学生,献出了他们的生命。

马罗伊州长说到最后几个词时,他哽咽了,声音轻了很多。如果你没有特别留心的话,很可能会忽视这一点。但这个细微的变化一下子击中了我,让我的心紧紧揪在一起,瞬间热泪盈眶。当电视摄像头对准在场的观众时,我发现所有人都在哭泣。马罗伊州长这时也停止了演讲,低头注视着下方。

马罗伊州长和我此时的情绪似乎是非常原始的——这是一种人类共有的、与生俱来的、本能释放的情绪。当我们受到触动时,这种情绪就会释放出来,而且释放的方式大致相同。这场惨案的发生让我、马罗伊州长和其他人都悲痛欲绝。

在过去的2000多年间,人们一直通过这种方法理解悲痛。但是,过去几个世纪的研究告诉我们,事情并非总是它们显现出来的样子。

关于情绪,人们由来已久的认知是:情绪是天生的,是与生俱来的。情绪是我们内心独有的、可辨识的现象。当世界上发生某件事时,不管是枪击事件,还是挑逗性的一瞥,我们的情绪都会迅速自动出现,就好像有人按了开关一样。我们的情绪可以通过我们的面部表情展现,如微笑、皱眉、怒视,或通过其他特定的、易辨识的表情显现出来;情绪也可以通过我们的声音显现出来,如大笑、喊叫或者哭泣。我们身体的姿势同样会泄露我们的情绪,如每一个手势和无精打采的站姿。

现代科学家对此提出了一个观点,我称之为"传统情绪观"。根据这个观点,马罗伊州长颤抖的声音在我的大脑中引发了连锁反应。一组特定的神经元——可以称之为"悲痛回路"——被激活,导致了我的面部和身体以特定的方式做出反应。我眉头紧锁,双肩下垂,泪流满面。这个回路也引起了我身体的生理变化,导致我的心率和呼吸加速,汗腺分泌活跃,血管收缩。身体内外的动作集合据说就像一个"指纹",它是独一无二的,能够识别悲痛情绪,就像你自己的指纹能识别你一样。

根据传统情绪观,在我们的大脑里有很多这样的情绪回路,据说每一个回路都会导致一组独特变化,即一个情绪"指纹"。也许某个讨厌的同事会触发你的"愤怒神经元",于是你就会血压升高、皱眉、大喊、愤怒异常。而一条令人惊恐的消息则有可能触发你的"恐惧神经元",然后你会心跳加速、浑身僵硬,瑟瑟发抖。我们能非常清楚地感受到愤怒、高兴、惊喜以及其他情绪反应,而且这些情绪状态很容易被识别。由此看来,这样的假设似乎非常合理:在我们的大脑和身体里,每一种情绪都有一个起决定作用的基本模式。

根据传统情绪观,我们的情绪是进化的产物。情绪在以前帮助我们生存,现在则成了我们生物特性的固定要素。情绪具有普遍性:在世界各地的每一种文化中,每个年龄段的人都会体验到和你差不多的悲伤的情绪——即使是100万年前,在非洲大草原上,居无定所的原始人也会体验到和你现在差不多的悲伤。我之所以说"差不多",是因为在感受悲伤的情绪时,没有人的面部表情、身体姿态或者大脑活动会完全相同。而且,你的心率、呼吸和血流也不会每次都一样,你皱眉的深度也可能因为意外或者个人习惯而有深有浅。

由此,情绪被认为是一种非理性反射,一般和我们的理性无关。大脑的这种原始功能让你想对你的老板说"你是一个傻瓜",但是你理性的一面知道,这样做你就会被解雇,因此你会克制住自己的冲动。这种情感和理性的内在斗争一直是西方文明的重要内容,因为这种斗争,我们才是人类;没有理性,我们就只能是情绪化的野兽。

（三）情绪的作用

情绪可分为积极情绪和消极情绪。积极情绪往往会成为成功的基石。这是因为积极的心态可以增加我们克服困难的勇气,产生积极的思维。当遇到困难时,我们的思维会随之打开。我们考虑的不是如何逃避,而是如何迎难而上。我们看到的不是克服困难的艰辛,而是奋斗本身的快乐以及成功后的喜悦。正是这种积极的情绪所引导的情绪,转化成了我们一往无前的勇气。因此说积极的情绪可以为我们赢得更多成功的机遇。一个拥有积极心态的人,同时也拥有敏锐的观察力和开阔的思维。他能从生活中一件微不足道的小事中获取成功的信息,也能从别人抛弃的垃圾中发现有价值的材料。他能在非常不利的环境中看见希望的曙光。当个体在无威胁的情境中体验到积极情绪时,会产生一种非特定行动的趋向。个体会变得更加专注并且开放,在此状态下,常常能产生尝试新方法、发展新的解决问题策略、采取独创性努力的冲动。积极的情绪可以使你保持愉快的心境。生活中没有人能一帆风顺,总会遇到种种挫折和失败,比如成绩下滑、朋友疏远、被人误解等。这些经历或多或少会给我们带来烦恼和痛苦。如果我们总是执着于这些失败的经历,人生将是一片灰暗,但如果保持积极的心态,就会发现阴影之外的大片阳光。

消极情绪也具有进化适应的意义。消极情绪能使个体在威胁情境中获益,当个体感觉到生命受到威胁时,消极情绪会使个体产生一种特定行动的趋向(如体验到恐惧时,流经肌肉群的血液增加,从而为逃跑做好准备),并窄化个体的思维行动资源,从而使个体更加专注于即时的境况,迅速做出决定并采取行动,以求得生存。

【延伸阅读】

忧郁的正面意义

当人只顾着往前冲时常常忽略内在的感受,而忧郁让人慢下来,退一步来看生活。人为什么会忧郁？因为生命碰到挫折、阻碍,而忧郁能让灵魂暂时进入冬眠状态。

虽然忧郁让人看起来没有生命力,整天躺在床上,但这是人重新整合自己的时候——重新自我探讨,生命有没有需要修正的地方;重新评价自己,人生是不是该学会妥协,而不能顽固执着。

人若遇到障碍物而不懂得转弯,就会撞得头破血流。所以忧郁是灵魂转弯之处,是生命休息的地方,是面对内心脆弱、挫折的时刻,有其身心正面成长的意义！

忧郁是要让人自我反省。因为过去一直强求别人、强求自己、过于好胜、不服输,而忧郁让人省思该把过去种种放掉,但不是全盘自我否定。

跟着忧郁回去问自己,到底在强求些什么？是不是把自己困死了？真的有人逼我吗？还是被自己的观念套牢了？是不是被自己的执着绑住了？让忧郁把灵魂带到深处痛定思痛,在休息过后改变固执的人生方向！

忧郁是人们的好朋友,它告诉我们一些东西。不是倾听百忧解,而是倾听忧郁,听听它要告诉我们什么。

二、情绪与大学生活

【案例】

一名毕业生给学弟学妹的一封信

两年前,我正处在大学生涯的黄金阶段,满脑子充斥着绚烂的梦想和远大的前程,雄心勃勃,每天制订各种计划鞭策自己。后来我的学习、生活遇到一些坎坷。紧接着,老天跟我开了一个如此之大的玩笑——罹患双相①。我的人生轨迹就此彻底改变。

经历了内心痛苦的挣扎、尝试各种药剂偏方、在医院不省人事、返校后自责自罪与绝望……历尽铅华,脱胎换骨,而今我感到释然而淡定。或许这一切正是命运给我的礼物,将我从追名逐利、虚荣浮华的幻影中解救出来,深刻地诠释了什么是真正的幸福,人生的意义在哪里。

随着对疾病认识的加深,我不再怪罪自己自制力太差,甚至连自己的情绪都掌控不了。我希望所有病友都能懂得,双相是一种像糖尿病等内科疾病那样的慢性病。它涉及大脑神经生物学、遗传学和生化的改变。大家都不会怪罪自己的胰岛没有分泌足够的胰岛素,那么也请您宽容自己的大脑。它病了,需要调理和修养。

虽然我们不能改变生病的现实,但却可以调整对待疾病的态度。双相是这样一种疾病,通过规律性地服药、科学的情绪管理、调整生活习惯,患病的人完全可以享受和其他人一样健全幸福的人生。因此,我们无论在何种情况下,都不要丧失生活的勇气,因为暴风雨总会过去,黑暗之后就是灿烂的光明。

当感到心情低落、精力不济、兴趣丧失时,也就是我们常常体验到的抑郁,请不要承揽太多任务、安排太多活动,那样会使自己精疲力竭,可以做一些使自己放松愉快的事以保持低强度的激活状态,慢慢地阴云就会过去。相反,若有兴趣高涨、思维明显加快、精力极度旺盛等躁狂相前期表现时,要提高警惕,必要时就医治疗。

让我们互相鼓励支持、乐观向上、轻松生活,美好的未来正在向我们招手!愿我们每个人都拥有永恒的幸福!

从这个案例中我们发现,大学生的情绪问题是非常值得关注的。风华正茂的大学生,本该是最健康的一族,但许多资料显示大学生存在不同程度的心理问题。2023年4月,中国科学院心理研究所、社会科学文献出版社联合发布了我国第三本心理健康蓝皮书,其中的《2022年大学生心理健康状况调查报告》显示:有近一半的学生(45.28%)有焦虑风险,还有21.48%的学生有抑郁风险。

另外,因各种疾病而休学、退学的比例也上升趋势。造成学生身心不健康的原因是多方面的,但与大学生的情绪关系最为密切,特别是一些强烈而持久的情绪问题,对大学生的危害更大。大学生活总体来说是紧张的,社会期望高、心理压力大、学习负担重、竞争

---

① 双相,指双相情感障碍,是一种兼有躁狂和抑郁的疾病,既有躁狂或轻躁狂发作,又有抑郁发作的一类心境障碍。患者的情绪波动往往非常大,常常会导致人际关系糟糕、工作效率低下,并影响家庭生活,甚至会出现自残、自杀的结果。

激烈,使大学生的情绪易处于紧张状态。一般认为,适度的、情境性的负性情绪反应,如考试中的紧张和焦虑,失意后的悲伤等情绪是正常的。但是,如果大学生不能很好地处理生活和学习中的各种问题,极易产生不同程度的情绪问题,从而影响身心的健康和发展。大学生的情绪问题,一般是指大学生的消极情绪,指因生活事件引起的悲伤、痛苦长时间持续不能消除的状态。情绪问题一方面导致大学生大脑神经活动功能紊乱,使情绪中枢部位的控制减弱,使其认识范围缩小,自制力、学习效率降低,不能正确评价自我,甚至会产生某些失去理智的行为,造成心理障碍和心理疾病;另一方面又会降低大学生的免疫功能,导致其正常生理平衡失调,引起心血管、消化、泌尿、呼吸、内分泌等系统的疾病。

在这一节中我们将探讨情绪与大学生活的关系,了解健康情绪的标准,看看情绪对大学生身心健康带来的影响,并且熟知几种常见的情绪困扰,有利于我们对自身情绪的管理。

(一) 大学生健康情绪的标准

很多人都以为自己的情绪是健康的,这实际上是一种缺乏常识的错觉。事实上,无论在哪一个国家,达到真正健康标准的人比我们想象的要少得多。不少人错误地把能保持心理平衡看作情绪健康。其实,真正的情绪健康代表着一种情绪发展的水平或层次,代表着一种高水平的、高协调的情绪动态过程。

情绪的健康和成熟有一个社会化的过程。"人的社会化"指的是个人适应社会、获得自身发展的状态和程度。具体而言,从人的本性上说,人不是硬邦邦的、冷冰冰的,而是有思想的、有温度的。因此,在贯穿人一生的不同社会实践领域,出于适应社会和融入社会的目的,人需要接受社会既有的行为规范和价值理念,按照社会的普遍要求和框架行事,这是被动的自发的一面。与此同时,人还在吸收社会物质和精神文化的基础上,通过自身的创造形成个体独特的气质和特性,这是主动的自觉的一面。[①]

情绪作为心理活动的重要组成部分,与个体的学习、生活以及身心健康等具有很大的关系。健康的情绪能够提高工作、学习的效率,促进身心健康,而不健康的情绪不但影响日常的工作和学习,而且还会诱发各种身心疾病。因此,了解健康的情绪与常见的情绪困扰,对我们维护与调节情绪是重要的。目前大多数人认为,健康情绪应当符合以下几个标准:

1. 情绪有适当的原因

根据心理学的研究,情绪的反应都是有其原因或对象的。同时,当事人一般都能觉察到,并且周围的人也能觉察到情绪产生的原因,或赞同其对情绪产生的解释。

2. 情绪反应强度适中

情绪反应的强度应和引起它的情境相适应,过于强烈或淡漠的情绪反应都不是健康的情绪反应。

3. 情绪反应随情境变化而转移

在人们的日常生活中,情绪反应的持续时间是不同的。当引起情绪变化的因素消

---

① 杨蕊.人的社会化视域下大学生心理健康教育研究[J].林区教学,2021(12):117-120.

失后,情绪反应将在较短的时间内恢复平静。但有的情绪(如失恋、亲人的死亡)则需要长时间才能恢复到正常状态。不能随客观情境变化而变化的情绪反应,是不健康的情绪反应。

【心理测试】

你的情绪是否健康稳定

指导语:下面有15道题,你可以根据自己的实际情况来回答"是"或者"否"。

扫码查询结果解释

序号	题目	是	否
1	尽管发生了什么不快,我仍能毫不在乎地思考其他事情		
2	能理智、周密地思考、判断,不拘泥于细枝末节		
3	在与人交往时,我经常能保持坦诚的态度		
4	尽管想做某一件事,但自己估量如果不太可能时也会打消这个念头		
5	很少感情用事		
6	我习惯于把担心的事情写在纸上,并进行整理		
7	会一点一滴地积聚有益的东西		
8	对自己的进步,哪怕只有一点点,都会有高兴的表现		
9	在做事情时,往往具体规定有可能实现的目标		
10	在学业上,尽管有的人比我强,但仍会保持"我走我的路"的信条		
11	失败时仔细思考,反省其原因,但不会愁眉不展,整天闷闷不乐		
12	无路可走时,能够改变生活方式和生活节奏		
13	做事有计划地积极进行,遇到挫折也不会气馁		
14	具有悠闲自娱的爱好		
15	常常倾听众人的意见		

(二)情绪对大学生学习的影响

心理学家认为,情绪是影响人类行为的一个重要方面。大学的生活不能忽略学习。毋庸置疑,学习是大学生活的重要组成部分。情绪对大学生学习活动的作用具有两面性,一方面可以提高学习的积极性,促进和增强学习效果;另一方面也可以降低学习的积极性,削弱和降低学习效果。一般来说,快乐、喜悦、热情等积极情绪,对学习有正能量,起促进作用;焦虑、痛苦、忧伤、愤怒等消极情绪,对学习有负能量,起阻碍作用。

研究表明,情绪对学习的影响表现在:一方面,当所学习材料的情绪与学习者的情绪一致时,记忆效果就好些,即愉快的人更容易记住令人愉快的材料,而悲伤的人更易记住令人悲伤的材料;另一方面,人在愉快的状态下更易记起在愉快的状态下学习的东西,因为愉快的、平衡的情绪能使人的大脑处于最佳活动状态,人在愉快的心情下学习,精力会更集中,思维更敏捷,记忆效果大大提高。相反,如果在痛苦、烦躁、不安的情形下进行学习活动,就很难集中精神,思维会变得混乱、记忆力下降,不利于效率的提高。

下面我们来具体说明不同的情绪对学习的影响。

1. 积极情绪对学习的影响

(1) 愉快。愉快是一种积极情绪,对学习的影响表现在很多方面。属于愉快型的学生往往表现得更加自信、乐观、有才能和容易成功。他们不仅与别人的关系更加融洽、诚恳、相互帮助和相互激励,并且他们的学习目的性强、有连续性,能明确学习的意义,在学习中更能发挥出创造性,解决问题更加干脆利落。愉快具有情景性,并有强弱程度之分。过分的或强烈的愉快情绪会使注意力不容易集中,影响记忆力并减缓思维;过低或过弱的愉快情绪则会抑制思维。愉快在层次上也有高低之分,仅仅感官上的愉快是低层次的,从探索、创造、孜孜不倦的学习中获得的愉快是高层次的,对高层次愉快的追求也有利于学习的开展和进行。

(2) 好奇。好奇是一种以认知为基础的积极情绪。它是由新异刺激引起的一种生理唤醒。一般认为好奇是认知冲突的结果,个体产生了一种"发现的渴望"。当人的认知预期和现实相反时就会产生认知冲突,引起认知不平衡,导致好奇情绪的产生。有研究指出,当学生对事物感到好奇的时候,往往是创造性思维与创造性想象开拓与迸发的时候。所以学生可以在好奇的驱动下,发现未知,优化已有的认知结构。

(3) 兴趣。兴趣也是积极情绪之一。它能驱使人指向与意愿接近的对象,带来人对事物进行钻研和探索的动力,从而有利于进行建设性的有新意的活动。日常经验也表明,凡是对有兴趣的事物,人们总是想办法去认识它、获得它,并对它产生愉快的情绪体验。一个对足球感兴趣的学生,总是积极参加足球训练,关心足球赛事,千方百计地练好它。古今中外少不了以兴趣为起点做出创新探索的有成就的人物。兴趣有利于提高学习的自觉性。当学习是以兴趣为基础则很快便会使人全神贯注、积极思考,甚至达到废寝忘食的境地;没有兴趣的学习则常常成为一种煎熬和负担,效率可想而知。

(4) 乐观自信。有心理学家研究发现,学生的乐观程度跟他们的学习成绩有着非常高的相关性。在智力相当的学生当中,十分乐观的学生成绩往往远远高出不乐观的学生。乐观性高的学生往往能够确定较高的奋斗目标,并且重要的是懂得怎样努力能实现目标。自信是乐观的一种表现,每个人的自信程度是不同的。有些人相信总是能够解决难题,摆脱困境;而有些人则总是怀疑自己是否具备实现目标的条件。自信心足、乐观程度高的人通常会有以下一些特征:能够自我激励,能够灵活变通,能够将艰巨的任务分解为容易应付的小的组成部分加以解决。这些特征对于繁重的学习任务来说非常有帮助。

【延伸阅读】

快乐的特征包括以下3点:

(1) 心胸开阔,拥抱外部世界;容易接受新鲜事物,勇于开阔思路,创新、百折不挠。

(2) 善于与人交往,既打开自己的心扉,得到他人的启迪,又帮助他人解脱思想困扰。

(3) 处于松缓状态,得到享受与人和谐相处和享受自己成果的机会。

为了快乐要做到以下 6 点:

(1) 建立人生追求的目标,目标的实现是快乐最主要的来源,但要知足常乐,不求完美。

(2) 面对现实,尽可能地创造自身优越的小环境。

(3) 诚实地面对自己和他人,对自己不放纵,不苛求。对他人不嫉妒,不疏离。帮助弱者,心存善良,利他是快乐之本。

(4) 宽恕自己的敌人是最难得的美德。

(5) 广交朋友,营造良好的人际关系。

(6) 重视培养爱好和兴趣(音乐、美术具有神奇的调节情绪甚至治疗疾病的功能。艺术欣赏有助于舒缓紧张和压力,平静的心态有助于有益化学物质的释放,有利于免疫系统、内分泌和自主系统的正常工作,消除忧郁和焦虑),保持生活多样化,是舒缓紧张的重要方法[①]。

2. 消极情绪对大学生学习的影响

消极的情绪不仅使学生身心发育不健康,而且还会使他们对学习和生活失去信心。

(1) 焦虑

【案例】

丽丽是一名大三的学生,因为高考发挥失常没能进入心仪的高校读书。她平时学习勤奋刻苦,特别要强,并制订了严格的学习计划,她的考试成绩经常在班级名列前茅,并且在学校里拿到了很多的奖项。现在,她最大的愿望就是可以考上理想大学的研究生。2023 年备考研究生的这一年,她深知考研道路的艰难性,因此她一天到晚都会去图书馆上自习。然而,最近几次模拟考试完全不理想,连自己最有把握的英语也不及格,她开始产生严重的考试焦虑,觉得自己什么也没学好,时间都荒废了。小丽的心理压力越来越大,尽管努力克服这种心理压力,但是都没有好的效果。可想而知,在这样的精神状态之下,她的备考之路变成了一件艰难而又不得不面对的事情。

焦虑是一种普遍存在的心理状态,大学生也不能避免。新生入学后,许多大一学生会产生各种焦虑反应,如适应焦虑、自我形象焦虑、人际关系焦虑、考试焦虑等。这种是由紧张、害怕、担忧等几种情绪混合而成的负性情绪体验。应该明确,生活中暂时的焦虑并不是心理异常,但是会给大学生的生活、学习带来一定影响。实验表明,过度的焦虑会给学生带来不良的影响。例如,有的大学生在临考前心神不定、思维混乱、注意力不能集中,甚至记忆力下降,无法进入复习状态;考试时内心极度紧张不安、惶恐害怕,不能发挥正常水平等,有的甚至产生头痛、胃肠不适等不良生理反应。这多是由于高度焦虑所致。进入青春期以后许多问题出现在青年人面前,使他们的烦恼突然增多,如他们不知道以何种姿态出现在公众而前,不知道如何争取父母的理解和支持,不知道如何处理与异性的关系等。大学生在学习、生活、人际关系方面的挫折以及对未来前途、社会地位的担心忧虑是产生焦虑的主要原因。

例如,有些学生因为总是担心考试不及格而紧张不安,有些同学因为担心进入社会不

---

① 孟昭兰.情绪心理学.北京:北京大学出版社,2005:316-317.

能胜任工作而忧心忡忡,还有些新生因为很长时间不能适应大学的学习和生活而焦虑。这些焦虑感过重的学生会诉说身体的不适,如失眠、心烦意乱等,严重的会影响正常学习和生活。

一般而言,面对重大挑战,人产生一定程度的心理紧张是很正常的,关键是个体对紧张原因的理解是否客观,对自己的现实能力与预定目标差距的认识是否清醒。适当的心理压力能起到警觉作用,反而对考试或其他决定产生较为积极的作用。

【心理测试】

我焦虑了吗

指导语:下面是一份关于焦虑一般症状的表格,请你仔细阅读下列各项,指出最近一周内(包括当天)被各种症状烦扰的程度,并在相应的程度上划"√"号。

扫码查询结果解释

序号	题目	无	轻度 (无多大烦扰)	中度(感到不适 但尚能忍受)	重度 (只能勉强忍受)
1	麻木或刺痛	1	2	3	4
2	感到发热	1	2	3	4
3	腿部颤抖	1	2	3	4
4	不能放松	1	2	3	4
5	害怕发生不好的事情	1	2	3	4
6	头晕	1	2	3	4
7	心悸或心率加快	1	2	3	4
8	心神不定	1	2	3	4
9	惊吓	1	2	3	4
10	紧张	1	2	3	4
11	窒息感	1	2	3	4
12	手发抖	1	2	3	4
13	摇晃	1	2	3	4
14	害怕失控	1	2	3	4
15	呼吸困难	1	2	3	4
16	害怕快要死去	1	2	3	4
17	恐慌	1	2	3	4
18	消化不良或腹部不适	1	2	3	4
19	昏厥	1	2	3	4
20	脸发红	1	2	3	4
21	出汗(不是因为暑汗冒汗)	1	2	3	4

(2) 抑郁

【案例】

抑郁的小张

小张,2023年9月以优异的成绩考入江苏省某高校。进入名校的她并没有自我懈怠,而是在崭新的环境中,主动关心班集体,积极参加各种活动,学习认真刻苦。她期望能在班级竞选中当选班长并获得奖学金,她对大学四年的美好生活充满了期待。可事实让她很失望,班干部竞选她并没有成功,她感觉自己为班集体做的贡献都没有了意义。再加上期末成绩也并不是很好,未能取得奖学金,让从小成绩始终名列前茅的她接受不了,慢慢对自己的能力和同学之间的关系产生了怀疑。从此,她的情绪一落千丈,变得郁郁寡欢,无心学习,也无法处理好与同学之间的人际关系,还整夜失眠。2023年12月她不得不去医院精神科检查,诊断结果是她患上了严重的抑郁症。

在日常生活中每个人都有过抑郁的体验。抑郁可以使人产生悲伤、愤怒、痛苦、羞愧等情绪,这些情绪体验整合在一起导致其产生更强烈的负性体验并长期持续。抑郁是许多心理疾病的症状之一,但也可以仅仅是一种相对轻微的心境状态即抑郁情绪。大学生的抑郁绝大多数属于抑郁情绪,只是偶尔产生,不会持续很长时间,往往随着时间的推移或是环境的转移很快便会消失。但如果长期处于抑郁的情绪状态,又不能及时调整,便容易导致抑郁症的产生。

大学生产生抑郁的现实原因有:①未能实现自我理想;②长期不受欢迎;③屡次考试失败;④所学专业不合乎自己的兴趣爱好;⑤失恋;⑥经济压力;⑦生理缺陷;⑧对大学的生活和环境不适应。以上几种情况容易导致抑郁情绪的产生。抑郁不仅使患者情绪低落,而且会使患者出现多种躯体症状,比如失眠、头晕、记忆力变差等,直接影响学习效率和生活品质。另外,值得我们注意的是最深层的抑郁状态容易导致自杀行为。

大学生一旦怀疑自己得了抑郁症,怎么办?首先不要讳疾忌医,要及时坦率地和心理咨询师或精神医生讨论自己的病情,以得到科学准确的答复并采取治疗措施,大部分人都可以康复。

心病还得用心药来治,自我破解法也是必不可少的。安排聚会、参加学校社团活动、与朋友共餐、学习唱歌或上舞蹈课、亲近大自然等,都是有效缓解不良情绪的很好的方式。此外,森林浴、海边漫步、爬山或踏青,都能使我们放松心情。

【心理测试】

我抑郁了吗

扫码查询结果解释

指导语:这个问卷由许多组项目组成,请仔细看每组的项目,然后在每组内选择一项最适合你现在情况(最近一周,包括今天)的描述,并将那个数字圈出。请先读完每组项内的各项叙述,然后再进行选择。

第一题	
0	我不感到悲伤

续表

第一题	
1	我感到悲伤
2	我始终悲伤,不能自制
3	我太悲伤或不愉快,不堪忍受
第二题	
0	我对将来并不失望
1	对未来我感到心灰意冷
2	我感到前景黯淡
3	我觉得将来毫无希望,无法改善
第三题	
0	我没有感到失败
1	我觉得比一般人失败要多些
2	回首往事,我能看到的是很多次失败
3	我觉得我是一个完全失败的人
第四题	
0	我从各种事件中得到很多满足
1	我不能从各种事件中感受到乐趣
2	我不能从各种事件中得到真正的满足
3	我对一切事情不满意或感到枯燥无味
第五题	
0	我不感到有罪过
1	我在相当的时间里感到有罪过
2	我在大部分时间里觉得有罪过
3	我在任何时候都觉得有罪过
第六题	
0	我没有觉得受到惩罚
1	我觉得可能会受到惩罚
2	我预料将受到惩罚
3	我觉得正受到惩罚
第七题	
0	我对自己并不失望
1	我对自己感到失望
2	我讨厌自己
3	我恨自己

续表

第八题		
	0	我觉得并不比其他人更不好
	1	我要批判自己的弱点和错误
	2	我在所有的时间里都责备自己的错误
	3	我责备自己把所有的事情都弄坏了
第九题		
	0	我没有任何想弄死自己的想法
	1	我有自杀想法,但我不会去做
	2	我想自杀
	3	如果有机会我就自杀
第十题		
	0	我哭泣的次数与往常一样
	1	我比往常哭得多
	2	我现在一直想哭
	3	我过去能哭,但现在要哭也哭不出来
第十一题		
	0	和过去相比,我现在生气并不多
	1	我现在比往常更容易生气发火
	2	我觉得现在所有的时间都容易生气
	3	过去使我生气的事,现在一点也不能使我生气
第十二题		
	0	我对其他人没有失去兴趣
	1	和过去相比,我对他人的兴趣减少了
	2	我对他人的兴趣大部分失去了
	3	我对他人的兴趣已全部丧失了
第十三题		
	0	我作出决定没什么困难
	1	我推迟作出决定比过去多了
	2	我作决定比以前困难得多
	3	我再也不能作出决定了
第十四题		
	0	觉得我的外表看上去并不比过去更差
	1	我担心自己看上去显得老了,没有吸引力
	2	我觉得我的外貌有些变化,使我难看了
	3	我相信我看起来很丑陋

续表

第十五题		
0	我工作和以前一样好
1	要着手做事,我现在需额外花些力气
2	无论做什么我必须努力催促自己才行
3	我什么工作也不能做了
第十六题		
0	我睡觉与往常一样好
1	我睡眠不如过去好
2	我比往常早醒1~2个小时,难以再睡
3	我比往常早醒几个小时,不能再睡
第十七题		
0	我并不感到比往常更疲乏
1	我比过去更容易感到疲乏无力
2	几乎不管做什么,我都感到疲乏无力
3	我太疲乏无力,不能做任何事情
第十八题		
0	我的食欲和往常一样
1	我的食欲不如过去好
2	我现在的食欲差得多了
3	我一点也没有食欲了
第十九题		
0	最近我的体重并无很大减轻
1	我体重下降2.27千克以上
2	我体重下降5.54千克以上
3	我体重下降7.81千克以上
第二十题		
0	我对健康状况并不比往常更担心
1	我担心身体上的问题,如疼痛、胃不适或便秘
2	我很担心身体问题,想别的事情很难
3	我对身体问题如此担忧,以致不能想其他任何事情
第二十一题		
0	我没有发现自己对性的兴趣最近有什么变化
1	我对性的兴趣比过去降低了
2	我现在对性的兴趣大大下降了
3	我对性的兴趣已经完全丧失

【延伸阅读】

为什么越来越抑郁①

20世纪60年代至今,每一个经济发达的国家的资料都显示,患抑郁症的人数正急速增加。当今患抑郁症的比率是40年前的10倍,而且患者的年龄也越来越小。40年前,第一次患抑郁症的平均年龄是29.5岁,现在是14.5岁。这真是一个令人困惑的问题,因为所有客观的幸福指标都比以前好。我们有更强的购买力、更高的教育程度、更好的营养和医疗设备、更普及的文化娱乐等,但是人们的主观幸福感却一路走低,这究竟是怎么回事呢?

在所有导致患抑郁症的因素中,我们对"不是"比"是"更清楚。也就是说,我们知道它不是生理的原因,因为我们的基因和荷尔蒙在40年间不会有很大的变化,不可能成为抑郁症增加10倍的原因。它也不是生态环境造成的,因为宾州住了一群18世纪从荷兰移民到美国的阿米什人(Amish)。他们还保留着当年的生活方式:拒绝汽车等电力设施,日出而作、日落而息。虽然他们住的地方离费城只有60多公里,抑郁症患病率却只有费城的1/10。他们和费城人喝着同样的水,呼吸着同样的空气,吃着同样的食物。患抑郁症跟生活条件差也无关,因为越富有的国家,患病情况越严重。在美国,黑人或墨西哥裔美国人患病率比白人低,虽然他们的生活条件不及白人。

我认为,不适当的自尊、受害者心理的蔓延,加上过度的个人主义,可能是造成抑郁的原因。也许还有一个原因就是过度依赖暂时快乐。每个经济发达的国家都不遗余力地创造着通往幸福感的捷径:电视、毒品、购物、滥交、商业化的体育运动、巧克力等。

我在写上面这段话时正在吃鸡蛋百吉饼,上面涂了黄油和蓝莓酱。百吉饼不是我烤的,黄油不是我搅拌的,蓝莓也不是我摘的,我的早饭都是"捷径"——别人替我做好了,不需要我有任何技术或付出任何努力。如果我的人生充满了这种容易获得的愉悦,不需要我面对挑战,不需要我发挥优势,我会怎么样?我永远不知道自己有什么优势、潜能,永远不知道该如何面对挑战,而这种生活注定会导致抑郁。在一切都有捷径的生活里,优势和美德会枯萎,因为我们没有机会去使用它们。

抑郁症的一个显著症状是自我沉溺,完全不理会其他的人和事,只想着自己的感觉。心情不好其实并不是生活的全部,但对一个抑郁症病人而言,他只看到这一点。当他感到悲伤时,他会在心中反复咀嚼这种情绪,并将它泛化到未来以及他所有的行为上,这样做更增加了悲伤的感觉。社会中一些过分鼓吹自我的所谓专家说,人应该深入了解、接触自己的感觉。于是我们的年轻人全盘接受了这个信息,形成了自恋的人格特点,他们每天最关心的就是自己的感觉如何。

满意的定义正好与"沉溺与自我感觉"相反,因为它不包含感觉、情绪,不包含自我意识,而是全身心投入。满意驱散了自我沉溺,而且满意所产生的心流越多,一个人就越不会抑郁。所以,治疗青少年抑郁症的强有力的方法是:想办法增加他们的满意,同时减少他们对愉悦的追求。愉悦很容易就能获得,而满意则需要发挥个人优势,它来之不易。

(3) 愤怒

愤怒是大学生常见的一种情绪。年轻气盛的大学生,情感丰富强烈,容易激动、愤怒。

---

① 马丁·塞利格曼著.洪兰译.真实的幸福.辽宁:北方联合出版传媒(集团),2010(8):123.

例如,有的大学生因一点小事便与同学恶言相对,有的缺乏冷静而冲动逞强等。这些体现在大学生身上易怒的不良情绪,对大学生的影响是极其有害的。大学生存在愤怒的情绪也是非常正常的,但如果频繁、强烈地发怒或者是从不发怒,就有可能存在一些问题。

不良的人际关系常常是愤怒的来源。受到侮辱或欺骗、挫折或干扰、被强迫去做自己不愿意做的事情,都能诱发愤怒。情绪本身也能成为发怒的原因,例如,持续的痛苦能转化为愤怒。痛苦是分离的反应,愤怒则由持续的痛苦转化而来。

当愤怒的情绪即将爆发时,可以用以下言语进行自我暗示:

① 发火会伤身体;
② 我不会因为这点小事而跟自己过意不去,让自己难过;
③ 我感觉肌肉开始紧绷了,现在开始深呼吸、放松、慢慢放松;
④ 生气对解决问题是没有任何帮助的,只要静下心来,控制好情绪,自然而然会找到解决问题的办法;
⑤ 控制住,我慢慢平静下来了,这样的感觉真好!
⑥ 我正在努力控制脾气,让自己镇静,现在没有人可以打败我;
⑦ 我真是太棒了,我一定可以把情况掌控得很好;
⑧ 想到这些快乐的事情,感觉真好,这总比在那些让人烦心的事情上钻牛角尖还值得;
⑨ 很显然他做不到我对他的期望,从现在开始我降低对他的期待。

当同学们通过积极的心理暗示来有意识地控制自己的愤怒时,就可以适时地保持理性,会带来我们意想不到的结果。

【互动体验】

如何处理愤怒情绪

(1) 列出三种经常让你生气的情境;
(2) 描述一次你当时很生气,但事后又感到后悔的情境;
(3) 想一想愤怒背后隐藏的想法,这些想法是否有不合理之处?有没有其它新的想法?观察愤怒情绪的变化。

3. 学习中的情绪调节

当在学习中遇到情绪困扰,可以采用以下几种方法来进行情绪调节:

(1) 自我鼓励法。用生活中的哲理或某些明智的思想来安慰自己,鼓励自己同痛苦和逆境进行斗争;另外,如果你为不良情绪所压抑的时候,可以通过语言的暗示作用,调整和放松心理上的紧张状态,使不良情绪得到缓解。

(2) 向他人倾诉法。有时候不良情绪光靠自己独自调节还不够,还需要借助别人的疏导。找个朋友谈谈,听听大家的意见,这样会有好处。

(3) 改变环境法。环境对人的情绪同样起着重要的影响和制约作用。因此,改变环境也能调节情绪。特别是那些受到不良情绪压抑和折磨的人,更不应该把自己关在一个房子里任自己的情绪消沉下去,而应该到风景秀丽、景色宜人的公园去游玩一下,或到绿树成荫的大道上散散步。绿色的世界,勃勃生机,会使你心旷神怡,精神振奋,忘却烦恼,消除精神上的紧张和压抑感。

(4) 乐观解释法①。美国积极心理学家塞利格曼认为解释风格有三个维度：永久性、普遍性和人格化。普遍性和永久性控制着我们的行为，我们无助感的持久性，以及无助感涉及的层面。人格化控制我们如何看待自己，对自己的感觉。当不好的事情发生时，悲观的人怪罪自己，乐观的人怪罪旁人或环境。乐观的人考试失败时能很快从这个短暂的无助状态中恢复过来。对乐观的学生来说，失败仅是个挑战，是走向胜利道路上的一些障碍。如果我们遇到挫折之后，能够把挫折看成是暂时的、特定的，情绪的调节就会比较快。

【延伸阅读】

消极情绪也有好处②

焦躁保护：抵御危机的先锋

对预防抑郁症应该负最大责任的一项因素就是焦躁保护（impatience protection）。在推广"感觉满意"与享受高自尊的时代，美国人开始相信应该极力避免焦躁，比如抑郁与不安。人们认为这些感受扰人心绪，可能的话应该完全摆脱掉，至少要减至极小的程度。但是，在保护坏情绪时，自尊运动也削弱了坏情绪可能带来的好处。

像焦虑、抑郁和气愤这些消极情绪的存在是有其积极意义的：它激励你采取行动改变自己或是改变你的世界。我们很自然地会想要避免恶劣情绪，所以当我们的孩子遭遇消极情绪时，我们会下意识地冲上前去保护孩子，以避免孩子心情不好，这是合理的冲动。但消极情绪也是学习乐观与逃避无助所需要的。焦躁的状态经历了长期进化史，它不仅只是扰人心绪，也传递着许多有用的重要信息：不安警告风险就在你身旁，忧愁告诉你可能有重大损害，气愤提醒你有人闯入了你的领域。所有这些信息必然带来痛苦，这种痛苦会使你重视这些情况，促使你采取行动来排除这些威胁。

消极情绪，像是一个警报系统，并非十全十美。许多信息，甚至大多数的信息其实只是谎报。你的小孩子被人打并不是他人存心的，只是不小心而已！分数低并不一定会令老师认为你很笨！情人节收到开玩笑的卡片也不是别人存心羞辱你。当我们长期心情不好、感到崩溃，情绪又发送出太多的谎报时，我们称此状况为"情绪疾病"。我们使用药物来阻止它，通过心理治疗来改正它。但是焦躁最大的好处就是：绝大多数时候，它是你抵御风险、防止损失和侵犯的最前锋。

产生心流：没有挫折，便无法获得

消极情绪的第二个好处就是可能会产生心流体验。时间可曾因你而停？你何时真正感受自己安定了，不愿再到任何地方去？你会沉浸在踢足球、听唱片、对一群人演讲、画画、谈恋爱、写信给编辑或是进行有关心理学的谈话中吗？这种状态称为心流（flow），是最佳的积极情绪之一，这是使生命活下去的一种状态。学者已经对它展开了长达20年的研究，包括哪些人容易经历它，它何时发生，有什么会阻碍它。心流发生在你的方法被应用在最高峰且与勉强可达成的挑战匹配的时候。太少的挑战造成厌烦，太多的挑战或太少的方法造成无助与抑郁。没有挫折，心流就无法获得。没有被失败、重新振作、继续尝

---

① 马丁·塞利格曼著.洪兰译.活出最乐观的自己.沈阳：北方联合出版传媒（集团）股份有限公司，2010(8)：52.

② Seligman M.E., Reivich K., Jaycox L., et al. The optimistic child: A proven program to safeguard children against depression and build lifelong resilience[J].ADOLESCENCE,1997,32：502-502.

试等打断过的连续成功也不会产生心流。奖励、自尊、自信和热情也不会产生心流。缓和挫折、未到时机就解除焦虑和学习逃避巨大的挑战都会妨碍心流的产生。没有焦虑、挫折、竞争和挑战的生活,不是美好的生活,是没有心流的生活。

促进坚持:当失败来临时

消极情绪的第三个好处与克服无助感相关。你的孩子所承担的任何复杂任务,都可能包括许多步骤,每一个步骤都有可能失败。如果他在任何步骤摇摆不定,那么他必须继续尝试,直到过关,然后才得以继续下一步。如果步骤并不是太多,其中又没有难以克服的困难,他就会成功。但是也只有在每一次小失败后都继续尝试,才有可能成功。如果他在某一步骤不顺时就停止尝试,那么整个任务也就失败了。

每一次小失败和大失败都会造成心情抑郁,并夹杂着一些不安、忧虑和气愤。如果这些情绪的程度是中等的,就会刺激行动,但它们也有恐吓作用。当你的孩子心情抑郁时,他只有两种技巧可用。他可以停留在那个情境中采取行动,试图通过改变情境来终止抑郁的情绪;或者他可以放弃,离开那个环境,这个方法是以将环境整体移开来终止抑郁情绪。第一种方法被称为掌控感,第二种方法被称为习得性无助。

要使你的孩子经历掌控感,必须先让他经历失败、心情抑郁以及不断尝试直到成功为止。没有任何步骤是可以跳过的,失败与心情抑郁是建构成功与良好心情的必要过程。

20世纪初,致力于研究治疗梅毒的保罗·埃利希(Paul Ehrlich),制成了一种对抗梅毒病菌的药品,称之为"606",因为埃利希在这之前研究混制了605种药品都没有效。也就是说,埃利希失败了605次,但仍然坚持下去。

生活中几乎所有最具挑战性的任务都像"606"一样,成功前失败过无数次。如果不经历过许多失败即可成功的话,那么打破世界跨栏纪录、与大客户谈成生意或是找到理想朋友,这些也就不是什么稀奇的事了。在极少见的情形下,例如有特定天分或是特别的好运,是可以不经历失败就获得成功的,但是对大多数儿童来说,无须任何努力尝试就可获得的成功通常是没有什么价值的。

儿童需要失败,他们需要感受悲哀、不安及气愤。当我们冲动地去保护孩子,使他们远离失败时,我们也同时剥夺了他们学习"606"式的技巧。当他们遇到障碍,如果急切地吹嘘自尊、缓和失败的打击,或是以热烈恭贺的言语使孩子分心,那么我们就很难使孩子获取掌控的能力。如果剥夺他们的掌控能力,我们就会降低他们的自尊,就好像是在每一步骤中,他们都会感到渺小、羞耻。

由此,塞利格曼猜测感觉满意的普遍看法,尤其是自尊运动,是造成大规模低自尊的原因。刻意缓和心情抑郁,会使孩子更难感觉满意。畏惧失败的感受会使孩子更难得到掌控的感受。减少必要的悲哀及焦虑会使孩子处于罹患抑郁的风险之中。鼓励廉价的成功,会造就出未来以昂贵的失败为代价的下一代。

(三)情绪对大学生身心健康的影响

林肯说:"人体的各种精神机能,必须完全自在、不受纷扰,才能发挥它最大的功能,一切思考才能集中、清楚、敏捷而合乎逻辑。假使你为愤怒所激,为烦恼所苦,那你还能做成功什么事?"所以,情绪是大学生成长成才的基础。它可以影响你的发展,左右你的人生。

1. 情绪对身心健康的影响

在大学期间你有没有在压力特别大时突然生病的情形?会不会在考试周感到浑身疲惫、容易感冒?遇到失恋、考试前期等状况会不会失眠?这些问题其实都伴随着我们的大学生活。而这些看似稀疏平常的健康问题,其实都与我们的情绪有着千丝万缕的联系。下面,我们来看一则案例。

【案例】

张先生的故事

两位同姓张先生,名字也相同的病人,躺在肺病病房相邻的病床上。其中一位张先生罹患严重的肺炎,咳得十分痛苦,而且还有哮喘。另一位张先生是个老烟枪,有支气管炎,由于咳嗽出血,需要做支气管显影而住院。他们同时拿到检验报告。

抽烟的张先生被告知,他的症状不过就是肺炎而已,当他听到这个消息时明显地松了口气。他接受了静脉抗生素注射以及其他适当的医疗,而他整个生理机能都改变了。他哼着歌,对其他病人讲笑话。他告诉每个人他高兴得不得了,因为原先进医院时还以为自己就要死了。事实上他确信自己得了癌症,已经放弃所有的希望。现在他戒了烟,回家重拾他的人生。

另一位张先生就没有那么幸运了。照过 X 光之后,哮喘病人张先生被诊断出罹患了非常严重且快速发展的肺癌,预估未来不会活过 6~9 个月。经过多年与慢性哮喘搏斗之后,现在的他已经来到生命的尽头。他变得极度沮丧,不和任何人说话。家人试着为他打气,但是都失败了。没有人可以改变他的垂死心情,病况也变得越来越危急。3 个月之后,医生的预计存活期结束了,张先生告别了人世。

可是故事并未就此结束。在张先生过世数周之后,一位医学院学生发现,两位病人的档案竟然放错了。那位仍然存活的张先生其实是罹患肺癌的病人,但他被召回医院照 X 光片后,出乎意料的是,除了在原先肿瘤部位留下了一个小小的钙化点,肺部竟然毫无癌症迹象。这位张先生已彻底复原而且没有任何症状了。

提问:

是什么导致两个人有不同的结果?

人的情绪对健康影响极大。愉快喜悦的心情会给人以正面的刺激,有益于健康;而苦恼消极的情绪会给人以负面影响,诱发各种疾病,使原有的病情加重。现代医学认为,良好的情绪可使机体生理机能处于最佳状态,使免疫抗病系统发挥最大效应,抗拒疾病的袭击。许多医学家认为,躯体本身就是良医,85%的疾病可以自我控制。因此,有的心理学家把情绪称为生命的指挥棒、健康的寒暑表。

大学生对自身的情绪若不能及时调控,就会产生情绪困扰而影响心理健康。这些不良的情绪困扰,对大学生的身心健康及学习、生活都有着一定的影响。许多研究表明,不良情绪是身心健康的大敌,突然而强烈的紧张情绪会抑制大脑皮层高度心智活动,破坏大脑皮层的兴奋和抑制的平衡,使人的意识范围狭窄,判断力减弱,失去理智和自制力。持续消极情绪的影响,则常常会使人的大脑功能严重失调,从而导致神经功能不正常。

调查发现,大学生中常见的消化性溃疡、紧张性头痛和偏头痛、心律失常、月经失调、神经性皮炎、失眠等,也都和不良情绪有关[①]。

2. 积极情绪促进大学生的身心健康

积极情绪在大学生身心健康中起着至关重要的作用。在身体层面,积极情绪能够显著增强大学生的免疫功能。科学研究表明,乐观、愉快的情绪可以刺激免疫系统的活跃,提高身体对各种疾病的抵抗力。大学生处于青春年华,身体机能旺盛,但同样也面临着学习压力、生活节奏快等问题。而积极情绪能够帮助大学生更好地应对这些压力,减少因压力引发的各种身体问题,如失眠、胃痛等。此外,积极情绪还能促进学生的食欲和消化,有助于他们的营养吸收和身体健康。在心理层面,积极情绪的作用更为显著。首先,它有助于提升大学生的自我效能感,使他们在面对困难和挑战时更加自信、更有动力去克服。这种自我效能感不仅对他们的学业有帮助,更对他们未来的人生道路有着深远的影响。其次,积极情绪还能促进学生的创新思维和解决问题的能力。在愉快的心境下,人们更容易产生灵感,思维更为活跃,这对于需要不断创新和学习的大学生来说至关重要。最后,积极情绪还能帮助学生建立良好的人际关系。一个乐观、开朗的人往往更容易吸引他人的注意,也更容易与他人建立起深厚的友谊。积极情绪对大学生身心健康的促进作用是多方面的。它不仅能够增强大学生的身体素质,提高他们的免疫力,还能在心理上给予他们巨大的支持,帮助他们更好地应对生活中的各种挑战。

3. 消极情绪对大学生身心健康的危害

【案例】

上海某高校投毒案

2013年4月上海某高校研究生黄某遭他人投毒后死亡。该案件的犯罪嫌疑人为被害人室友林某。2010年8月起,林某入住该大学某宿舍楼421室。一年后,黄某调入该寝室。之后,林因琐事对黄不满,逐渐怀恨在心。2013年3月29日,林某在大学宿舍听黄某和其他同学调侃说愚人节将到,想做节目整人。林某看到黄某笑得很得意,便联想起其他学校用毒整人的事件,便计划投毒"整"黄某,让他难受。2014年2月18日上午,上海市第二中级人民法院一审宣判,被告人林某犯故意杀人罪被判死刑,剥夺政治权利终身。可见林某在与舍友产生隔阂的情况下,不能合理地调整自己的情绪,反而采用了下毒这种卑劣的手段,造成了如此严重的后果。

精力充沛、血气方刚的青年大学生,往往容易激动、动怒。有的大学生因一件小事就暴跳如雷,行为不能自控;有的因人际协调受阻而怒不可遏;有的同学情绪调控能力很差,像林某一样做出严重违法犯罪的事情。

消极情绪是指一种心情低落和陷于不愉快境况的基本主观体验,包括诸如抑郁、焦虑、愤怒、悲伤等情绪状态。研究发现消极情绪不仅会降低个体的认知加工效率,而且会

---

① 董婉欣,于文汶,谢慧等.人际情绪调节的认知神经基础[J].心理科学进展,2024,32(1):131.

提升个体认知加工失败的可能性。[①]

消极情绪不能适当有效地得到调节,不仅会伤害他人,也会伤害自己。我国自古就有喜伤心、怒伤肝、思伤脾、忧伤肺、恐伤肾之说。当人的情绪变化时,往往伴随有生理变化。例如,人在感到惊恐时,会出现瞳孔变大、口渴、出汗、脸色发白等一系列变化。过度的消极情绪,长期不愉快、恐惧、失望,会抑制胃肠运动,从而影响消化机能。情绪消极、低落或过于紧张的人,往往容易患各种疾病。强烈或长久的消极情绪会造成心血管机能紊乱,引起心律不齐、心绞痛、高血压和冠心病,严重时还可导致脑栓塞或心肌梗死,以致危及生命。消极情绪会影响消化系统的功能,如人在恐惧或悲哀时胃黏膜变白、胃酸停止分泌,可引起消化不良;而在焦虑、愤怒、仇恨时,胃黏膜充血、胃酸分泌增多,从而引起胃溃疡。消极的情绪常引起肌肉收缩甚至引发痉挛疼痛。消极情绪会影响内分泌系统,强烈的情绪刺激会导致内分泌失调,使皮肤灰暗无光。长期消极情绪还会影响人的免疫力,从而造成人体抗病能力下降。现已知不良情绪与癌症、糖尿病、风湿病等严重危害人生命的疾病发生、发展密切相关。大学生常见的心理障碍和疾病大多数与持久的消极情绪有关,如神经衰弱的病因就和长期处于紧张、焦虑的情绪状态有直接联系。有些大学生还因长期陷于苦闷、压抑、抑郁等状态中,感到悲观、痛苦,不仅严重地影响了学习和生活,甚至会走上自杀的道路,酿成悲剧。

【延伸阅读】

受困情绪和疾病[②]

随着生命日复一日、年复一年的流逝,你会不断地感受到这样或那样的情绪。生活可能变得艰辛,情感有时候也让人无力承受,每个人都会有情绪崩溃的时候。大多数人选择忘记这些挑战,但不幸的是,这些事件的影响却以受困情绪的方式被留在我们体内。

因为我们无法理解的原因,有时候情绪并没有完全消解。在这种情况下,体验过的情绪无法离开,它的能量被困在身体里面。它可能是一次愤怒,一阵悲伤,一回抑郁,负面情绪的能量滞留体内,悄悄地给你造成不可小觑的身心压力。

很多人惊讶地发现他们的情感包袱远超过自己的想象。受困情绪的能量各异,有其形态和模样。尽管你看不见它们,它们却真实地存在着。

最古老的医术认为,疾病由身体失衡造成。受困情绪可能是人类遭受的最常见的一种失衡方式。编者认为几乎所有疾病跟受困情绪有直接或间接的联系,问题只是在于大部分人都对此毫无察觉。受困情绪相当普遍,它们常常导致身体能量场产生扭曲、变形。但是因为他们完全隐形,几乎不为人知,所以常常导致各种身体问题而不被发现。受困情绪传染性极强,又很隐秘,因此成为很多疾病的原因,生理和情感上的都有。受困情绪会降低免疫力,让身体更容易生病,而且还导致人体组织紊乱,经络不通,器官和腺体无法发挥正常功能。下面这张表是我看过的所有病症:受困情绪在以下情况中不仅是病因,而且往往是主要病因。

[①] 连帅磊,曹晓萱,吴欣格等.知识囤积、消极情绪与大学生认知失败的关系:反刍思维的催化作用[J].中国临床心理学杂志,2023,31(3):677-681.

[②] 布莱德利·尼尔森著,陈晓园译.情绪排毒密码.南京:江苏文艺出版社,2013(4):8-20.

胃酸回流	糖尿病	学习障碍
多动症	阅读障碍	腰痛
过敏	眼痛	甲状腺功能减退
腹痛	纤维肌痛	狼疮
哮喘	性冷淡	偏头痛
颈椎病	头痛	多发性硬化
面瘫	胃炽热（胃食管反流病）	颈痛
癌症	髋关节病	夜惊
腕骨病变	低血糖	惊恐发作
胸痛	阳痿	帕金森症
慢性疲劳	不孕	恐惧症
克隆氏病	失眠	肩痛
结肠炎	肠道易激综合征	鼻窦炎
便秘	关节痛	网球肘
抑郁症	膝关节疼痛	眩晕

三、情绪的有效管理

情绪有如四季般发生，我们无法回避。认识自己的情绪，并学会合理有效地对自己的情绪进行管理，才能更好地适应大学生活，为今后的路打下良好的基础。

【案例】

一天，一位财务主管来到经理那里，气呼呼地对他说，有一位职员用侮辱的话指责他偏袒一些人。经理建议主管写一封内容尖刻的信回敬那家伙，"可以狠狠地骂他一顿。"经理说。主管立刻写了一封措辞强烈的信，然后拿给经理看。"对了，对了，"经理高声叫好，"要的就是这个！好好训他一顿，真写绝了。"但是当主管把信叠好装进信封里时，经理却叫住他，问道："你干什么？""寄出去呀。"主管有些摸不着头脑了。"不要胡闹，"经理大声说"这封信不能发，快把它扔到垃圾桶里去。凡是生气时写的信，我都是这么处理的。这封信写得好，写的时候你已经解了气，现在感觉好多了吧，那么就把它烧掉，再写第二封信吧。"

个体的情绪反应对个体的行为往往具有干扰或促进作用，并导致其生理与行为的变化。因此，对情绪的控制与调节在个体社会生活和心理健康中扮演着重要角色。

情绪管理有以下几个特点：首先，情绪管理涉及所有正性和负性的具体情绪。例如，由挫折和失败所导致的焦虑、悲伤或愤怒等。某些正性的社会情绪也需要有效管理。例如，个体在社会比较中容易产生骄傲情绪，如果不经过合理的抑制或控制可能导致同伴反感，从而影响人际交往效果，产生不良的人际关系。其次，情绪管理的主要对象不仅包括情绪的生理反应，也包括主观体验、外部表情和行为。研究者指出，情绪在两个方面被调节和管理，其一，情绪格调，即反映心境特点的具体情绪调节；其二，情绪的动力性，即情绪体验和反应的强度、范围、稳定性、潜伏性、韧性等特点。[①] 最后,情绪管理有一定的目标。情绪管理是为了个体在情绪唤醒的情境中保持功能上的适应状态,帮助个体将内部的唤醒维持在可管理的、最佳表现的范围内。因此,情绪管理是为了协调情绪与认知、行为之间的关系,提高作业成绩并使个体社会适应功能达到最佳状态。

(一)真实接纳情绪

1. 情绪需要被接纳

每一个人都需要被理解和接纳,同理心可以帮助人调节感受和反思感受。成人的情绪需要被接纳和被肯定,就好像需要我们的父母来理解、接纳、肯定自己的情绪一样,尤其是刚刚步入成年期的大学生们。

同理心是很重要的催化剂,能帮助人加强自我意识,肯定自己的经验,建立更清晰的自我形象,以致能够委身于自己的信念。

情绪需要被真实地接纳,否则就会被扭曲、压抑或变成随时可能爆发的炸弹。不被接纳的情绪很容易被人用不健康的方法来处理,进而演变成防卫机制。因此,保持开放的心态,对任何浮现的情绪都是很重要的。在处理过程中,要留意自己如何不自觉地采用逃避的方式,或转向自己惯用的防卫机制。

真实地接纳情绪就有如深呼吸一般,你先吸入这个情绪,感受一下,在这个感觉中停留一下,细嚼一下,然后再轻轻放下这个感受。

2. 让情绪自然流淌

【案例】

小李大学毕业后,本来想着可以干着喜欢的工作,攒下一笔钱回家开心过年。然而事与愿违,那个冬天对他来说可谓是多灾多难。先是由于第一份工作没有选好,完全无法适应工作强度和工作环境,导致工作两个月就离开公司待业。后又由于大学谈了三年的女友考上了县里的事业编制,而小李并不想回到县里工作委屈自己,两个人聊得很不开心,最终选择了分手。经历了这些,小李一个人坐在出租屋内,想到遇到的一系列的糟心事,心情跌落到了谷底。手里端着的可乐还没喝上几口,又一不小心将杯子打翻,洒了一桌子,也洒了他一身。他赶紧拿出纸巾擦拭桌子,擦着擦着,眼泪不自觉地滴了下来,压抑的情绪决堤了。

可见,流泪也是一种情绪宣泄的方式,更是一种对于自己真实情绪的接纳。男儿不一定"有泪不轻弹"。当我们感觉压力很大或是情绪较为压抑时,将情绪宣泄出来、真实地感受到自己内在的情绪波动,也是可取的。

如果你曾经"受过伤",过往的创伤情绪如果一直都被压抑着,那么第一次去接触这个情绪的时候,通常都会感受到有如排山倒海的强烈情绪反应。但是,情绪有如海浪,会有自然的周期性起伏,既有澎湃,也有平缓,此起彼伏。只要人不去阻挡和逃避,情绪会自然地来,自然地去。有很多人担心情绪会停留下来,这样以后会永远痛苦、不开心,其实这种担心并不存在,人越是逃避某个核心情绪,这个情绪因为被压抑,其被释放的需要便越大。

[①] 俞国良.社会心理学.北京:北京师范大学出版社,2006:190-191.

反之,如果大方地接受这个情绪,情绪便来去自如,没有压迫,也没有大的回弹力。相对来说,情绪的激烈程度减轻,也就更容易减退①。

3. 当负性情绪来临

此外,我们往往会感到,快乐的时光总是过得很快,而遇到挫折时,苦闷似乎总是时时缠着我们,时间仿佛停止,这种现象叫作"快乐不对称定律"。即在我们的感受中,强烈的正性情绪不会长时间存在,它总会逐渐消失,而负性情绪却总是挥之不去。因此,同学们要学着认清这个事实,学会真实地接纳自己的情绪,认识到情绪困扰也是人类生存的一种很自然的状态,快乐和忧伤是互相交替的,就好像白天和黑夜一样。当我们处于黑暗之中时,我们的心中要有一种信念:黎明前最黑暗,但马上就能见到曙光。

【互动体验】

请同学们画一个大圆代表自己近两周的情绪内容,分别用小圆面积的大小来表示以下八种情绪所占的比例。

快乐、痛苦或悲伤、愤怒、恐惧、爱、焦虑、害羞、其他。

看一下你近期都有哪些情绪?是以正性情绪为主,还是以负性情绪为主?通过练习学会观察自己的情绪。

(二) 正确表达情绪

在当今这个压力越来越大的社会里,保持一个平和的心态尤其困难。如何保持平和的心态呢?当情绪生出,或愤怒或悲伤,有的人会装出若无其事的样子,而且越是悲伤,越装出高兴的样子,认为这样做,别人也就不会反思自己的期望和命令是不是干扰了自己的正常生活。实际上,这样的反应一旦形成一种习惯,反而会损害健康,也会给别人造成一种错觉。我们需要承认,每个人所能承受的情绪压力是有限的,所以,在适当的时候让情绪减压,正确地表达情绪,进行情绪宣泄是必要的。

将情绪表达出来,可以带给我们意想不到的轻松。所以,如果你觉得心里面像是"灌了铅"、被某些东西堵着,进行合理的、适时适当的情绪表达是一个很好的选择。

当然,情绪的表达要有节制,要注意方式方法和时间、场合,尽量不影响别人、不损害自己,否则会带来新的情绪困扰。

1. 试图说出你的感受

情绪调节的首要任务是意识到自己内在的情绪,从意识中去经历这个感受,然后以恰当的方式将身体五官的感受和行动倾向的象征意思表达出来。

情绪可以用语言来表达,以说明自己的感受和需要。通过形容自己的情绪,可以帮助整理自己的感受,也容易知道怎样去解决问题。我们往往很容易去表达理性的思想,但不容易去表达感受,但是如果尝试去找出感受,就会发现和更明白自己的需要。

有些人被问及感受时,他们所给予的答案往往是"无""OK""差不多"或"一般"。这可能反映他们仍然未能仔细区别不同的感受,或者当时的感受不是很明显。② 其实我们每

---

① 葛琳卡.情绪四重奏.深圳:海天出版社,2000:92-93.
② 葛琳卡.情绪四重奏.深圳:海天出版社,2000:103-105.

一刻都会有感受,但是并不是每刻的感受都是强烈的。如果细心分辨,也可以找出那微小的感受是什么。学习把握每个微小的感受,可以帮助自己掌握自己的内在状况,不断地练习,会使自己对内在的感受更为敏锐。如果你发现自己的答案有些含糊,请你再细心分辨一下。

当然,表达情绪也要注意技巧,比如表达愤怒,尽量避免使用类似"你没有一点同情心""你太自私了""你怎么这么没教养""你真不是人"这类进行人格攻击的话语。可以使用"你做了或说了……令我感到很难过或很有压力"的句式来表达情绪。比如说,"你在一周内给我布置了这么多任务,我感觉压力很大,特别焦虑"。这样的表达既能够清晰地表达出自己的立场,又不太容易伤害到别人。[1]

2. 倾诉

倾诉,既可以向师友亲人或者咨询师诉说心中的烦恼和忧虑,也可用撰写"情绪日志"的方式倾诉不快。彭尼贝克(James Pennebaker)的研究显示:当人可以重复四次(每次用20分钟)写下创伤性或困扰的事件所带来的情绪感受的,这已经对人的健康有很大的帮助。[2] 因此,写"情绪日志"可以让人明白自己的经历和发展,整理出一个有条理的、有生命的故事,也就是说,情绪记录可以帮助自己更仔细地分析情绪的来龙去脉,能够经常反省和检讨自己的情绪表现,可以帮助我们更好地掌握及了解自己内心的情绪模式及反应,对于学习调节及转化情绪很有帮助。

当然,在悲痛欲绝时大哭一场,在盛怒愤慨时猛干活或进行剧烈的体育运动,亦有助于释放激动的情绪。

【互动体验】

三件好事练习[3]

在一周内每天写下当天发生的三件好事以及它们发生的原因。这三件事可以无关紧要("我今天在语言艺术课上回答出一个超难的问题"),也可以非常重要("我暗恋了好几个月的帅哥居然约我出去")。在每件好事旁边,回答下列问题之一:"这件好事为什么会发生?""这对你意味着什么?""如何才能让这样的好事在未来更多地发生?"

写下生活中的好事在一开始也许会让你觉得有点别扭,但坚持6个月你会喜欢上这个练习,并且能感受更多的积极情绪,更好地减少抑郁。

(三)有效调整情绪

1. 从认知调整情绪

合理情绪疗法(以下简称 RET)是由美国心理学家埃利斯创立的。合理情绪疗法的基本理论主要为 ABC 理论,即情绪不是由某一诱发性事件本身所引起的,而是由经历了这一事件的个体对这一事件的解释和评价所引起的。A 是指诱发性事件;B 是指个体在遇到诱发事件之后相应而生的信念;C 是指在特定情境下,个体的情绪及行为的结果,具

---

[1] 文书锋,胡邓,俞国良.大学生心理健康通识.北京:中国人民大学出版社,2010:65-71.
[2] James Pennebaker.Opening up:The Healing Power of Confiding in Others.New York:Morrow,1990.
[3] 马丁·塞利格曼著.赵昱鲲译.持续的幸福.浙江:浙江人民出版社,2012(11):31.

体如图 5-2 所示。

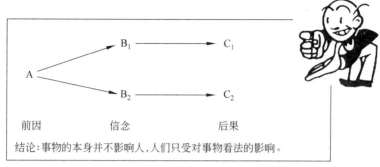

图 5-2　ABC 理论图

比如，一个因个子矮小而自卑的大学生，某天走在校道上，看到迎面走来一个陌生人，正看着自己在发笑。这时，如果他认为陌生人是在嘲笑自己，那么这样的想法会更影响到他的自卑心理；如果他认为自己的个子矮小，很可爱，所以陌生人是在很友善地微笑着朝自己打招呼，那么这种想法会让大学生觉得心里很舒服，会逐渐增加自己的自信。从这个例子中可以看到人的情绪和行为是受到人的想法影响的，而这些想法就是人们所说的信念。第一种想法是不合理信念，第二种想法是合理信念，不合理信念会导致不良情绪和不良行为的发生，影响到大学生的生活，合理信念会引起大学生对事件的适当适度的情绪反应。所以要改变大学生的不合理理念，以便更大限度地减少不合理解释和评价带来的消极情绪和不良行为，非理性观念主要表现为：

绝对化观念：二分法，非黑即白则是绝对化观念的主要表现。这种信念常常表现为在日常生活中"必须""一定""应该"等用语上。

灾难化思维：这种认知偏差经常表现为夸大事件的危害性，看不到事件积极的一面。例如，还没有考试就会想着万一考不好该怎么办。

过分概念化：以偏概全则是这种思维方式的典型代表。例如，有的同学被一个恋人伤害就再也不相信爱情、承诺等。

需要被赞赏：一个人不管做什么，都绝对必须得到每个人的喜爱和赞许。

过高的自我期许：人在各方面都必须能力十足，完美无缺。

责备：有些人很坏、邪恶、卑鄙，应该受到责备惩罚。

不必负责：不愉快是由外在环境所造成的，个人一定无法加以控制。

忧虑：对于可能发生的危险或可怕的事物，必须常记挂在心里。

逃避问题：逃避某种困难或责任，总比面对问题还来得容易。

无助感：过去的经验与事件，是现在行为的决定者，过去的影响一定是无法磨蚀的。

完美主义：每个问题一定有一个正确或完美的解决方法，而且必须找到，否则将会有大灾难。

依赖：一个人必须依赖他人，并应找一个比自己更强的人去依靠。

罪责归己：一个人应该为别人的难题或困扰而烦恼。

惰性：个人的自我陶醉或不必积极参与活动，也必能带来极大的喜悦。

格鲁斯提出,在情绪发生的整个过程中,个体可通过认知重评(cognitive reappraisal)来调整情绪。认知重评即认知改变,指改变对情绪事件的理解,改变对情绪事件个人意义的认识,如安慰自己不要生气,是小事情,无关紧要等。认知重评试图以一种更加积极的方式理解使人产生挫折、愤怒、厌恶等负性情绪的事件,或者对情绪事件进行合理化评价。认知重评产生积极的情感和社会互动结果,不需要耗费许多认知资源,是一种有益的情绪调节方式。

认知重评有两种具体的调节方式:评价忽视和评价重视。"忽视"为减弱型调节方式,表现为个体以忽视、回避和减弱等方式,对情境中可能引起情绪的刺激进行评价,尽可能地不去感受情境可能引起的情绪。例如,将一个恐怖的电影场面考虑成仅仅是"电影特技"和"根本就是假的事情",这就是忽视调节。"重视"是一种增强型努力,表现为个体通过增强对可能引起情绪的情境的评价,增强情境与个人的关联性做法。例如,将一根草绳误以为是一条蛇,触景生情等。[1] 所以通过改变信念来改变情绪是非常有效的。

【延伸阅读】

心态决定人的一生[2]

一个人一生的境遇与他的心态密切相关。例如,同一个人在不同的时刻,因为思想、性情、情绪的不同,就会怀有不同的心态,于是所表现出的精神状态也截然不同——或强或弱,或和谐或紊乱,等等。

正因如此,每个人都可以通过改变自己的心态来改变自己的生活和命运。对此,著名的心灵励志大师安东尼·罗宾斯曾在课堂上讲述过一位汤姆森太太的经历,恰巧是非常好的印证。二战时,汤姆森太太的丈夫到一个位于沙漠中心的陆军基地驻防。为了能经常与他相聚,她也搬到他附近去住。基地周边环境实在是可憎,她简直没见过比那里更糟糕的地方了。她丈夫外出参加演习时,她就一个人待在那间小房子里。那里热得要命——仙人掌树荫下的温度高达50℃,没有一个可以谈话的人;风沙很大,到处都充满了沙子。

汤姆森太太觉得自己倒霉到了极点,觉得自己好可怜,于是她写信给她父母,告诉他们她放弃了,准备回家,她一分钟也不能再忍受了,她宁愿去坐牢也不想待在这个鬼地方。她父亲的回信只有三句话,这三句话常常萦绕在她的心中,并改变了汤姆森太太的一生:

有两个人从铁窗朝外望去,

一人看到的是满地的泥泞,

另一个人却看到满天的繁星。

于是,她决定找出自己目前处境的有利之处。她开始和当地的居民交朋友。他们都非常热心。当汤姆森太太对他们的编织和陶艺表现出极大的兴趣时,他们会把拒绝卖给游客的心爱之物送给她。她开始研究各式各样的仙人掌及当地植物,试着认识土拨鼠,观赏沙漠的黄昏,寻找300万年以前的贝壳化石。

是什么给汤姆森太太带来了如此惊人的变化呢?沙漠没有改变,改变的只是她自己。

---

[1] 孟昭兰.情绪心理学.北京:北京大学出版社,2005:201-202.
[2] 文德主编.心态决定人生.北京:中国华侨出版社,2018.

因为她的心态改变了,正是这种改变使她有了一段精彩的人生经历,她发现的新天地令她既兴奋又刺激。于是,她开始着手写一部小说,讲述她是怎样逃出了自筑的牢狱,找到了美丽的星辰。

故事的最初,汤姆森太太感觉自己"倒霉到了极点",这种消极的心态引发了自身的消极状态——相信自己就是倒霉的、无力改变现状的,于是"宁愿去坐牢也不想待在这个鬼地方"。后来,父亲的回信改变她的心态,使她"决定找出自己目前处境的有利之处"。这种由内心发出的状态——改变,激发了她的积极力量——相信自己是可以改变自身处境的。于是,她唤起了自己对编织和陶艺的兴趣,挖掘出自己对当地动植物研究的兴趣及潜能,并最终找到生命中"美丽的星辰"。汤姆森太太由消极向积极、由失败向成功的人生转变说明了一个朴素的道理:人可以通过改变心态来改变自己的人生。这也充分证明了心态的强大力量,心态革命是开启人生动力的神奇之门。

有人说,困难、挫折、失败是胜利、喜悦、幸福的双生儿。没错,人生总是这样顺逆交替,犹如黑夜、白天或四季之变更。但是在现实生活中,真正能看清这一点的人其实并不多,这是因为有些人并没有意识到心态对人生的强大影响,并没有明白心态的力量究竟有多大。对此,美国科学家曾通过研究发现,一个人一生的能量全部收集起来换算成电能,可以照亮北美大陆一个星期,如果用金钱去衡量,相当于数百亿美元。当我们为"心态→人生"的强大力量咋舌的同时,似乎更应该认真思考一下:困境时常来临,大的叫苦难、失败,小的叫失落、挫折,大大小小的困境构成人生特有的色彩,人们给予它们的颜色或黑或灰,然而,这一切不正是我们的心态所赋予的吗?

最后,不妨思考一下:此刻,自己的人生处于什么样的位置?自己的心境处于什么样的状态?无论答案是什么,你都要清楚地知道,遭遇逆境并不等于宣判我们命运的"死刑",真正的法官永远是我们自己。只有我们自己才有资格对神圣的生命做出判决,而调整心态的能力将影响你手中的判笔。大文豪巴尔扎克说:"世界上的事情永远不是绝对的,结果完全因人而异。苦难对于强者是一块垫脚石,对于能干的人是一笔财富,对弱者是一个万丈深渊。"不同的心态,直接影响着我们人生的状态和发展趋势。修炼黄金心态,提高心灵力量,也会随之激发人生的强劲动力。

2. 从行为调整情绪

一般人所采取的调节情绪方法,就是不去用意识困扰情绪,并且采取刚刚提到的从认知调整情绪的方法。而莱恩汉(Marsha Linehan)透过倒转困扰情绪的表达和行动,作为调节困扰情绪的方法,目的在于减低负面情绪的恶性循环和增加正面情绪。[①]

【案例】

在古老的西藏,有一个叫爱地巴的人,每次生气和人起争执的时候,就以很快的速度跑回家去,绕着自己的房子和土地跑3圈,然后坐在田地边喘气。爱地巴工作非常努力,他的房子越来越大,土地也越来越广,但不管房地有多大,只要与人争论生气,他还是会绕着房子和土地绕3圈。爱地巴为何每次生气都绕着房子和土地绕3圈?所有认识他的

---

① Marsha Linehan.Cognitive-behavioral Treatment of Borderline Personality Disorder.New York:Guilford Press.

人,心里都起疑惑,但是不管怎么问他,爱地巴都不愿意说明。直到有一天,爱地巴很老了,他的房地已经很广大。他又生气了,拄着拐杖艰难地绕着土地和房子。等他好不容易走完3圈,太阳都下山了,爱地巴独自坐在田边喘气。他的孙子在身边恳求他:"阿公,你已经年纪大了,这附近地区的人也没有人的土地比你更大,您不能再像从前,一生气就绕着土地跑啊!您可不可以告诉我这个秘密,为什么您一生气就要绕着土地跑上3圈?"爱地巴禁不起孙子的恳求,终于说出隐藏在心中多年的秘密,他说:"年轻时,我若和人吵架、争论、生气,就绕着房地跑3圈,边跑边想:我的房子这么小,土地这么小!我哪有时间,哪有资格去跟人家生气?一想到这里气就消了,于是就把所有时间用来努力工作。"孙子问道:"阿公,你年纪老了,又变成最富有的人,为什么还要绕着房子跑?"爱地巴笑着说:"我现在还是会生气,生气时绕着房地走3圈,边走边想,我的房子这么大,土地这么多,我又何必跟人计较?一想到这,气就消了。"

从以上案例我们可以看到,情绪的合理宣泄非常重要。话语就像一把锋利的刀,只要一说出,刺进别人的胸口,就会造成我们意想不到的负面后果。而除了从我们上述提到的从认知来调整情绪外,我们也可以从行为来调整情绪。

每当人陷入某种情绪状态,除了感官性的信号和负面思想外,也会产生某种行为的倾向。因此,改变当时的行为,也可以带动情绪状态作出改变。当一个人不开心的时候,可以通过娱乐活动,例如,看喜剧、讲笑话、胡闹一番令自己笑笑;郁闷的时候不宜躺在床上或做静止的活动,反而应该外出散步,被外界的人或景物刺激,扩大内在的空间和思维;愤怒的时候不宜逗留在愤怒的环境中,宜离开现场,吹吹风、喝些清凉的饮品,降低身体的温度、转移话题;紧张的时候,可去做些减压的活动,分散注意力。其实很多人都会使用这些方法来调节自己的情绪,只是没有留意方法背后的原理罢了。以下的活动可以作为参考:用忙碌工作或专注其他事情来分散自己的注意力;把注意力从自己身上转移到别人身上;做些对自己有益的活动,如购物、享受美味佳肴、面部身体护理和按摩、放松身心的运动或旅行。

面对恐惧的时候,不要逃避这种情绪,同时使用分散注意力或放松的方法,去减少其所引起的焦虑和恐惧,帮助自己继续面对挑战。面对内疚或羞愧时,也是一样。要面对而不抽离,我们可以做一些与此情绪相反的行动,帮助自己降低情绪的困扰性,而不去逃避困扰的情绪。因此,面对抑郁的情绪,所用的技巧是要多参与活动和采取主动,而不是被动等待;面对愤怒的情绪,便要同情或做些帮助人的事情,而不是去攻击人。其内在的原理是:化解抑郁情绪的症结在于改变人对自己的看法。觉得自己没有能力,或做得不够好,往往是导致抑郁的原因。增加活动和采取主动心态,对面对压抑情绪有帮助。同样的道理,愤怒的人事后往往会对自己的攻击行为或脾气深感内疚,因此,去做些帮助人的好事,可以改善愤怒的情绪。从帮助人中学习明白别人的感受和与人相处的方法。恐惧失败的人,透过别人或自己的安慰,不要逃避问题,而要从小事上学习接受挑战、做出新的尝试,渐渐从小的成功之中改善恐惧的情绪。

选择积极情绪,保持精神上的愉悦,是我们都可以做到的。较难做到的是我们是否愿意担负起对自己情绪的责任。从某种程度上讲,积极情绪的源泉不在身外,而在心内。能不能保持精神上的愉悦,责任在于我们自己。因此,快乐不在于你是谁,或者你有什么,它只在于你想的是什么。

一个人若没有任何情绪调节的办法是很危险的,他可能会积累很多不良的情绪能量,充斥在身体中的强大能量最终会爆发出来,具有惊人的杀伤力。因此这样的人一旦犯罪,会罪大恶极;或者在长期的压抑下自身的机能有所损伤。既然你已经知道了这些情绪调节的方法,当你觉得自己的情绪有些不受控制时,不妨试试这些方法,说不定会给你带来意外的惊喜。

本章小结

本章讨论了情绪的含义和发生机制,帮助大学生了解积极情绪和消极情绪对学习和身心健康的重要影响,引导学生真实地接纳情绪,合理地表达情绪,有效地调整情绪,从而成为情绪的主人。

思考题

1. 什么是情绪困扰?
2. 有效管理情绪要从哪几方面入手?
3. 完成下面的句子,思考哪些事件会引起你的生气、难过、焦虑、害怕、丢脸和无助的感觉?

我最生气的一件事:＿＿＿＿＿＿＿＿＿＿＿＿＿＿＿＿＿＿＿＿＿＿＿＿
我最难过的一件事:＿＿＿＿＿＿＿＿＿＿＿＿＿＿＿＿＿＿＿＿＿＿＿＿
我最焦虑的一件事:＿＿＿＿＿＿＿＿＿＿＿＿＿＿＿＿＿＿＿＿＿＿＿＿
我最害怕的一件事:＿＿＿＿＿＿＿＿＿＿＿＿＿＿＿＿＿＿＿＿＿＿＿＿
我最丢脸的一件事:＿＿＿＿＿＿＿＿＿＿＿＿＿＿＿＿＿＿＿＿＿＿＿＿
我最无助的一件事:＿＿＿＿＿＿＿＿＿＿＿＿＿＿＿＿＿＿＿＿＿＿＿＿

【书籍推荐】

《积极情绪的力量》

作者:芭芭拉·弗雷德里克森
译者:王珺
出版社:中国人民大学出版社

这是一本教我们追寻幸福的书。它缔造了当代积极心理学的最新巅峰。一个人想要获得完满的人生,必须借助积极情绪的力量。积极情绪会扩展我们的思维和视野,构建帮助我们成功的各项资源。积极情绪为我们带来健康,让我们更加坚韧,并抑制无端的消极情绪。最重要的是,我们都可以通过努力来提高自身的积极情绪。要想实现美好的人生,最佳的积极情绪与消极情绪的配比为3∶1。芭芭拉通过多年的研究告诉我们,我们可以通过7种方法降低消极情绪、10种方法提升积极情绪。

【视频推荐】

《丈夫得了抑郁症》

该影片讲述了身患抑郁症的丈夫与一直支持照顾他的妻子之间真实而感人的生活琐事。在某网络公司上班的丈夫和妻子过着平静的生活。丈夫为人心细,一丝不苟,习惯每天早上做便当,按照不同日期搭配便当的奶酪和领带。但是在巨大的工作压力下,丈夫看似平静的内心渐渐失衡,他甚至一度企图自杀,经问诊才发现自己已经患了抑郁症。一向专注工作、神经大条的妻子为了让丈夫尽快恢复健康以离婚相要挟迫使丈夫辞职休养,最终帮丈夫获得了久违的快乐。

《当幸福来敲门》

电影《当幸福来敲门》讲述了一位濒临破产、老婆离家的落魄业务员克里斯,如何刻苦耐劳地善尽单亲责任,奋发向上成为股市交易员,最后成为知名的金融投资家的励志故事。面对生活的种种挑战,克里斯始终保持乐观和坚韧的态度,努力工作,给予儿子最真挚的关爱和教育。在无家可归的日子里,他总是用幽默和温暖的方式来安慰儿子,同时自己也在尽力控制内心的焦虑和绝望。在这段艰难的旅程中,我们可以看到克里斯在情绪管理上的努力和成长,他学会了如何在挫折面前保持镇定、积极地应对,同时也激励着儿子要坚强勇敢。最终,经过不懈的努力,克里斯成功地获得了稳定的工作,改变了他们的命运,实现了幸福的人生。整个故事充满了感人至深的情感,展现了主人公在逆境中保持情绪稳定和积极面对生活的力量,同时也启发了观众对待生活中各种情绪的理解和处理方式。

《头脑特工队》

该影片讲述了出生在明尼苏达州一个平凡家庭的可爱小女孩莱莉,从小在父母的呵护下长大,脑海中保存着无数美好的回忆。当然这些回忆还与几个莱莉未曾谋面的伙伴息息相关,他们就是人类的五种主要情绪:乐乐、忧忧、怕怕、厌厌和怒怒。乐乐作为团队的领导,她和其他伙伴努力为小主人营造更多珍贵的记忆。后来,莱莉随同父母搬到了旧金山,肮脏逼仄的公寓、陌生的校园环境、逐渐失落的友情都让莱莉无所适从。她的负面情绪逐渐累积,内心美好的世界渐次崩塌。为了保护这一切,乐乐行动起来,试图帮助莱莉重拾原本快乐正常的情绪。在这个过程中,莱莉发现,每种情绪都有其功效,都是生活与成长不可缺少的部分。只有勇于面对自己复杂的情绪,才能更快地成熟起来。

第六章 学会恋爱

名人名言

不成熟的爱：因为我需要你，所以我爱你。成熟的爱：因为我爱你，所以我需要你。

——艾瑞克·弗洛姆（Erich Fromm）

本章要点

恋爱中的心理现象；

大学生恋爱中的常见心理困扰；

恋爱能力的培养。

【案例】

小 A 是 B 市一所重点大学的大一新生。一个学期以来，她发现自己暗恋班上的一位男同学。她喜欢看他回答问题时的样子。在校园里看到他的身影，她会激动得心怦怦跳。与此同时，在 C 市读大学的高中男同学小 N 向小 A 表白，但她总是回避这个话题。小 A 非常困惑，一方面，她不知道如何向本班的男生表达自己的爱慕之心，同时她也害怕被拒绝；另一方面，小 A 又找不到合适的方式去拒绝小 N，她怕她的拒绝会伤害到小 N，破坏多年的同学情谊。

提问：

1. 如果你是小 A，你喜欢班上的男生，你会如何做？
2. 你喜欢过别人吗？喜欢一个人有哪些具体的表现？
3. 如果有人向你表白，而你不喜欢他，你会如何拒绝？

一、什么是爱情

爱情是人类情感中最美妙的一种体验，是一个人在成长经历中最基本和最精彩的情节。从古至今，有很多描写爱情的经典诗句，如"衣带渐宽终不悔，为伊消得人憔悴""身无彩凤双飞翼，心有灵犀一点通""两情若是久长时，又岂在朝朝暮暮"……同时也有很多对爱情不同的解读，如美国著名的现实主义作家杰克·伦敦认为"爱情待在高山之巅，在理智的谷地之上。爱情是生活的升华，人生的绝顶，它难得出现"。马克思则认为"真正的爱情是表现在恋人对他的偶像采取含蓄、谦恭甚至羞涩的态度,而绝不是表现在随意流露热情和过早的亲昵"。那么,什么是爱情呢?

(一)爱情的定义

爱情是人类情感中最美妙的一种体验,对爱情的探索和追寻是人类历史进程中亘古不变的话题。不同的心理学者从不同的角度研究爱情、阐释爱情。社会心理学家齐克·鲁宾(Zick Rubin)认为,爱情是一个人对另一个人的某种特殊的想法和态度,它是亲密关系的最深层次,不仅包含着审美、激情等心理因素,还包括生理唤起与共同生活愿望等复杂的因素。心理学家罗洛·梅认为,爱情是一种永恒的伸展,自我的推延,一种推动个人奉献自身以寻求真、善、美的更高形式的永续更新的动力。总之,爱情是复杂的,是人际吸引最强烈的一种形式,是一种与人的成熟度相关,需要投入身心的感情。[①]

(二)爱情的产生

爱情的产生不是简单的、一时的冲动,而是在生理、心理等多种基础都具备的情况下慢慢产生的。爱情的产生需要具备生理基础、心理基础。

1. 爱情的生理基础

爱情的出现与人的身体发育程度有直接关系。目前,我国大学新生的入校年龄一般在17~19岁,正值青春期的中后期。青春期,男女的性腺功能开始明显化,性激素分泌旺盛,生殖器官发育基本成熟。

男孩和女孩在青春期最引人注意的外表变化是"第二性征"。当然,"性"的发育绝对不仅仅是与生理有关的现象。从心理学的角度上来说,"性"不仅包括性交、性爱抚等所有直接的性活动,还包括人们对性的情感、态度、价值观和性方面的喜好等与"性"有关的一切心理现象。

此外,美国科学家研究发现,造成两性之间感情吸引力与"化学物质"有着密切的关系。当两人相爱,大脑内部十多个区域会同时活动,只需要12秒便会释放一系列的化学物质。

第一种是苯基乙胺。苯基乙胺是一种神经兴奋剂,它会令人呼吸加快、心跳加速、面色发红,最显著的是瞳孔放大。当两人碰撞出火花,大脑会分泌苯基乙胺,让人产生来电的感觉,从而坠入爱河。热恋中的男女最容易产生苯基乙胺。所以,恋爱中的男女会表现得热情高涨情绪亢奋。苯基乙胺会抑制大脑中负责记忆和注意力的区域,使得人们对爱情更加专注。此外,苯基乙胺使得恋人们只能看到对方的优点,完全无视缺点,这就是"情人眼里出西施"的根本原因。苯基乙胺决定了爱情的热恋期,它在大脑里的持续时间因人而异,并不相同。最短只有6个月,最长可达4年,但通常是30个月的时间。

此外,科学研究证明,当人遇到危险或紧张的时候,大脑内的苯基乙胺水平会显著提升。如果两个人共同经历一场危险,大脑内增加的苯基乙胺便会让人产生爱情的感觉,即心理学上常说的吊桥效应。

---

① 霍妮著,花火译.爱情心理学.苏州:古吴轩出版社,2016:18.

第二种是多巴胺。多巴胺是一种神经传导物质,长期存在于我们的大脑中,负责传递亢奋和欢愉的信息,也和大脑的成瘾机制有关。一般在肌肤相亲时最容易产生多巴胺,如接吻、抚摸等,肢体的亲密接触会让人体自然分泌出多巴胺。

第三种是内啡肽。内啡肽被一部分人称为快乐激素。它带给人欣快感和成就感,也令人充满活力。内啡肽的效果类似于镇静剂,可以降低焦虑感,让人体会到安逸、温暖、亲密、平静的感觉。无论我们听一首喜欢的歌曲,吃一份喜欢的美食,还是看一处喜欢的美景,大脑都会促进内啡肽的分泌。从确定恋爱关系到牵起双手再到两性的结合,内啡肽的分泌会大大增加。

第四种是脑下垂体后叶荷尔蒙。这类激素会让恋人之间的爱意加强,令人更加忠贞,产生矢志不渝的感觉。但这类激素分泌过度则会产生极强的占有欲,而占有欲的外在表现就是恋爱中的双方容易变成"大醋缸"。

第五种是催产素。催产素是脑下垂体后叶荷尔蒙的一种,是联系情感的激素,或者叫爱的激素。这种激素从脑部流向心脏,并且会行遍整个身体,它的作用是减少压力和启动情绪、情感,包括吸引力、钟爱和幸福。表达注意力、理解、赞同和钟爱的非言语的情绪线索会激发催产素。这些情绪线索包括拥抱、亲吻、牵手、凝视某人的眼睛以及积极的非言语线索。催产素会在我们感觉到被他人所爱时增强愉快幸福和欢乐的体验。[①]

【延伸阅读】

吊 桥 理 论

你有没有过这样的经历:玩过山车或者进入"鬼屋"时,整个人都会处于非常紧张兴奋的状态。这种状态其实和谈恋爱时那种心跳加速的感觉非常相似。有一个非常有趣的心理实验:让同一名女生先后站在晃来晃去的吊桥和稳固的木桥中央,以做心理调查问卷为由叫住过桥的男生。等做完问卷调查后,女生告诉男生:"如果想知道调查结果,请过几天给我打电话",并将自己的联系方式留给对方。数日之后,给这名女生打电话的男生中,过吊桥的男生远比过木桥的多。

为什么会有这样的结果?是因为过吊桥的男生把过桥时那种战战兢兢、心跳加快的感觉误以为是恋爱的感觉,而恋爱也会令人心跳加速。这就是著名的"吊桥理论",或称为"恋爱的吊桥理论",一种所谓"错误归属"的心理在其中起了很大作用。错误归属,即误解了自己的体验。在上面的实验中,便是男生把过吊桥时的紧张心理和遇到心仪女生的紧张混淆了。

2. 爱情的心理基础

研究表明,对异性产生好感与爱慕,女孩一般发生在 $12\sim13$ 岁以后,男孩在 $13\sim14$ 岁以后。这时的少男少女开始喜欢表现自己,男孩乐于在女孩面前展示自己的能力与才华,以赢得女孩的好感与赞许;女孩开始注意修饰打扮,以引起男孩的注意和喜欢。男女相互接近的渴望使他们乐于参加与异性在一起的集体活动,喜欢结伴外出郊游、唱歌、跳舞或参加体育活动等,并对异性表示关心、体贴、乐于帮助异性同学以博得异性的好感。

[①] 珍妮·西格尔著,任楠译.感受爱:在亲密关系中获得幸福的艺术.北京:机械工业出版社,2022:26.

但是,少男少女毕竟还不懂得应当怎样与异性相处,接触和交往多半没有专一性和排他性。

15~16岁之后的青少年向成人过渡加快,在对异性产生好感的基础上各自形成一个或几个异性的"理想模型",并在众多的男女生交往中,逐渐由对群体异性的好感转向对个别异性的依恋,有的还形成一对一的"专情"行动,萌生恋情。

刚进入大学的青少年,正处于心理学家埃里克森划分的成年早期(18~25岁),是亲密感对抗孤独感的时期。这个时期,对异性的爱慕和向往有了比较严肃的选择性和排他性,自然而然地进入了恋爱择偶尝试期。男女双方从内心深处都感到异性存在的美好,并渴望用各种方式接近异性,引起特定异性的注意与好感。

大学生追求爱情,渴望恋爱是在性生理成熟基础上的性心理发展的需要。性生理成熟是性心理发展的基础。然而,正如苏联教育家马卡连柯所说的那样:"从动物的性本能中是培养不出人类的爱情的。恋爱的力量只有在人类的非性爱的好感中才能得到。"

(三)爱情的理论

1. 斯腾伯格的爱情三角理论[①]

著名心理学家罗伯特·J.斯腾伯格(Sternberg)认为,爱情是由亲密(重视彼此的喜欢、理解与期待)、激情(魅力与性吸引)以及承诺(决定发展稳定的关系)三因素组成,即爱情三角理论,如图6-1所示。

亲密是一种亲近的、联结的、心与心交流的感情经验,是指接近、分享、沟通和支持。它初始时快速增加,后来渐趋平稳,且转入隐蔽状态,特殊事件发生时才让人感受到依赖和亲密的好处。亲密基于恋人之间完全的信任和接纳而产生。

与平稳而隐蔽的亲密不同,激情则是混合着浪漫、外表吸引力和性驱力的动力,是一种具有生理刺激性的动机,使人渴望和产生强烈冲动。激情一般会快速出现,一旦愿望达成,便快速消失。

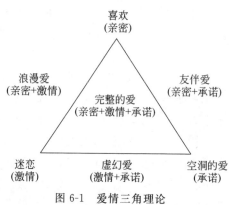

图6-1 爱情三角理论

亲密和激情总是离不开承诺。承诺包括短期决定去爱一个人和长期承诺去维持爱的关系,是一种理性的决定,从无到有,但又随两人的发展关系而变化。如果两人长期厮守,承诺就坚固并稳定发展;如果关系破裂,承诺就消失。

概括来说,亲密指的是两个人心理上互相喜欢的感觉,包括对爱人的欣赏、照顾爱人的愿望、自我的展露和内心的沟通。激情指的是一种情绪上的着迷,个人外表和内在魅力是影响激情的重要因素。承诺主要指个人内心或口头对爱的预期,是爱情中理性的成分。即亲密是"温暖"的,激情是"热烈"的,而承诺是"冷静"的。这三者在爱情生活中各司其

[①] 罗伯特·J.斯腾伯格,凯琳·斯腾伯格编著.李朝旭等译.爱情心理学.北京:世界图书出版公司,2010:195-198.

职,相互作用,共同维持着一段美好关系的发展。

当这三要素都具备时,两个人之间的恋爱关系最稳固。不过,在不同的恋爱关系中,这三个要素的强弱也不一定相同。而且,同一对情侣在不同的恋爱阶段,这三个要素的强弱也不同,根据不同的排列组合,由此衍生出八种爱情类型,详见表6-1。

表6-1 爱情的八种类型

类 型	要 素	关 系
完美之爱	亲密＋激情＋承诺	完美爱情
喜欢之爱	亲密	友谊
迷恋之爱	激情	迷恋(例如,对明星的迷恋)
空洞之爱	承诺	虚爱(包办婚姻)
浪漫之爱	亲密＋激情	红颜知己
伴侣之爱	亲密＋承诺	伴侣(老夫老妻)
愚昧之爱	激情＋承诺	好莱坞式的恋爱
无爱	—	—

【心理测试】

我的恋爱观是什么

指导语:斯腾伯格爱情三角量表(Sternberg's Triangular Theory of Love Scale)是由美国心理学家罗伯特·斯腾伯格(Robert J. Sternberg)在1986年提出的,该量表通过三个维度来评估爱情关系:亲密(Intimacy)、激情(Passion)和承诺(Commitment)。请根据你的情况作答:

扫码查询结果解释

题号	具体成分描述	得分
1	我努力保障他/她的健康和幸福	
2	我跟他/她在一起时感到幸福	
3	我在有困难时能信赖他/她	
4	他/她在有困难时能信赖我	
5	我愿意跟他/她分享我的思想及我的财物	
6	我从他/她那里得到了很大的感情支持	
7	我对他/她给予了很大的感情支持	
8	我跟他/她能很好沟通	
9	在我的生活中我高度评价他/她	
10	我对他/她感到亲密无间	
11	我跟他/她有着轻松愉快的关系	
12	我感到自己真正了解他/她	

续表

题号	具体成分描述	得分
13	我感到他/她真正了解我	
14	我感到自己能真正信任他/她	
15	我跟他/她能分享我内心深处的秘密	
16	仅仅见到他/她就使我激动	
17	我发现自己在一天里时常想着他/她	
18	我跟他/她关系很浪漫	
19	我感到他/她本人很有吸引力	
20	我觉得他/她是我的理想型爱人	
21	我喜欢有时出现的跟他/她身体上的接触	
22	我非常喜欢他/她	
23	我不能想象没有他/她的生活	
24	我跟他/她的关系是热烈的	
25	他/她常在我幻想中出现	
26	我不能想象会另有一个人像他/她那样使我感到幸福	
27	对我来说世界上没有任何东西比我跟他/她的关系更为重要	
28	跟别的人相比,我最愿意跟他/她在一起	
29	我跟他/她的关系中有着某种简直"不可思议"的东西	
30	当我看浪漫的电影或阅读浪漫的小说时,我就想起他/她	
31	我知道我关心他/她	
32	我对自己跟他/她的关系充满信心	
33	我会永远对他/她负责任	
34	我对自己对他/她的爱坚信不疑	
35	我认为我跟他/她的关系是永恒的	
36	我认为我跟他/她的关系是一个最佳选择	
37	我对他/她感到一种责任感	
38	我计划继续我跟他/她的关系	
39	我保证为了维护我跟他/她的关系我会承担任何义务	
40	因为我对他/她承诺了义务,所以我不会让任何人介入我们之间	
41	我不会让任何事情妨碍我对他/她所承担的责任和义务	
42	我期望我对他/她的爱会持续我整个有生之年	
43	我认为自己对他/她的责任感是牢固可靠的	
44	我不能想象自己跟他/她中断关系的生活	
45	即使他/她难以沟通和对付,我仍然会对我们的关系承担义务	

2. 弗洛姆爱的理论

爱是一种"积极活动",而不是消极的情感;它是主动投入的活动,而不是盲目地"沉迷"的情感。弗洛姆在《爱的艺术》中指出,成熟的爱情应该具备以下四个要素:

① 爱是给予而不是接受,"给予"才是爱的本质,"给"比"得"更能让人满足,让人快乐;

② 关心,即对生命及自己所爱之物产生积极的关心;

③ 责任心,是对另一个人表达出来或尚未表达出来的愿望的答复,是对对方精神需求的关心;

④ 尊重和了解,要在了解对方的前提和基础上肯定对方的独立性和个性。

二、大学生恋爱中的常见困惑

(一)谁吸引我

1. 相似性:喜欢与我们相像的人①

当一个人遇到与自己的价值观相近的异性时,容易产生好感,继而发展为恋情。这种叫作"类似性因素"的心理效应,不仅在恋爱关系中发生作用,在普通的人际交往中,也是构筑良好人际关系的重要因素。而且,在对方比自己稍微优秀一点的状态下,恋爱关系会更加稳固。

【延伸阅读】

致命吸引力

如果相似性可以提高吸引力,那么差异性也可以吗?心理学家的回答是"可以"。但这种吸引力被心理学家称为"致命吸引力"——曾经被认为是最令人着迷和极具吸引力的特质,在分手后却成为其最致命的缺陷和瑕疵。

心理学家认为,在以下三种条件下比较容易产生"致命吸引力":

(1)对方与自己完全不同;

(2)对方拥有平常人所没有的特质;

(3)对方拥有超越其性别本身的特质(比如说普遍意义上男性或女性所不具备的特质)。

如果你现在的伴侣在某种行为上让你感到不舒服,那么你想想对方的这种行为是最近才有的呢,还是在你们相遇之初就很明显了呢?这种行为是不是当初你被吸引的原因?如果是,那么你就对"致命吸引力"有了切身体会。

2. 相互性:你喜欢我,我也喜欢你

为了在恋爱关系中获得最大的成功,我们应该追求与我们相似的伴侣。事实上,大多数人就是这样做的。在考虑可能的伴侣时,多数人要通过以下公式,来评价我们对异性的

---

① 原田玲仁著.郭勇译.每天懂一点恋爱心理学.西安:陕西师范大学出版社,2010:44.

实际兴趣以及接近并试着展开关系的可能性:

$$值得拥有的程度＝外表的吸引力×被接受的可能性$$

一般来说,人们知道自己将被别人接受或者喜欢的可能性,人们更可能与愿意接纳自己而不是拒绝自己的人接近。当其他条件相同时,人们自然喜欢那些喜欢自己的人。

人们愿意接近那些喜欢自己的人,这一倾向与吸引的回报模式一致,同时也符合另外一个观点,即平衡理论。人们渴望他们的思想、感情和社会关系能够达成一致。当两个人之间彼此喜欢的时候,两人的感情契合就取得了平衡。

3. 身体富有魅力的人

大多数人对身体富有魅力,即容貌好的异性都会产生好感。与容貌好的人交往,人会感觉自身的价值也得到了提高,会大大地满足虚荣心。

不过,所有人都找俊男靓女谈恋爱是不现实的,世界上也绝非所有人都是俊男靓女。寻找恋爱对象时,人会把对方的容貌和自己的进行比较,对和自己容貌相当的异性更感兴趣。虽然俊男靓女更吸引人,但如果对方的容貌相比自己好太多,容易遭到对方的拒绝。因此,人在心理上会倾向于找与自己容貌相当的对象,这叫作"匹配假说"。

【延伸阅读】

解读"一见钟情"

"一见钟情"一词出自清·古吴墨浪子《西湖佳话·西泠韵迹》:"乃蒙郎君一见钟情,故贱妾有感于心。"旧指男女之间一见面就产生爱情。

一见钟情一般发生在男女双方第一次见面的时候,这时,彼此之间并没有太多的了解,产生吸引的主要是容貌、气质、神情、言行举止等外部特征。这些表象恰恰是你心仪已久的钟爱,因此你就会一见钟情,也由此会根据这美好的第一印象用想象的方式美化对方,在心里勾勒出对方的才华、优良品行等内部特征,从而塑造出对方的完美形象。一见钟情有时也可能是一种熟悉的、似曾相识的感觉,在这种感觉里特别亲切、特别安全,从而引起内心特别想要接近的感觉。不管怎样,一见钟情都是在给对方积极评价的基础上而产生的感情。

一般而言,爱情被视为男女之间的一种发展着的关系,这种爱情关系大致要经历四个不同的阶段:(1)动情阶段,即爱情准备阶段;(2)激情相恋阶段,即浪漫爱情阶段;(3)价值磨合阶段,即矛盾冲突阶段;(4)明智爱情阶段,即真爱阶段。一见钟情来自双方相互的吸引,比较容易发展成恋爱关系,他们的动情阶段存在于双方见面的瞬间及以后很短的时间,并很快进入激情相恋阶段。

与"日久生情"的爱情相比,一见钟情的双方缺乏动情阶段对彼此的全面观察与了解,在见面之初即互生好感,相互吸引产生爱情,并很快进入激情相恋阶段。恋爱双方尽可能地展示给对方自己的优点,并尽可能地掩饰自己的缺点,同时主观上将对方进行美化,所谓"情人眼里出西施",因此在彼此的眼里对方几乎是完美的。但是,一见钟情的双方在恋爱过程中仍然要经历爱情发展的不同阶段。当恋爱双方的情感逐渐稳定后,就要进入爱情的价值磨合阶段。这时,随着激情的消退,理性的回归,至少会有一方想要多一点自己的时间做自己想做的事,而另一方就会感到被冷落,同时由于双方在一起消磨的时间多了,彼此就了解得多了,开始发现彼此的缺点,因此与当初的完美形象比较起来,会让其中的一方或双方感受到强烈的失落感。如果仅凭着第一次见面时的好感和吸引,以及由此而在心中勾勒的完美形象,便认定了对方就"应该"是什么样的人,或者认定了彼此就"应该"是什么样的交往模式,秉持着这种想法不变,恋爱的双方如果在这一阶段不能很好地沟通、谦让、磨合并相互适应,就很容易引发相互的矛盾与不满,导致爱情走向终结。只有进一步认识自己和认识所爱的人,用自己的意志来帮助彼此成长和变得更加完善,相互体谅,彼此宽容,并因此建立新的交往模式,才能顺利进入下一阶段。①

4. 什么样的情况下更容易产生吸引力

(1) 容易喜欢上肯定自己的人

对于肯定自己、愿与自己站在同一立场的人,我们更容易产生好感。不论是谁,都希望听到别人给予自己肯定,而且也在不断寻找能够满足这个需求的人。这就是所谓的"社会认可需求"。之所以会有这种需求,是因为人本能地想避开痛苦,过安稳的日子。和肯定自己的人在一起,我们会感觉很快乐,自信心也会大增。如果对方是异性则更容易由此滋生爱意,心里也许还会偷偷地想:"和这么懂我的人在一起,一定会幸福吧!"

【延伸阅读】

坠入情网的那一瞬间

人与人之间为什么会产生恋情呢?人恋爱的时候,心理是有某种起因的。说到恋爱心理,我们先来了解一下产生恋爱的八大因素:

1. 看中对方的闪光点

外表、性格、气质等方面,完全属于自己喜欢的类型。比如,"喜欢阳光开朗的男生""迷恋高个子的运动型帅哥"等。

2. 看中对方的行为特征

对方经常夸奖自己,给予自己支持和鼓励,就好像他在表达爱意一样,自己也会不知不觉地被感染。

3. 自己的特点

对对方抱有喜欢和爱慕之情,对自己也充满自信。总是低声下气的人,是无法谈好恋爱的。

4. 自己的心理状态和行为特征

一个人当时的心理状态和行为特征会影响到恋爱。心情好、处于兴奋状态时,人更容易陷入爱情。

5. 共通之处

兴趣爱好等一致。兴趣爱好相同的人之间会产生好感,进而更容易敞开心扉,拉近彼此的心理距离。

6. 相互作用

有时碰面会聊上几句,有时会通力合作完成某项任务……这样的机会也适宜发展

---

① 桑志芹.爱情进行时——爱情心理发展.北京:高等教育出版社,2008:57-60.

恋情。

7. 社会原因

"我都这个年纪了还没谈过恋爱,是不是太另类了",受类似社会观念的影响,有的人会产生非谈恋爱不可的想法。还有的人看到朋友恋爱了,自己也想谈恋爱,这也是同调行为的一种体现。

8. 环境因素

海边和滑雪场都是很容易发生艳遇的场所,因为恋爱同样会受到环境因素的影响。

【延伸阅读】

距离是有成本的

大部分时候,当人们彼此接近时(身体上、心理上的接近)所发展的感情更具回报性。确实,实际中的接近通常决定了我们首先能否相互喜欢。多数情况下,我们的友谊和浪漫是缘于与周围人的交往。与人见面不一定会爱上他们,但爱上他们则必须先见到他们。为什么接近有如此重要的作用?一种观点认为:当别人在你周围时,你更易于享受他们提供的各种回报。其他条件时相同时,近在身边的同伴比相距较远的会更有优势:与一个相距较远的伙伴交往,其花费和付出的努力有着更高的成本——如长途电话费和路上的耗时。有距离的关系回报性更小:电子邮件中爱的表达并没有在脸颊上真实的一吻那样动人;长距离的浪漫关系通常没有身边的浪漫关系那样更令人满足。恋爱中的人可能会相信,由于他们的感情基础已经非常令人满意了,暂时分开一段时间不会影响他们的浪漫感情。实际上,分离将使他们之间的关系受到挫折。男女之间的物理距离太大也可以导致心理距离的疏远。可以说,距离是爱情的头号敌人。美国心理学家曾对5000对已经订婚的情侣进行调查,结果发现,其中分居两地的情侣最终结婚的比例很低。可见,恋爱感情和距离是有关系的,物理距离的增加,容易导致感情的疏远。①

(2) 最后决定输赢的还是"内在"

爱情剧的主角一般都是俊男靓女。在实际的恋爱中,外表也是一个人是否被另一个人吸引的重要因素之一。这种重要性虽然看起来是一种肤浅的判断标准,但外在形象的确是我们在面对陌生人时第一时间所注意到的,包括容貌、发饰、身材和姿态。所以,也就不难理解男生为什么爱去健身房练肌肉,女生爱去美容院做一些保养或整形。

除了形象,我们还会下意识地寻找跟我们看起来类似,也就是所谓的"门当户对"的人作为恋爱对象。如果我们认为自己的魅力指数为满分10分,我们就会下意识地寻找另外一个我们打分为10分的对象;如果我们认为自己只有6分,我们就会观察其他我们也给打6分的人。这个观点就是心理学中的"门当户对"假说。

关于以上的这些外在吸引力,传统上认为"美=好",即只要看起来是美的那就是好的,要不怎么叫"美好"呢?人们甚至为了能在约会对象面前表现得更有吸引力而特意伪装,如容貌、装扮、性格(尽量表现最好的一面),有时候还会刻意隐瞒家世。事实上,外在吸引力只是整体吸引或是魅力的一个方面。"只要是美的就是好的"必然导致"只要是丑

---

① 莎伦·布雷姆,罗兰·米勒,丹尼尔·珀尔曼著,郭辉等译.爱情心理学.北京:人民邮电出版社,2010:24-26.

的就是坏的"的想法,因为某人的外表出众就自然引发格外的好感,也就会因为对外表比较牵强的人自然产生负面排斥心理。虽然有些时候难以避免,但也要时刻谨记,"以貌取人"是肤浅的,决定能否成功收获爱情的最重要因素是一个人的性格。

(二) 恋人为何不理解我

男人和女人有不同的情感需求,但我们却常常忽视这一事实,所以经常不清楚,也不知道怎样恰当地给予对方想要的爱。换言之,男人给予女人的爱,只是男人所需要的。而女人给予男人的爱,则是女人所需要的。他们错误地以为,对方的需求和渴望,与自己完全一致,由此导致的结果,就是双方皆无满足感,彼此心生怨恨。

长篇电视连续剧为了吸引观众,往往会构造一个既复杂又简单的爱情故事,剧中女人深爱着男人,事无巨细、处处为对方着想。她以为这样就是尽到了责任。然而,男主人公却心烦意乱、觉得自己被女人时刻控制,大有窒息之感,由此格外渴望独处。女人则声泪俱下地表白:假使她得到这样的爱,她感激还来不及,而男人却偏不领情;她一心一意为对方服务,尽可能多地关心他,而对方却似乎视而不见。这种不同的爱情表达,皆归因于男人和女人的"爱情需求"不同。

一个人的情感需求复杂多样,而归根到底,就是对异性有"爱情需求"。男人和女人都有以下 6 种基本的爱情需求:

1. 女人需要关心,男人需要信任

男人关注女人的感觉,为她的幸福着想,女人就会感受到爱和力量。她觉得,在男人的心目中,她具有沉甸甸的分量。男人由此满足她的爱情需求,她对男人也越发信任,开诚布公,直抒胸臆。

女人的坦诚和真情,让男人不胜欣慰。他也离不开女人的信任。女人承认他的价值,相信他能为其幸福竭尽全力,男人的第一种基本爱情需求,就可以得到满足。男人于是雄心勃勃,更加关心女人的感受,致力于给女人更多的快乐。

2. 女人需要理解,男人需要接受

倾听女人的男人,没有妄下判断,而是充分体谅,这使女人心存感激。当然理解女人的感受,不意味着非得是"超人",对其想法和感受一清二楚。男人只是从女人的倾诉中,收集尽可能多的信息,了解、体谅她真实的心情。女人渴望理解,男人的倾听让她满足。

女人充满爱意,接受男人的本来面目,而非试图改变对方,男人才会感觉到女人的爱。他知道,自己不必十全十美,却照样可以得到女人的垂青;女人不会对他实施改造,而是相信他可自行努力,获得进步,不断成熟。男人感到他为女人所爱,就更乐意做女人的听众,体谅她的需求,满足她的愿望。

3. 女人需要尊重,男人需要感激

与此同时,女人感激男人尊重的态度;感激男人将她的想法和感受放在心上,而不是置之不理;感激男人的宽容与体贴。比如,男人记得给女人送花或庆祝结婚周年纪念日,类似的举动,使女人的第三种爱情需求——男人的尊重得到满足。她重视男人的爱和关怀,由此更加快乐。男人也更乐意为她效劳,成为女人心目中的武士。实际上,只要得到必要的支持，女人的感激就自不待言。

男人得到来自女人方面的感激和重视，他会认为自己的努力没有白费，从而大受鼓舞，愿意为女人更多地付出。感激是一剂"强心剂"，它会使男人浑身充满力量，产生更大的动力，也更加尊重他的伴侣。

4. 女人需要忠诚，男人需要赞美

男人把女人的需要放在优先地位，因支持她、满足她而幸福和自豪，意味着女人的第四种爱情需求——男人的忠诚得到满足。如果女人得到赞美，体验到在男人心中独一无二的价值，她就会心花怒放，气色动人！对于女人的爱情需求，男人看得比他的兴趣和爱好更为重要（如读书、工作、娱乐），意味着他完全可满足其愿望。如果女人自己感受到她在男人心目中的重要地位，她就会更爱这个男人。

正如女人需要男人的忠诚，男人基本的爱情需求之一，就是女人的赞美。赞美男人，意味着对他怀着惊奇、喜悦和认可的心情。女人因其性格和才能而喜悦，男人就会感受到赞美。男人值得赞美的优点，涉及他的力量、幽默、坚毅、正直、诚实、浪漫、温和、理解、柔情等传统意义上的美德。赞美让男人感动，于是他将会竭尽全力，为女人带来更大的回报，一言一行，皆是无限爱意。

5. 女人需要体贴，男人需要认可

面对女人"异常"的感觉，男人不做规劝和反驳，而是给予体贴，女人就能感觉到男人的爱。这时，她的第五种需求——男人的体贴就会得到满足。男人的体贴，是对女人自我感觉的肯定。需要记住：男人给予理解和体贴的同时，也可保留他的想法和观点。男人体贴女人的感受，就可得到需要的认可。

男人都渴望成为女人的英雄，身披铠甲的武士。男人认为，只要女人认可他，就意味着通过了"考试"。女人的认同，意味着她承认男人的品质，不折不扣地表达她的爱。当然，女人未必事事同意男人的观点，却能理解他的想法、言语、举动、感受的合理性，仅此而已。得到认同，男人便如释重负，也更易认同女人的感受。

6. 女人需要安慰，男人需要鼓励

男人经常对女人展示出关心、理解、尊重、忠诚、体贴，女人渴望安慰的需求，也就顺理成章地得到满足。女人需要安慰，安慰让她感觉幸福，拥有幸福，拥有安全感，深信男人的爱坚定不移。

这时，男人经常产生误解，以为他满足了女人所有的爱情需求，她应该感到幸福和踏实；而且，从这时起，女人就应该坚信她始终被她的男人所爱。但是，实际上未必如此。因为他还要满足女人的第六种爱情需求——经常向伴侣做出爱的保证，给她足够的安慰。

男人基本的爱情需求之一，是女人的鼓励。女人应该信任男人的个性和才能，言语之间，不可流露出任何不屑之态。只有这样，才能给男人勇气和希望。女人积极的态度，可使男人获得动力，成为真正的自我。他会回报给伴侣更多的爱、理解和安慰。

男人的第六种爱情需求——女人的鼓励得到满足后，就会展示出最美好的一面。女人对伴侣的需求一无所知，不恰当地给予他更多的关心，而不是更大的信任，就会使情感关系受到影响。

【延伸阅读】

两性沟通的差异

对于男性与女性来说,不同性别之间沟通方式的误读,常常会成为增加误解与冲突的主要障碍之一。两性沟通方式存在很多不同之处:

1. 非语言信息的解读

非语言信息包括面部表情、眼神、肢体动作和语音语调等。研究表明,女性解读非语言信息的功能要强于男性。所以,男性想隐瞒自己情绪状态时,通常都会被女性发觉。如果女性一定要指出来的话,可能会产生一些矛盾和冲突。

2. 非语言信息的使用

女性对于很多事情的看法或是需求并不是通过言词表达出来的。更多情况下,是通过非语言信息予以表达,女性也更期望自己的一个动作、一个眼神就可以使男性明白其中的奥妙。但是,大多数男性由于不能很好地解读非语言信息,所以常常会对女性的非语言信息无动于衷。

3. 语言细微程度的差异

女性似乎对人对事有一种与生俱来的敏感,所以当她叙述事情的时候,好像希望把所有她知道的信息都传递给别人似的,通常内容会比较详尽,关注到一些细节性的东西。而这种详尽,在男性的眼里,就变成了"琐碎""没有重点"。其实,在女性看来,可能那些用个位数的词来回答问题的男性,会显得敷衍了事、粗枝大叶。

4. 句型语态的差异

男性的表达通常没有什么试探,显得较为果断。而女性多采用试探性的语句,如"我觉得这样好些,你觉得呢?""如果你方便的话……"虽然这样的语句会让人觉得细心而有礼貌,但同时可能也传递出对自己所表达的意见不够有信息,从而有可能让人忽略了话语的重要性。相反,男性的果断语句,显得很有力量也很有主见,但常常又让人觉得忽略了他人的感受,有时会让人产生不愉快的情绪反应。[①]

综上,从爱情需求的角度来看男女之间爱情表达方式的差异,并不是想分个谁对谁错,重要的是,我们需要看到这些不同,从而帮助我们从异性的视角来看待"爱情需求"。

(三)如何维持一段恋情

有位哈佛大学教授曾经说过:"情感及情感的细微之处对于双方有效解决问题是非常重要的。"在爱情中,能够获得美妙感受的人,是因为他们懂得怎样沟通,怎样相处。在沟通中,两个人的精神才会得以接近,产生共鸣。很多人的爱情都是沟通的产物。

世界上并没有完美的人,即使相爱的人在一起,天长日久,总会发现对方的一些缺点。如果没有很好的沟通,不满和争吵就随之产生。批评是没有办法解决问题的,只会令人的心情变糟,对维护爱情良好气氛与双方和谐关系是没有好处的。

维护一段健康发展且让双方满意的感情其实是需要一直不断地投入和努力的,因为在每个人的人生发展过程中总会有一些因素让两人更加贴近,比如,你们有着共同的

[①] 桑志芹.爱情进行时——爱情心理发展.北京:高等教育出版社,2008:86-87.

学习和奋斗目标,但同时也会有一些因素让两人距离变远。心理学家认为:"感情维护其实是建立一个同时满足彼此生命意义的体系。"这其中包含了沟通和了解的重要性以及每个人让自己的一生过得有意义的人生终极目标,也是维护任何一段感情关系的重中之重。

1. 保持"共同性人际关系"

人与人交往中形成的人际关系,大体可以分为以下两种类型:一种是交换性的人际关系,即通过得失来判断是否继续交往。属于这类人际关系的人很在意"施予"和"得到"是否对等。另一种是共同性的人际关系,即不考虑得失,以帮助别人为乐,信奉相处时开心就好。在恋爱关系中,保持"共同性人际关系"的人才能使恋爱变得长久。

"爱"是一种情感,不能当作一种交易来衡量。两个人对彼此的爱多少都会存在程度上的差异,如果非要百分之百地要求付出与回报对等,两个人势必会发生摩擦,影响感情的顺利发展。相反,有的人认为只要对方快乐了自己就快乐,处处都为对方着想,这样的恋爱,因为不计较得失,往往可以修成正果。就像迪士尼动画片《冰雪奇缘》中,关于爱的真谛——"Love is putting someone else's needs before yours",爱就是把某个人看得比你自己重要。

重视交换性人际关系的人的恋爱观,他们想得到更多的爱时,不仅对对方百般呵护,还不惜重金给对方买昂贵的礼物。在关键时刻,甚至和对方寸步不离,真是竭尽所能讨对方欢心。然而,贵重的礼物和面面俱到的照顾并不意味着爱情就会加深。其实爱情是更加复杂、更具"内涵"的事情。得不到对方的回馈时,重视交换性人际关系的人会觉得愤愤不平:"我对你那么好,你怎么就不能对我好一点呢?"于是,可能会由此引起口角,甚至埋下分手的隐患。另外,能够维持长久恋爱的人,往往都重视建立"共同性的人际关系"。他们往往不计较在恋爱中付出多少、得到多少,而是只要对方感到幸福自己就会幸福。

2. 语言表达加深感情

我们经常会有这样的体验,同宿舍的女生刚刚恋爱,每天都跟男朋友在一起,晚上还在宿舍楼下手牵手依依不舍,回到宿舍继续"煲电话粥",永远都有说不完的话,他们的感情在不断地升温。这种情况虽然很常见,但也并不表明所有的恋爱关系都是这样的。其实,感情关系中每一方的性格特征都会影响目前的这段关系。所以,每一对情侣关系都有其独一无二的特色。但是,语言沟通在任何关系中都扮演着极其重要的角色。

爱情需要"保鲜",而借助语言表达进行的精神上的深层次沟通可以让爱情充满魅力。两个人不爱说话,不爱交流,很难想象他们能深入了解对方的内心世界。只有加深了解,才能使两个人的关系历久弥坚。

但是,聊天其实是有规则的。恋人需要多聊天、多沟通,但是也不能口若悬河没有限度,这样会让对方渐渐厌烦,结果只会适得其反。不论多么亲密的关系,聊天时都要遵守以下四个规则:

(1)聊与彼此相关的话题:选择与两人都有关的话题,是聊天最基本的原则。如果一直说对方完全不懂的事情,很快就会陷入冷场的局面。理工科男生和文科女生在一起谈恋爱,如果男生一直很兴奋跟你讲他正在做的实验或者程序进展,可以想象到,时间长了对面女生的反应。

（2）聊天需要互动：偶尔能看到情侣中只有一方在滔滔不绝的情形，这样的聊天无法长久维持下去，总是扮演听众的一方慢慢就会失去兴趣。

（3）不要忘记理解对方：聊天的过程中，不要忘记互相理解，一方要更多地去了解对方的想法。这点在生活中很重要，"听"很重要，不光要去听对方在说什么，还要能设身处地理解他想表达什么，这也是一种需要不断锻炼的能力。

（4）不要沉默：对于对方说的话，要及时表示附和或者点头肯定。如果只是沉默不语，容易让对方有被忽视的错觉，也难以让对方了解自己的真实想法。

【延伸阅读】

人人都想要个会共情的爱人

在人们找对象的过程中，择偶条件的要求中，特别是男性对女性的要求中，一般都少不了一条"善解人意"，而女性也会要求男人能够懂自己，也就是要求男人能够理解自己，这和男人要求女人要"善解人意"基本上一回事。

善解人意的能力其实就可以理解为共情的能力，就是经常可以理解对方的内心感受。特别是当对方内心有消极的感受时，善解人意的人会让爱人感觉到自己被理解，这等于在内心给了对方接纳和认可，使其感受到来自爱人的支持。基本上大家都愿意找这样的人做爱人，说明每个人都渴望找到一个有着很强共情能力的人。自己有共情的能力，爱人会感觉被爱。有个会共情的爱人，自己可以经常得到理解，而被理解是每个人都需要的基本需求。因此，人人都想拥有一个共情能力高的爱人。

其实，共情能力强的人，不但会是一个好的爱人，更会是一个好的父母，因为孩子的成长需要父母非常强的共情能力。婴儿在没有学会说话之前，跟父母的沟通基本都是通过表情、动作和声音进行的，共情能力强的父母能够通过孩子的这些表情、动作和声音感受到孩子的需要，从而去满足孩子心理和生理的各种需要。比如：刚睡醒的婴儿躺在摇篮里乱动，可能是他感觉到了独自躺在摇篮里的不安全，渴望到妈妈的怀抱里寻求保护，如果妈妈能够意识到婴儿的这个需求，把他从摇篮里抱到怀里来，婴儿就立即感觉到了安全。而在安全的环境中长大的孩子，长大了会非常有安全感，相反，成长环境不安全感可能就会低，难以相信人，难以建立稳定的亲密关系。

共情是一种能力，也是一种态度，很难标准化，只要你能去理解别人，对别人的感受感同身受，并照顾到对方的心情，让对方知道你很理解他的感受，就是共情。共情是情感关系中双方都需要对方做的事情。共情的能力，也是双方都需要具有的能力，一旦自己没有共情的能力，爱人很难得到来自你的共情。[①]

（四）恋爱中的冲突

在亲密关系中冲突是普遍存在的。几乎所有的情侣关系都伴有冲突，就好像任何一个硬币都有两个面一样，感情中有甜言蜜语，自然也有冲突矛盾。

---

① 赵永久.爱的五种能力：爱情与婚姻中的情商课.北京：作家出版社，2014：144-146.

1. 引发冲突的原因

引发冲突的潜在问题有很多。彼得森把激发冲突的事件分为四种常见类别：批评、无理要求、拒绝和累积的怨气。

批评，包括那些贬低人的言语及非言语行为。比如，女朋友让男朋友修理电脑，结果电脑没修好，女朋友不但不安慰，还抱怨："你怎么那么笨，让你修个电脑都修不好，你还能干什么"，很显然男朋友听了这些话会感到不快。

无理要求指的是别人要求你做你认为不公平的事情（如超过你对关系的正常预期）。比如，快要期末考试了，男朋友想要好好复习，女朋友却想逛街、看电影、旅游。

拒绝是指一个人请求另一个人按他所希望的要求行动，而另一方却没有像他所期望的那样行动。

累积的怨气是指相对轻微的事件不断重复变得恼人，类似挡住他人看电视视线之类的行为。这种行为最初是不会引起在意的，但如果不断重复就会令人生气。

2. 冲突的过程与解决冲突的方法

大多数的情况下，冲突会有以下三个阶段：开始阶段、中间阶段和结尾阶段。冲突的开始通常由某事件或者行为引发，之后恋人会开始争吵，或者是视而不见。无论前者还是后者，冲突都会进入中间阶段，这时双方仍可选择回避（不过这只是暂时的），或者选择进行商讨进而解决问题，当然还可以选择激化矛盾，但是这并不产生实质性进展。

基于对方的幸福着想；坚持关注问题本身，就事论事；避免扩大冲突；愿意包容对方；有效地沟通双方的感受与需要是解决冲突的安全型法则。

如何利用安全型法则？非安全型的臆测会干扰冲突的解决。因此在陷入冲突的时候，要牢记以下事实：仅仅是一场争吵，并不会摧毁亲密关系；大胆表达你的担心！别让无谓的担忧束缚住手脚。如果害怕被对方拒绝，也请大胆地告诉对方；别一味觉得对方心情糟糕是自己造成的，或许根本不关你的事；大胆表达出你的需求，相信你的伴侣会在乎与回应你；别指望对方会猜到你的心思，只要你不开诚布公告诉他，别人永远不会知道；别一味揣测对方话语的隐含意思，有所怀疑的话，就开口问。

在亲密关系中须规避的非安全型冲突策略：偏离主要问题；不注重有效地表达感受与需求；反复地人身攻击，诋毁对方；针尖对麦芒地互相揭露对方的缺点；逃避责任；忽视对方的幸福感受。①

3. 依恋风格影响亲密关系

约翰·鲍尔比(John Bowlby)和玛丽·安斯沃斯(Mary Ainsworth)在20世纪中期通过研究提出了一个依恋理论。这个理论认为，如果婴儿与一位主要照顾者建立了紧密的联系，并且这个主要照顾者还能够敏锐地发觉、及时且温暖地回应婴儿的需求，那么日后这个婴儿在社交和情感方面可能会有更好的发展。依恋理论的研究人员通过观察婴儿在日常不同压力情况下的反应，对婴儿与主要照顾者的关系质量进行分类：安全型依恋、不安全的焦虑型依恋以及不安全的回避型依恋。②

---

① 阿米尔·莱文,蕾切尔·赫尔勒,李昀烨译.亲密关系与情感依赖.北京:中国友谊出版社,2022:190-191.
② 安妮·陈著,王子洋译.依恋的练习:亲密关系修炼手册.北京:人民邮电出版社,2023:7-8.

辛迪·哈赞(Cindy Hazan)与菲利普·谢弗(Philip Shaver)通过对依恋理论进一步深化提出,成人会向他们的伴侣表现出一种依恋的范式,这与孩子向父母表现出来的依恋范式非常类似。成人依恋主要表现为三种依恋风格,或者说是人们在恋爱关系中感知与反馈的习惯,这三种风格与儿童依恋研究的结果是类似的:也就是安全型、焦虑型以及回避型。简单来说,安全型依恋的人群非常享受亲密行为,而且通常都温暖而有爱;焦虑型依恋的人群十分渴望亲密,常常对恋爱关系全情投入,但是又非常担心伴侣是不是同样地爱着他们,而回避型依恋的人则将亲密行为等同于独立性的丧失,他们总是尽可能地减少亲昵(见表6-2)。另外,每种依恋风格的人,在很多方面都大不相同:

(1)对于亲密行为和伴侣关系有着不同视角;
(2)采用不同方式处理冲突;
(3)对性爱持有不同态度;
(4)对于自身诉求和需要的沟通能力有高下之分;
(5)对于自己的伴侣和亲密关系有着不同的期许。

不论是情窦初开,还是结婚四十年,人们大多能被归入这三种类型,当然还有稍微罕见一点的,表现为后两种类型(焦虑型与回避型)的混合。安全型依恋的人群约占50%以上,焦虑型依恋约占20%,回避型依恋约占25%,而剩下的3%~5%则被归为第四种比较少见的类型,也就是焦虑回避型。

表6-2 恋人依恋风格对照表[①]

安全型	焦虑型	回避型
言行一致,值得信赖	非常渴望亲密感	发生模糊的信号
会和你一同做决定	害怕被抛弃,极度的不安全感	重视自我独立
对亲密关系的态度很随和	必须有恋人在身边	贬损你(或前任)
愿意谈论感情问题	为了博得你的注意和兴趣,不惜玩一些把戏	在身心上与你疏离
面对分歧时,愿意妥协	不愿表达心迹,留给你去猜	强调关系中的界限
不惧怕承诺和依恋	易怒	对亲密关系有不切实际的幻想
并不觉得恋爱很难	在感情中以自我为中心	害怕恋人利用自己
亲密感形成良性循环	在感情中锱铢必较	在恋爱中很武断,不愿妥协
很快介绍你给朋友认识	过分投入感情	面对分歧,要么逃避、要么爆发
自然地流露感情	努力维系感情,害怕一点小事就摧毁感情	不愿清晰地表达自己的诉求
不玩感情把戏	怀疑你的忠诚	不愿和你谈论感情中的问题

[①] 阿米尔·莱文,蕾切尔·赫尔勒.李昀烨译.亲密关系与情感依赖.北京:中国友谊出版社,2022:6-8,50.

【延伸阅读】

争吵一定对亲密关系有害吗

即使我们承认冲突在亲密关系中是不可避免的,然而,大多数人仍会希望没有争吵、分歧或争论。这一看法也许是错误的。社会学家如戈特曼认为,冲突是促进亲密关系的一个基本因素。一项问卷调查研究也表明,未能表达烦恼的受访者,越是将冲突最小化或者越是回避冲突,其对关系的满意度就越低。基于以上发现,一个普遍的观点就是,妥善处理冲突,而不是当作不存在,使得关系得以成长和发展。《亲密的敌人》一书的作者认为,如果得到公平的、有技巧的处理,争吵会增加亲密性,比如倾听、认可对方的观点、保留自己的感受。一个良性的争吵,应该具有下表6-3所列的积极结果,从而有助于良好关系的发展。

表6-3 争吵的结果[①]

类别	积极结果	消极结果
伤害	较少感觉受到伤害或受到冒犯	常感觉受到伤害或受到冒犯
信息	得到更多关于伴侣的信息	得不到新的信息
解决	公开的冲突更可能使问题解决	解决的可能性很小
控制	以双方能接受的方式影响伴侣的行为	无法以双方能接受的方式影响伴侣的行为
恐惧	对争吵和伴侣的恐惧减少	恐惧增加
信任	更相信伴侣将会"本着良好的信任、愿望和积极的关注"来与自己相处	对伴侣的好意信心更为不足
报复	争吵不会激发报复的意图	争吵激发了报复的意图
妥协	积极努力来减少自己造成的伤害,也希望伴侣这样做	不去尝试或鼓励妥协
中心性	感觉自己更加是另一方所关心和所感兴趣的中心	感觉与伴侣更疏远
自我看法	对自己感觉更好:更高的自信心,更强烈的自尊感	对自己感觉更糟
感情宣泄	感觉紧张感和攻击性消失	感觉至少存在与争吵前同样程度的紧张感和攻击性
协调——温情	与伴侣的亲近程度和对伴侣的吸引力增加了	与伴侣的亲近程度和对伴侣的吸引力减少了

【延伸阅读】

关于恋爱的新米兰达法则:有效沟通的发端

1966年,美国最高法院颁布了著名的"米兰达警告"(Miranda Warnings,又称米兰达权利),警察在抓捕犯人的时候,必须向其宣读他们的以下几条权利:你有权保持沉默,你

[①] 莎伦·布雷姆,罗兰·米勒,丹尼尔·珀尔曼著,郭辉等译.爱情心理学.北京:人民邮电出版社,2010:229-230.

所说的话都有可能成为日后法律惩处你的依据;你有权在审判期间委任辩护律师,若你无力雇用律师,可以申请免费指派。这些都是你的权利,听明白了吗?

我们的一位同事戴安曾经笑谈起几位向她发出"米兰达警告"的家伙,比如有人向她宣称两人约会期间的一些"条约",他们会说:"我可不觉得自己准备好对你负责了。"言下之意就是"要是之后有什么变数,休怪我没提醒过你!"那语气活像警察正在例行执法,提醒嫌疑人。这些家伙觉得立下"法则"之后,就能够撇清今后对戴安的一切情感义务了。反之,善用依恋原则,则可以建立起自己的安全型米兰达权利,与回避型截然相反,这些权利可以囊括你在陷入爱河后产生的一切信念,双方几乎将自己的灵魂都交由对方保管,两人都履行着保全这份感情的责任,使之永葆生机。

通过将你对亲密关系与爱情的态度呈现给伴侣,可以为对方树立良好的榜样。而你也在一开始就为自己建立起了一段安全的关系,在这样的亲密关系中:你保持着内心的坦诚;你有能力判断伴侣的一切反馈;通过你的努力,双方都能紧紧相连于一条安全稳固、互相依存的纽带之上。①

(五) 感情破裂与失恋心理

心理学家有一个有趣的发现,就是某些在刚开始富有吸引力的特质很有可能是日后导致恋人分手的罪魁祸首。有一些吸引人的特质并不会成为日后的祸首,比如最初迷人的微笑或帅气的长相,但是其他一些特质,比如拥有特别的激情或者与众不同,就很有可能成为日后分手的原因。另外,初期的"特别令人疼爱"或者"只对我一个人好"等因素,很可能日后变成"嫉妒心太强"或者"太过依赖"等分手理由。同样地,曾经的"自信自强"也会演变为"狂妄自大"甚至是"专制独裁"。这些很可能会成为感情关系中的定时炸弹。

1. 感情破裂的五个阶段

心理学家提出了感情破裂的五个阶段,而每一个阶段又都有适用的修复和矫正方法。

第一阶段是"破裂期",即一方对这段感情关系感觉不满意。这份不满意或许并不特别严重,不过已经足够引起其认为该有所改变的念头了,即要么促进沟通,要么增进亲密感。这个阶段的感情绝对是可以修复的,因为几乎所有的情侣都或多或少对其感情有所不满,会有一种"我们可以做得更好"的感觉。这个阶段最关键的是"敏感",要能够及时觉察到感情关系并没有想象中或者从前那么好,但这并不意味着哪一方有过错。

如果感情修复期阶段没有取得效果,那么不满意的一方就会进入"内心期"。这时另一半就会明显成为不满情绪的源头。在此期间不满意的一方会满脑子都是另一半的种种不好的做法或行为,甚至密切监视其一举一动、一言一行,就等着对方做出让自己很讨厌的事情来——"看,她又开始抱怨我了"或者"他一玩起游戏来,就什么都不管不顾的"。这时已经进入关系紧张期,只是一方将想法隐藏在心里,没有爆发出来。

如果情况仍旧没有改善,感情就进入下一个阶段——"双向期",即双方都开始爆发自

---

① 阿米尔·莱文,蕾切尔·赫尔勒著.李昀烨译.亲密关系与情感依赖.北京:中国友谊出版社,2022:176.

己的不满情绪。这是一个很危险的阶段,因为这时需要双方很有技巧地进行沟通、了解、协商以及谈判。如果修复成功,则可以避免感情破裂。

如果双方感情还是没有修复成功,他们就进入"社会期"。这时双方开始考虑如果分手要怎么善后,怎么处理曾经的共同社会关系如朋友、同学、家庭、同事等诸如此类的问题,同时会考虑他们自己能从这些关系中得到什么支持,而如果这些关系不能够满足所需要的支持,自己还有什么新的社会资源。

如果双方最后的努力仍然没有任何成效,那感情就跌入最后一个阶段——"默哀期",即当事人已经默认了他们关系的破裂。

当双方都意识到爱已成往事之后,会产生各种各样的情绪反应。对于已有感情裂痕的情侣,矛盾心理和冲突现象会随着时间的推移而加剧,维护感情的努力也会越来越乏力,因此彼此的爱会加速褪色。心理学家说:"感情的蜕变是一个日积月累的过程,这种爱已逝的感觉会在感情蜕变的过程中被觉察,至少在感情解体之前相当长一段时间内就可以被感觉到了。"

2. 失恋心理

与曾经很相爱的人分手,人难免会陷入极度的痛苦之中。食欲减退、夜不能寐、身体也会出现各种问题。可以说,失恋是人生中最痛苦的经历之一。有时被甩的人怎么也想不通,自己有什么不好?于是,便反复回忆过去交往的经历,想找到自己究竟做错了什么,结果越想越痛苦。而且,还会不停地给对方打电话、发短信,希望回到过去。这是失恋初期的一种抵抗心理。接下来,人脑的一种"防御机制"开始运转,这是一种回避、减轻伤害的系统。

有人失恋之后,会给分手找一些"合理化"的理由,比如"这样对双方都好"等;也有人失恋后,会通过运动、旅行等方式排解心中的痛苦;有的人则借酒消愁,选择消极的逃避;更不好的做法是把责任推到对方身上,认为自己如此痛苦都是对方造成的,并把愤怒全部"投射"到对方身上。

一个人不管他内心有多强大,也不可能将曾经真心相爱、朝夕相处的恋人一下子忘掉。失恋之后,时间是治疗伤痛最好的良药。当人渐渐冷静下来后,会对过去的一切感到释然,同时也会使自己变得越来越成熟。

【延伸阅读】

"挫折吸引力"让人们分手后更爱对方

失恋的痛苦是人在进化性过程中形成的一种反应,心理学家把失恋后的心理分为两个阶段:第一个阶段是"抗议",第二个阶段是"放弃、绝望"。

在抗议阶段,被抛弃的一方为了让对方回心转意,总是在纠结一个问题:自己究竟做错了什么?怎样才能留住对方的心,让对方重新爱上自己?为此,他们会出其不意地出现在恋人的家中或工作场所,然后咆哮;或是不停地给曾经的恋人打电话、发邮件……

戏剧性的是,当这些行为愈演愈烈时,被抛弃的一方对对方的爱情不仅不会减弱,反而会不断加强。这种现象就是挫折吸引力,也就是说,当爱情受到阻碍时,被抛弃的一方对恋人反而爱得更深。

其实,这种行为的背后有一定的心理学基础。精神病学家通过研究发现,这与多巴胺有关。多巴胺是一种能够控制肌肉运动,并让人产生满足感的化学物质。当一个人刚刚陷入爱河时,产生多巴胺的系统就会被激活。若是进入抗议阶段,多巴胺的活动就会有所增加,于是,遭到恋人拒绝的人就会感觉到更为强烈的激情。[①]

三、恋爱能力的培养

爱是一种能力,处理好恋爱关系是需要学习的。比如,应该怎样开始一段感情,怎样拒绝他人的追求,如何在恋爱中找准自己的位置,如何调整自己以更好地适应这段关系等,掌握了这些恋爱技巧会使爱情这列小火车充满动力地朝着正确的目的地行驶。

(一)自我完善,提升魅力与价值

弗洛姆在《爱的艺术》一书中写道:"爱是主动的给予,而不是被动地接受。"人应该要有健康的自恋心理:爱自己,有了充分的充裕的爱,才能像弗洛姆讲的给予对方。"一"杯水因为它是满的,再往里加水它就会溢出来了,这个流溢出来的爱就是健康的爱;如果这杯水是半杯的,还要不停地去给别人蓄水,人终会亏空,这个爱就不是健康的。

每一个人都是独特的个体。多数的时候,我们爱的就是对方的个性。因此,在爱情中最重要的一点就是不能失去自我。爱情有一个基本点、一个核心的倾向,即是为所爱的人奉献和付出。往往爱得越深切,付出的就越多。但是,千万不要在这种忘我的奉献中失去了自我。失去自我的爱是一种依附,这种依附往往使爱情变成了束缚,从依恋变成了自卑,从而失去了爱情的平等地位和自我更新的能力,使爱情逐渐枯萎甚至解体。因此,真正的爱情应该有弹性、有张力,彼此既非僵硬地占有,也非软弱地依附,要拉得开,但又扯不断。

正确处理两个人的关系,首先,要从自我出发,要肯定自我、提升自我。对于肯定自我价值的人,个体会对其认同和接纳,并回报以肯定和支持;而对于否定自己的人则会予以疏离。所以爱情永远要建立在自爱的基础之上。只有先爱自己,才有真正的力量去分享和付出爱。与此同时,在自爱的基础上不断地提升自己,既能满足恋人对自己的要求,又能够增加自己的魅力和价值。

其次,也要多给恋人期待和赞美。心理学上有一个皮革马利翁效应,也称"期待效应",指人们基于对某种情境的知觉而形成的期望或预言,会使该情境产生适应这一期望或预言的效应。你期望什么,你就会得到什么,你得到的不是你想要的,而是你期待的。只要充满自信地期待,只要真的相信事情会顺利进行,事情一定会顺利进行;相反,如果你相信事情不断地受到阻力,这些阻力就会产生,成功的人都会培养出充满自信的态度,相信好的事情一定会发生的。这就是心理学上所说的皮格马利翁效应。

这个效应有这样一个启示:赞美、信任和期待具有一种能量,它能改变人的行为,当一个人获得另一个人的信任、赞美时,他便感觉获得了社会支持,从而增强了自我价值,变得自信、自尊,获得一种积极向上的动力,并尽力达到对方的期待,以避免让对方失望,从

---

① 霍妮著,花火译.爱情心理学.苏州:古吴轩出版社,2016:169-170.

而维持这种社会支持的连续性。

我们不愿意让爱我们的人失望,对方越是肯定和赞美我们,我们就越是努力完善自己。因此,与其打击恋人对你的美好期待,不如努力给自己充电;同时,经常赞美你的另一半,很快奇迹就会出现。

(二)勇敢表达,培养自信与主动

有一对老夫妻相敬如宾地生活了一辈子,每次吃鱼,丈夫都会把鱼头夹给妻子,妻子把鱼尾夹给丈夫。几十年来一直如此。后来,丈夫去世了。妻子偶然提到,她其实喜欢吃鱼尾。而丈夫却在遗书中写道:他为了深爱的妻子,一辈子没吃过自己所爱的鱼头。读了这个故事,我们在感到遗憾的同时,更能懂得表达的重要性。

爱是需要表达的,不把爱意大胆地表达出来,你所喜欢的人也许一辈子都不知道,而你们俩就会失之交臂。有时你喜欢的人刚好也喜欢你,虽然这样的事情不是经常发生,但只有勇敢尝试才不会给自己留下遗憾。

爱的表达方式多种多样,我们可以将爱大声地说出来;也可以通过情诗、情书这些充满爱意的文字表达我们内心的爱;还可以通过歌曲唱出来。但所有爱的表达都应是真情流露而不只是各种技巧的堆积。在爱面前,笨拙生涩却充满真情永远比虚情假意重要。

有首叫《大舌头》的歌,反映的就是爱一个人却不敢说出口的状态。不敢表达爱,主要是怕被拒绝,是内心不自信的表现。然而被拒绝仅仅表示你与对方之间不合适,并非你不好。被拒绝也不意味着你的世界从此便灰暗没有了色彩,不要把生活的重心和生命的意义全部附加其上。

(三)恰当拒绝,尊重自我与他人

拒绝是一门艺术,我们要在拒绝的过程中减少伤害,但伤害是不可避免的,只不过是多少、大小、早晚的问题。学会合理地拒绝,既是尊重自己,也是尊重他人。

拒绝的艺术不仅体现在拒绝所选的时间、地点、环境等客观因素上,而且还体现在拒绝的语言技巧上。拒绝时,态度上要坚决,语言上要委婉,在肯定对方优点的同时,表明自己的态度。

在一定的时间里,被拒绝的人的低落消极情绪是不可避免的。既然已经拒绝了对方,就不要再回过头去安慰或者帮助,不要让对方产生"不舍得""有感情"的误解。否则,被拒绝的人更难从阴影当中走出来。

【延伸阅读】

对"不爱"说不

对于很多人而言,被表白原本是一件很幸福的事情,可当对方是你不爱的人的时候,这种被表白就会成为一种负担。但是,不要以为不拒绝就不会有伤害,实际上,错误的接受比拒绝本身对人的伤害更大,不仅会伤害对方,也会伤害自己。

怎样拒绝不喜欢的人的追求,对"不爱"说不?

1. 换位思考,维护对方的自尊

想象一下,当你向心仪的对象告白的时候,你的心情肯定是忐忑不安的,你会害怕对方拒绝自己,对自己的爱情抱有很大的期望。通过换位思考,我们能够设身处地地感受到对方向我们表白时的心情和压力。所以,当我们被不爱的人告白时,可以先从对方的优点入手加以赞扬,然后再说明你为什么不能接受对方的表白;说出的理由要合乎情理,最好从对方的角度提出有利的方面,让对方认可;如果必须要向对方做出解释,你就不妨把消极原因归于自己。

2. 要有一个合理的拒绝理由

哈佛社会心理学家的人类自动反应模式实验表明,当我们需要别人帮助的时候,要是能给出一个理由,成功的概率会更大。所以,我们在请求别人帮忙时需要理由,在拒绝别人时更需要理由。说服他人需要理由,而这个理由一定不能是你的"感觉"。拒绝对方的表白也是如此,要有一个充分恰当的理由,并以对方能接受、能认可为最高目标。除了"我已经有男(女)朋友了"这个理直气壮的理由外,你可以通过换位思考从对方的角度出发,想一个拒绝的理由,但一定要合情合理。这个理由要没有歧义、没有争议、可以具体呈现,最好一目了然。

3. 要选择合适的拒绝时间

一个人在向喜欢的人表白后,处于急切地等待对方回复的状态,正是心理信息外流、心理刺激极强的时候。所以,此时不要立即对表白者泼冷水,你可以告诉向你表白的人,你需要时间考虑,同时也让对方保持冷静。等对方心理状态比较平稳的时候再拒绝,可以让对方有一定的心理准备。

一般来说,不要在对方刚表白时就立即加以拒绝,此时对方很难接受;但也不可以拖延太久,以免给对方造成误会。

4. 语言一定要婉转,态度一定要坚决

在表达自己的想法时,语言要婉转一些。想想看,对方可是在冒着被伤自尊的风险向你表白的,即使你不喜欢,也要微笑拒绝。千万不要冷嘲热讽,伤害向你表白的人。拒绝难免让对方心里受伤,但不能因此而犹豫不决。如果你拒绝的态度不够坚决,就很容易造成对方的误会,尤其是当对方处在深爱你的状况时,你出于礼貌或者顾全对方颜面的态度,会让对方觉得还有希望,这种处理往往会带来比拒绝更大的伤害。

5. 要把拒绝对方这件事当作一个秘密保守

一个人表白遭到拒绝后,会感觉失落、难过、没面子,严重者甚至会一蹶不振。而这时被表白的人应该为表白者保守秘密,不把这件事当成自己炫耀的资本,更不要把这件事情到处去说,让局外人的关注给表白者带来二次心理伤害。

6. 注意对方的情绪状态,保护好自己

许多人在表白遭拒后往往会伤心失落,然后才慢慢恢复。但是也有一部分人在表白遭拒后会做出出乎意料的举动,如伤人或自残。因此,当你想拒绝一个人的表白时,首先要做的就是保护好自己。如果对方平时就是一个偏执纠缠的人,与其见面时就要选择一个人比较多的公共场合。如果对方生性敏感,就更要注意方法问题,要在深思熟虑后合理拒绝,避免因为刺激到对方而导致恶性事件的发生。同时,你应密切地关注对方情绪状态的变化,及时做好防范。[1]

---

[1] 段鑫星,李文文,司莹雪.恋爱心理必修课.北京:人民邮电出版社,2019:163-167.

(四) 化解冲突,改善行为与关系

心理学家提到四种冲突预警信号,即指责、轻蔑、反击和封杀,被称为"灾难的四骑士"。指责与抱怨有所不同,暗含批判的程度更严重,而且范围也很广,不仅是行为层面的,通常还包括对另一方的人身攻击。如果再发生交叉抱怨,也就是当一方抱怨时另一方也开始抱怨其他事情,冲突肯定是无法解决的,生活中这种情况比较典型。轻蔑,即对另一方的不屑和鄙视。反击,即一方完全不承认自己有任何错误,无论对方说什么都奋起反驳。封杀,即完全跟对方脱离互动,犹如有一堵石墙挡在彼此之间一样,是冲突中最有杀伤力的一个。

在此基础上还建立了四种冲突管理策略:保持镇定、决不反击、感同对方、积极处理。我们都知道,如果一个人能保持冷静,那么事情就比较容易获得解决,所以遇到冲突时要让自己冷静下来(如做个深呼吸),这样无论对方说什么自己都能做到不反击,反而能够理解对方的感受("我能感觉到你很伤心""我看到了你很生气""我听到你的不满"),为此,我们就可以同对方产生共鸣,而他的不满情绪随之也会自然减弱,"我们"也就不会进入被蔑视或者被"封杀"的危险中了。

【延伸阅读】

有效处理冲突的策略

怎么处理冲突才最有效呢?下面有若干条有效的小建议,它们都是从多项心理学研究中总结出来的,也是情感专家经常会给出的建议。

- 如果你很饿、很渴、很累或者很困,那么请先满足生理需要,别卷入什么讨论或者争端中去;
- 随时拥有"退一步,海阔天空"的好心态;
- 一次就把问题处理好,别让问题堆积,同样也别让对方的负面情绪堆积;
- 就事论事,别跑题;
- 在一个相对开放的环境中展开讨论;
- 给彼此充足的时间,别太赶时间,不然会显得富有攻击性;
- 一句富有幽默感的话总是能让气氛变得轻松起来;
- 即使要辩论,也请以理服人,务必保持绅士或淑女形象;
- 如果正在旅行的途中,就别老想着对方怎么不好了,先好好享受,其他的等回来再说;
- 尽力,尽最大努力,解除自己的戒备状态,从你的肢体语言开始。

【延伸阅读】

对不起=我爱你

在爱情里,认错不代表懦弱,说声"对不起",不会丢面子。要知道,两个人的性格、习惯、兴趣、爱好是无法完全相同的,因此在两个人的相处中,总会出现一些磕磕绊绊,这是正常的,有差异才有乐趣。

情商高的人反而会在发生矛盾时,适时且自然地说出"对不起"。在互相僵持不下时,

这三个字等同于"我爱你"的作用,可以使两人化干戈为玉帛,使双方重新坠入爱河。

恋人之间有时仅仅需要一声"对不起"。简单的三个字却蕴含强大的力量。也许承认错误是令人难堪的,但是一旦你迫使自己勇敢地去承认,克服骄傲心理,它将成为一种奇妙的愈合剂。

很多人为了面子,"对不起"三个字总是难以启齿。其实,道歉并不会丢面子,却能够表现出宽容。我们常常会对陌生人很宽容,唯独对自己的爱人要求严格,对一点点失误都斤斤计较。能够主动道歉,不但能够表现出你的宽容,更能够表现出你的爱。当你首先说出"对不起",对方一定后悔自己没有先说并以同样的"对不起"回应你,因为他同样爱着你。

女人不要认为男人应该主动认错,男人也不要守着自己的"大男子主义"的心理。恋爱中暂时的低头换来爱情的幸福,是非常值得的。

(五)正视失恋,调整认知与视角

失恋并不可怕,但是失恋所带来的打击看上去却不可避免。恋爱的甜蜜情景依然历历在目,但是这段感情却已经物是人非,如果睹物思人、今昔对比,沉溺于过去,就更难以从这段感情中走出来。那如何从失恋的负面影响中走出来呢?我们需要培养三个方面的能力,即摆脱负面情绪的能力、理性认知的能力和总结分析的能力。

1. 摆脱负面情绪是走出失恋阴霾的基础。失恋所带来的负面情绪具有延续时间长、带来伤痛大等特点。如果人不能从这种消极情绪中走出来,一味地沉浸在其中自暴自弃,只会给自己和关心自己的人带来更大的伤害。倾诉和宣泄是扫除负面情绪最表面和最直接的方式。你可以找一位值得信赖的师长或者好友,倾诉自己心中理不清的爱与恨、怨与愁,以释放心理压力;或用文字如日记把自己的苦闷写出来,求得心理解脱;实在难以排解时,不妨关起门来,放声大哭一场;抑或男生拉着好哥们儿痛快地踢一场足球,女生可以叫上好姐妹去 KTV 大声歌唱……这都不失为宣泄的好办法。当然,我们也可以转移注意力,去做一些使自己心情愉快的事情,比如旅游、养护绿植等。

2. 理性认知是与摆脱负面情绪相辅相成的一种能力。即使沉浸在悲伤的情绪中,理性思考也不能丢弃。感性的情绪太漫无边际,似乎整个人都会沉浸在无尽的伤痛中不能自拔。这时候,理性需要发挥作用,帮助失恋者认清失恋的本质。想象着有个坚定的声音一直在耳边沉着又冷静地说:"不要过分悲伤,毕竟,这不是你的错。失恋意味着你们俩不合适,总会有个更合适的在前方等你。"如果我们能以新的视角来面对这段恋情,就会是幽暗中发现的一丝光亮,我们在光亮的指引下,走出阴霾,去寻找适合我们并且会给我们带来幸福的人。

3. 总结分析是以摆脱消极情绪和理性认知为基础的。总结分析意味着彻底走出了失恋的阴霾,为开启下一段新的关系做积极的准备。在一段感情真正结束之后,回忆这段感情内两人发生的点点滴滴。为什么甜蜜?为什么痛苦?每次争吵的原因是什么?最后导致分手的直接原因又是什么?千万不要认为感情都结束了,这样的问题丝毫没有意义。事实上,每次你这么问自己,然后自己对这些问题进行思考、反省,也就为未来新的恋爱关系顺利开展提供了条件。聪明的人不是不犯错误,而是不在同一个地方犯同样的错误。

【延伸阅读】

苏格拉底与失恋者的对话

苏格拉底(以下简称"苏"):孩子,你为什么忧伤?

失恋者(以下简称"失"):失恋了!

苏:哦,这很正常。如果失恋了没有悲伤,恋爱大概也就没有什么味道。可是,年轻人,我怎么发现你对失恋的投入甚至比对恋爱的投入还要倾心呢?

失:到手的葡萄给丢了,这份遗憾,这份失落,您不是当事人,怎知其中的酸楚?

苏:丢就丢了,何不继续向前走去,鲜美的葡萄还有很多。

失:我要等到海枯石烂,直到她回心转意向我走来。

苏:但这一天也许永远不会到来。

失:那我就用自杀来表示我的诚心。

苏:如果这样,你不但失去了你的恋人,同时还失去了你自己,你会蒙受双倍的损失。

失:踩上她一脚如何?我得不到的别人也别想得到。

苏:可这只能使你离她更远,而你本来是想与她更接近的。

失:那您说我该怎么办?

苏:你真的很爱她?那你当然希望你所爱的人幸福了?

失:那是当然。

苏:如果她认为离开你是一种幸福呢?

失:不会的!她曾经跟我说过,只有跟我在一起的时候她才感到幸福!

苏:那是曾经,是过去,可她现在并不这么认为。

失:难道她一直在骗我?

苏:不,她一直对你很忠诚。当她爱你的时候,她和你在一起,现在她不爱你,她就离去了,世界上再没有比这更大的忠诚。如果她不再爱你,却还装得对你很有情意,甚至跟你结婚、生子,那才是真正的欺骗。

失:可我为她所投入的感情不是白白浪费了吗?谁来补偿我?

苏:不,你的感情从来没有浪费。因为在你付出感情的同时,她也对你付出了感情,在你给她快乐的时候,她也给了你快乐。

失:可是,她现在不爱我了,我却还苦苦地爱着她,这多不公平啊!

苏:的确不公平,我是说你对所爱的那个人不公平。本来,爱她是你的权利,但爱不爱你则是她的权利,而你却想在自己行使权利的时候剥夺别人行使权利的自由。这是何等的不公平!

失:可是您看得明白,现在痛苦的是我而不是她,是我在为她痛苦!

苏:为她而痛苦?她的日子可能过得很好,不如说是你为自己而痛苦吧。明明是为自己,却还打着为别人的旗号。

失:依您的说法,这一切倒成了我的错?

苏:是的,从一开始你就犯了错。如果你能给她带来幸福,她是不会从你的生活中离开的,要知道,没有人会逃避幸福。

失:可她连机会都不给我,你说可恶不可恶?

苏：当然可恶。好在你现在已经摆脱了这个可恶的人，你应该感到高兴，孩子。

失：高兴？怎么可能呢，不管怎么说，我是被人给抛弃了。

苏：被抛弃的并不是就是不好的。

失：此话怎讲？

苏：有一次，我在商店看中一套昂贵的西服，爱不释手，营业员问我买不买。你猜我怎么说？我说质地太差了，不要！其实，是我口袋里没有钱。年轻人，也许你就是被遗弃的西服。

失：您真会安慰人，可惜您还是不能把我从失恋的痛苦中拉出来。

苏：时间会抚平你心灵的创伤。

失：但愿我也有这一天，可我的第一步该从哪里做起呢？

苏：去感谢那个抛弃你的人，为她祝福。

失：为什么？

苏：因为她给了你忠诚，给了你寻找幸福的新机会。

（六）识破"PUA"，摆脱陷阱与操控

1. 什么是"PUA"

"PUA"的全称是"Pick-up Artist"，原意是"搭讪艺术家"，指的是一群受过系统化学习、实践和不断自我完善情商的男性，后泛指很会吸引异性的人和其相关行为。PUA提出者的初衷也许是为了帮助那些害羞的人学会自我展示，掌握与异性沟通的社交技巧。然而，在当今的互联网语境下，PUA的应用场景和范围与其最早的含义已相去甚远，逐渐演变为亲密关系中的一方通过精神打压等方式，对另一方进行情感控制的代名词。正如清华大学心理学教授彭凯平在《眼界Talk》里谈到的：PUA不是一招鲜就制人，是一套系统的心理控制手段和方法。

PUA控制手段和方法包括5个重要的心理策略，即情绪操纵、宣传灌输、公开羞辱、自我贬损、死亡威胁。

（1）PUA的人进行情绪操纵最常用的方法就是愤怒和使人恐惧。人在恐惧的时候容易受人控制。当听到一件特别害怕的事情，一下子就丧失了信心，丧失了前进和奋斗的目标。情绪操纵还有另外一个方面，就是让人喜欢。那些PUA人特别擅长通过展现自己的魅力让你一见钟情，让你喜欢他们，然后再慢慢加上其他心理控制手段，让你丧失自我，丧失信心，丧失行动的力量。

（2）宣传灌输是PUA人反复强调一个观点和思想，慢慢让人接受，像是被洗脑了一样，从而达到精神操控的目的。

（3）公开羞辱是PUA人利用放大受害者过错的方式，通过长期使用虚假、片面或欺骗性的话语对受害者进行打压、谩骂、嘲笑、讥讽，利用语言暴力的方式使受害者开始质疑自己的认知、记忆和精神状态。

（4）自我贬损是经过PUA人长期打压之后，受害人自己反省自己，自己公开检讨，觉得自己不行。当一个人认为自己什么都做不了的时候，会产生一种心理疾病叫"习得性无助感"，即一个人经历了失败和挫折后，面对问题时产生的无能为力的心理状态和行为。

(5) 死亡威胁是 PUA 人威胁受害者的生命。其实,PUA 人是不敢杀死对方的,而是希望对方自己杀死自己。

【心理测试】

你被 PUA 了吗

扫码查询结果解释

指导语:一些正在经历 PUA 的人,往往身在其中而不自知。你有陷入被 PUA 的陷阱吗? 下面罗列了一些被 PUA 的经历和感觉,快来测试一下有没有中招吧!

序号	题 目	符合	不符合
1	你总是在向他/她道歉		
2	开始反复质疑自己曾经确信的事情		
3	他/她总是对你忽冷忽热,让你患得患失		
4	他/她一直打击你,增强自身优越感		
5	永远得不到他/她的认可,剥夺你的成就感		
6	你觉得自己什么都做不好,什么都做不对		
7	要求你无条件地顺从他/她,使你逐渐迷失自我		
8	在公开场合大声地批评和贬低你,伤害你的自尊		
9	弱化你的自我价值,否定你对自己的认可和认知		
10	无论大事小事,你开始不会自己做决定,都要依赖他/她		
11	他/她会干涉和管理你的日常生活细节,来强化对你的支配地位		
12	他/她从不信任你,过分警惕与敏感,总是从负面的角度曲解你的意图		
13	监视你的行踪,要求或者不经过允许查看你的手机、电脑和社交账号的动态信息		
14	干扰打压你的社交圈,试图切断你与外界的一切联系,要求你的世界中只有他/她一个人		
15	披着"为你好"的外衣,利用你对他/她的好感、信任或依赖心理,诱导你去做一些你不愿意做,或者对自己有害的事情		

2. 对 PUA 勇敢说"不"

(1) 保持独立自信。尊重自己的感受,对不舒服的事情勇敢说"不"。在自己的自尊心受到他人的打压时,仔细分析自己是否真的是过错方,不能因为过度的负罪感摧毁自己的自尊心。

(2) 保持理性冷静。PUA 最重要的阶段就是想尽办法贬低你,企图进行精神摧毁,这个时候一定要稳住,如果被对方操控情绪,就很容易落入 PUA 的陷阱。一旦开始怀疑自己,对方就会趁机来指导你做事,在你心中建立完美的形象,并继续贬低你,让你对自己持续怀疑。你要明白,对方说的一切都只是话术,跟"实际的你"没有关系。你只需要保持理智的头脑,回复一句:"真的吗?我不信。"反过来让对方生气。一旦对方生气,他的伪装将全部坍塌,他的 PUA 也就失败了。

(3) 要勇于寻求外界的帮助。如果已经被重度 PUA,可能就不是自己可以解决的了。这时,一定要勇于寻求外界的帮助,比如求助于专业的心理老师或心理辅导机构,只有通过这些专业的心理介入,你才可能看清这种关系的不合理之处,才能摆脱这种畸形关系给自己带来的伤害。

(4) 建立属于你的心理边界。每个人的边界都是不一样的,PUA 的人很可能说你的边界是错的,或者没有道理,这只是说在 TA 眼里的正确与真实,而不是你的正确与真实。长期保持自己的边界,坚定地相信:自己的边界是必要的、合适的,并清楚自己如果没有这些边界会付出一定的成本。

爱是一门艺术,更是一种能力,我们要通过学习恋爱知识,培养爱的能力,来解答恋爱中的困惑,应对恋爱中的难题,不要对爱失望,要为爱而努力。[①]

本章小结

介绍爱情的发生、发展过程及特点,解析在大学这个特殊年龄阶段和客观环境变化对恋爱心理与行为带来的影响,帮助大学生提高对自身恋爱身心变化的觉察和理解,正确对待爱情及爱情可能带来的困扰。

思考题

1. 结合实际谈一谈,你在爱情方面有哪些心理困惑?
2. 爱的能力包括什么?你认为自己具备了哪些能力?需要改进与培养的能力有哪些?

【书籍推荐】

《青年恋爱心理学》

作者:蔡敏

出版社:北京大学出版社

本书以心理学理论为基础,结合生理学和社会学的相关知识,并参考国内外恋爱心理研究的新成果,系统阐述和分析有关青年恋爱的重要内容,包括爱情的内涵、男女的差异、恋人之间的交流与沟通、恋爱中常见的心理困惑、健康爱情的心理要素等。

《爱的艺术》

作者:(美)艾里希·弗洛姆

译者:李建鸣

出版社:上海译文出版社

本书是心理学家艾里希·弗洛姆的作品,自 1956 年出版至今已被翻译成 32 种文字,

---

① 梁菁落著.识破 PUA 枷锁,摆脱情感操控,现代商业银行,2022,4:65-66.

在全世界畅销不衰,被誉为当代爱的艺术理论专著最著名的作品。弗洛姆认为,爱情不是一种只需投入身心的感情,而是需要努力发展自己的全部个性,以此形成一种创造倾向,否则,一切爱的尝试都是会失败的。如果没有爱他人的能力,不能谦恭、勇敢、真诚、自制地爱他人,就不可能得到满意的爱。弗洛姆提出,爱是一门艺术,想要掌握这门艺术的人,需要有这方面的知识并付出努力去学习。人既要学习爱的理论,也要在爱的实践中学习。

【视频推荐】

《恋恋笔记本》

该片讲述一家风光旖旎的私人疗养院,一位神秘的老男人每天都会准时拜访一位患有老年痴呆症的老女人。他总是在腿上摊开一本褪色的笔记本,轻轻地为女人讲述其中记载的故事,每当女人听到日记中的字句,脸上就会迸发出异样的神采,仿佛再次回到那段激情燃烧的岁月……

《初恋五十次》

该片讲述夏威夷水族馆的一名兽医亨利在咖啡馆邂逅了一位美丽的女孩露茜,他们彼此喜欢,迅速迸发出爱情的火花。露茜因为一次车祸患上了短期记忆丧失症。当第二天太阳升起的时候,她就会把前一天的事情全都忘光。坠入情网的亨利无法放弃自己心爱的女孩,为了自己,也为了向女孩的父亲证明自己对她的爱,亨利在朋友尤拉的帮助下,开始了既疯狂又令人感动的追求计划——务求在太阳升起,每一个新的一天来临之时,让露茜再一次爱上他……

第七章　理解家庭

名人名言

　　我相信家庭与外界是决然不同的,它可以充满爱,关怀及了解,成为一个人养精蓄锐的场所。

——萨提亚

本章要点

　　家庭与大学生的关系;
　　家庭与心理健康的关系;
　　大学生在家庭问题上常见的心理困扰;
　　在家庭中成长。

【案例】

　　小霞是一位大三女生,她因为父母的问题已经来心理咨询中心进行多次咨询了,每次她情绪波动都很大。原来父母在小霞考上大学后就告诉她要离婚,他们感情不和已经很长时间,为了不影响小霞高考,所以一直等到她考上大学后才准备付诸行动。但是两人在财产分割方面一直没有达成协议,两人又不愿意面对面沟通,任何事情都要由小霞转达,并且双方还在小霞面前攻击对方。几年来,父母已经分居,但仍没有签字离婚;每次小霞一看到父母的来电就很紧张,每当父母要她代为转达各自关于财产问题的条件时,心里都很厌烦。这几年小霞感到非常痛苦,甚至一度希望通过自杀来逃避现实。

　　提问:
　　1. 家庭对小霞有什么影响?
　　2. 你怎样看待自己的家庭及其对自己的影响?

一、家庭如何塑造了你

　　家是每个人成长的摇篮,家中既有爱,又有爱的困惑。大部分人在家中接受父母对自己的关怀与照顾,即使离家在外,你也能感受到父母的关心与挂念。然而,有时你也会很困惑:你是否总是觉得自己做得不够好,还不够努力,令你的父母或其他家人感到失望?你是否觉得自己有责任让父母感到高兴？你是否因为自己做了或者没做什么事情而厌恶自己，是否在自己独自快乐时感到羞耻或者内疚？你是否在有的时候感觉自己像个受人操纵的木偶？我们的许多优秀品质源于我们的父母，而我们的一些心理困扰也可能源于家庭。无论如何，每个人都与自己的家庭有着密切的联系。

（一）你从家中走来

家庭是人类社会生活中最基本、最主要的初级组织，是人类社会化的摇篮。良好的家庭关系与生活环境是每个家庭成员人格形成与完善的重要条件。

1. 家庭定义与功能

家庭是指在婚姻关系、血缘关系或收养关系基础上产生的，亲属之间所构成的社会生活单位。家庭是社会的细胞，是个人过群体生活一种最普遍、最固定和最持久的社会生活的基本单位。家庭和婚姻关系有着密切的关系，婚姻双方构成了最初的家庭关系，在此基础上又产生出父母子女等其他家庭成员之间的关系。家庭有狭义和广义之分。狭义是指一夫一妻制构成的社会单元；广义则泛指人类进化的不同阶段上的各种家庭利益集团，即家族。

从社会组织来说，家庭是最基本的社会组织之一，是人类最基本、最重要的一种制度和群体形式。从功能来说，家庭是儿童社会化、供养老人、性满足、经济合作的人类亲密关系的基本单位。从关系来说，家庭是由具有婚姻、血缘和收养关系的人们长期居住的共同群体组成。

家庭在社会中起着极为重要的作用，担负着多种社会功能。现代家庭的功能主要包括以下几个方面：(1)家庭能够满足其成员的物质生活需要，对其提供对抗外界危害事物的保护力量；(2)家庭具有人与人之间的亲情培育和塑造亲近和谐人际关系的作用；(3)家庭通过对家庭成员的认同培养子女良好人格和社会生活的适应能力；(4)家庭对其成员提供性知识和性教育，培养子女的性身份和性角色的认知和实现能力；(5)家庭能塑造其成员的社会统合行为、社会角色扮演和培养其社会责任感；(6)家庭能够培养对和端正其成员的学习动机、追求进步的欲望和创造能力；(7)家庭是传承文化，培养下一代进行文化创新的载体。

总的来说，现代家庭不仅为每一个家庭成员提供主要的生活场所，同时也具有影响、培养和教育所有家庭成员成为合格社会成员的功能。显然家庭对家庭成员人格的形成、幸福成长与发展也必然有着不可替代的重要作用。

2. 家庭塑造了你的精神世界

（1）家庭与人格形成

家庭是孩子最早接触的环境。家庭担负着传授生活生产知识技能、指导生活目标、行为规范和道德作风的社会化任务。家庭对人的影响首先表现在指引社会化方向、选择社会化内容上；其次，家庭教养方式会影响成员人格的完善程度和心理健康程度。此外，家长的价值观、为人处世的态度都会对子女人格产生潜移默化的影响。父母的文化素养、家风家德、家庭职业、经济收入、宗教信仰等都会对子女的人格发展产生积极或消极的影响。

家庭对家庭成员人格发展的影响，从发生的时间看，开始最早、持续最长；从作用空间看,范围最大、内容最广。所以家庭是影响人格的环境因素中最基础、最重要的组成部分。作为家庭的成员,无论是婴幼儿、儿童和青少年,还是成年和老年,他们的心理发展和特点都必然受到家庭中各种相关因素的影响。研究证明,民主和谐的家庭气氛、父母对幼儿的赏识、良好的家庭心理情绪气氛、稳定的家庭结构等对幼儿良好人格的形成有重要影响。家庭成员之间的关系应当是和睦的、平等的、互相关心和互相爱护的。儿童在良好的情感环境中生活、成长,他们会感到自由、舒畅、温暖、幸福,从而形成健全的人格。

李嘉诚特别重视子女的教育,他希望自己的孩子依靠自己的努力立足社会,而不是依靠父母来生活。在李泽钜15岁、李泽楷13岁的时候,李嘉诚决定送他们出国上学,让他们独立生活。后来,李泽钜和李泽楷都以优异的成绩从美国斯坦福大学毕业。毕业后,他们想进入父亲的公司工作,李嘉诚却对儿子们说希望他们先去打自己的江山,让实践证明他们有资格到自己公司来任职。于是,兄弟俩再次离开香港,到加拿大白手起家,一个搞地产开发,一个投资银行,把公司和银行办得有声有色,成了加拿大商界出类拔萃的人物。李嘉诚曾自豪地说:"即使我不在,凭着他们个人的才干和胆识,都足以各自独立生活,并且撑起家业。"正是李嘉诚的严厉成就了儿子自立自强的品格。如果父母给孩子过多的关注和过度的保护就是溺爱。溺爱剥夺了孩子的独立性,会引起其强烈的自卑感,导致其成年后产生人格问题。有些家长对孩子十分不放心,事先为他考虑得面面俱到,总担心自己微小的疏忽会让孩子受委屈或造成损伤。虽然这类父母一切都为孩子着想,但是孩子却不见得领情,因为他们会感到压抑、受拘束、没有自由的空间。

(2) 父母评价影响自我价值感

自我价值又叫自我概念,是一个人对自己的感觉和想法,它是人生命能量的源泉,是内在精神世界的能量中心。自我价值感高的人相信自己、喜欢自己、欣赏自己、善待自己。他们主动与别人沟通,在沟通时尊重自己,也尊重别人。自我价值感低的人不容易相信自己、不喜欢自己、容易自卑,总觉得自己是受害者,容易惩罚自己和别人,认为别人应该对自己的行为负责,他们常用"爱别人"的方式来取代"爱自己"。其实,一个不爱自己而去爱别人的人,他的"爱"中会带有控制的意味。

一个人自我价值感的形成,与父母在其成长过程中对他的态度直接相关。如果父母经常接纳、欣赏、喜欢、尊重孩子,孩子就会将父母的评价内化为对自我的认识,认为我是值得被爱、被尊重的,就有较高自我价值感;相反,经常被父母批评、指责、嘲笑、漠视的孩子,他们也会将父母的评价内化为对自我的认识,认为我是不好的,是不值得爱的,则会有较低的自我价值感。

(3) 父母传递爱的语言

我们因为父母的相爱而来到这个世界,我们还将把爱传承给后代。爱是情感的表达,作为孩子,我们从父母的什么行为上能感受到来自他们的爱呢?我们又是怎样把我们心中的爱传递给所爱的人呢?

盖瑞·查得曼在《爱的五种语言》中指出爱有以下五种语言:

一是肌肤的亲近。爱一个人就希望亲近他的肌肤,这是与他人肌肤相亲的渴望,比如拥抱、抚摸、牵手、相依。父母爱孩子,就会愿意亲近孩子的肌肤、拥抱和抚摸孩子。当孩子得到足够的来自父母肌肤的亲近时,在未来的岁月里,孩子也会愿意亲近那个自己爱的人。

二是赞美。爱一个人就愿意欣赏他、称赞他，表达喜爱的情感。孩子可以从父母的语言和非语言的信息中获得欣赏的线索。比如，他们夸赞孩子任何一种优秀品质，或者他们看孩子的眼神充满柔情和欢喜。如果孩子被这样爱着，孩子以后也会对所爱的人不由自主地表达赞美和喜欢。

三是陪伴。爱一个人就愿意跟他一起共度时光，愿意跟他一起共同经历一些人或事，有共同感受，共同情怀。在曾经的岁月，父母肯放下他们手上重要的事情而愿意陪伴孩子度过生命中重要的时光吗？比如，陪你去期待已久的郊游，去渴望的动物园过"六一"儿童节，病了及时就医，陪伴你度过你生命中其他重要的时刻？这样的陪伴让你觉得你是重要的，你是值得他们关注的。如果你曾经被父母陪伴，你就学会了将来这样去陪伴你所爱的人。

四是礼物。爱一个人就愿意为他买礼物表达爱意。当父母常常用这种方式表达对别人的爱时，你也能学会这种爱的语言。

五是服务。爱一个人就愿意为他做事而不求回报。当父母之间的爱、父母对你的爱是这样做的，就会让你学习到更多爱的语言。

通过这五种爱的语言，父母将他们的爱传递给我们；父母怎样爱你，将来你便学会怎样爱别人。

（二）家庭的分类

【案例】

一位美国心理学家坐飞机去北京，旁边坐着一位回国探亲的中国女士。他们交谈时，女士说自己的女儿在美国做医生。心理学家问她女儿上的是哪所大学，他问了好多次，女士都不愿说。他不明白她为什么拒绝回答。后来她终于说了，她女儿毕业于约翰斯·霍普金斯大学，学校不太好，他们家人一般都不跟外人提及。心理学家告诉这位母亲，约翰斯·霍普金斯大学的医学院可是美国最好的，她应该为自己的女儿感到骄傲。

现实中，很多人这样认为，如果没有上哈佛大学、普林斯顿大学或者斯坦福大学，那么无论上了什么学校，都不是一件可夸耀的事。这位母亲在乎的不是她女儿是不是去学医了，而是她上的学校在中国人中间口碑如何。那么说到中国大学生，又是怎么样的情况呢？中国大学生往往觉得考高分不是为了自己，而是为父母和亲戚。上什么学校，成绩怎么样，毕业后找什么工作，这些都会让他们的家人脸上有光彩或者没光彩。所以他们的"负罪感"往往不是因为觉得自己的行为不好，而是因为别人觉得自己不好。家庭和文化环境深深影响成年以后的身体健康和人际关系。不同的家庭对青少年的影响各不相同，根据国际家庭伦理研究中心的戴维·艾克曼博士（David Eckman）的理论，家庭可以分为三种类型：健康的家庭（a healthy family）、注重表现（困惑）的家庭（a performance-only or confused Family）以及运作不良的家庭（a dysfunctional family）。

1. 健康的家庭环境

情感健康的家庭往往对人生有清晰积极的认识，成员间彼此有深厚情感，具备快乐人际关系的技巧。父母双方已找到一种健康的解决方式来处理由他们的家庭背景所带来的问题。从这样家庭走出来的人容易信任别人，并常常假定每个人的家庭背景都大致如此。

健康家庭的成员一般具有以下几个鲜明特点。第一,有积极的自我认识。在健康家庭长大的孩子更容易信任别人,因为他们自己的家庭生活安全可靠、彼此表达情谊,他们的生活可以预期,所以他们进入成年人世界时能够信赖别人。第二,能够积极主动地调节与管理情绪。从家庭中他们学会通过与别人谈话的方式来消除情绪上的苦恼,让负面的情绪随着时间消散而去,学会在难过的时候不是耐心忍受,而是要想办法消解。他们常常会通过与关系密切的朋友谈话来疏解情绪。第三,懂得如何关心别人以及接受别人的关心。当身边有人情绪低落时,他们会拉起对方的手来或拍拍对方的肩膀,或把手臂搭在别人的肩上。别人安慰他们时,他们不会感到不自在或不知如何回应。人在健康的家庭环境中的表现如图 7-1 所示。

图 7-1　人在健康的家庭环境中的表现

出自健康家庭的人有什么优势呢?首先,家人间关于自己家庭的看法、印象与情感彼此一致。例如,说到"父亲"一词时,他们会感到一种良好的体验。父亲不仅是挣钱养家的人,更是与自己的孩子关系亲密的人。他爱自己的孩子,保护自己的孩子,并且对他们的感受非常重视。他会安慰他们,鼓励他们。他为孩子们提供建议。即使需要对孩子说出他的不同意见时,也带着爱与温暖。

另外,健康家庭里的人对"爱"这个字也充满了积极的体验。在健康的家庭中,爱是喜欢自己的家人。爱给人自由,因为被爱的人会知道,"我是谁"比"我做了什么"更重要。因此,对于健康家庭里的人来说,爱、父亲、母亲、信任、温暖,这些都带给他们积极的人生体验。这在心理上是极大的优势。因此,他们会很容易信任别人,他们的情绪也会比较稳定。他们会乐于接受别人的称赞,但他们的好心情并不依赖于别人的称赞。

当然,健康家庭走出的人也有其缺点。例如,第一,太过信任别人,甚至有可能会吃亏上当。第二,有时面对生活时不够有深度,因为他们很难真正理解很多人经历的磨难。虽然有很积极的心理,但是他们常常难以真正去同情那些受到伤害和苦难的人,因为那些对他们来说过于陌生,不太容易发展出由衷的同情心。他们有时候对那些不接受安慰的人会感到不耐烦,看别人情绪迟迟不能得到疏解时就会放弃,因为他们不理解他人的感受。

2. 注重表现(困惑)的家庭环境

只注重表现的或困惑的家庭,简而言之,就是一个家庭的情感中心不是爱与温暖,而是其他外在的表现。注重表现的家庭虽然有爱的表达,也有一定的快乐人际关系技巧,但是自我认识并不清晰。父母双方还没有找到一种健康的解决方式来处理由家庭背景带来的问题。在此种家庭长大的人习惯于报喜不报忧，对建立亲密关系会有所迟疑。

注重表现的家庭有以下一些共同的特点：

一是容易偏爱个别孩子。如果家中有几个孩子，那么表现最好的孩子会让父母（至少是父亲）特别喜欢，这就产生了偏爱。不被偏爱的孩子有可能会对学习自暴自弃，或者满心愤怒和怨恨。被偏爱的孩子也会出现各种问题，比如这个孩子会对家庭有不真实的认识。而健康的家庭中，每个孩子都被当作珍贵的个体看待，父母也会避免兄弟姐妹之间的竞争，会尽可能平等地喜爱每一个孩子。家长可能还会拿自己孩子与其他孩子作比较，这种不断地比较会让孩子感受到父母更看重外在的表现而非他本人。

二是不诚实。当"表现"比孩子本人还重要时，孩子就无可避免地得到一个信息：为了得到父母的关爱和肯定，表现比诚实还重要。在某种意义上说，过分注重表现的父母等于是鼓励孩子如此对待他们，甚至干脆等于让孩子撒谎。孩子会认为：我本人和实际状况并不重要，重要的是遵守一切规条，好好表现。孩子如果发现，父母的爱与温暖完全取决于自己的表现好坏，就会本能地报喜不报忧。

三是容易产生三角关系。如果孩子觉得与父母的一方（如父亲）直接沟通很不舒服，他们会让另一方传话，这就是三角关系。孩子和父母的一方无法直接交流，必须绕一个弯子，这是不健康的，造成亲子关系疏离与沟通不良。三角关系是一种操控行为，利用父母中的一方和另一方进行接触。在一个只注重表现的家庭里，操控行为非常普遍。由于孩子表现怎么样是最重要的，因此操控也就很重要。孩子必须尽一切可能不让父母失望。为此他们必须借助操控行为。许多大学生表示，他们都有偷偷改过成绩单的经历，目的是让爸妈看着高兴。表现好，取悦父母，成为最重要的事情。

四是情感不被表达。表现不好的、不被喜欢的孩子也不能表达自己的不满。父母和孩子很疏远，并且无法沟通，到成年之后亦是如此，甚至形同路人。假如家庭的中心不是爱与友谊，那么人生最重要的东西，即"爱与温暖"就被忽视了，家庭成员之间充满怨恨，缺乏感情，又不能表达，因为表现好比爱与亲情更为重要。

成长在注重表现的家庭中的人主要有以下两个特点：

第一，对自我没有清晰的认识与准确的评价。成长在注重表现的家庭的人面临好几种人生的难题。他们通常不清楚自己到底是怎样的人。父母期望子女成功，为的是自己脸上有光，因此孩子的价值和地位往往取决于他们的表现。而他们表现的好坏要根据父母的期望来评判，而不是看孩子的自身能力是否发挥。在这种环境里，孩子变得只关注别人对自己的期望，而很可能对自己的愿望和真实的自我从未考虑。成长在注重表现的家庭或注重表现的文化里的人，常常感到自己好像只是为别人而存在，缺乏一个属于自我的意识。

第二，学习与工作十分勤奋，却难以获得成就感。从注重表现家庭出来的人会不自觉地相信，知识学得越多越好，工作越卖力越好，知识和努力比发现自己能够轻易做好某类工作的快乐更重要。教人找到自己本能的优点长处对这些人来说是极不自然的，因为有知识和努力工作，比发现自己可以轻而易举做成某事的快乐更被人看重。常常有学生问，那么我应该怎么做、应该学会什么呢？其实，一般来说，重要的不是什么事情应该发生，而是要了解一些关于生活实际的一些原则，了解正面的人生价值所在。

3. 运作不良的家庭环境

运作不良的家庭不幸福，长期受到酗酒或其他瘾癖所困扰，在家里常常有身体虐待、情感虐待或忽视的行为。家庭长期处于压力之下，因为家里的痛苦状况，常常会伴随嗜瘾的行为。

有的人成长在压力很大并且很不幸福的家庭，他们的人生经历与那些成长在健康家庭和注重表现家庭的人不同。这些家庭的父母不停地吵架，沉溺瘾癖，常常陷入愤怒或抑郁之中。这样的家庭经历会给孩子带来非常负面的影响。如图7-2所示。

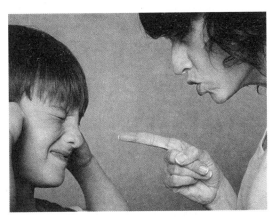

图 7-2　过分指责是破坏亲子关系的行为

第一，负面的自我认识。成长在心理运作不良家庭的人的自我认识具有负面的或是根本不知道该怎样看待自己。负面的自我看法会在成年生活里带来很多问题，因为这样的看法所产生的预期都是根据自己环境里最坏的可能性设置的。每当压力到来时，这些负面的人生观总是让人回到童年时代的思想意识里，变得高度警觉。不幸的是，如果没有及时认识并解决这些问题，可能会将负面的自我评价与看法传递给下一代。

第二，消极的防卫机制。当家庭处于痛苦和压力中时，人就会使用防卫心理来保护自己不受伤害。如果家里的压力是持续不断的，孩子就会不自觉地把这些防卫方法带入成年生活，每当遇到压力时，这些防卫机制就再度出现。防卫机制是为了提供乐趣和逃避痛苦。最常见的一种防卫机制是人际关系的疏离。成长在不健康家庭的人常常会有压力感与痛苦感。首先，他们经常会感到孤独与孤僻。如果父母喜欢批评孩子，辱骂孩子，甚至虐待孩子，那么孩子会自然地躲着父母。家庭成员很自然地用躲着彼此的方式来缓解压力。孩子会在家中成为"隐形人"。成长在不健康家庭的人会本能地躲避关系的痛苦。疏离的人际关系可以帮助减缓或忘记痛苦，但也难以与人建立稳定、亲密的关系，感受最基本的爱与温暖。例如，一个来自健康家庭的人如果与一个来自不良家庭的人结婚，他会感到困惑，因为那些初看上去很友善、很有魅力的人，结婚后当健康的一方寻求亲密关系时却惊讶地发现，自己越试图亲密，对方的反应就越紧张，越退缩。

第三，不会沟通。对运作不良家庭的成员而言，语言不是用来沟通的，而是用来控制别人的。正常的沟通是为了帮助人与人一起合作面对生活的。在不健康的家庭，语言是用来伤害、逃避、遮掩、欺骗的。因此，他们会本能地相信沟通是没有任何用处的。沟通只有伴随信任以及感情才是健康的,否则就只有伤害。

第四,成瘾的行为。在充满伤害的家庭中,家庭成员会沉迷于某件事情中,以逃避家庭的痛苦。逃避有两种方式:一种是面对精神上的压力和痛苦时,孩子会将注意力转移到学习或者课外活动上。这会给孩子带来很好的成绩,但并不会给他带来健康的心理。事实上,这是让孩子对伤害视而不见,对成长其实是有害的。另一种是做出自毁性行为,例如,吸毒、沉迷游戏,或是其他不良上瘾行为。讽刺的是,那种学习狂人和出现这种问题的少年其实都是面对家庭痛苦环境所产生的结果。

除了这些外在的问题之外,成长在不健康家庭的人也容易有内在的种种症状。

第一个症状是创造出一个假自我。假自我来源于一个人接受了错误的关于"我是谁"的看法、感觉和意见。不健康家庭会同时发生两种情况:孩子被指责和孩子指责自己。渐渐地,孩子会觉得,自己是没有价值的,自己就应该被很不好地对待。如果一个人常常说"我觉得我有问题,但我说不清是什么问题",那么就可以判断出他是来自不健康家庭。来自不健康家庭的很多人都会立即说,自己就是这么想的。他们并不清楚自己有什么问题,但他们就是觉得自己有问题。甚至很多非常聪明的学生都觉得自己很笨、很无能。

第二个症状是容易自责。成长在不健康家庭的孩子下意识地认为自己是有问题的,所以他们才会被不好地对待。孩子是需要温暖的,但是孩子也需要给周围发生的事情一个解释。如果他们总是遭受身体上的伤害或是语言上的虐待,之后父母又说:"我这样做都是因为爱你"或者"这是为你好",那么孩子没法做出别的判断,只能相信父母的这种说法。等到孩子长大之后,遇到各种压力时,就会回到儿童的状态中,重新用那种方式看待自己。假如这些下意识的看法没发生转变,这个人会相信家庭带给他们的自我认识是正确的。他会自责,童年的体验也会再现。自责是对家庭的精神压力的自然反应。

第三个症状是自责伴随而来的羞耻感。羞耻感并不是因为我们做了什么,羞耻感是对自己感到痛苦。羞耻感不同于内疚感。内疚感是觉得一件事做错了(如撒谎或偷东西),羞耻感是说,我们觉得自己本身就是一个错误。一个受到虐待的孩子不知道做错了什么让自己的生活如此悲惨,也不知道为什么自己会被虐待,所以就会认为,一定是因为自己的问题。羞耻感的意思就是,我觉得我是有问题的,如果别人了解了真实的我是怎么样的,别人一定不会接纳我的。这种心理力量非常强大,让人无法敞开内心,也难以成长。

成长在非常不健康的家庭中的人必须学会两件事:一是让肾上腺素快速分泌以应对突发危险;二是关上情感开关,让自己的感受不表现出来,以保护自己。这就好比一边踩油门一边踩刹车,很快发动机就会烧掉。如果一个人如此对待自己,会让情感过度压抑,精神濒临崩溃。如果不想让自己一直感到痛苦和创伤,那就只能把整个情感世界关闭。

成长在不健康家庭中的孩子难以理解为什么自己的世界会发生这些事情。当他们长大之后,会努力表现得友好,但是内心深处却很难和人有联结,甚至很难有任何感受。此外,他们会觉得这都是正常的,没有发觉自己有什么不一般的地方。更为悲剧的是,没有人告诉他们,这些背后的真实原因是什么。孩子如果在成长中一次次地被父母和亲人背叛,他们长大之后就不会相信人是友好的。不健康家庭的人学到的是,信任亲近的人会让自己失望,让自己痛苦。这样背景的人结婚之后也不会信任自己的伴侣,不信任其他人。

在不同家庭环境中成长的人,彼此间存在显著差异,如果邀请前面所述的三种不同家庭背景的人进入一个有许多陌生人的房间时,他们的期待是不同的。健康家庭的人认为大家会喜欢他;而注重表现家庭的人相信自己若是努力的话,大家就会喜欢他;从运作不良家庭出来的人则不关心别人会不会喜欢自己的问题。比如,他们走进一个房间时就会不自觉地警惕起来,觉得随时会有威胁或有极不寻常的东西要面对。每一种家庭背景都会在人身上产生一些可预期的特征,并在成人生活里反映出来。

【心理测试】

我的家庭成长环境是怎样的

指导语:请按照你18岁以前家里的生长环境回答下面的问题,回答"是"或"否":

扫码查询结果解释

序号	题目	是	否
1	你曾经感到与某个家庭成员之间的关系很紧张		
2	你感到与某位家人说话时要小心		
3	你父母总是在忙着别的事,不太顾及家庭其他成员的感受		
4	你父母为人行事经常要对外维持某种形象		
5	你的父母经常批评你或者总也不能原谅你犯过的错误		
6	你感到自己成绩和表现良好的时候,家人会比较在意和接纳你		
7	每当家庭起冲突时,家里人彼此攻击辱骂		
8	你觉得有时单凭某位家人的言语,很难知道他的真实想法或情绪感受		
9	你家人很少表扬和肯定你好的表现		
10	对有的家人,你绝不能说出任何不同意见或想法,不然就会起争端		
11	和家庭成员在一起时,或者他们开始注意你时,你有时会感到不自在		
12	你在外面遭受挫折、忧愁或愤怒时不向家人倾诉		
13	当你希望休息、放松时,你宁愿到外面去玩而不是回家		
14	作为一个孩子,你有时会对全家人围聚一处感到紧张和有压力		
15	你父母曾当着别人的面批评你		
16	你身心曾受到一位家人的威胁恐吓		
17	父亲或母亲有成瘾的问题并影响了家庭关系		
18	父亲或母亲有过婚外情		
19	16岁以前曾经被一个家人猥亵触摸或遭到性侵犯		
20	父母离婚或曾经分居很久		
21	父母曾在孩子面前动粗或打架		

二、家庭与心理健康

家庭作为个体的主要社会网络,是个体心理健康的重要影响因素。家庭是儿童心理健康形成的初始环境,是儿童获得早期生活体验、形成最初的道德认识和行为习惯的主要场所,家庭结构、家庭环境、家庭成员之间的相互作用,家长的教育观念、教育态度、教育方式,以及家长的人格特征等都可能会影响个体心理的健康发展。

(一)家庭结构对子女心理健康的影响

随着社会的不断发展,家庭结构也在不断发生变化,尤其是 20 世纪以来,这使得连续几代儿童都是在与他们父母的儿童时期极不相同的环境中成长的。家庭结构对子女心理健康的影响可分为家庭背景、家庭组成和家庭类型等方面。

1. 家庭背景

家庭背景首先表现在地理位置上,在我国最突出的表现是城市和农村的差别。城市和农村的家庭在结构特点、文化观念、经济状况等方面都有很大不同。儿童出生在什么家庭,不仅受到来自家庭的直接影响,同时也受到与家庭相关的一些社会资源的影响。这使得农村和城市家庭由于拥有不同的社会资源,导致不同的发展道路,甚至经历不同的命运。家庭背景的影响还通过家庭的流动性表现出来。随着社会流动性的加剧,父母因为工作的调动或者其他原因而搬家是常有的事情。伴随这样的迁移,产生了对社会适应技能的需要。对儿童来说,经常迁移的困难包括结交新朋友、对新学校的适应等问题,这些都将影响他们的心理健康水平。对年龄较大的青少年来说,迁移可能意味着破坏已建立的友谊,其中有些可能包括很强的情感联系。经常迁移也影响家庭与他们居住的社区形成稳定的联系。这些就可能使儿童,特别是青少年觉得被疏远,并可能增加犯罪和其他青少年时期的心理与行为问题。

2. 家庭组成

家庭组成的变化不仅表现在家庭成员的多少或家庭规模的大小上,还表现在家庭类型的区别上,如完整家庭和单亲家庭。目前,家庭的大小已经变得越来越小了。这主要是由于两种变化的影响。第一,中国变成了核心家庭(包括父母及其子女)的国家,而不是大家庭(与其他亲戚一起居住的家庭)的国家;第二,核心家庭的规模在缩小,因为父母生育的孩子越来越少。传统的"养儿防老,多子多福"的观念正在淡化,致使家庭的规模不断变小。今天的大学生已经不能再像过去那样,与大家庭的成员,比如(外)祖父母、叔伯、舅母、舅舅以及(表)兄弟姐妹有较强的联系,一般只与父母保持有意义的家庭联系。因此,大多数大学生失去了拥有各种成年期角色的隔代榜样的好处。米德(Mead)认为这种情况导致各代之间理解的缺乏,因为各代之间的联系减少了。在大家庭中,大学生从小有机会学习各种社会行为、日常礼貌,并以成人为榜样扮演不同的角色,同时还有成人各代之间交往(如父母和祖父母的交往)的榜样可供学习。这些榜样可能会促进社会技能的学习,促进隔代的理解。在今天的多数家庭中,这些好处都已失去。近年来,中国家庭组成的变化如图 7-3 所示。

3. 家庭类型

目前,核心家庭依然占据主流地位,但是新的非主流家庭在不断增加,这将对儿童社会化带来越来越大的影响。传统的一夫一妻制的婚姻家庭模式,是人类长期发展中"自然选择"的结果,是人类文明的基础,顺应了自然的法则。传统家庭为男女的性生活提供了最健康的、安全和自由的空间,为儿童的社会化提供了环境,至今仍是最主流的家庭状态。

图 7-3 中国家庭组成的变化

但是,新型的非主流家庭模式不断增加。(1)单亲家庭。这是社会保障制度发展的结果,因为福利和保障使人们不再担心生活的经济来源问题和养老等问题,家庭的经济功能、"扶老携幼"的传承功能减弱。(2)单亲家庭。由于离异和单身成年人收养孩子而产生了大量单亲家庭。(3)丁克家庭,指那些"双收入且无子女"的家庭。很多夫妻双方文化程度都很高,并且不愿意生养孩子,愿意过两人世界。相关数据调查显示截至 2021 年 5 月,我国大中城市当中存在约 60 万丁克家庭。(4)再婚家庭。再婚父母面临着非同寻常的任务。这对夫妇必须确定并巩固他们的婚姻,同时重新协商亲生父母与子女的关系,并建立继父母与继子女和继兄弟姐妹之间的关系。复杂的过往和多重关系给调整带来了困难。只有三分之一的再婚家庭夫妇维持了这段婚姻。

大多数再婚家庭之前都是离婚,而不是配偶死亡。三种常见的再婚家庭结构类型是:(1)继父家庭;(2)继母家庭;(3)混合型或复合型家庭。在继父家庭中,母亲通常拥有子女的监护权,然后再婚,将继父引入子女的生活。在继母家庭中,父亲通常拥有子女的监护权,然后再婚,将继母带入子女的生活。在混合型或复合型再婚家庭中,父母双方都会把前次婚姻的子女带入自己的家庭。梅维丝·赫瑟林顿(E. Mavis Hetherington)(2006)在其一个纵向研究课题中发现,在一个简单的再婚家庭(继父或继母)中生活多年的儿童或青少年比在再婚家庭的早期适应得更好,并且与生活在虽没有离婚但关系冲突的家庭或生活在复杂的(混合的)再婚家庭中的儿童和青少年相比,在简单再婚家庭生活的儿童和青少年具有更好的社会功能。赫瑟林顿(2006)总结道,在长期建立的简单再婚家庭中,青少年似乎最终会从继父母的存在以及继父母提供的资源中受益。

孩子们通常与监护父母(继父家庭中的母亲,继母家庭中的父亲)的关系比继父或继母的关系更好。尽管如此,最近的研究表明继父对亲密关系的追求(与继子女建立友好的关系)和减少同继子女的冲突、更融洽的夫妻关系以及更紧密的再婚家庭关系相关。与离婚家庭一样,再婚家庭的儿童比从未离婚家庭中的儿童表现出更多的适应问题,例如学业问题和自尊较低。然而,大多数再婚家庭的儿童并没有这些问题。在一项分析中,25% 来自再婚家庭的儿童表现出适应问题,相比之下,在完完整整、从未离婚的家庭中的儿童,这一比例为10%。在再婚家庭组建过程中青少年期是一段尤其艰难的时期。[①]

【延伸阅读】

父母离异对青少年心理健康的影响

离异家庭是指父母离异后的单亲家庭，或者父母离异后再婚的重组家庭。这类家庭的特殊性体现在家庭结构的不完整或者非血缘性上。一项综合了129项研究、涉及大约9.5万名受访者的元分析比较了父母离异的年轻人和父母继续维持婚姻的年轻人。无一例外，经历过父母离异的成年人与父母继续维持婚姻的成年人相比，幸福感水平较低。父母离异的孩子更可能进入单亲家庭，出现心理适应不良，如更沮丧和焦虑，对生活的满意度较低，表现出更多的问题行为，如酗酒、吸毒、犯罪、自杀、少女怀孕或少年婚姻，而且离异家庭儿童的受教育水平较低。

在父母离异的大学生中，有将近一半（48%）的人觉得他们的童年比一般人更艰难，而来自完整家庭的大学生中有同样感受的只占14%。另外，追踪研究表明，在父母离婚后孩子的状况会随着时间的推移而有所改善。

从婚姻冲突到准备离婚，到孩子跟随单亲生活，孩子的心灵都会受到严重的伤害，对其人格、情绪的影响是灾难性的。大量研究结果都表明，离异家庭子女在学习成绩、行为、心理调节、自我认知、社会适应、亲子关系等方面都比完整家庭儿童表现差。有研究者对家庭结构与子女受教育水平、职业地位和心理幸福感之间的关系进行了追踪考察，结果发现，离异家庭子女完成高中课程、读大学的可能性显著低于完整家庭儿童，他们的职业地位很低而且心理健康水平比较低，或者说很少有主观幸福感。

一般来说，父母离婚可能导致孩子的各种心理和行为问题。此外，离异家庭对孩子还有一种特殊的影响值得注意。青少年在成长的过程中，要学习特定性别角色应该具有的行为方式和人格特点，也就是说，男孩应该有男孩的气质，女孩应该有女孩的气质。而这种学习的主要对象之一就是自己的同性别父母。男孩以自己的爸爸为学习榜样，而女孩努力模仿妈妈的行为。离异家庭子女可能会缺少这种模仿的对象，从而表现出与性别不一致的行为方式与人格特点，容易遭到同伴的嘲笑，从而自尊心受到伤害。

（二）家庭环境对子女心理健康的影响

家庭环境对子女心理健康的影响可分为家庭物质环境、家庭心理环境、父母的教养方式和父母的期望等几个方面。

1. 家庭物质环境

家庭物质环境主要是由父母的经济社会地位决定的。家庭物质环境对大学生社会性和心理健康的影响，就是通过父母在这种物质环境和社会地位中，对大学生的期望和教养方式的不同而形成的。几乎在每一种文化中，不同社会地位的父母都会形成对大学生不同的期望和反应。社会地位是由父母的社会经济状况、受教育程度、财富的积累和职业决定的。一般来说，物质条件优越、社会地位更高的父母会伴随有以下几种情况：（1）父母

[①] 约翰·W.桑特洛克，LIFE—SPAN DEVELOPMENT（第19版），McGraw Hill LLC，2024：313-314.

会鼓励子女,并且花更多时间帮助子女的学业活动,对其抱有更高的学业期望;(2)子女的阅读和数学成绩更好,成就动机更强,自尊更高。

2. 家庭心理环境

大学生在家庭获得的最初的经验将决定其是否有安全感、关爱感等。研究表明,家庭心理环境对大学生的心理健康至关重要。在气氛紧张、父母关系不和谐的家庭里,父亲和母亲都处于极大程度的情绪紧张状态,他们常常烦恼不安、性情暴躁、言语粗鲁,不孝敬甚至虐待长辈。在这样的环境中,没有独立生活能力、完全依赖父母的儿童容易情绪紧张,因父母关系失调而慌乱、憎恨,为忠实于父亲还是母亲而感到烦恼和疑惑。紧张的家庭人际关系破坏了应有的温馨的家庭气氛,使孩子长期处于负面情绪中,又因缺少温暖和关爱,容易使孩子形成孤僻、自私、玩世不恭等不良品质,对儿童的心理健康产生负面影响。

欢乐、和谐、健康的家庭生活有利于形成最佳的亲子关系,促进大学生的心理健康。在健康的家庭里,父母双方彼此相爱,爱孩子,关心孩子的兴趣、能力和志趣,愿意设法帮助孩子。家庭成员之间能互相尊重爱护,家庭气氛安定和睦、融洽温暖、民主平等、愉快欢乐。为了促进儿童的心理健康,父母还要形成最佳的亲子关系:父母要和孩子一起做游戏,一起学习,发展共同的兴趣,和孩子共享经验和成果,增进和孩子之间的感情和了解。父母会把孩子作为平等的人,尊重孩子的爱好,给他一定的自主权。

3. 父母的教养方式

良好的家庭心理环境应该为大学生从小营造爱的氛围,其核心是对大学生人格的尊重。然而,对孩子的尊重不等于放纵,关爱更不等于溺爱,这取决于父母的教养方式。研究表明,学习不好或行为不良的儿童和父母教养方式有着千丝万缕的联系。

(1)溺爱型。现在很多家庭是"四二一"结构或"四二二"结构,即祖父母、外祖父母四个人,父母两个人,再加一到两个孩子。孩子是全家的中心和焦点。大人对孩子无微不至地呵护,无节制地满足,无原则地让步。溺爱型家庭的主要特点是:对孩子的爱缺乏理智和分寸,过度包容孩子的行为和要求。这种教育方式最终致使孩子形成任性、幼稚、反抗、神经质等心理特征,缺乏坚强意志,凡事以自我为中心,社会适应能力很差。在学习上,总认为自己应该比别人强,如果竞争不过别人,就嫉妒别人。

(2)专制型。在专制型家庭里,家长要求孩子必须一切听从家长,用权利和强制性的训练使孩子听命。长期在父母高压政策下的孩子易形成幼稚、依赖、神经质的心理,他们的独立性和自主性较差,有些孩子可能变得更加依赖或毫无主见,有些孩子则可能变得更爱反抗或性格暴烈,还有些孩子在家里很听话,一到学校就欺负其他同学,违反学校纪律。

(3)放任型。放任型的家庭教养方式是对孩子漠不关心,放任自流。放任型家庭中父母往往认为"树大自然直",孩子还小,就不用教育他。还有些家长只顾自己忙工作或贪图个人享乐,而放弃了对孩子的教育。对孩子放任自流的结果是复杂的。对于有良好自我管理能力的孩子,"放任"就意味着自由宽松的环境,孩子反而能健康成长。但大多数情况下,放任的孩子表现出冷酷、攻击性强、情绪不稳定等心理与行为问题。

(4)民主型。民主型家庭是积极向上的,家长尊重孩子,与孩子能相互交流各自的看法,对孩子不成熟的行为进行限制,并坚持正确的观点,使平等尊重与适当限制相结合,有利于儿童独立性、自信心与能动性的养成,孩子大多具有直爽、亲切、爱社交、能与人合作、讲友谊、爱探索等特点。心理学专家王极盛教授曾对北京大学和清华大学的60名高考状元进行调查,结果发现,几乎所有高考状元的家庭都属于充满温暖与理解的民主型家庭。民主宽松的家庭环境给孩子心理和人格发展提供了广阔的空间,孩子可以按照自己的爱好和兴趣发展。当然,民主的家长也对孩子的发展提出建议,理性地指导孩子健康成长。从总体上看,我国民主型家庭所占比例较高,但是各种类型的家庭有较大的交叉。例如,在民主型家庭中,也可能存在溺爱、过分保护、粗暴专制等行为。各种不良教育方式仍在很大程度上影响着家庭教育效果。

4. 父母期望

家长的期望有强烈的暗示和感染作用。从心理学来说,期望是一种心理定式,家长对子女的态度激励着儿童不断向前发展。美国著名心理学家罗森塔尔(Rosenthal)的研究表明,教育者的期望对受教育者有重要影响。因此,父母对子女的美好期望是家庭教育中必不可少的。家长的期望越高,对孩子的激励越大,就越能强化他们接受教育的主动性和自觉性,有利于孩子意志品质的锻炼,形成远大的抱负。需要说明的是,这种期望是有一定限度的,必须符合子女身心发展的特点,适合他们个人的兴趣和爱好。如果家长盲目攀比,过分拔高对子女的期望,不但起不到积极促进作用,反而会使孩子屡遭挫折,丧失信心,形成消极心理。

科学合理的期望应该是长远目标与阶段目标相结合,还要联系孩子的兴趣爱好,注重孩子的全面发展。父母所要求孩子做到的应该是孩子经过一定努力可以达到的,并在孩子遭遇挫折时不断给予鼓励,增强孩子的勇气和自信,这样再逐渐提高要求,并且将父母的关心和爱护渗透其中,就会使孩子从父母长期的美好愿望中吸取力量,不断进取,从而促进和维护子女的心理健康。

(三) 家庭功能对子女心理健康的影响

家庭的基本功能是为家庭成员生理、心理、社会能力等方面的健康发展提供一定的环境条件。比如,要满足家庭成员在衣、食、住、行等方面的物质需要,适应并促进家庭成员的发育和发展,应付和处理各种家庭突发事件等。麦克麦斯特(McMaster)提出了家庭功能模式理论,认为健康的家庭要实现其基本功能,须具备下面五个方面的能力,同时,这五个方面的功能又影响着子女的心理健康。

1. 问题解决能力

每个家庭都需要有解决所面临的各种物质和情感问题的能力。能否意识到家庭面临的主要问题,是否按照合适的方式努力解决这些问题,都体现了家庭的问题解决能力。心理健康水平高的大学生家庭能较准确地意识到问题的实质,全家一起讨论,设想各种解决问题的方案,在尝试解决的过程中调整努力的方向;心理健康水平低的大学生家庭却很少遵循上述步骤去努力,缺乏解决问题的能力。

2. 互动沟通能力

家庭要解决面临的问题,必须以家庭成员良好的沟通为基础。比如,在解决孩子迟到的问题时,有的家庭缺乏必要的沟通,家长一上来就痛斥孩子,孩子不敢和家长说明问题的真相,就不可能解决问题。可见,在家庭沟通中,孩子能否和父母平等对话,孩子的发言和想法能否得到尊重是非常关键的。研究也表明,家庭成员之间清晰地表达自己的观点,切入话题有较好的技巧性,能够促进孩子的人际沟通能力。父母不愿听取孩子发表意见,对孩子缺少了解,甚至不知道孩子的爱好和交友情况,也很少将自己的想法和感受告诉孩子,致使亲子之间缺少交流,缺乏沟通的技巧,会妨碍大学生社交技能和社会经验的获得,导致其产生较低的心理健康水平。

3. 家庭角色分工

这是指家庭是否建立了完成一系列家庭功能的行为角色模式,如提供生活来源、支持个人发展、管理家庭等。衡量角色分工的质量,要看任务分工是否明确和公平,家庭成员是否认真地完成了任务。传统家庭的角色分工方式是:父亲主外,挣钱;母亲主内,做家务,教子;孩子只管学习。现在的双职工家庭,大多数是父母都在外挣钱养家,家务"谁赶上谁做"。无论如何,合理的家庭角色分工,应该能保证家庭的基本物质生活,保证夫妻间和谐的精神生活,保证孩子健康自由的成长环境。但是,有些家庭父母工作均很忙或在外地工作,孩子由老人代管,"隔代抚养"造成了一些问题,如溺爱孩子、无法辅导孩子功课等。另外,单亲家庭在实现家庭功能上有更大的压力。在许多家庭里孩子从来不做家务或参加劳动,这不利于其健康成长。

4. 情感依恋关系

这主要是指能否对特定刺激作出合适的情感反应,体现了家庭成员的情感反应能力。情感反应既体现在对他人的反应敏感性上,也体现在反应方式的恰当性上。比如当家庭成员发现别人不高兴时,或"不理睬",或"大惊小怪",而很少同情和安慰。许多孩子在学校里受到挫折,如考试不好、上课听不懂,回到家里不仅得不到理解、鼓励和支持,反而遭受痛斥,使其自尊心和自信心受到严重打击。此外,家庭成员相互之间对对方的活动、爱好和其他事情的关心和重视程度也反映了家庭成员对于情感关系构建的投入程度,反映了家庭成员之间的情感亲密程度。家庭成员要有亲密的情感关系,但是又要保持一定的距离,每个人必须有自己的活动空间。这样才有利于个性、兴趣、爱好的发展。

5. 行为控制程度

家庭对孩子的行为方式过分地控制,或者放任自流,都不利于孩子的健康成长。例如,有个母亲因为孩子把买雪糕的钱用来买了彩笔而对孩子大加斥责,并体罚孩子,要求孩子绝对服从父母。就因为这么一件小事,孩子就遭到如此粗暴的精神和肉体上的惩罚,后来这个孩子每遭受惩罚就尿裤子。这一悲剧的原因就在于家长对孩子过分的控制欲望和粗暴的教育方式。当然,对孩子放任自流,不给予必要的指导,孩子也容易走上歧途。

总之,较好的家庭物质环境、有利于个体发展的家庭生活内容、欢乐和谐的家庭氛围、良好的亲子关系、民主权威型的教养方式、合理的期望以及良好的家庭功能都有利于大学生心理的健康成长。

三、家庭问题带来的心理困扰

大学生一般已经年满18岁,开始离开父母在外独自求学、独立生活。但家庭对其的影响依然存在,家庭问题会给大学生带来种种心理困扰。

（一）家人期待带来的心理压力

【案例】

国产热播剧《小欢喜》中的学霸乔英子，来自单亲家庭。妈妈本是名校金牌物理教师，为了更好地照顾女儿英子，选择辞职回家。她经常对英子说，妈妈所做的一切都是为了你。用爱绑架孩子，给孩子制造巨大的精神压力。妈妈反对英子报考自己喜欢的大学，强迫她去考清华和北大，最终导致英子患上了中度抑郁症，想要跳河。英子撕心裂肺地怒吼，想要摆脱妈妈的控制（见图 7-4）。这样的妈妈，把自己的感情和关注点，都投射在女儿身上。虽然妈妈的爱是真的，但妈妈造成的伤害也是真的。

图 7-4　试图逃离妈妈控制的英子

中国家庭与印度家庭有相似之处。孩子从小都承载了家长的许多期待，如好好学习、考个好大学、找份好工作等。事实上，现在的大学生仍然被很多人期望着。他们想成为父母的好孩子，在期望中长大，常常忘记了自己原本想要什么，想做什么；在期望中生活，慢慢就不会自己做决定，一切听从于他人尤其是父母的意愿。当这种情况持续到大学这一自我意识凸显的阶段时，他们就会倍感压力，经常在心灵深处问自己：我是谁，我对未来的期待是什么？是按照父母的安排走下去还是根据自己的意愿进行选择？

1. 父母对孩子学业的期待

中国的父母对孩子的学业历来非常重视。对于很多中国父母来说，孩子的学业处于第一要位。他们不惜一切代价，为孩子的学业创造最好的学习条件。殊不知，过分地关注有时候却起到了适得其反的效果。有研究认为：中国父母对孩子的近期期待涉及面较窄，主要集中在孩子的学业方面。而且这个近期期待，紧紧围绕着学历水平和职业选择的远期期待。中国父母对孩子的期待并非结合孩子的实际情况，多数超过孩子客观能力的限制，成为孩子无法达到的目标，表现为一种过高的期待。这种过高期待会带给孩子很大的压力，产生的负面影响会涉及孩子的情绪、自我评价、学习、人际交往、亲子关系、行为偏差等各方面[①]。从小学到中学、大学,孩子背负着父母的期待长大。当孩子上了大学,读到硕士、博士研究生阶段,父母好像放下了期待,但长久以来,来自父母的这种外在期待变成了学生自己的内在期待。当达不到父母及自己对学业的期待时,则压力重重,自我挫败,内疚自责、自卑,抑郁,甚至放弃自己的生命。

国外有研究发现,父母对青少年学业表现的影响方式之一是通过他们对孩子成绩的期待来实现的。那些父母期待他们能够做好的青少年倾向于达到那些期待,就如他们中学成绩反映的那样;那些父母对其学校表现持较低期待的青少年就会表现得没有那么好。持有较高期待的父母也会更多参与到青少年的教育当中来,帮助孩子选择课程,参与学校计划,记录孩子的学业表现。这种参与有助于青少年的学业成功。

2. 父母对孩子专业的渴望

【案例】

一天,小圆把自己反锁在屋里,任由妈妈怎么敲门都不开,因为她不愿面对妈妈。小时候小圆喜欢美术,填志愿时想报考服装设计专业,可她妈妈认为这个专业没有发展前途,不让她学该专业;小圆又喜欢上了珠宝鉴赏,希望能报考宝石鉴定专业,妈妈又认为,这个专业就业面太窄,不好找工作,否定了她的志愿。最后妈妈为小圆选择她不擅长的某高校最好的工科专业,结果小圆对该专业丝毫不感兴趣,也学不进去,两年后挂了很多门功课,面临退学的危险。小圆觉得自己没有面子,却又很不甘心,认为都是妈妈个人的抉择导致了她的难堪,所以她不愿再见到自己的妈妈。

专业选择对于大学生的学习是非常重要的。爱因斯坦曾说过:"兴趣是最好的老师。"学自己喜欢的专业,学适合自己的专业,能够激发学生的学习动力,开发自身的潜能,取得好的学习效果。但是,一些父母却非常武断地压制孩子所喜欢的专业,取而代之以所谓的热门专业、能赚钱的专业,全然漠视孩子自己的兴趣爱好。这使得一些学生失去学习动力和创造力,甚至产生种种心理问题。如一个大学生本来对文学感兴趣,但父母却认为学法律有前途,高考时替他报了法律专业。入学后,他根本就学不进法律课程,每天心情抑郁,到期末三门课程考试不及格,最后患上了抑郁症。

3. 父母未曾完成的心愿

【案例】

小杰是某高校的校园活跃人物,不仅拿到了"校园十大歌手"的称号,而且对多种乐器都很精通,还在校园里组建了自己的乐队,也准备大学毕业后专门从事音乐类的工作,闯出一番属于自己的音乐天地。但当小杰告诉父母自己的发展设想时,遭到了父母的强烈反对。父亲是家乡小城的一名普通公务员,因学历问题错过了数次晋升机会;母亲文化水平不高,一直以来都比较自卑。夫妻俩认为学历越高越好,把希望寄托在孩子身上,希望小杰能攻读博士学位,从事科研工作或去政府机关工作。小杰的愿望与父母的期待不一致,小杰想做自己喜欢的工作,父母却觉得做音乐风险大,出名难,没什么发展前途。双方都无法说服彼此。

[①] 赵芳,赵烨烨.父母的过高期待与中学生的压力关系的研究.青年研究,2005(8):11-19.

每个人都有自己未完成的心愿,在心理学上称为"未完成情结",泛指自己因没有完成某件事情,而总是在有意识与无意识中追求起补偿的意向。更重要的是,当事人由于对此有一种难舍难分的感觉,所以总是在寻求加倍的满足。最后这个"未完成情结"可能像个陷阱一样让人陷进去,难以自拔。

一些父母由于某些原因,自己失去了上大学、读硕士或博士研究生的机会,或者是职业生涯发展未实现自己的"成功"梦想,于是,他们望子成龙、望女成凤,有意识无意识地把自己未曾完成的心愿强加在孩子的身上。我们都有一种"未完成情结",当初因为各种原因半途而废的事,我们会对它充满遗憾和内疚,总想制造机会把它完成。当父母以"我都是为你好"为出发点,不了解孩子自己的想法时,他们常常不顾及孩子的真实感受,一味地让孩子服从他们的要求,按他们的意愿去做。很多家长不顾孩子的兴趣与能力,从小给孩子报各种特长班。孩子苦不堪言,原本的兴趣在考级过程中消耗殆尽,学习的兴趣也随之减弱。这种寻求加倍补偿的心理,超过了一定的度,可能会阻碍孩子的成长。

(二)父母关系造成的心理困扰

家庭,是我们一生的起点和最安全的港湾。父母婚姻关系对孩子的成长有重要影响。当家庭中有良好的婚姻关系作为核心与基础时,孩子才能获得健康成长的保障。从北京市一项关于父母关系与大学生心理健康关系的调查中可以看到,认为父母关系很好或较好的学生,总体上对自己心理素质的评价较高;而认为父母关系不太好或很不好的学生认为自己的心理素质差的比率分别为19.5%和17.1%,对自己在人际关系和环境适应上抱有负性评价的比例也要高于那些父母关系良好的学生。由此可见,父母关系较好的学生自身认同感更强,对自己的心理状态也更易表现出自信,而那些父母关系较差的学生容易对自身缺乏认同感。父母关系不良是导致学生心理健康状况不佳的原因之一。

1. 离异的父母给孩子带来的心理困扰

【案例】

小明是一名大三男生,从小父母离异,由母亲独自抚养长大。"我没见过父亲的样子,甚至不知道他叫什么名字,母亲也没有和我提起过他,我想我就没有父亲的概念吧。"在班里、宿舍里,他都尽量回避与家庭有关的话题,话也很少;他总是很难和宿舍的同学亲近,经常感到孤独、无助,最后患上比较严重的抑郁症。

孩子是父母离婚事件的最大受害者,父母离异的孩子常常会有内疚、自责甚至自卑的倾向。美国心理学家索克说过:"父母离婚带来的创伤仅次于死亡。"研究一致发现,父母离婚的大学生比父母没有离婚的大学生在陷入各种消极后果方面面临更高的风险。这些消极后果包括行为问题、心理不适、学业困难及对自己婚姻的期待[1]。他们更容易表现出抑郁和孤僻。父母离婚对大学生的最大影响是使他们处于父母的冲突之中,经常感受到父母之间的敌意和指责。这种体验对他们来说十分痛苦、有压力并且具有破坏性[2]。离异的父母还会给大学生带来人际交往困惑。因为在一个父母之间缺乏理解和信任,经常

---

[1] 杰弗里·阿内特著,段鑫星等译.阿内特青少年心理学.北京:中国人民大学出版社,2009:154-155.
[2] 杰弗里·阿内特著,段鑫星等译.阿内特青少年心理学.北京:中国人民大学出版社,2009:155.

吵闹、打架的冲突家庭氛围中长大的孩子,往往胆小忧郁、缺乏信任、敏感多疑,潜意识中不敢与他人建立亲密关系,更害怕建立亲密关系后的分离。

2. 纠结的父母关系给孩子带来的心理困扰

【案例】

一位大四的男生,他的父亲是一个不负责任的人,母亲则很要强,父母经常吵架,或者彼此长时间冷战,但他们就是不离婚,理由是为了给孩子一个完整的家。一想到自己的家庭,他就心烦意乱,什么也干不下去。他长时间失眠,情绪低落,不愿跟同学交往,尤其当宿舍同学谈到自己的父母或家庭时,他会非常不愉快,更加回避。他不能专心学习,几门课程都不及格,老师通知他:如果再这样下去,很难拿到学位。最近他还跟女朋友分分合合好几次,这令他更加苦恼。

父母经常吵架,会对孩子的性格和社交能力的发展产生不良影响(见图 7-5 吵架的父母与孩子)。孩子经常被卷入到家长纠缠的关系当中,这是一个普遍存在的家庭问题。而亲密关系又是世界上最难处理的关系之一。根据《2023 年民政事业发展统计公报》,2023 年全国结婚率为 5.8‰,相比上年下降 0.8 个千分点,相比 2013 年最高点 9.9‰ 则下降 4.1 个千分点,创下了 1978 年以来的新低。而离婚率则从 2000 年 0.96‰ 上升至 2023 年 3.1‰,最高点 2023 年 3.40‰ 相比最低点 2002 年 0.9‰,飙升近 3 倍。

图 7-5 吵架的父母与孩子

离异的父母也好,冷战中的父母也罢,他们都是建立亲密关系这一功课没有通过的人。尽管他们的关系给孩子成长带来更多的困难和更多的挑战,但是作为年轻的大学生仍然可以从他们的过往经历中有所学习,有所成长,从而修复个人创伤,并把这份经验用在自己的亲密关系里,建立起超越父辈的亲密关系,领悟到爱的真谛,践行爱的艺术。

(三)亲子关系引发的心理冲突

家庭关系是个体心理得以顺利成长的基石。家庭关系中无论是父母间的关系,还是亲子间的关系都极大地影响着学生的心理发展。由于亲子之间人生经验的不同、认知上的差距、看待事物的视角有所差别,加上亲子之间彼此期望上的距离,双方常常会在思想、观念、态度、价值和行为等方面出现冲突。这些冲突会成为亲子关系维系和发展的障碍，致使亲子之间的冲突和矛盾出现的概率不断增加，还可能引发一系列的社会问题。

1. 依恋与成长

【案例】

大二男生小刚从来不剃胡子。他说："妈妈说如果经常剃胡子，胡子会长得很快，而且会长得又粗又硬。"他学业极其不顺利，处在退学的边缘。他说："我用了很长时间适应了大学的生活，但还是经常想家，现在每天都会给母亲打一个电话，有什么事都会和家人商量。我恨不得他们也能到大学和我一起住。父母也恨不得把家搬到这里来陪我，但他们还要工作……我很纠结，不知道该怎么办？"

上大学后，小刚对家的思念依然那么强烈，他对父母的过度依恋已经严重地影响了学业。依恋形成于儿童早期，是儿童健康成长的保障。当孩子年幼时，他需要父母的关爱照顾，才能获得健康成长。到了青春期和青年期，这种依恋行为会因为独立性的增强而逐渐减弱。孩子的内心既有依赖父母的一面，又有希望与父母分离追求独立的一面。孩子会渴望独立的空间，同时也渴望去伸展自己的手脚，证明自己的能力。这是一个生命成长的必然规律。

进入青年期的大学生，心理发展的核心任务就是要增加自己的责任感和独立性，超越依恋，获得成长。大学是大学生从家庭步入社会、从依恋走向独立的重要中转站和训练基地。在大学校园里，我们会看到，有些学生，特别是一些独生子女，由于父母的娇惯、纵容，满足他们的一切愿望和要求，导致他们离开父母在外求学时，生活无法自理，需要父母在学校附近陪读。他们对挫折的容忍能力很弱，稍有磨难便痛苦不堪，甚至想退学，或心理失衡走向极端。产生这一现象的原因，是孩子对父母的过度依恋，无法与父母分离。

其实，人在成长的每个阶段都会面临分离，分离使我们独立成长。无论分离有多痛，我们都得这样做。因为拒绝分离，就等于拒绝成长。当孩子过度沉溺于父母的溺爱或过度保护时，要提醒自己需要注意，作为大学生的自己已经是成人了。成人就需要有自己的发展空间，就需要对自我负责。父母多年养育孩子，他们已经习惯了把孩子当成孩子，却看不到他们的孩子已经成人，成为能为自己负责、敢于为自己负责、有担当的年轻人。当孩子进入大学，开始独立生活时，这就为他们与原生家庭分离提供了极好的机会。

当孩子在与母亲建立了依恋关系后，就能够尝试去探索周围世界，学习与同龄人建立信任关系，有小伙伴，有好朋友，并逐渐走出父母的视野，成为一个成年人。但是，有的学生对母亲的过度依恋使其不能融入同龄人的生活中。

2. 认同与独立

进入青少年时期，每个人都将迎来认同危机，即个人在面对内在冲突的觉醒和外在压力之下，对"我是谁"的回答和体验。这个时期，我们不再只凭别人的评价来定位自己，开始积极思考"我是谁"这个问题。如果顺利度过，我们就能够开始倾听自己内心深处最真实的声音，兼顾他人的评价，全面客观地了解最真实的自己，学会单独地赋予自己生命的意义，自行决定所要过的生活，获得独立。"我的青春我做主"应该是最令这个时期年轻人热血沸腾的口号之一。反之，不能顺利度过认同危机的大学生，会依然认同权威的力量，忽略自我。面对挑战时,他们往往采取妥协的态度,总喜欢等待别人来主宰自己的未来,或总是盲目地跟从别人的意见。这样的大学生无论如何也难以把握人生的机会,自我实现的可能性也微乎其微。

四、正确对待成长中的家庭影响

在我们成长的过程中,有时会感觉到自己的某些问题与父母的影响和教育有关。于是一些大学生便产生了对父母的抱怨和不满,甚至与父母的关系疏离或对立。我们现在的性格形成确实与家庭有着密切的关系,但也不是完全的因果关系。作为具有主观能动性的人,作为一名大学生,应该厘清家庭对我们的影响,理解父母,接纳父母的不完美;并有所担当,迅速成长,成为独立自主的人,将父母的爱继续传承下去。

(一)理解父母,接纳家庭

1. 家是生命之源

家是一个人生命诞生的摇篮,父母的爱孕育并养育了你。从嗷嗷待哺,到蹒跚学步;从供你衣食到送你上学;从你生病时为你焦灼与担心,到你离家时送别的依依不舍;从电话中那一句轻声的问候,到看到你一步步成长的喜悦……家不仅是你身体成长的环境,也是你精神成长的家园。家是由血缘关系把成员按照角色强有力地联系在一起的持久而互惠的情感群体。无论这中间,成员之间的情感发生了多么大的变化,它依然维系着成员的生命全程。家永远是你孤独时依偎的怀抱,永远是你苦闷时诉说衷肠的安全岛……无论你的家庭是贫穷还是富有,是平静还是有波澜,家的使命永远不会改变。家是生命之源,是灵魂之巢。

2. 母爱如水,父爱如山

父亲和母亲在陪伴孩子的成长中扮演着不同的社会角色。他们的社会角色既由各自所拥有的生理的、心理的性别角色所决定,也由他们的文化程度、职业和社会地位所决定。在促进孩子成长和发展的过程中,父亲和母亲对孩子个性的形成、智力的发展、社会化的成熟都发生着不能相互替代的独立作用。对孩子来说,在家庭社会化中,母亲是社会的第一个代表,她首先促进了儿童语言能力的发展。母亲为婴幼儿提供更多的语音刺激,交流表达的机会最多也最丰富,她的指导促进了婴幼儿的语音发展。没有母亲,即使父亲健在,也常常使孩子语言发展受损。由于女性具有温柔、细腻、感性、慈爱的特点,因此,母爱如水,点点滴滴,滋润心田。母亲的爱促进了孩子感性思维的发展,也促进了孩子情感世界的发展。

由于父亲理性、刚毅、果敢的性格特点,特别是父亲与少年儿童交往的开放性,父爱成为孩子理性思维发展的催化剂。父亲较多参与孩子的交往,能提高孩子的认知技能、成就动机和对自己能力、操作的自信心。常与父亲相处的孩子可以从父亲那里获得更多的知识、自信心、想象力和创造意识。由于父亲常常引导孩子在社会活动中更广泛地接触客观世界,这对培养和激发青少年的求知欲、好奇心、自信心及兴趣爱好具有积极的作用。父爱如山,浑厚深沉,铿锵有力。

3. 接纳父母的不完美

人无完人，父母也是平常人。第一，他们也来自有着各种问题的原生家庭，他们可能在成长过程中也经历过许多负面事件，体验过不少消极情绪。这些经历与情绪对于他们自身的人格有着重要的影响。父母不可避免地携带着其家族代际传递下来的性格特征。你可以回顾你的爷爷奶奶、姥爷姥姥的为人处世如何？性格脾气怎样？然后想一下：父母小时候会是什么样的？他们是在什么样的家庭中成长起来的？

第二，现在的家庭基本上都只有一到两个孩子，大部分父母都是初为人父或是初为人母。当你来到这个世界上的时候，父母比现在的你大不了几岁，甚至是和你同龄的年轻人。谁教过他们如何做父母？谁教过他们如何成为完美的父母？他们没有做父母的经验，他们做父母的经验从何而来？萨提亚说："家长也是普通人，并不是说从孩子出生的那天起，他们就自动成为领导者。他们应该明白，一位优秀的领导者是很会把握时机的：他们寻找机会，等到确定孩子会认真倾听时，再对他们进行教育。当孩子犯错误时，父母会走到近前做他们的支柱。他们的帮助能使受惊的孩子战胜恐惧感和罪恶感，同时又达到了最佳的教育效果。"在国外，夫妻心理辅导与亲职教育都是进入婚姻的必修功课。所谓亲职教育是指通过培训、支持和教育的方法来改变或增强父母教育的能力的干预手段，其主要目的是让这些父母的孩子幸福。但在中国以及许多发展中国家，亲职教育并不完善，也不普及。所以，每个人的成长过程都是和父母一起探索的过程。世界上不可能有完美的妈妈，也不可能有完美的爸爸。人要学会接纳每个人的不完美，包括自己的还有父母的不完美。

【互动体验】

冥想活动：与父母相遇

请同学们两两对坐，老师把教室的灯光变暗，选择一曲情绪激昂的音乐播放。然后，请大家闭上眼睛放松，深呼吸，让呼吸逐渐变得均匀，让你自己获得一种放松的感觉。在激昂的音乐里，老师用舒缓的语调念下面的指导语，请同学们用心跟随，并想象一下：

你的妈妈慢慢走过来，她轻轻地坐在你的面前，她曾经清澈的眼睛变得有些混浊了。她深情地望着你，凝视着你。当她看你的时候，她的眼睛慢慢湿润了，泪水从她的眼里慢慢地流出来。这个时候，你突然发现她头上的白发多了，她慢慢地变老了，无论你对她爱也好，埋怨也好，她都不再像以前那样年轻。现在她就坐在你的面前，你想对她说什么，心中有什么话一直没有对她讲，请在这一刻告诉她。请你拉起她的手，将你对妈妈的情感传递出去，让妈妈感受到你内心深处的那种感受、那种想法，让她理解你，把你对她的爱和怨都传递出来，让她感觉到。

妈妈听到了你的话，她平静地站了起来，她想走了。你还有什么想对她表达，她就要走了。这些年来，你对妈妈的感情是怎么样的呢？如果你很爱你的妈妈，如果你有话对她讲，就请让她了解你对她的感受。让她感受到你内心深处情感的波澜，感受到你的心情。此刻她已经感受到了，感受到了你内心深处多年来那种深深的情感。她带着你的爱慢慢地离去，她带着你的情感慢慢地走远了。

远处，你的爸爸也慢慢地走来，你看到他的皱纹也越来越多，他正用渐渐混浊的眼睛看着你。这些年,也许你和他在一起,也许很长时间都不能在一起,可是你多想用你的手去抚摸他的脸。你多想对他说你内心深处的那些话。在小的时候,你的爸爸也许打过你,也许你还恨过他,但是你也知道,他对你还是有很深的感情,而你对他除了埋怨和恨,还有很多难以言传的感觉,那就是一种爱,那是一种深深的情感,现在他就坐在你的面前,请你拉起你面前的手,把这种感觉告诉他,把你心中多年来想对他说的话告诉他,让他感受到你内心深处的那种情感。你爱他也好恨他也罢,他都是你的爸爸,是你生命当中最重要的人之一。他感觉到了你内心深处的那些话,那是你不曾轻易表达的情感,那是你深深的眷恋,他带着一丝欣慰慢慢地站起来、离开。你知道他也传递给你他的爱,他内心深处深深的爱,男人那种深沉的爱。

你的爸爸妈妈都慢慢地走远了,但是在你的记忆深处他们却是越发重要,越发高大。有时候,我们可能感受不到父母的爱,但是父母却每时每刻,每分每秒都在深深地爱着我们。父母的爱是永恒的。无论我们有多少埋怨、多少错误,他们都无条件地爱我们。他们慢慢地变老,而我们慢慢地长大。无论如何,他们都是我们最最重要的亲人,是我们生命当中最重要的部分。无论如何,这份情感是我们永远离不开也丢不掉的。

好,现在请你睁开眼睛回到现实,回到教室,请你伸出双手搓搓你的脸,让你的脸放松,不要说话,静静地思考一下你和父母的关系。

(二)自主独立,自我负责

1. 青春期的意义——自我确认

青春期不是简单的生理现象,而是一种文化建构。人在青春发育期会发生一系列的生理改变。然而,青春期的意义远不止于发育的过程和结果。青春期是人生旅程的一个阶段,从青春发育开始,一直到接近成年,人们要做好准备去承担所处的社会文化赋予成人的角色和责任。

一个人从出生到成年,一般要经历三个成长阶段,分别是青春期早期(10~14 岁)、青春期后期(15~18 岁)、青年期(19~25 岁)。随着全球工业化时代的到来,受教育的年限一再增长,人们承担成人的责任延迟到至少 25 岁甚至到 30 岁。大学阶段一般处在青年期。

青春期的意义是独立的开始,开始思考"我是谁""我来自哪里""我要做什么""我要去哪里"等人生议题。大学阶段处于青春期后期,是自我选择、自我做决定的阶段,是人生承上启下的转折点,蕴含着打破原生家庭影响的力量和机会。

【延伸阅读】

原生家庭如何影响我们

每个家庭都是有系统排列的。家庭有原生家庭和新生家庭之分。原生家庭和新生家庭是一组相对的概念。父母的家庭,儿子或女儿并没有组成新的家庭,这样的家庭泛指原生家庭。新生家庭就是夫妻自己组建的家庭,这样的家庭不包括夫妻双方父母。

原生家庭的气氛、传统习惯、子女在家庭角色上的仿效对象、家人互动的关系等,都影响子女日后在自己新家庭中的表现。人一生一般有两个家庭:一个是自己出生、成长的家庭,也就是原生家庭,一般由父母、兄弟姐妹等家庭成员组成;另一个是进入婚姻生活后所建立的家庭,也就是自己"当家"的家。

原生家庭对我们的影响如同遗传密码一般,刻进我们的人格模式、行为模式中。在充满温情和爱的家庭中长大的孩子,大多人格比较健全。在缺少爱与温情的家庭中长大的孩子大多人格会有缺陷。

我们无法选择我们的遗传基因,我们无法选择我们的原生家庭。我们不可能改变我们的过去,但是,我们可以改变自己的心态,使自己的成长变得快乐。那么我们就要学会用成人的眼光给童年记忆一个新的诠释。

那么,我们应该如何对待原生家庭呢?第一步是觉察,觉察原生家庭是如何影响自己的;第二步是改变,改变我们惯有的思维与行为模式,打破代际传承;第三步是当自己或他人有所改进时,要记得给予表扬和强化,改变习惯是非常困难的事情,需要不断地强化;第四步是要为自己的行为负责。

2. 成年的责任——自我照顾

承担责任是成长的开始,是为自己负责,是自我分化到一定程度的结果。承担责任就是不依赖、不埋怨、敢担当。

现在很多大学生,生理上早已成熟,但心理依然稚嫩。他们的口头语是:"我妈说……""我爸告诉我要……",或者"就因为你们(父母),我才是这个样子",等等,他们心理上像个孩子。有的人上了大学后,非常不适应大学生活,这是因为他不会洗衣服,不会搭配衣服,甚至懒得出去吃饭,一日三顿都叫外卖。为什么会这样呢?因为以前父母替他们选择得太多,承担得太多,父母的爱绊住了他们成长的脚步。他们不会选择,或是没有了能力去选择。要去哪所学校上学,要读什么专业,要选择什么样的恋爱对象……这些问题都需要自己认真而慎重地思考,否则就承担起你应负的责任。其实,没有责任是无法成长的,就像没有压力就没有动力一样。

当你不满父母有这样那样的问题时,当你抱怨父母没有满足自己的期望时,当你指责父母教育的失误时,当你怨恨父母对自己做得太少时,那意味着你还没有长大。其实,如果你真的成长了,即使父母做得不够好,你也能积极正向地看待,也能从另一个方面看到家庭带给你的成长。父母关系不和谐,让你更加敏感,学会了独立思考、独立做事;父母对你的期望过高、压力过大,激发你不断奋斗,才有了今天的结果;父母与你沟通不好,促使你更好地学习如何与别人沟通与交往……

成长,从为自己负责开始;成长,从学会照顾自己开始。美国的孩子,18岁时父母就让其自立,大学生假期大多都实习打工不回家,他们要靠自己的能力供自己读书和生活,即使父母经济上很富裕。照顾自己的生活,承担自己做选择的风险,你才能体会成长的艰难,也才能真正挣脱父母的羽翼,做一个对自己负责的成年人。

【案例】

"寒门贵子"庞众望,744分的高考状元

庞众望,出生在河北吴桥县庞庄村一个极不"普通"的家庭。爸爸患有精神分裂,妈妈下肢残疾。1999年,庞众望出生后,给这个贫瘠的家庭带来了希望,于是,妈妈给他取名叫"众望"。6岁那年,庞众望经诊断发现患有先天性心脏病,必须手术治疗。众望推着轮

椅上的妈妈在村里挨家挨户求助才凑够了治病的钱。众望治愈后格外懂事,当同龄孩子在看电视、玩游戏的时候,他主动担负起照顾妈妈的任务,早早起床,扫地、烧水、收拾房间,照顾妈妈洗漱。众望还通过收集别人丢弃的瓶子、纸箱、碎铁片等来帮家里赚钱。

在老师的帮助下,庞众望申请到了贫困生补助,学费全免,每个月有 100 元钱生活费。靠着这笔钱,他顺利读完三年高中,每学期成绩保持在年级前两名。2017 年,庞众望参加高考,考出了 684 分(理科裸分)的好成绩,并且获得了清华大学"自强计划"60 分加分,以 744 高分如愿被清华大学工科试验班录取!庞众望的故事被媒体报道后,受到了许多社会善意人士的关注,很多人希望为他提供经济支持。但庞众望婉拒了所有资助,在高考结束的那个暑假,自己找了两份家教工作。他希望通过自己努力挣到学费,也相信自己一定能做到!五年过去了,庞众望在大学期间多次获得学习进步奖,已经顺利毕业,并获得了直接攻读清华大学博士学位的资格。

(三) 关爱父母,承担责任

1. 感恩父母

感恩父母,是认可父母对你的养育之恩,准备承担自我负责和照顾父母的责任。

感恩你的父母给了你生命,把你带到这个世界上来;感恩父母给你衣食,把你养大;感恩父母守护你的生命,为你的成长时时操心;感恩父母为你付出的全部情感,给予你他们全部的爱。感恩,会让你更加尊敬父母;感恩,让你更珍爱自己的生命;感恩,让你学会了爱;感恩,让你成熟长大;感恩,让你学会将来怎样做父母。不知感恩父母的人是心理不健康的人,不知感恩父母的人是不成熟的人。让我们在感恩父母中成长吧!

2. 爱心不需等待

某校的精品活动"心理健康快车"最受大一新生欢迎的主题之一是"亲情·友情·爱情"。当高年级的朋辈辅导者带领新生回顾成长历程,感受父母的不容易时,一位男生在课堂上的分享感动了全班同学。他说:"当我看到我父母结婚的照片时,我感慨万分!他们当时那么年轻。妈妈是那么漂亮,爸爸是那么英俊!可如今,他们的额头上布满了皱纹,一头乌发开始变得花白,挺直的腰背已经开始弯曲,手上也长满了老茧……我意识到,他们开始变老了!那皱纹、白发、弯背、老茧中,包含着多少为我长大曾经流下的汗水和泪水!我意识到我已经长大了,我应当从现在起开始承担关爱他们的责任。"

正如这位同学所说,匆匆岁月,在无声无息中流逝。不知不觉中,我们逐渐长大,父母正在老去。趁父母还在,趁着我们还年轻,应该多关爱、多照顾他们一些。曾经的世界首富比尔·盖茨接受记者采访时说:"世界上最不能等待的就是孝敬父母。"在网上曾有一篇转载率很高的"亲情计算帖":一位与父母分隔两地的网友说,假如父母再活 30 年,自己平均每年回家 1 次,那么只剩 30 多次了。每次 5 天,刨去和朋友聚会、应酬、吃饭睡觉等时间,一年中真正能陪父母的时间大概只有 24 小时左右,30 年总共也就 720 小时,差不多一个月。这个结果如此残酷,令人唏嘘、沮丧和心酸。这道"亲情计算题"或许有些夸张,但却说明了我们做儿女的看望父母、陪伴父母的重要。

2021 年上映的电影《你好,李焕英》讲述了导演贾玲与母亲李焕英的故事,饱含着母女之间相互关爱、彼此爱护的深切情感。在电影中,晓玲穿越到母亲李焕英年轻的时候帮助李焕英成为一个更加富足快乐的年轻人,而李焕英自始至终的愿望都是女儿能够健康快乐;现实生活中,李焕英在贾玲19岁时因车祸离世,贾玲在采访中表达着无法与母亲共享美好生活及未来的遗憾与痛楚。这部电影触发了我们对亲情的珍惜,引人深思。

"树欲静而风不止,子欲养而亲不待。"让我们从现在开始孝敬父母,从身边的小事做起,从你我做起。就像《常回家看看》那首歌里唱的那样,也许,他们不需要我们给他们多少钱,多少回报,他们要的也许是我们多些时光陪伴他们,或者跟他们聊聊天,发个短信,打个电话。或者回家时带个小礼物,或者见面时的拥抱及相依相偎。毕业后,无论离开家乡多远,无论走多长时间,请大家别忘了家中的父母,常回家看看,多关爱父母。

本章小结

本章介绍了家庭与大学生人格形成及心理健康的关系,解析了大学生在家庭问题上常遇见的心理困扰,引导大学生以成年人的心态理解与面对家庭,关爱父母,自主负责。

思考题

1. 父母对你的学业、发展有什么期待?这些期待对你有什么影响?
2. 你如何看待自我负责、自我照顾?

【书籍推荐】

《新家庭如何塑造人》

作者:(美)萨提亚

译者:易春丽

出版社:世界图书出版公司

《新家庭如何塑造人》是萨提亚(Virginia Satir)的经典著作之一,亦是家庭治疗理论的重要著作,不仅可以作为家庭治疗师、社工人员的专业用书,更是每个渴望身心和谐的人的必读书籍。正如作者萨提亚本人所说:"我写这本书最大的希望是帮助我们每个人获得成为和谐的人的权利和义务。书中所展现的经验和榜样会引导我们用创造性的方式去理解彼此、关爱自身和他人,为孩子提供一个让他们得以发展出力量和完美人格的基础。"

《新家庭如何塑造人》帮助读者开启心灵之旅,首先是回溯原生家庭,重塑自我。在回溯原生家庭的过程中,处理那些儿时遗留下的未满足的期待;逐步清理原生家庭对自己的影响,划清此时此地和过去的界限,从而清醒地活在当下;检视我们的自我价值,清理过往经历在自我价值上对我们产生的负面影响,带领我们提升自我价值,重塑我们的心灵。

【视频推荐】

《大　　鱼》

这是一个美丽的亲情童话。父亲爱德华年轻时,很爱给年幼的儿子讲自己的传奇经历,他自称在阿拉巴马旅行当推销员时,经历过很多光怪陆离、魔幻荒诞的事情。儿子威尔并不相信父亲的话,认为父亲很虚荣和浮夸,父子关系渐渐疏离。直到父亲得了癌症,儿子决定回去见父亲最后一面。而病榻上的父亲见到儿子后,又开始说起他早年的经历……从父亲微弱的气息里,威尔仿佛领悟到以前从来没有过的感受,也许父亲的叙述有修饰的成分,但在他的心中,那些经历到生命的最后一刻仍充满激情,而父亲终于在儿子的理解和深爱下闭上了眼睛。

第八章 压力应对

名人名言

　　遇见深林,可以辟成平地的,遇见旷野,可以栽种树木的,遇见沙漠,可以开掘井泉的。

——鲁迅

本章要点

　　压力的定义及其产生原因;
　　压力对身心的影响;
　　大学生压力分析与管理。

【案例】

　　小芬是一名大三女生。她原本性格活泼开朗,但是寒假结束开学后她经常长吁短叹,晚上睡眠也不好。小芬是通过申请国家助学贷款顺利入学的,眼看弟弟妹妹马上也要考中学、大学,她每每想到辛劳的父母和拮据的家庭经济状况就辗转反侧、夜不能寐。在学校,同一宿舍的同学都很优秀,奖学金评审结束后,她发现宿舍6人中只有自己没有评上奖学金。在学习上自己并不比其他人少用功,这让她感觉很压抑。当同学都出去玩时,她一个人坐在教室里自习,但精神不能集中,看不进书,她对自己的行为很不满意,非常担心自己就一直这样下去。近来她尝试着改变自己,但不知从何做起,心情越来越坏,对任何事情好像都提不起兴趣。室友觉得她疏远大家,越来越自闭了,平时上课下课也都不和大家同行。虽然看起来她比以前更加用功,每天都在读书,不过大家都担心这样下去反而会影响学习。大家都在想:小芬这是怎么了?

　　提问:

　　1. 小芬遇到了哪些方面的压力?
　　2. 如果你是小芬的室友,会怎么帮助她呢?

一、压力知多少

在繁华的城市街道上,每天清晨,上班族醒来时可能会想到:我必须更早出门,避开早高峰,否则我会迟到。而城市出租车司机从睡梦中醒来时,可能会思考:我今天要多接几单、多赚一些钱,否则我会无法维持生计。每一个忙碌的人,都背负着种种压力。

在大学生活中,虽然我们没有那么大的生存压力,但生活和学习的压力依然是不可避免地存在。这种压力并非只有消极的一面,相反,它推动着我们不断进步、不断取得成功。正是这样的压力,激励我们去追求更高的目标,不断努力奋斗。它让我们体验到人生的乐趣和快乐,并引导我们去尝试新的事物、迎接新的挑战。压力唤醒了我们的斗志和韧性,加速了我们的成长,帮助我们完成学业并实现人生目标。

然而,压力也是一把"双刃剑"。虽然它在一定程度上促进了我们的成长和进步,但当它超过我们能够承受的负荷时,会给我们带来负面影响。过度的压力可能影响我们的生活方式和学习效率,最终会对我们的身心健康造成危害。在大学生群体中,焦虑、紧张和不安等心理压力问题已经成为普遍存在的现象。因此,正确认识和积极应对压力显得尤为重要。

越来越多的科学家和学者开始关注并研究人们所面临的压力问题。通过对压力的深入研究,我们可以更好地了解心理压力及其对我们的影响,从而采取积极的应对措施,摆脱心理压力的困扰,保持身心健康。

(一) 什么是压力

【心理测试】

以下是十条关于压力的一般认识,对于每一条你是否赞同?通过本章的学习,将逐步展开对这些认识的解读。

序号	题 目	是	否
1	所有压力都是有害的		
2	压力管理的目标应当是消除压力		
3	良好的生活状态应该没有压力源		
4	压力越少越好		
5	如果足够努力,就总能适应各种环境		
6	遗传因素决定某些人总处于高压状态		
7	不良压力只具有消极影响		
8	身体锻炼消耗体能,否则这些能量可用于应对压力		
9	喝酒可以忘却烦恼、缓解压力		
10	压力只会影响成年人		

在现代社会中,由于竞争激烈,科技发展迅速,社会体制不断变化,每个人都会感到不同程度的压力。日常体验到的压力往往是面对自己无法处理的问题时的一种情绪反应,常常伴随着无力、无奈、不知所措的沮丧及忧郁。工作压力过高、人际关系困难、家庭和婚姻生活失和、缺乏自信心等种种心理问题困扰着我们。压力是现代社会中人们最普遍的心理、情绪和情感上的体验。

1. 压力源

英文维基百科对压力源(stressor)的定义是指引起个体压力感的因素,包括化学或生物试剂、环境状况、极端刺激或事件等。引起压力反应的事件可能有:环境压力源(如拥挤的环境、巨大的声响),日常压力事件(如交通拥堵),生活中发生的不幸事件(如离异或亲人丧亡),工作场合的压力源(如严格的工作要求、徒劳的努力等),化学刺激(如烟草、酒精、毒品等),以及社交压力源(如社交需求或家庭需求)。压力源会引起身体内部物理、化学和心理上的响应。值得注意的是,压力源也会影响人的心理功能和精神表现。一种可能的解释是,这一过程通过对下丘脑的刺激实现,即促肾上腺皮质激素释放因子→脑下垂体释放促肾上腺皮质激素→肾上腺皮质释放多种"压力激素"(如皮质醇等)→压力激素随血液流动到相关组织(如相关的腺体、心脏、肠道等)→引起战斗/逃跑反应。

【延伸阅读】

凡是能够对身体施加影响而促发机体产生压力的因素均称为压力源。常见的有:

(1)生理性:如饥饿、疲惫、特疼、生病等。

(2)心理性:如焦虑、恐惧、生气、挫折、不祥的预感等。

(3)社会性:如人际焦虑、孤独、学习成绩不理想、工作表现欠佳等。

(4)物理性:光线过暗过亮、温度过冷过热、噪声过大等。

(5)化学性:如空气、水污染、药物副作用等。

(6)文化性:如一个人从熟悉的文化环境到另一个陌生的文化环境而出现的紧张、焦虑等不适反应。

【心理测试】

下面的事情你是否也经历过?

序号	题目	是	否
1	考试失利,与自己理想的学校失之交臂		
2	虚荣攀比,在学业、能力、形象、金钱等方面时常与人比较		
3	整日沉迷于网络世界,现实中却不知道如何与人沟通		
4	意外的事故,致命的疾病		
5	就业问题,找不到令人满意的工作		
6	失去亲人(爱人),包括失恋、亲友的离别或去世		
7	贫困,父母无力供子女上学,或者子女无力供养父母		
8	突发的自然灾害,如地震、海啸、飓风等。		

在我们的生活中,上面的清单还可以不断地列下去。通过前面 7 章的学习,你是否能够完全适应大学生活?请列举出目前仍然困扰你的事情。这些事件尽管是不幸的,但每个人在生命的不同阶段或多或少都会经历。我们不可能生活在真空之中。相反,我们不断地与外界环境交换能量、信息和感知。同时,我们也会不断对自己提出要求,以满足身心需求。因此,我们总是需要应对压力源——需要在心理上、生理上或两方面同时有所付出。压力的产生原因是复杂的。我们将这些具有威胁性或伤害性并因此带来压力感受的事件或环境统称为压力源。所谓的压力源,简单来说就是一些人们千方百计要避开的事。

"物竞天择,适者生存。"人类需要不断地去适应外界环境,调整内心需求。适应不是一蹴而就的,而是一个螺旋上升的过程。从这个角度来说,压力源是持续性的,压力是一直存在的。通常,我们的身心对于这些压力源的处理有其固定模式,也就是说,压力并不一定对个体产生危害;相反,消极的影响源于个体对这些压力源的错误解释。换句话说,压力源仅仅是生活中发生的事实。它本身并不带有正面或者负面的色彩。但身心调整可能会让你付出身心俱疲的代价,经常会导致身体不适或情绪紊乱。当这种情况发生时,压力源就会变成不良压力源。

对压力源的正确认识可以遏制它们向不良压力源的转化。正如压力研究领域的先驱汉斯·塞利(Hans Selye)所指出的那样:"有充分的证据让人相信,认识到是什么伤害了你,这个简单的事实对你具有内在的治愈价值。"[①]对动物和人类的研究共同表明,巨大的伤害源于那些未知的和预测不到的压力源。如果压力源被判断为"可以感知和解决",则一般不会对我们造成太大威胁。这也正是我们学习和认识压力源的重要意义所在。

2. 压力的概念

压力(stress)是一个外来词,源于拉丁文"stringere",原意是痛苦。现在所写的单词是"distress"(悲痛、穷困)的缩写。有"紧张、压力、强调"等意思,压力会影响人们的身心健康,早已被公认。

关于压力有两个非常著名的定义。加拿大病理生理学家汉斯·塞利是第一个使用术语"stress"(压力)的人[②]。在 20 世纪 20 年代,塞利通过研究总结出一个明确的综合征称为"病中综合征"。在此研究的基础上,塞利提出了著名的关于压力的定义,即"对施加于身体上的任何需求的非特异性反应"[③]。他所提出的非特异性反应是一种无选择地影响全身各系统或大部分系统的反应。Lazarus 和 Folkman 将压力定义为"个人和环境之间的特殊关系,这种关系被个人评价为疲劳的,或超越了他的心理资源,并危及他的健康"[④]。这两个定义对我们认识和应对压力起到了重要的指导作用,在本章其他小节中均有所体现。但是,它们都存在一定局限性,前者把压力局限于身体本身,后者则局限于压力的消极层面。

---

① Selye H.(1976).The stress of life(rev.ed.).New York:Seaview.
② Viner Russell(June 1999).Putting Stress in Life:Hans Selye and the Making of Stress Theory.Social Studies of Science 29(3):391-410.
③ Selye H.(1974).Stress without distress.Philadelphia:Lippincott.
④ Lazarus R S,&Folkman S.(1984).Stress,Appraisal and coping.New York:Springer.

在生物学或心理学领域，stress 被译为"应激"。心理学家认为，生理学的应激观不够全面与完整，应激还包括心理方面，是个体的整体反应：(1)造成紧张的刺激物，即应激源（压力源）；(2)特殊的身心紧张状态；(3)对应激源的生理和心理反应。具体地说，压力指的是一种身心反应。比如有同学说"我要参加学生干部竞选，我觉得压力好大"，即用压力来指代他的紧张状态。压力是他对竞选事件的反应，这种反应包括两个成分：一个是生理成分，包括心跳加速、口干舌燥、胃部紧缩、手心出汗等身体反应；另一个是心理成分，包括个人的行为、思维以及情绪等主观体验，也就是所谓的"觉得紧张"。这些身心反应合起来称为压力状态。

同时，压力也是一个过程。这个过程包括引起压力的刺激、状态以及情境。所谓情境是指个人与环境相互影响的关系。如图 8-1 所示，在这个过程里，个人是一个能通过行为、认知、情绪的调整改变各种引起压力的刺激、状态或情境的主动者。面对同样的事件，因为个人对事件的解释不同，所以对压力的认识也有所不同，每个人经历的压力状态和程度不同，从而产生的应对方式也不同，形成了产生、评估和应对压力的过程。

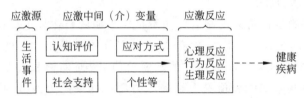

图 8-1　心理应激因素综合作用过程示意图

【延伸阅读】

余锡祥，汪剑在《心理压力研究综述》中阐述了压力研究的三大理论流派，分别是压力反应理论、压力刺激理论和压力认知交互理论。[①]

(1)压力反应理论——生理医学的压力观：该理论认为压力是人或动物有机体对环境刺激的一种生物学反应现象，可由加在有机体的许多不同需求而引起，并且具有非特异性。该理论的重要贡献之一在于提出用生理参数（肌肉紧张度，皮肤电等）作为压力反应的客观指标，这成为压力的生理指标检测法的重要来源。

(2)压力刺激理论——生物物理学的压力观：该理论把压力定义为能够引起个体产生紧张反应的外部环境刺激，如失业、失恋、天灾、贫困等。相较于压力反应理论，该理论将研究的重心从人类个体转移到了外部环境之中，从而去研究怎样的环境能够使人产生压力反应。然而，它过于强调环境影响，容易忽视人的主观能动性，因为即使在极其恶劣的环境下，个体也可能拥有改变的自我力量。

(3)压力认知交互理论——心理学的压力观：随着压力研究的深入，学者专家们已很少单维静态的分析压力，而是从系统的动态过程去研究认识压力。这便是压力认知交互理论产生的原因，它结合了前两大流派的观点，提出压力是一个包含个体压力反应、外界压力刺激以及其他要素的动态交互过程。

---

① 余锡祥，汪剑.心理压力研究综述[J].中国校外教育(理论),2008(S1):1353-1354.

3. 压力的三种类型

压力本身并无好坏之分,通常情况下只是在压力源的刺激下,一种个体的生理和心理反应。但是,由于它可以影响人们心理感受和身体健康,可以向着积极或者消极的方面发生转化。如,运动员争夺冠军过程中的积极焦虑,因不能够掌握大学的学习方法而沮丧的学生沉迷于游戏等。所以要求我们根据自身和环境情况,分辨和认识不同类型的压力。

(1) 中性压力

中性压力通常是一种正常的生活体验,对个体的影响既不明显积极也不明显消极。这种压力有助于维持生活的平衡,并激发个体保持适度的警觉性。例如,工作中的项目截止日期、学业中的期末考试等都可能产生中性压力。这样的情境可以促使人们更高效地工作和学习,而不至于让他们感到不适。

(2) 不良压力

不良压力是一种对个体健康和幸福产生负面影响的压力形式。不良压力来自工作负担过重、人际关系的紧张、学业压力过大等。举例来说,过度的工作压力可能导致焦虑和抑郁,而长时间的学业压力可能引发身体健康问题。不良压力可能会对心理和生理健康造成长期的不良影响。

(3) 积极压力

积极压力是一种有助于个体成长和发展的压力形式。这种压力能够激发个体的积极应对和适应能力,推动他们取得更好的成就。例如,挑战性的工作任务、创业过程中的压力等都可能是积极压力的例子。这种类型的压力可以激发个体的动力,促使他们克服困难,掌握新技能,提高适应性。

同时,积极压力有助于我们突破个人极限,最终实现个体的成长。相信我们都有这样的经历,为期末考试而刻苦复习、为某一项实验而长时间工作、为照顾心爱的人而废寝忘食,这些都伴随着一定的压力,并且需要突破个人心理或身体极限,做出专注和有意义的努力。如果我们经常处在安逸的状态下,便容易停滞不前。为了追求一个有意义的目标,为了比以前表现得更好,或是为了应付一个紧急事件,我们有时会有意识地突破个人极限,以实现目标。个体成长往往在压力的驱动下突破现有的舒适感。

阿里巴巴集团的创始人马云,就是一个典型的在压力下不断突破的人。他的成功并非一蹴而就。早年,他历经多次失败,甚至被哈佛大学拒绝了十次之多。然而,这些挫折并没有将他击垮,反而成为他前进的动力。他深知,只有面对压力,才能发现自己的不足,才能促使自己不断成长。

马云曾经说过:"今天很残酷,明天更残酷,后天很美好,但大部分人都死在明天晚上,看不到后天的太阳。"这句话道出了他面对压力的积极态度。他明白,只有坚持下去,才能看到美好的后天。这种积极面对压力的精神,让他最终走向了成功。

他的故事告诉我们,积极面对压力,将其视为成长的动力时,我们便能从中汲取力量,不断提升自己。压力可以让我们看清自己的不足,促使我们去学习、去改变、去创新。正是在这样的过程中,我们才能实现自我超越,走向成功。

可见,对于大学生来说,合理认识和应对在学习和生活中的种种压力对于提升极限很有必要,也是个人发展所必须的。没有压力,生活将会停滞不前,也很难令人满意。同时,大学生需要客观地分析压力并做出积极应对,在突破自我的过程中获得成长。

4. 压力的影响因素

根据压力的定义不难看出,压力主要来自两方面:一方面是来自外界,即客观现实造成的;另一方面则是来自我们的需求,即主观体验造成的。从这个意义上讲,造成压力的原因很简单,就是理想与现实之间的差距。差距越大,压力就越大。

(1) 客观现实

压力的产生与个人所处的环境有密切的关系。环境的好坏对于个人压力的增减有很大的影响。例如,空气清新、风景如画的优美环境可以让你心旷神怡,清新舒畅;而喧嚣嘈杂、混乱不堪的环境则会使你心烦意乱,坐立不安。所以,个人的压力来源与环境有直接的关系。对于大学生来说,学校是个人生存的主要的小环境,课业繁忙、经济拮据、同学关系不和、社团工作不顺、与老师的沟通问题等都会给人造成压力,其中一方面出现问题,可以从其他方面得到支持和缓解,从而帮助我们解决问题。这些环境之间是相互制约、相互影响的。当然,如果一位同学在某一方面处理不好,他可能会把负面情绪带到生活的其他领域,这种压力可能会使他感受到压力不断地膨胀和泛滥,最终可能失去应对压力的支援与力量。因此,认真学习,广交朋友,营造一个同学间友好互助,有利于学习的环境可以大大减少压力。即使有压力来袭,我们也会有信心、有力量、有同学支援,轻松而有效地化解它。

(2) 主观体验

压力的大小及危害程度则取决于压力的承受者——个人的适应能力和承受能力。面对同样的刺激,承受能力不同的人感受到的压力当然是不一样的。同样的压力情境,有的人能够轻松而冷静地应对,而有的人则惊慌失措,难以承受。这与他对压力的认知有着密切的关系。能否正确地认知和化解压力,决定着压力承受者是将压力化解于无形还是被压力所累。

面对压力,要保持冷静的心态和清醒的头脑,对自己有明确的认识,如自己的应对资源、应对能力等。如果你把压力的威胁性估计得太大,对自己应对压力的能力评估得太低,那么可以想象,你一定会感到压力非常大。例如,晚上你一个人在宿舍安静地看书,突然听到门外有人敲门。如果你以为可能是有陌生人混进宿舍来推销,那么你的内心必然会犹豫是否要开门而心烦意乱;如果你认为是室友自习后回到宿舍,忘了带着钥匙,那么,你的心情自然会轻松愉快。可以看出,反应的巨大差异是由认知方式的不同造成的。因此,合理地认知压力,清晰地认知自我是十分关键的。正如古希腊哲学家伊壁鸠鲁所说:"人类不是被问题本身所困扰,而是被他们对问题的看法所困扰。"因为压力并不可怕,只要你能够正确地认识和评价它,它的危害就远没有想象中那么大了。

因此,为了个人的发展和身心健康,不断提高心理承受能力和处理压力的能力是十分必要的。它可以帮助我们减轻压力。

(二) 压力与身心健康

1. 压力的生理机制

【案例】

小芳是某重点中学的高三学生。临近高考,她精神紧张无法集中精力学习。看到身边的同学都在全身心地投入学习,她感到非常着急,但越着急则越易开小差。复习时,小芳看了前面的内容则忘了后面的内容,有时一段内容看了好几遍仍无法记住。考试成绩下降,她原来是班里前十名,最近一次模拟考试下降到前十五六名,最后甚至出现了夜里睡不着、白天疲乏、心慌、头晕、冒冷汗等症状。这些都是典型的考前焦虑,是在考前巨大压力下产生了不良的生理反应。

生物医学研究显示:压力反应的基本目的是使生物体能适应周围的环境,使生物体迅速有效地处理威胁生命的挑战。从生存斗争来讲,在动物界和人类社会的早期阶段,压力反应被称为战斗或逃跑反应。伴随压力反应的许多生理和心理变化是为生物体逃避危险所产生的,这一变化可以调用身体的大部分能量,并能立即转化为可以应敌的适当形式,运送给最需要它的器官,特别是大脑和主要肌肉。因此当生物体面临压力紧张的情况时,会有下列的生理反应:

(1) 呼吸急促,透气困难;
(2) 心跳加速,口渴;
(3) 肌肉紧张,尤其是额头、后颈、肩肘等部位的肌肉;
(4) 小便频繁;
(5) 不自觉的反应,包括口酸分泌增加,血压升高,血液中化学成分组合的转变,如血糖、胆固醇的浓度提高。

20世纪三四十年代,加拿大著名生理心理学家Hans Selye在前人研究的基础上对压力的生理病理反应进行了开创性研究,认为压力是对任何形式的伤害性刺激所产生的生理反应,即"一般性适应综合征",包括警觉反应、抗拒和衰竭三阶段,称为GAS理论[①],如图8-2所示。Hans Selye在生理反应模型中,引入了生理参量作为压力反应的客观指标,如肌肉紧张度、呼吸模式、神经内分泌、心血管状况、皮肤电、胃肠状况、代谢状况、免疫功能等。

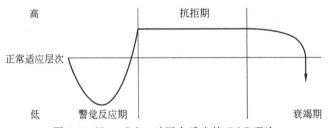

图 8-2　Hans Selye 对压力反应的 GAS 理论

第一阶段,警觉反应阶段。当出现警觉反应时人体会出现急性应激反应,这些反应会引起我们身体机能发生一系列的变化,如心率加快、血管收缩或舒张、血压升高、呼吸加快、胃肠蠕动减慢、新陈代谢率增高等,然后人体会迅速做出自我保护性的调节。一般来说,这种状态若是短时间的,那么兴奋起来的身心反应随后会慢慢消失,对人体的伤害并不明显,机体功能的损失也不突出,若这些状态持续时间短或及时得到了缓解,则产生的

---

① Selye, Hans. A syndrome produced by diverse nocuous agents. Nature. 1936, 138: 32. doi: 10.1038/138032a0.

压力会成为工作的动力;反之就会出现不良影响。因此,这是一个警告阶段,用以提醒人们引起重视,及时做出调整。若忽视了或者调节失败,或者外界压力过强,则会进入第二阶段。

第二阶段,抗拒阶段。在这个阶段,一方面人体的生理、生化变化进一步加强;另一方面个体会竭尽所能地调用体内的各种潜能做抵抗。这时候,人们一般处于高度的唤醒状态,与应激源进行对抗。此时人的身心已经开始出现故障、到了发生病变的临界状态:人体会出现许多严重的身体症状,如胃溃疡、动脉硬化等,同时,精神处于高度焦虑状态,感到工作和学习困难重重,认知能力下降,思维受到阻挠,常常出错,处事变得优柔寡断、犹豫不决,害怕、担忧会发生不良后果;情绪方面,多感到精力下降,效率降低,产生心有余而力不足之感,容易为小事而烦恼或大动肝火,甚至莫名其妙地发火或不高兴,攻击性行为明显增多,感到胸闷气短,容易疲乏,寝食不安,兴趣减退,并可能出现抑郁症状。

对峙阶段是身心开始出现障碍、发生病变的临界状态。若及时调整,增强自我力量,或获得有效的社会支持,便可阻止第二阶段滑向第三阶段,并可能退回到第一阶段,否则就很容易急剧发展为第三阶段——衰竭阶段。

第三阶段,衰竭阶段。处于衰竭阶段的个体,此时已由焦虑转为严重的抑郁、退缩,厌倦工作、学习甚至生命,出现自卑、无助感、悲观绝望、对什么都不感兴趣,甚至会产生自杀意念或行为,一些人可能出现精神疾病,如抑郁症。而更多的处于第三阶段的人们则直接表现为躯体疾病,一些人因为高血压、冠心病、溃疡病、紧张性头痛或其他疾病而不得不卧床休息。他们已无法工作,即使硬撑着也难以胜任工作,效率甚低或频频出错,感到心力交瘁,精疲力竭。

在这个阶段,若人体的压力还是没有得到很好的解决或缓解,则人体的唤醒状态和免疫系统开始崩溃,疾病纷纷而至,会直接导致心理防御系统崩溃或者生命因疾病而终止。

从 GAS 理论的三个阶段来看,机体对压力自有其免疫的功能,即机体可以通过自身的调节来应对压力的存在,但毕竟机体对压力的应对是有限的,在很多时候我们必须借助外界的手段来缓解或消除压力对个体产生的不良影响。而且最佳的时机就是在警告阶段就采取行动是对个体最小的伤害。而很多时候,我们忽视了机体发给我们的信号,等想采取行动的时候,往往已经发展到了第二阶段,更有甚者已经到了无可挽回的地步,正如过劳死或心理崩溃导致的自杀。所以压力管理应宜早不宜晚。

2. 压力下的心理反应

格式塔心理学认为,行为由人的主观心理状态决定,而主观心理状态取决于对客观环境的认识[①]。在论述人的行为是受个体心理环境的影响时,其代表人物考夫卡列举了一个生动的事例。有一个人在暴风雪的傍晚,骑马来到一家小旅店,让他深感庆幸的是,经过几个小时的奔驰,越过了一片冰天雪地的平原,终于找到了一个安身的地方。此时,店主人来到门前,惊奇地问客人从何而来?客人遥指来的方向。店主人以恐惧而奇异的语调说:"你不知道你已经骑马越过康士坦斯湖吗?"客闻此言,立即倒毙于地。

按理说客人已经度过了平时难以想象的危险区域,并身处安全的环境下,应该高兴才

---

① 库尔特·考夫卡著,黎炜译.格式塔心理学原理.北京:北京大学出版社,2010.

是,但结果却出人意料,其主要原因在于,客人对自己先前所处的地理环境有了新的认识,并由此引发了一次主观想象的压力事件。他未能进行有效的心理调节,心理上极度惊恐引起神经、血压和心率等一系列生理活动的急剧变化进而导致了极端行为的出现。

【延伸阅读】

格式塔心理学主张心理学研究现象的经验,在观察现象的经验时要保持现象的本来面目,不能将它分析为感觉元素,并认为现象的经验是整体的或完形的。格式塔心理学最基本的原则就是拒绝元素分类,要研究就只研究整体。简单来说,就是我们容易把一些靠近的、相似的、完整的东西知觉成一个整体。例如,曾经很流行的一种错序读法:"研表究明,汉字的序顺并不定一能影阅响读,比如当你完看这句话后之,才发现这里的字全是都乱的。"

当一个人面临生活中出现的突发事件,或有长期烦恼的日常琐事时,我们的大脑就会把这种刺激认知为压力。比如自我要求、安全威胁、他人要求、自尊威胁等,就会出现情绪反应,如紧张、恐惧、抑郁等。事实上,压力引起的心理反应有警觉、注意力集中、思维敏捷、精神振奋,这是适度的心理反应,有助于个体应付环境。例如,学生在学习过程中、运动员在参赛过程中,一定压力下的竞争更容易出成绩。但是,过度的压力会带来负面反应,出现消极的情绪,如忧虑、焦躁、愤怒、沮丧、悲观失望、抑郁等,会使人思维狭窄、自我评价降低、自信心减弱、注意力分散、记忆力下降,表现出消极被动的状态。

3. 压力的危害

Hans Selye 的研究证明,如果压力源保持的时间很长,慢反应(应激)机制下产生的激素对心脏、血管以及免疫系统有直接伤害。例如,对心血管系统的影响和危害包括血压增高,心律不齐,损害动脉血管,胆固醇增高,免疫系统功能下降等。

每个人承受压力的能力都是有限的。通常情况下,适当的压力不会影响人的正常生活和身心健康,但如果一个人长期承受巨大压力而得不到有效的缓解,那么人的身体和心理就会受到损害,从而产生各种不良反应。就像一个气球,如果你总是不断地给它吹气,总有一刻它会不堪重压而爆裂。

一般来说,人在压力下表现出来的症状主要有三种:身体症状、精神症状和行为症状。有的人可能只出现这些症状中的一种或两种,但有时这些症状也可能相互作用,互相引发。例如:身体上的腰酸背痛会引起精神上的心烦气躁,或者精神上的紧张。又如:在压力情况下所产生的脂肪会直奔腹部,是"将军肚"形成的直接原因。研究表明,内脏脂肪远比皮下脂肪对心血管系统的危害要大。

不管是哪种症状出现,都表明压力已经开始慢慢地影响到你的身心健康,一经发现千万不可掉以轻心,应该及时调节,保持好的心态,积极面对难题,正确认识自己,并以适当方式宣泄自己内心的不快和抑郁,以解除心理压抑和精神紧张。有张有弛,做好自我调节。

长期压力的存在,慢慢把人带入抑郁甚至是自杀,这是因为:(1)长期持续升高的压力激素会使大脑海马区(hippocampus)的神经元受损,导致神经元之间的交流受阻,进而造成记忆衰退。(2)这些压力激素会使大脑的杏仁核(amygdala)变大,让人变得容易焦虑。(3)这些压力激素还会导致大脑的多巴胺(dopamine)分泌减少,让人变得兴奋和快乐不起来,并因此变得抑郁起来。(4)这些压力激素也会使额叶皮层(frontal cortex)神经元萎缩,通路受阻,使人的判断变得迟钝。

心理学研究还表明,过度的压力会影响智能。压力越大,认知效能越差。个体在压力状态下的心理反应存在很大差异,这取决于个体对压力的知觉和解释以及处理压力的能力。当个体面临压力时会有各种行为变化,这些变化取决于压力的程度以及个体所处的环境。压力下的行为反应可分为直接反应与间接反应。直接反应是指直接面对引起紧张的刺激时,为了消除刺激源而做出的反应,例如,路遇歹徒与其搏斗或逃避。间接反应是指借助某些物质暂时减轻与压力体验有关的苦恼,例如,借酒消愁。

一般而言,轻度的压力会促发或增强一些正向的行为反应,如寻求他人支持,学习处理压力的技巧。但压力过大或过久,则会引发不良适应的行为反应,如说话结巴、动作刻板、过度饮食、攻击行为、失眠等。

二、大学生压力面面观

【案例】

适 应 大 学

小李是一名刚刚踏入大学校园的新生。他原本以为大学生活会是轻松自在的,但很快就发现,大学并非想象中的那么简单。首先,他需要适应新的学习环境。大学的课程更加深入和专业,不再是高中时的单一课堂教学。小李发现,自己需要更加自主地学习,合理安排时间,才能在学业上取得好成绩。其次,小李还要面对人际交往的挑战。他来自一个小城市,初到大城市,周围都是来自五湖四海的同学,语言、习惯都有很大的差异。小李需要学会与不同背景的人相处,尊重他人的差异,建立良好的人际关系。此外,生活自理也是小李需要面对的问题。他需要在没有父母照顾的情况下,独立安排自己的饮食起居,处理各种生活琐事。虽然小李面临着诸多挑战,但他并没有气馁。他积极调整心态,努力学习新知识,努力融入新的环境。他相信,通过不断的努力,自己一定能够成功应对这些挑战,成为一名优秀的大学生。

林语堂先生说过:"人生就像爬坡,刚开始是父母拉着你;当你长大了,便开始自己拉车,车上原来是空的,后来装上老婆、孩子、事业以及你想要的一切,这时,你会感觉车子越来越重。"随着年龄的增长,各种压力也纷至沓来。与压力共处已经成为我们生活中必须面对的人生课题。作为一名大学生,可能我们还没有感受到来自社会生活中的种种压力。但伴随着成长,大学生也需要面对和适应大学这个新的环境和生活课题,从而学会应对在新环境下出现的各种问题。

(一)你是否"压力山大"

【互动体验】

我的压力圈

操作:准备答题纸,大家填写可能给自己造成压力的事件。在小组内讨论并思考以下问题：目前有哪些压力？这些压力是长期的还是短期的？压力源来自哪里？对自己产生了什么影响（身体上、精神上、行为上）？

点评：

这个游戏开始进入主题，主持人要引导深入挖掘压力的源头。

提示：

每个人承受压力的能力是不一样的，所以需要大家对别人的压力源和感受有包容之心。

【心理测试】

我的生活有哪些压力事件

指导语： 社会再适应评定量表（The Social Readjustment Rating Scale, SRRS）是为测量重大生活事件而设计，由托马斯·赫尔姆斯和理查德·瑞赫在1967年编制。

扫码查询结果解释

序号	生活事件	压力指数	得分
1	配偶死亡	100	
2	离婚	73	
3	婚姻失败（分居）	65	
4	监禁	63	
5	家庭亲密成员死亡	63	
6	受到伤害或疾病	53	
7	结婚	50	
8	被解雇	47	
9	与配偶重修旧好	45	
10	退休	45	
11	家庭成员健康状况改变	44	
12	怀孕	40	
13	性生活障碍	39	
14	家庭中新成员的增加	39	
15	职务重新调整	39	
16	收入状况的改变	38	
17	亲密朋友死亡	37	
18	改行	36	
19	与配偶争吵次数改变	35	
20	负债超过一万元	31	
21	贷款或契据取消	30	
22	工作中职责变化	29	
23	子女离家	29	

续表

序号	生活事件	压力指数	得分
24	吃官司	29	
25	个人杰出的成就	28	
26	配偶开始或停止工作	26	
27	学业的开始或结束	26	
28	生活水平的改变	25	
29	个人习惯上的修正	24	
30	和上司相处不好	23	
31	工作时数或工作条件的改变	20	
32	搬家	20	
33	转校	19	
34	娱乐的转变	19	
35	教堂活动的改变	19	
36	社交活动的改变	18	
37	贷款(少于6万元人民币)	17	
38	睡眠习惯的改变	16	
39	家庭联欢时人数的改变	15	
40	饮食习惯的改变	15	
41	度假	13	
42	过圣诞节	12	
43	轻微犯法	11	

(二)象牙塔中的压力源

【案例】

大学生活中的角色冲突

大三学生小娜,同时兼有多种角色——学生、室友、女朋友、女儿和学生兼职助理。一般情况下,各种角色间不会发生严重的冲突,但有时也会令她十分头痛,无法协调。例如,下周三的专业课上,轮到她在课堂上做一个给定主题的报告,她需要提前收集材料,制作PPT;今天上午,寝室的电刚好用完,这次轮到她去缴纳电费;晚上约好了跟男朋友一块吃饭;母亲最近经常同她视频聊天,一聊就是很长一段时间。雪上加霜的是,兼职单位的老板早上7点30分打来电话要求她为一个生病雇员替班。

1. 大学生活的挑战与机遇

大学生处在特殊的生活环境和特殊的年龄阶段,也承担着特殊的使命和社会角色。离开家乡到另外一个陌生的城市求学,这种场景是绝大多数同学在上大学之前都没有体验过的。大学之旅把他们置于一个完全崭新的环境中,去独立面对前所未有的挑战。这些挑战,就如同以上案例中小娜所面临的一样,可被视为机遇或挑战。它既可能把你历练得更加积极健康,也可能使你变得更加糟糕。

你应对的方式将决定你能从大学经历中学到多少。如果处理得当,能把挑战转变为积极的压力,将大大有利于学业的进步和个人发展。不仅如此,大学阶段的应对方式将会成为贯穿你一生的习惯,并在未来几年深刻影响着你的生活。

在大学生活中,你会有很多机会应用本书中的方法和技巧去处理各种各样的问题。拥有社会学的想象,就能在更宽阔的社会背景中来审视个人的经验。这对于提升大学生个人的修养和思维境界都有极大的益处。

有研究认为,西方高校近10余年来的教育体制没有明显变化,因此,大学生所面临的压力类型也大体相当。我国大学生具有不同于西方的文化背景或校园生活。学生在大学四年的不同阶段,所面临的学业任务、素质发展、未来规划等人生课题的压力源也各不相同。加之我国高校体制改革和制度的不断完善,使得大学生活并不再像以前那样单一和轻松。2022年,中国科学院心理研究所国民心理健康评估发展中心对山东、河北等31个省(自治区、直辖市)近8万名15~26岁的大学生开展了心理健康状况调查。调查结果显示,重点院校、本科学生的心理健康状况较差,仅有一半的大学生无焦虑风险(54.72%),应引起重视。①

除此之外,由于某些额外的不确定性和模糊性,大学生活甚至会变得更加困难,其中还会潜伏着不良的压力。

2. 大学生的压力源

大学生可能会像案例中的小娜一样在同一时间面对很多压力源。这就需要个人不断地对压力源进行评估,判断哪些压力源比另一些压力源更具威胁性,并根据可用的个人和社会资源采取当时最恰当的应对方式,一个问题结束以后,紧接着对付大学阶段的下一个压力源。当然,这些事情可能涉及学习困难、就业压力、经济贫困、与约会有关的问题、有关性和怀孕方面的焦虑,以及失去亲人的痛苦。在下面的讨论中我们将要确定一些大学生所面临的主要压力源,希望同学们能够结合教材中其他章节的相关内容综合理解,学会进行合理应对。

(1) 与父母(家庭)分离

对于年轻的大学生来说,有一个非常关键的问题是与父母的分离。与父母的分离发生在一个特殊的背景下,即自身正处在人生的成长期和上升期,需要独立完成许多重要的发展性任务。这些发展性任务包括以下内容:能力发展、情绪管理、人际关系管理、意志力的发展、培养诚实的品格、自我认同到自己将来的归宿、自主性发展等。

在追求课内和课外知识的过程中,大学生通过解决每一个实际的问题而获得持续发展。当然,问题会不断涌现,但是如果它们能持续得到解决,人的发展将是无止境的。挑战的一部分——自主性发展,是与成年前父母支配一切的情况相反的。在强调单独性核心家庭(即家庭中只有父母、子女的家庭模式,而非子孙几代人共住的大家庭)的社会背景

---

① 中国科学院《2022年中国大学生心理健康状况调查报告》,http://psy.china.com.cn/m/content_42460957.htm.

下，由于大家庭日益减少，离开父母独立生活就成为大学生的中心任务。

对于一些人来说，这一过渡过程是非常平稳的，几乎不会产生混乱和紧张。但对于另一些人来说，这一过程并不是那么简单。

在这一过程中，以积极的、建设性的方式做出应对是至关重要的。与父母的分离是一个自我磨炼的好机会，如果利用得当，就能让我们不断成长发展，变得日益成熟，而不会导致个体陷入困境、过分依赖或是转变成旷课、酗酒、无组织、生活杂乱无章。这一建设性的转变的关键是通过书信、电话以及回家的方式与家人保持联系，同时在大学中建立各种新的、对自己有益的伙伴关系。

(2) 成绩压力

在现实中，成绩是非常重要的。一份优秀的成绩单，可以让你获得各类奖学金，以及保研机会等。同时，学习成绩还作为应聘工作、出国深造能否成功的重要考核指标之一。对于准备毕业找工作的同学，很多单位的要求里面都会附加一条：成绩优异者优先，专业成绩排名前30%优先。这其实很好地理解了，成绩单是你大学生活的一个直观反映。你可以说它反映了一个学生的学习态度、学习效果、学习能力。面试官要从众多的应聘者中筛选出符合要求的人，在简历筛选过程中，经常就是看一个人的成绩单。如果成绩太差连面试机会都没有。你的学习能力比别人强，则证明你是一个值得签约的人，这会让你在竞聘中处于优势。不难看出，成绩是大量的复杂挑战、动机、奖励的中心。所以成绩压力是大学压力问题的中心。

在校学习期间，学习成绩可以深刻地影响别人对一个人的评价，以及自己对自己的评价。当然，很多人在学习以外，做了很多更有意义的事。但是这些与拿个好成绩并不矛盾。大学是一个相对简单的社会，我们都生活在这样一个环境中：成绩是一个可以量化的、反映一个人优秀程度的指标。社团活动、个人能力等也很重要，但远不如成绩来得简单直观。于是，学习成绩就成为同辈压力（peer pressure，是指同辈人互相比较中产生的心理压力，一个同辈人团体对个人施加影响，会促使个人改变其态度、价值观或行为使其遵守团体准则）的重要来源。来自同辈的压力很难避免，因为一般人都希望自己在同学中表现突出深受欢迎。

有很多种与成绩相关的因素会导致不良压力，考试焦虑就是其中之一。积极的压力有利于激励自己达到最佳状态，但是，考生经常出现的一种心理是希望考好、怕考砸。这种对考试结果无法预知的处境使考试本身成了一种威胁性刺激，于是产生的紧张焦虑反应。另一种与成绩相关的普遍问题是对失败的过分恐惧。对于我们大多数人来说，害怕失败是再正常不过的心理。在学业、工作、运动以及其他任何活动中，辜负了自己或是他人的期望都可能会付出内部和外部代价：对学业和职业前景的担忧，遭到别人的否定，被拒绝、羞辱、负罪感、沮丧以及对自尊的极大打击等。对失败的恐惧是一种自然反应，它可以激发你更积极地做准备，并有更出色的表现。但是对失败的恐惧有时会变得过于极端，以至于造成不必要的情绪和身体的不良压力。处理成绩挑战的关键是明确它对自己的意义：自尊与成绩并非等价，无论成绩如何，都要有不惧挑战的勇气，有全力以赴的决心。

(3) 角色困难

大学期间，很多重要的挑战都是和角色困难有关的。角色是在一个给定的社会位置的基础上而产生的一系列期望。如案例中的小娜，作为一名大三学生，同时兼有多种角色：学生、室友、女朋友、女儿和雇员。在各种角色交织的情况下，无法避免地会产生角色困难。其中，可能造成压力的角色困难包括：角色冲突、角色紧张、角色模糊。

① 角色冲突。大学生面临两种类型的角色冲突：第一种类型的冲突是两种或多种不同角色所产生的期望的不兼容（相互角色冲突）。如学生—雇员，学生—室友，学生—女儿，以及学生—朋友，角色需求间经常相互冲突。

第二种类型的冲突是不同的角色同伴对于个人同一角色的期望不兼容（内部角色冲突）。如一名学生的五位老师，各自对她的时间和精力分配提出了要求：其中三名可能期望她同一天能全力准备期中考试，同时另一位教授希望她能做一个高水平的口头答辩，最后一名教授则期望她可以提交一篇优秀的学术论文。

角色冲突可能会让人引起困惑、焦虑、紧张、表现不佳、易怒等不良心理压力，甚至会导致疾病。面对压力若不能采取有效地应对方式，上述结果便会发生在大学生身上。

② 角色紧张。角色困难的另外一种类型是角色紧张，即产生于个人的愿望与他人的期望相冲突时。在大学生活中，可以发现很多这样的事情：

- 一名学生打算星期二去参加一场非常吸引人的晚间音乐会，而他的老师要求他那天晚上去上课。
- 一名学生宁愿观看世界杯足球赛，也不愿参加一个生物试验会议。
- 一名学生想要带他的女朋友去看电影，而他的社团成员却希望他能参加一次紧急的会议。

平衡个人的愿望需求和他人的期望是终身的目标，当然，这没有简单的公式可以遵循。这不仅需要清醒的头脑，同时还需要明确目标，明确事情的优先顺序，需要有在何时折中、何时适应的良好判断力。平衡个人兴趣和社会责任并关心他人是需要一直遵循的原则。

③ 角色模糊。角色模糊有多个来源，所有的来源都会对大学生造成影响。第一个来源是社会和文化的迅速改变。年轻的大学生和他们父母之间的关系需要重新定义，双方都在体验着不确定性因素，包括如何做出决定、如何交流以及如何在自主性和控制上达成共识。

第二个来源是从生活周期的一种阶段向另一种阶段过渡。从儿童阶段向青少年阶段转变，再从青少年阶段向成人阶段转变就是典型的例子。事实上，这一来源与每一个年轻的大学生都有关，尤其是同前面提到的快速改变相联系。

第三个来源可能是由同角色伙伴之间不完全、模糊或是不充分的交流所导致的。对于大学生来说，这种情况可以发生在以下情境，如学生不清楚自己的期望是什么或是同室友们对于如何处理噪声、来访者、买东西或打扫房屋等方面没有达成共识。

无论角色模糊的原因是什么，都可能导致不良压力增加、与压力相关的疾病的增多、情绪障碍以及问题行为。

（4）日常烦扰

大学生的心理压力有一部分来源于日常烦扰，如学校环境、人际关系、就业、经济等。这些日常烦扰可能会使人感到沮丧甚至恼怒。从某种程度上来说，它们是令人苦恼的起因，体现了我们与外部环境交互作用时产生的困难。个体日常生活越是充斥着消极困扰，情绪上的障碍就越容易产生。

正如本章第一节所说的那样，日常烦扰是否出现，并不直接取决于外部环境的好坏，而是取决于我们看待事情的方式。一个人如果从消极的角度看待一个中性事件,那么这个中性事件就会转变成困扰,成为不利于个体的负担甚至威胁。

对大学生来说,日常微小的压力源绝不能忽略不计。它们可能会成为生活的主要压力源,其中之一就是经济的不确定性。

大学生面临经济压力的情况与社区低收入者相比是完全不同的,通常大学生的"困境"是暂时性的。对于许多经济情况困难的家庭来说,低收入带来的不仅是基本生活需求上的捉襟见肘,还意味着工作机会有限、社区服务水平低、学校教育质量低、卫生保健资源匮乏以及住房条件恶劣。但对于许多大学生来说,经济压力可能只是暂时的,当然,也是必须面对的现实。它会对大学生产生很大的消极影响,一方面是心理上的,如焦虑和分心,即担心自己没有能力支付下一学期的费用,包括学费和书本费;另一方面则是学生在上学期间必须做一份或多份兼职工作,以保持自己的收支平衡。当然,大学生半工半读是一种很正常的现象,但是越来越多的学生在多份兼职中不得不付出沉重的时间代价。这容易导致时间上的压力、睡眠质量的下降、锻炼时间的减少,危及健康的娱乐和友谊,甚至学业成绩和健康也可能受到影响。

(三)预测大学毕业后的挑战

大学的体验,不仅包括对现在需求的估计,也包括对未来挑战的预计。大学生在迈出校园后可能会面临很多艰巨的挑战(见图8-3),包括以下几点:

1. 职业

职业选择时面临的一个特殊的挑战是要确信这完全是自己的事情。它反映了个人深度的兴趣和价值。在我们选择职业时,应该将价值、道德、是否适合自己的个性、生活方式的选择等问题放在主要地位,而不是为了取悦父母,为了简单的物质利益,或仅仅是眼前的机会。为了在未来选择工作时多一分把握,我们在大学期间就应通过选择主修课、工作面试以及适当兼职等方式来关注和考虑这些更为广泛的问题。

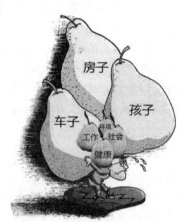

图8-3 走出校园后可能面对的压力

有很多同学会在毕业后的生活中多次改变自己的工作,甚至职业。灵活性和适应性的重要将凸显出来。因此,我们在大学时就要重视发展适应能力、自我调节能力、与人沟通的能力专业的技术技能。

2. 经济

在大学毕业之前,很多大学生可能早已考虑过自己需要多少物质基础才能达到一个满意(至少是舒适)的生活状态,但工作得到的报酬可能与这一目标有所差距。很多大学生离开学校时已经背负着一部分债务(助学贷款等),从毕业起就面临着偿还债务的挑战。这些情况意味着我们必须缩减开支,克制不必要的购买冲动。这一调整对于一些人来说是很简单的,对另一些人来说则很困难,后者可能在大学期间就没能管理好自己的财务。因此,发展良好的财务管理能力是大学生不可忽视的挑战。

3. 家庭

大部分同学都会在毕业后几年内与自己的另一半走入婚姻的殿堂。这时他们所面临的挑战是需要建立一个令所有成员均比较满意的家庭。家庭是构成社会最基本的"细胞",更是其成员最重要的精神家园。家庭成员在情感和陪伴上彼此深深依赖,获得心灵上的慰藉和支持。因此,维持家庭的稳定和健康对个体和社会都是极其重要的任务。

在可能存在的挑战中,首先发生的是对工作和家庭的平衡。尤其是对于既要工作,又要承担大部分家务的母亲来说,这更是一个不容小视的挑战。随着离婚率的升高,我们还可能面临这样一种局面:选择离婚重新结合建立新的家庭,或者与带孩子的单身个体结婚组建混合的家庭。这意味着很多人不仅要适应新的婚姻伴侣,还要适应继父母的角色。家庭中的每个人都需要做出调整以适应新的生活方式和需求,所有人都需要面对新安排和新的人际关系的挑战。

4. 社交

当今社会,经济和社会环境的变化使得人与人之间的交往显得更加重要。因为我们只有不断地与各类人员进行交往和信息沟通,才能不断地丰富自己、发展自己。当学生离开校园开始了新的生活,他们需要适应一系列新的社会关系和人际交往。对有的同学来说,这种转变很轻松,但对有的同学来说很难。个人的适应能力和调整能力决定了他能否顺利地融入新的社交环境。在大学期间,我们要重视参加大学各类组织活动,提升与人沟通和社会交往的能力,发展和增强适应能力。

5. 个人的生存和发展

我们常说"活到老,学到老"。在各行业飞速发展的现代社会中,这一要求正在变为严肃的现实。现在所用到的知识和技能,可能在几年内就会被更新和替代,在某些高新产业中,这一时间还可能被缩短。只有积极了解行业前沿信息,及时更新自己的知识和技能储备,才有可能在激烈的竞争中掌握主动权。

在快节奏的生活中,有规律地锻炼、适度放松以及进行其他健康的娱乐活动也是重要的挑战。在这方面许多大学生存在较大的困难。有些同学忽视了健康的重要性,还有些同学沉溺于电子游戏无法自拔。如果在毕业时还没办法应对这一挑战,那么在面对今后工作和家庭的需求时将会遇到更大的问题。在大学期间形成健康的生活方式,是为我们今后的优雅生活植入一些积极生活习惯的最好方法。

面对未来的挑战,提前做好身心准备尤为重要。小米科技的创始人雷军,他在大学期间培养出的专业技能与个人适应能力为他日后的成功奠定了坚实的基础。在武汉大学学习期间,雷军非常注重自我提升和专业技能的积累。他不仅在学业上努力钻研,还积极参与各种实践活动,不断提升自己的适应能力和实践经验。同时,雷军也深知市场的重要性,他积极关注行业动态,了解市场需求,并将这些知识应用到自己的学习和实践中。这种前瞻性的思维让他在毕业后能够迅速适应市场变化,成功创办小米科技,并带领企业不断发展壮大。雷军的故事告诉我们,在大学期间,我们不仅要注重专业知识的学习,还要注重培养自己的适应能力和对未来职业发展的规划。只有这样,我们才能在毕业后更好地应对各种挑战和困难,实现自己的梦想。

三、顺利度过大学生活的压力考验

不妨想象你有一个压力桶,压力源源不断地汇入,压抑的情绪和错误的释放方式,会让你的压力从橡胶管不断循环,终有一天桶会承载不了而破裂;必须要通过正确的方法,"从龙头放水"来维持平衡。

近年来,很多高校建立了大学生心理健康教育机构,开设心理健康教育课程、开展专业心理咨询等预防和解决大学生中的各类心理问题,帮助大学生顺利融入大学生活。所以,当我们遇到了压力考验的时候,可以首先选择到学校的心理健康教育或者心理咨询中心寻求帮助,学习应对压力的方法。压力应对是指个体认为自己与环境的交互作用可能给其带来负担,甚至超出自己拥有的资源时,为减少、最小化或容忍这种交互作用的内外需求而采取的任职和行为上的努力。因此,认清自我有时候比认清压力更为重要,更有利于我们应对压力。[①] 下面将结合大学生的实际情况介绍应对压力的几种途径和方法。

(一) 修炼身心

研究发现,心理承受能力是可以逐渐加强的。通过经历更多的事情和训练自己掌握更多心理技巧,我们可以更有效地应对压力。从理论上来说,如果每次都给一个接近临界点但当事人又能承受的压力,压力上限就会不断上升。但实际生活中,这样凑巧的事情几乎不可能发生。所以更多时候需要我们自己努力提升自身的体质和修养,提高心理承受力。

1. 调节身体状态

俗话说,身体是革命的本钱,保重身体可谓是生活的第一要务。然而,在当代大学生中,普遍存在长时间地盯着电脑、手机,熬夜通宵,饮食不规律等不良生活习惯,使身体产生各种不良反应,如头晕恶心,腰酸背痛,视力降低,失眠多梦,严重的则引发各种疾病,最终影响正常的学习和生活。

科学的作息时间和持续的运动会帮助大学生保持良好的身体状态。其中,运动会让新陈代谢趋于正常或提高,营养物质的利用与废物的排放效率就更高,内脏工作都会变得轻松,人会变得更不容易感到疲劳。同时,运动可以保持良好的外貌,使人更加自信。从锻炼的角度入手是最快最容易的。只要每天坚持跑步30分钟,你就能感受到将自己生命握在手中的感觉。这是最快的"情绪体验"。本节后面还会介绍时间管理的相关内容。

2. 磨炼个人品质

健康优秀的精神品质是一个人在生活和工作中克服困难、获取成功的重要条件,是一种强大的力量,推动着我们不断前进。优秀的精神品质可以帮助我们冷静地应对压力,增强心理承受能力,保持身心长久的健康,以快乐豁达的心态面对人生的风风雨雨。

[①] Folkman S., Lazarus R. S. Appraisal, coping, health status and psychological symptoms[J]. Journal of Personality & Social Psychology, 1986(50):571-579.

在校期间,我们应该抓住每一个磨炼品质的机会,做到"不以善小而不为,不以恶小而为之"。同时,善于发现身边同学的优点并不断学习,如果有机会可以积极主动参与到一些重大活动的组织筹备工作中,都有利于自身品质的培养。因为,优秀的个人品质,都是在生活的实践中,慢慢习得、渐渐积累起来的,是从点点滴滴的小事中凝聚起来的。所以注重从小事做起,在生活中点滴积累是十分重要的。

【延伸阅读】

对抗压力所需的优秀品质

- 坚强的意志

意志力是面对困难百折不挠的一种精神,是催人上进的内驱力,是经过生活的苦难磨炼出来的一种钢铁般坚强的品质。"不经历风雨,怎能见彩虹",坚强的意志是磨难锻造出来的美丽。

- 决断力

决断不是武断,不是草率、鲁莽、不计后果,而是在足够把握的基础上的当机立断,是果敢、坚定、自信的表现。君子有所为,有所不为,要时刻清醒地明白自己能做什么,不能做什么,审时度势,把握时机,在正确分析的基础上做出正确的决定。成功与失败往往在一念之间,因此能否做出快速而准确的决断则显得尤为重要。

- 进取心

面对荆棘与坎坷,选择前进还是放弃,则要看你追求成功的欲望有多大。如果你有雄心壮志,那就勇往直前吧!穿过这片荆棘,前面就是康庄大道,坚定的进取心是你勇往直前的动力,不要害怕失败,不要放弃追求,成功永远属于积极进取的人。那些懒散拖沓、安于现状、不思进取的人只会成绩平平,无所作为。

- 自信心

相信自己,是对自我能力的肯定,是对困难阻挠的蔑视。它是建立在对现实情况的深刻把握,以及对未来发展准确预料的基础之上的,是一种对未来目标已经胸有成竹的轻松心态。它能够使人以乐观的态度和高昂的激情去应对一切阻碍和干扰,从而摆脱困境,取得成功。如果一个人缺乏自信心,那么他就会轻易地向困难妥协,怀疑自己是否能够取得胜利而止步不前。

- 恒心

在人生的追求中,光靠一时的激情是很难达到成功的。激情难以持久,这样只会虎头蛇尾,半途而废。这时你需要的是一种坚忍不拔、持之以恒、不达目的誓不罢休的精神。这就是恒心,有了这种品质,才能使人取得最终的胜利。它是成功的可靠保证,是人生旅途的安全带。

- 勇气

勇气是什么?勇气是一种宠辱不惊,勇于接受挑战、面对现实的态度。无论是生活还是工作,勇气是一种不可或缺的重要因素。克服困难需要勇气,承认错误需要勇气,坚持自我需要勇气,放下世俗也需要勇气。勇气是一种不偏不倚、岿然独立的人格。

(二)正确归因压力

正确地认识和评估压力,包括评定压力的来源、压力的严重程度,以及估计自身处理压力的能力和可能性,所谓"知己知彼,百战不殆"。对于自身来说,不可盲目自大,更不可过于自卑,这两种错误态度会加重你的压力感。如果压力确实严重,非个人能力所能处理,或一时难以应对,也应该尽最大的努力,做好最坏的打算,使心理有预期准备,避免无法接受而造成心理崩溃。

归因是人们对自己或他人行为的原因进行推测、判断或解释的过程。归因理论是美国心理学家海德最早研究并提出的。它的意义在于对人的深层认知进行剖析,从而更加深入地了解心理机制对人的行为的影响。归因理论认为,人们对事件的归因分为:内部归因和外部归因。

内部归因是指个体自身所具有的、导致其行为表现的品质和特征,包括个体的动力、能力、情绪、心境、性格等方面。外部归因则是指个体自身以外的影响其行为的因素,包括社会环境、情境氛围、他人的影响等。例如,对于作业没有及时完成这件事,内部归因的同学倾向于把原因归结到自身,认为是自己学习不够认真,不够聪明等;而外部归因的同学则把原因归结为环境或他人的影响。

就压力而言,把压力产生的原因归结于自己还是归于他人,对能否有效地减轻压力具有很大的影响。两种归因模式各有其优点和不足。想要正确归因压力来源,就要树立正确的世界观、人生观和价值观。不要被任何先验的思想所束缚,你的人生取决于你自己的选择和所作所为。

例如一个学校环境中,所有学生都面临学业上的压力。一部分学生可能在面对考试挑战时,将失败归因于自己的不努力或不聪明,增加了内部压力。而另一部分学生可能更倾向于将学业压力归因于外部因素,例如教学质量或考试难度。这两种归因方式可能影响学生对于压力的处理方式,从而影响他们的学业表现和心理健康。

面对压力我们要做的是,建立自己的、积极的、有为的人生观。只有这样,我们才能真正了解自己,正确归因压力的来源,从而及时调整自己的行为模式,健康、积极地学习和成长。

(三) 合理寻求社会支持

压力的产生大致上分为两个阶段:第一,发现一个棘手的情况,这个情况可能会威胁你的目标;第二,发现你可能不具备解决这个威胁的能力或资源。应对资源是一个人应对压力的兵器库。武器精良且品类繁多,那么压力面前你就可以从容不迫、轻松应对;但如果你两手空空,手无寸刃,那么你很可能在与压力的战争中一败涂地。

生存要以一定的经济基础为前提。经济实力是维持人们正常生活的基础,也是继续发展的基础。如果由于经济拮据,迫于生存,那么经济问题已经是首要压力,使人疲于应付,对于其他压力更是应接不暇。只有在生存问题得以解决的基础上,才有能力去谋求其他的发展。经济资源是一个人坚实的物质基础,也是一种力量。

每个人都是社会大家庭中的一员,都希望在这个家庭中得到接纳、认同、重视,也就是获得归属感、安全感。如果不被领导重视、同事接纳、朋友支持,那么个人就会像个孤儿一样,感到孤独、失落、无依无靠。情感的慰藉是一种力量,特别是在人失落、失望、失败的时候,同事的安慰、朋友的陪伴、家人的爱抚都是对你莫大的支持,给你以理解、信任与温暖,使你重新获得力量,振作起来,继续奋斗。

社会支持来自同事、领导、朋友、亲人,甚至是陌生人的一个微笑。它是一种动力,一种依靠,使你面对压力时不再惊慌失措。

(四)掌握适当的心理技巧

人都有自己擅长的心理防御机制,有人擅长升华,有人擅长压抑,有人擅长幻想。掌握解决心理压力的方法越多,面对不同类型的压力时越能较好地应对;反之,则很容易被特定压力压倒。

1. 补偿

当一个人实现目标的愿望受挫后,他可以利用别的途径达到目标,或者确立新的目标。在实施过程中,发现目标不切实际、前进受阻,应及时调整目标,以便继续前进,获得新的胜利,即"失之东隅,收之桑榆"。这是一种心理防御机制。

苹果创始人史蒂夫·乔布斯是一个著名的成功人士,但他并不是一开始就如此。年轻时,他从大学辍学,而后进入艺术设计领域。尽管他并非专业的工程师,但他通过自学和不断尝试,逐渐积累了编程和电子技术方面的知识。他深知自己的不足,但通过对技术的充分理解和对设计的热情,他成功地创建了苹果公司,并推出了一系列划时代的产品。乔布斯的故事表明,通过不断努力弥补自身的不足,可以实现非凡的成就。

在补偿心理的作用下,人们会清楚地意识到自己的不足。这就促使其努力学习别人的长处,弥补自己的不足,从而使其性格受到磨砺,而坚强的性格正是获取成功的心理基础。

2. 升华

升华是指人在受挫之后,奋发向上,将自己的感情和精力转移到其他的活动中去。如大学生在感情上受挫之后,将感情和精力转移到学习中去。这也是大学生在受挫之后一种很好的调节方法。

伟大的德国诗人歌德因失去爱人并受朋友启发创作了《少年维特之烦恼》,并且仅用了一个月的时间,写完了这部后来影响全世界几百年的凄婉、动人的不朽作品。当他写完这本小说时,他像大病初愈似地清醒过来。就这样他终于摆脱了过去的阴霾,从巨大的精神压抑中解脱出来。

3. 转移注意力

当遭受挫折时,会出现心理压力,一般人都会感觉度日如年。这时,要适当安排一些健康的娱乐活动,走出户外去。丰富多彩的闲暇活动可以使挫折感转移方向,扩大思路,使内心产生一种向上的激情,从而增强自信心。

不要把痛苦闷在心里,应当主动向朋友、同学或亲友倾诉,争取别人的原谅、同情与帮助。这样可以减轻挫折感,改变内心的压抑状态,以求身心轻松,从而让目光面向未来,增强克服挫折的信心。

4. 压抑

压抑是一种常见的心理现象,精神分析学说称它是一种心理防御机制。压抑的目的是把某些人认为不道德、不体面、暂时无法实现的情欲或观念从意识领域中驱赶出去。

我们应该承认欲望的合理存在,只是在一定的时间、地点不让它表现,并考虑以适当方式满足。在这种情况下,压抑是手段,其目的是既能满足个人需要,又能适应社会。显然,适应性压抑是健康的。

(五)不做完美主义者

完美主义者就是时时处处、方方面面都要追求十全十美的人。他们具有以下一些特征:

完美主义者做任何事都十分认真;

完美主义者天生敏感;

完美主义者一旦失败,便会积蓄力量东山再起;

完美主义者永远都不会达到其最终目标,因为他的目标是如此完美,即使他达到了这个目标,又会立刻为自己定下一个更高的目标;

完美主义者活得很累。

从上述描述中不难发现,完美主义者具有两面性:一方面,他们富有才华,勤奋努力,思维敏捷,考虑周详,工作能力强,很容易提高生活和工作的质量,高标准和高要求又会促使其不断进步,精益求精。另一方面,完美主义者往往太过追求完美,耽于想象,脱离实际,要求苛刻,固执己见,易受打击,自信心差,囿于条理和规则,死板谨慎,内心封闭,容易伤害别人,更容易伤害自己。他们一般活得太累而不快乐。

完美主义者总是给自己施加太多的压力,使自己困于其中,无法自拔。这与他们的思维方式有密切的关系。完美主义者的思维方式是幼儿式的二分法,即"非好即坏"的思维模式。比如,当一个完美主义者制订了一个发展计划,如果进展有稍不如意,没有达到他所定的标准,那么他就会认为"完全失败",失去继续下去的信心和动力。完美主义者的思维轨迹与我们正常的思路有所不同,正常的思路应该是:较低的、较容易的目标→完成或成功→自信→更高的目标→完成或成功→更自信。

而完美主义者的思维轨迹是这样:太高的目标→极易失败→心灰意冷→更高的目标→再次失败→自信再次受损→更完美的要求。

因此,完美主义者极易陷入这样一个怪圈,使自己备受打击,丧失信心,从而在工作和生活中败下阵来。只是因为他们给自己定了太高的目标,施加了太大的压力。

【延伸阅读】

完美主义的心理根源

从心理学角度来解释,完美主义心理观念的产生与其孩童时代的生活是密切相关的。父母总是会对孩子怀有美好而迫切的期望,望子成龙,望女成凤,希望自己的孩子是最棒的、最优秀的。这种心理表现为行动,就是对孩子的严格要求,"努力再努力","要做就做最好"。作为一个孩子,满足父母的期望,获得他们的认可和赞赏是他们最快乐的事情。如果失败的话,往往得到的只是父母或者老师的批评和指责。孩子害怕父母不再爱他,老师不再信任他,所以只能以更高的标准不断地要求自己,渴望得到成功和赞赏,同时心里却背负着巨大的压力,内心战战兢兢。

久而久之,这些孩子虽然长大之后,不再需要父母的耳提面命,但是这种情绪依然存在。它已经从父母的期望和要求内化为对自己的严格要求。从内心深处,他们依旧害怕失败，不被肯定，害怕被别人忽视，因而不愿意降低自己的标准和期望值，让自己活得很累。

完美主义者倾向的负面影响往往抹杀了其积极作用。完美主义者常常会因目标太高无法实现而丧失自信；害怕犯错误，而不敢尝试新事物；压力太大，精神紧张，使工作效率急速下降；因为发现自己的缺点和不足而惶惶不可终日；经常自怨自艾，使生活丧失乐趣等。那么如何克服完美主义倾向呢？

第一，降低期望值，求佳不求优。降低期望值是克服完美主义倾向的关键所在，但是，对于完美主义者来说，要做到这一点，是非常困难的。因为他们从来都是以高目标、高期望、高标准来严格要求自己。他们从心理上不情愿低就，因为对于他们来说，这和失败是没有区别的。

对于期望值高低的制定，应该以自己的能力、时间和精力的实际情况为基础，不切实际地一味拔高，只会屡屡失败，屡屡受挫，陷入完美期望的陷阱里，无法自拔。把自己的标准稍稍降低一点，成功的希望就会变大，压力就会变小。

第二，积累成就，增加自信。忙完一天的工作，晚上躺在床上，回忆一下一天中较为成功的事情，慢慢积累自己的成就感，改变自咎自责的习惯，学会肯定自己，增强自信，长期坚持。慢慢地会使自己的灰暗心情变得明朗起来。即使是犯了错误，也应该从中吸取教训，把目光从失败上移开，吃一堑，长一智，失败是成功之母，是经验积累的最好方式。

第三，抛弃完美主义的思维模式。完美主义的思维模式是一个恶性循环的过程。太高的目标容易导致失败，失败打击人的信心，即使是成功，之后又会制定更高的目标，最终还是失败，使自信心受到强烈的打击，造成苦痛。所以抛弃完美主义思维模式是最明智的选择，可以达到釜底抽薪之功效，使人摆脱困境，减轻压力，恢复轻松，找回自信，以积极开朗的心态去面对生活和工作。

第四，信任他人，改善交际。完美主义者不仅对自己有极高的要求，对他人也会有极高的期望，苛刻的要求，反复地检查，不断地怀疑，不放心不满意别人的工作，甚至不愿意把工作交给他人。这不仅给自己加大工作量，更会引起同事不满，使人难以与之合作，从而被孤立。甚至与亲人之间也容易造成矛盾，最终让自己孤立无援，不受欢迎。因此，增加对他人的信任，改变过分挑剔的毛病，多鼓励和安慰他人，别人则会报以友好和支持你。同家人营造一种温馨和睦的氛围，家人的支持是你事业成功的坚定后盾和有力保障。

拒绝完美主义。现实世界不眷顾完美主义者，它只垂青踏实做事的人。不做完美主义者，解除自己身上的枷锁，让心灵轻松自由地飞翔。我们可以去追求完善，但是对于完美，就把它作为一个天真的梦想，可以仰望，可以欣赏，但是没有必要费尽心力地去追逐。

（六）学会时间管理

大学生每天要面对繁重的学业、相对复杂的人际关系以及其他课余活动。良好的时间管理能力就显得尤为重要。时间管理是指通过事先规划并运用一定的技巧、方法与工具实现对时间的灵活以及有效运用，从而实现个人或组织的既定目标。它的核心思想就是建立一个稳定的事务处理系统，把所有事务反映在列表中，能让大脑对工作有个清晰直观的了解，让自己在放松和休息的时候，彻底地放松，而不是有负罪感，觉得还有好多事没有做。

学会减法。例如，减少自己不必非做不可的事情，减少自己的任务，适当放松自己，好好享受休闲时间。这样能让你摆脱心理焦虑，对没有做完的事情无负罪感。

学会普瑞马法则，就是把一件更难完成的事情放在比较容易完成的事情前面做。那更难完成的事情就可以成为比较容易完成的事情的强化刺激。换句话说，就是把不愿意干的任务或者工作放在喜欢完成的任务之前。如果经常完成困难的、有挑战性的任务，那么工作能力就会增长；相反，工作能力就要下降。具体做法如下：先用一两天时间给自己做一个行为记录，把你每天通常要做的事情记下来，这包括记录你所有的生活活动。然后把其中一些如吃饭等必须完成的事情剔除。再把剩余下的事情按照兴趣排列，把你最不喜欢做的事情放在第一位，把你最喜欢做的事情放在最后一位。

有一位国外皮划艇运动员出了一本自传，书中用"Mind like water"来形容自己追求的最高境界，即在水上毫无阻力的滑行状态。用古人的哲学来解释，就是"有容乃大，无欲则刚"。对于一些事物，你只有摆脱了内在的某些让你焦虑的欲望，才可能不限制自己的能力，不给自己添加阻力。

在应用程序高度发达的今天，我们还可以借助智能工具进行时间管理，有许多流行的时间管理手机 App，如"番茄""此刻""Weple Today"等。大家可以根据个人习惯选择，进行便捷的时间管理。

【延伸阅读】

科学的作息时间表

6:30：起床。打开台灯。"一醒来，就将灯打开，这样将会重新调整体内的生物钟，调整睡眠和醒来模式。"拉夫堡大学睡眠研究中心教授吉姆·霍恩说。喝一杯水。水是身体内成千上万化学反应得以进行的必需物质。早上喝一杯清水，可以补充晚上的缺水状态。

6:30—7:00：洗漱。"在早饭之前刷牙可以防止牙齿的腐蚀，因为刷牙之后，可以在牙齿外面涂上一层含氟的保护层。要么，就等早饭之后半小时再刷牙。"英国牙齿协会健康和安全研究人员戈登·沃特金斯说。

7:00—7:30：早操。科学的早操锻炼能改善神经系统功能，通过早操活动可提高中枢神经系统的机能水平，提高机体的强度、均衡性和灵活性，使大脑皮质的兴奋与抑制的转换能力的提高。体育锻炼能使神经细胞获得更充足的能量物质和氧气，使大脑和神经系统在紧张的工作过程中获得充分的能量物质保证。

7:30—8:00：吃早饭。"早饭必须吃，因为它可以帮助你维持血糖水平的稳定。"伦敦大学国王学院营养师凯文·威尔伦说。早饭可以喝点粥等，这类食物具有较低的血糖指数。

10:00：吃点水果。这是一种解决身体血糖下降的好方法。吃一个橙子或一些红色水果，这样做能同时补充体内的铁含量和维生素 C 含量。

11:30：午餐。健康的午餐应以五谷为主，配合大量蔬菜、瓜类及水果，适量肉类、蛋类及鱼类食物，并减少油、盐及糖分，要讲究 123 的比例，即 1/6 是肉或鱼或蛋类，2/6 是蔬菜，3/6 是饭或粉，要注意三低一高，即低油、低盐、低糖及高纤维。

12:30—13:00：午休一小会儿。雅典的一所大学研究发现，那些每天中午午休 30

分钟或更长时间,每周至少午休 3 次的人,因心脏病死亡的概率会下降 37%。

16:00:喝杯酸奶。这样做可以稳定血糖水平。在每天三餐之间喝些酸牛奶,有利于心脏健康。

17:30:晚餐少吃点。晚饭吃太多,会引起血糖升高,并增加消化系统的负担,影响睡眠。晚饭应该多吃蔬菜,少吃富含卡路里和蛋白质的食物。吃饭时要细嚼慢咽。

21:30:上会儿网。这个时间上网放松一下,有助于睡眠,但要注意,尽量不要躺在床上看屏幕,这会影响睡眠质量。

22:00—22:30:洗个热水澡。拉夫堡大学睡眠研究中心吉姆·霍恩教授认为:"体温的适当降低有助于放松和睡眠。"

23:00:上床睡觉。如果你早上 6:30 起床,此时入睡可以保证你享受 7~8 小时充足的睡眠。

(七)战胜拖延症

【案例】

小丽是一名大学生,她在上大学之后,遇到了一个很困扰她的问题,那就是拖延症。每当她有任务要完成,不管是写论文、做作业还是其他的生活任务,总是会想着先去做其他的事情,比如刷抖音、听音乐或者玩游戏等。每次都在 ddl 到来的时候,她才会开始拼命地赶进度,而且往往是熬夜完成 ddl 才彻底完成任务。这种拖延症给她带来了很多麻烦,不仅是学业上,她的生活也因此受到了很多干扰。因为她总是等到最后一刻才开始一些计划,所以她的生活会变得很混乱,时常会因为时间不够而弄得很匆忙,甚至有时候还会因此和家人朋友发生矛盾。尽管她深知自己需要改变这种情况,但拖延症仍然是一个让她感到束手无策的问题。直到有一天,她突然意识到这种情况是不可忽视的,她开始试图寻找改变的方法。她开始列清单:把任务和时间限制分别列在清单上,并定下具体的计划和时间安排,制订短期目标和长期计划。此外,她也学会了如何分配时间,安排日程表,设定自我约束,甚至向家人或朋友求助,希望他们能够帮助自己去解决这个问题。通过试错和不断的实践,小丽最终战胜了一些自己的坏习惯,开始了正规的时间管理方法,她发现自己的学习和生活质量都有了很大的提升。

提问:

1. 你从小丽摆脱拖延症的过程中学到了什么?
2. 你是否有拖延症呢?谈谈你自己对拖延症的看法。

很多同学都有拖延的毛病,常常是立下目标无数,但却未付出行动。大家宁愿在网上浏览着小说和帖子,或是玩在线小游戏,也不愿看看专业书本或文献,甚至哪怕截止日期就在几天之后,也都会在最后期限到来之前因紧迫感而开始着手学习任务。这样下来,学业不精而且离自己的理想越来越远。

【延伸阅读】

拖延症的心理根源

拖延症的根源,实际上是对自身期望很高甚至不切实际。如果说完成任务就像走过一块一人宽、十米长的厚木板,那么当它放在地面上时,几乎人人都可以轻松地走过。但对结果的高期望则像是将这块木板架到两座高楼之间,这样我们会害怕掉下去,即害怕失败或害怕成功,于是我们甚至不敢向前迈进一步。而最后期限则是身后的一团火,当它离我们很近时,害怕被烧着的恐惧心理战胜了对掉下去的恐惧感,于是我们勇敢地冲过去,在最后期限到来之前做完任务。

更可怕的是,很多爱拖延的人甚至享受那种最后期限过后突然一下放松的感觉,而且拖延的结果有时反而更好(比如写实验报告,如果拖到最后,往往可能因为能够和其他人讨论并参考其他人的观点而比先完成的同学写得更全面、更好)。这时候,我们会在心里表扬自己。长此以往人的拖延症会越来越严重。于是人们开始给自己找借口,当结果不好时,只认为是自己没尽全力,如果努力了,肯定会取得好结果。这就是心理学上的高自尊人格。

人不能永远靠放火来逼自己走过木板,那样的话,总会有烧着自己的一天。而且,那种压抑的焦虑感和对自己不满意的感觉也并不令人愉快。因此,最好的办法是将木板的高度降低,即不要对自己要求太高只要认真做好每一件事即可。

战胜拖延,追根究底,还是要改变自己的思维方式。这虽不太容易做到,但不是不可能。改变思维方式,尤其是改变潜意识,最重要的是要改变自我对话的方式。下面是一些自我对话的模式(括号里是要丢弃的自我对话方式):

我选择/我想要……(我必须/我一定得……);

这个任务我可以每次做一小步(这个任务太大了);

我今天要开始做……(我今天必须完成……);

我是平凡人(我必须完美/出类拔萃);

我一定要休息娱乐/休息娱乐是正常生活的一部分(我没空休息娱乐/休息娱乐就是偷懒)。

另外,我们还要从心理上树立摆脱拖延的决心。时常问自己:我真的想要停止拖延吗?很多时候我们拖延,是因为我们并未真正意识到做这件事的重要性、真正想做这件事。例如,有些同学宁愿发呆、浏览网页、刷微博,也不愿着手做明天要交的作业。这并不能简单地归因于懒惰,很多时候,恰恰是我们没有意识到学习这门课程的重要性。再举一个例子,如果我们买了6点钟放映的电影票,很少会有人拖延到6点半才出门。这是因为我们已经为它支付了代价,如果迟到了,会有显而易见的损失,而这个损失是人人都能预见到的。

专注当下。这里所说的专注于当下,不是指专注于你现在脑子里的想法和情绪,而是专注于你现在正在做的或选择要做的事情。其实,很多有拖延症的人恰恰就是太过关注自己一时的情绪,比如觉得自己不开心了,得放松一下,上上网,于是就养成了拖延的毛病。从心理学角度来说,过于关注自己一时的情绪是不懂得推迟满足感的一种表现,就像小孩子想要一个玩具就非要马上得到不可一样。这样的做法会大大削弱一个人的自制力。而且,心理学实验表明,满足自己一时的情绪需求并非最佳策略。从长期角度上来讲,它会降低一个人的自我满足感和幸福感。

同时,对于已经发生的不愉快的事情,或是对自己过去行为的不满,应当选择面对和接受,而不是逃避。面对和接受不是放任自流,而是不再沉浸于自责、痛苦等负面情绪中,客观地更好地理解当下的状况,进而为以后做打算。

大多数有拖延情况的人也许都还没到严重成"症"的地步,但也或多或少地被它影响了生活,影响了对理想的追寻。克服一个问题并不简单,需要自己给自己支持与鼓励,其间或许还会有许多反复,但只要大方向是对的,就应该勇敢地前行。同时,他人的帮助同样重要。我们可以将自己的目标、理想大声地说出来,发个朋友圈,让所有人都知道,同时向身边积极向上的朋友学习。有了群众的监督和榜样的力量,做事也不会拖泥带水,干劲与日俱增。

【延伸阅读】

摆脱拖延的10个窍门

"对行事拖拉的人进行劝诫就如同让抑郁症患者高兴起来那么困难。"法拉利教授认为,劝导对拖延症患者来说作用微乎其微,关键还是要靠自己下定改正的决心。这需要很大的精神动力才能完成。试着结合以下10个窍门,可能会更容易一些。记住,每达到其中一项,你就离成功进了一步。

(1) 时刻提醒。将你提交工作报告或论文的最终期限或约会日期写下来,可以时刻提醒自己。对于特别重要的事情,用荧光笔重点标注一下。

(2) 将工作安排在一天当中效率最高的时候。

(3) 给自己设个最后期限。很多人都有这样的经验,那些看似不可能按时完成的任务,往往在最后一刻都能完成。

(4) 将工作分出轻重缓急,重要的马上做。所以当一大堆工作都摊在你面前时,你就知道该从何做起了。

(5) 每天早上至少完成一件你最不想做的工作,其余工作你就会在轻松的心态下完成。

(6) 劳逸结合。

(7) 将庞杂的工作分成一小部分一小部分去做。

(8) 避免工作被打断。集中精力可以使你在很短的时间内完成更多的工作。

(9) 计划不要变来变去。一旦你给自己制订了计划,就严格遵循它。不要为了使计划更完美,而中途添加新的内容。

(10) 当你按时完成工作时,给自己一个奖励。

本章小结

通过介绍压力的相关知识,分析大学生常见的压力,帮助大学生学会面对与管理压力。

思考题

1. 评估自己的压力水平及压力承受能力,写出自己经常使用的减压方法。
2. 压力是否有其积极正面的意义?你是怎么看的?

【书籍推荐】

《自控力:和压力做朋友》

作者:(美)凯利·麦格尼格尔

译者:王鹏程

出版社:北京联合出版社

你一定经历过这些压力吧!无处不在的"内卷",考试准备期每天排得满满的复习计划,实验课题中源源不断的问题,工作中领导一遍又一遍要求修改的策划书,等等。如果你感觉压力让你彻夜难眠,给你的生活带来了很大的困扰,我相信凯利·麦格尼格尔将会帮助你拨开笼罩压力的云雾,让你看见压力的背后,正是生活的意义。

当你觉得压力是绝对有害、需要避开的事情,你会更可能体会到这些事情:怀疑自己应对挑战的能力,孤独地陷入痛苦,找不到奋斗的意义。相对比,接受和拥抱压力能将这些情况转变成完全不同的体验:自我怀疑被信心取代,害怕变成勇气,孤立成为联结,痛苦激发了意义。而这些,不必消除压力。

"千磨万击还坚劲,任尔东西南北风"是清代诗人郑板桥对"竹"的书写,没人能预测生活中来自四面八方的打击,人能做好的是只有应对打击后的态度与处理方式,借用书中的说法,即"痛苦使你坚强",而"杀不死你的,都会令你强大",压力磨炼韧性,而韧性最终支撑着你迎来光明。

《番茄工作法图解:简单易行的时间管理方法》

作者:(瑞典)诺特伯格(Staffan Nöteberg)

译者:大胖

出版社:人民邮电出版社

本书介绍了时下流行的时间管理方法之一:番茄工作法。作者根据亲身运用番茄工作法的经历,以生动的语言、传神的图画,将番茄工作法的具体理论和实践呈现在读者面前。番茄工作法简约而不简单,在一个个短短的25分钟内,你收获的不仅仅是效率,还有意想不到的成就感。这本书适合所有志在提高工作效率的人员。

【视频推荐】

电影《当幸福来敲门》

当幸福来敲门,你会发现,所有的努力和等待都是值得的。

当幸福来敲门,喜悦填满心,温馨的音符跳跃在每个角落。

当幸福来敲门,是人生最美的瞬间,愿你都能抓住它,享受这美好的旅程。

影片取材真实故事,主角是非洲裔美国人投资专家克里斯·加德纳。影片讲述了一位濒临破产、老婆离家的落魄业务员,如何刻苦耐劳地尽单亲责任,奋发向上成为股市交易员,最后成为知名的金融投资家的励志故事。主人公即使在遭遇生活一次又一次地打击后,仍然没有放弃对美好生活的追求,始终向上,最终成功。

第九章 生命教育

名人名言

　　人们说生命是很短促的,我认为是他们自己使生命那样短促的。由于他们不善于利用生命,所以他们反过来抱怨说时间过得太快;可是我认为,就他们那种生活来说,时间倒是过得太慢了。

——卢梭

本章要点

　　介绍生命的历程和生命的价值;
　　解读目前大学生对生命的主要困惑;
　　讲述大学生应该如何尊重生命;
　　介绍自杀及其预防的相关内容。

【案例】

　　在北京某大学,经常能看到一位坐着电动轮椅、背着书包在校园里往返的学生。这位同学因从小患脑瘫,很多时候需要借助轮椅出行,在语言和动手能力上有一些不便。2019年,他考来北京,学习物理专业。第一次独立在校生活就被一时涌来的各种障碍困扰得步履维艰。面对困难,他没有怯弱,而是迎难而上,这个过程也拥有许多治愈内心的温暖时刻。

　　他并没有因为自己的身体条件而放弃学习,更多的是历经艰辛、披荆斩棘,在基础学科的道路上有着自己的坚持与探索,身体上的伤病并没有打败他,反而让他在前进的道路上越挫越勇。在学习上他不断深挖原理,阅读相关读物,提升自己对物理的兴趣,学在其中、乐在其中。坚韧的意志使他不放弃、不气馁。锲而不舍,金石可镂,本科期间,他的专业排名始终保持在前三分之一,591分的英语六级成绩,三好学生、优秀共青团员等荣誉称号,这一切都是他努力奋斗的见证。在为期一年的考研长跑中,他也遇到了许许多多的挫折与困苦。他与室友们相互打气、相互加油、查漏补缺,为专业课静心学习、为世界杯欢呼喝彩,那段日子是苦的,也是甜的。最终他以369分的成绩如愿继续深造求学。

　　他并没有因身体原因而抱怨生活,相反,他认为自己很幸运,感恩身边的一切。他写在毕业致谢中的真挚内容让人动容:"一句特别的道谢我想送给许多个我叫不上姓名的'您'。"字里行间的细节都能让人感到他对这个世界的爱,而也正是因为这些曾给予过他帮助的人们,这许许多多的善举,一点点地将他眼中所认识的世界渲染上了包容、友爱的永恒底色,也激励着他与他们一样,倾心奉献,努力让自己成功为"光源",照亮他人。

在谈及未来规划时,他告诉记者,"我希望成为一个物理学领域的科研工作者,用我自己的方式做有应用价值的研究,帮助我们科学技术的发展。我还会继续投身到社会实践和志愿服务中,发光发热"。

——案例摘自《中国青年报》

提问:
1. 你怎么看文中这位同学的经历?你觉得他的生命是怎样的。
2. 你曾经抱怨过生命的不公吗?如果你是文中这位同学,你会怎样度过你的大学四年?
3. 你觉得应该如何面对自己的生活与生命?

生命教育,顾名思义,是帮助受教育者认识生命、理解生命、完善生命观、提升生存技能和生命质量的一种教育活动。生命教育的目标是使受教育者树立正确的生命价值观,懂得尊重生命、珍惜生命、热爱生命和善待生命。[①]

生命教育有狭义与广义两种类型的内涵。狭义的生命教育指的是对生命本身的关注,包括个人与他人的生命,进而扩展到一切自然生命;广义的生命教育指的是一种全人教育。它不仅包括对生命的关注,而且包括对生存能力的培养和对生命价值的提升。

开展生命教育,我们应该学会表达对生命状态的关怀,提升对生命情调的追求,使自己能够更好地体验和感悟生命的意义,这不仅能促进肉体生命更加强健,还能推动精神生命进一步发展,让我们的生命更健康长寿,焕发出绚丽的光彩。

一、认识生命

人的存在是一种生命的形式。人最宝贵的是生命,生命是智慧、力量以及一切美好情感的必要载体。

(一)了解生命的历程

许多人在小时候都问过这样一个问题——"我从哪里来",实际上,这就是人最早的对生命的好奇。

生命是什么?生命从何而来?生命存在的目的是什么?

对生命本质的探索构成了哲学对人存在的三大终极命题——我是谁?从哪里来?到哪里去?

从古至今,对人存在的问题的思考始终没有停止过。人的存在是什么,人的生命从何而来,又向何处去,关于生命本质的探索,构成了哲学对人存在的思考。生命无疑是最珍贵的,不管是达官显贵或是平民百姓,无不都有着长命百岁、永葆青春的期待。生命是智

[①] 姚洁莉,李长瑾.温州市大学生生命教育知识、态度、行为现状调查.医学与社会,2013;(6).

慧、力量、美以及一切美好情感的必要载体。

诗人会认为,生命是一棵开花的树,是一片清新幽静的芳草,是小溪中欢快畅游的小鱼,是一张张微笑的脸庞。

旅行家会认为,多彩的生命构成了缤纷的世界,生命是宇宙间最神奇的自然现象,而人类又是所有生命中最独特的物种。

生物学家会认为,个体的生命从精子与卵子相遇融合的那一刻开始,需要经历出生、成长、成熟、衰老和死亡的连续过程。

心理学家会认为,在生命发展的连续过程中,我们的生活经验逐渐丰富,内心也发生了很大变化,我们有了独立的思想,自我意识逐渐增强。经过生活中一连串的挑战和磨炼,我们的生命在不断发展,在克服挫折和困难的过程中,生命变得更加有力量。

教育家会认为,生命是情谊的牵连,从牙牙学语,到蹒跚学步,乃至青春年华,都源源不断地传递着父母对我们殷切的期待和深沉的爱,在感受爱的过程中,生命因感恩而充满美。

1. 生命的开始

【阅读】

相传,黄帝的母亲附宝,在祈祷时被雷电击中而怀孕,生下了黄帝。中国古代也有送子鹤的传说。当然,我们的父母可能会和我们说,我们是从垃圾桶里捡来的,或者是充话费送的。但是,我们应该知道,我们的出生有着生理学的科学解释。

第一个人从何而来?小时候,我们知道鸡蛋可以孵出小鸡,那第一个人从何而来呢?不同的人们有不同的说法,其中最有代表性的莫过于上面两个传说。从进化的角度看,人类由古猿进化而来,起源于非洲大陆。

这表明,从人类学会反思自己开始,就面临着共同的命题:"我从哪里来"。虽然对于人类的起源困惑,存在科学、神话、宗教等的不同解释,但是每一个个体的出生却可以从生理学中找到科学的解释。

我们每一个人,都是由父亲的精子和母亲的卵子结合,在母亲的子宫中大约经历过280天的孕育,分娩出生成为一个独立的生命个体。

在这一过程中,大约有4亿精子相互竞争。因为母亲体内的酸性环境不利于精子的生存,这4亿个精子中,大约只有100个能够穿越重重障碍,到达母亲的卵子附近。而这100个最强壮的精子中,最终只能有1个幸运地刺破卵子,捷足先登。之后,精子与卵子的遗传物质相互结合,塑造出1个全新的生命。可以说,我们每个人的诞生都是一个极小概率的事件,都说明我们曾在"人生第一场战役"中全面胜出——这是生命的奇迹。

在母亲的子宫中,个体在九个月内从一个肉眼看不见的受精卵,成长为一个三四千克的胎儿,这一过程的迅速变化令人惊叹。

2. 生命的成长

不同的心理学家依据不同关切的内容,将人生发展分成不同的阶段。自我意识、道德、认知结构、生涯发展均可以作为划分人生发展阶段的依据[①]。在生活中,我们一般以

---

① 埃里克森、科尔伯格、皮亚杰、舒伯.

生理年龄为划分依据,将人的生命分为婴幼儿、儿童、少年、青年、中年、老年六个不同的生命发展阶段,在这六个生命发展阶段我们有着不同的成长状况和不同的生理心理情况。

(1) 婴幼儿期(0~6岁)

人出生后的婴幼儿期,进入了生命的第一个成长高峰。在这短短的几年中,个体无论是身体还是能力,都获得了极大的进步和提高。学会了走路、说话,并且开始具有独立的思想和自我意识,只要得到良好的养育和照料,这些成长都会自然而然地发生。

婴幼儿在0~1岁所能经历到的困扰,主要取决于生理上的需要是否得到满足;幼儿在2岁时所发生的行为变化非常大。这一时期的幼儿有许多行为和父母的要求不符合,而且和任何人都不容易相处;3岁是快速发展的时期,已经很有主见了,时刻想要讨人喜欢,并承诺一切;4岁幼儿对喜怒哀乐毫不掩饰,完全是至性真情的流露;5岁幼儿在情绪上仍具有恐惧、愤怒、好奇等特征,只是因其恐惧、愤怒、好奇的对象有所不同。

(2) 儿童期(6~12岁)

儿童期在心理学上也称为学龄初期,相当于小学阶段。在这一时期,学习在人的生活中占据主导,在生理、心理方面均发生了很大变化,从以具体形象思维为主要形式向抽象思维过渡,心理活动和思维的随意性和目的性也得到了充分的发展,集体意识和个性逐渐形成。

(3) 少年期(12~15岁)

少年期大致相当于初中阶段,是人从儿童的幼稚期向成熟期过渡的阶段。我们一般将少年期称为过渡期,过渡期的发展十分复杂且充满矛盾,因此又被称为困难期或矛盾期。少年期的主要特点是半成熟和半幼稚、独立性和依赖性共存。

(4) 青年期(15~35岁)

青年期是个体从不成熟的儿童期、少年期走向成熟的成年期的过渡阶段。处在这个时期的青年,不论就生理成熟来说,还是就智力发展、情感和意志表现、个性特征及言语行为表现来说,都有其特点。

青年期是个体生理发育成熟的时期。青年期人的思维能力继续发展到高峰,并达到成熟。皮亚杰认为,形式运算思维是思维发展的最高水平。有些学者则认为,少年期之后的思维仍在继续发展,并向"后形式运算思维"或辩证逻辑思维阶段发展。

(5) 中年期(35~60岁)

中年期是人生中相当长的一段岁月,人生的许多重要任务都是在这一时期完成的。处于中年期的人无论在生理上还是心理上都发生了一系列的变化。

中年期是充满挑战的人生阶段。中年期面临家庭、工作和社会的压力。人一方面要不断地完善自己,以求个体人生目标的实现;另一方面要承担着教育子女、赡养父母、照顾伴侣、完成工作等多方面的责任。不少研究者认为,在多种角色和责任的压力之下,中年人存在中年危机现象,即这个时期个体将经历身心疲惫、主观感受痛苦的阶段。

(6) 老年期(60岁以后)

老年期是指60岁至衰亡的这段时期。按照联合国的规定,60岁或65岁为老年期的起点。老年期总要涉及"老化"和"衰老"两个概念。老化指个体在成熟期后的生命过程中所表现出来的一系列形态以及生理、心理功能方面的退行性变化。衰老指老化过程的最后阶段或结果。在这一阶段,个体会出现体能失调、记忆衰退、心智钝化等。自古以来,人类不断地探索老化的原因,提出数种心理老化学说。

3. 生命的结束

野草有一岁一枯荣,繁花亦有衰败枯萎之时。人也不例外。死亡,是每个人的必然结局。不同的宗教、哲人和心理学家对死亡有着自己的解释。[①]

生命的生物学本质是机体内同化、异化过程这一对矛盾的不断运动。而死亡则是这一对矛盾的终止。人体内各组织器官同化、异化过程的正常进行,首先需要呼吸、循环系统供给足够的氧气和原料,尤其是中枢神经系统耐受缺血缺氧的能力极差,所以一旦呼吸、心跳停止,即引起死亡。

死亡是生命的必然规律。据比较生物学的研究,人类自然寿命是125～150岁[②]。但由于生命自然终止而"老死"的只是极少数。人类绝大部分死于疾病,也有部分死于意外,如战争、地震等。因病死亡的原因大致可分为以下三类:

① 由于重要生命器官(如脑、心、肝、双侧肾、肺及肾上腺等)发生了严重的、不可恢复的损害;

② 由于长期疾病导致机体衰竭、恶病质等以致代谢物质基础极度不足、各系统正常机能不能维持;

③ 重要器官没有明显器质性损伤的急死,如失血、窒息、休克、冻死等。

过去人们习惯把呼吸、心脏功能的永久性停止作为死亡标志。但随着医疗技术的进步,心肺复苏技术的普及,一些新问题产生了,它冲击着人们对死亡的认识。全脑功能停止,自发呼吸停止后,仍能靠人工呼吸等措施在一定时间内维持全身的血液循环和除脑以外的各器官的机能活动。这就出现了"活的躯体,死的脑"这种反常现象。众所周知,脑是机体的统帅,是人类生存不可缺少的器官。一旦脑的功能永久性停止,个体的一生也就终结了。这就产生了关于"死亡"概念更新的问题。"脑死亡"的概念逐渐被人们所接受,医学界把脑干死亡12小时判断为死亡。

了解死亡,让死亡成为我们生命的导师,不仅能使我们坦然面对、接纳死亡,也将使我们更加用心去呵护生命的尊严,感受生命的神圣和美好,激发生命的潜能,让我们真正享受生命的价值。

(二) 发现生命的可贵

假如生命从头再来,你会选择怎样的生活?你一定会选择过想过的生活,做自己最想做的事情。可是,我们每个人的生命都只有一次,我们没有弥补的机会!

1. 生命的可贵在于拥有生命才能拥有一切

你有没有想重新回到过去,改写一些过去经历的事?但我们每个人的生命都只有一次,而回到过去似乎并不能实现。那该如何利用好有限的生命,找到我们最想过的生活,发挥可贵的生命的最大价值呢?这一切的开始,是我们要重视自己的生命,看到它

---

① http://zh.wikipedia.org/wiki/%E6%AD%BB%E4%BA%A1。
② https://baike.baidu.com/item/%E9%98%BF%E4%B8%BD%E7%B1%B3%E7%BD%95%C2%B7E8%89%B2%E4%BE%9D%E6%8F%90/9408650?fr=ge_ala。

的珍贵。

人们说生命就像一趟列车,起点和终点都确定了,我们能把握的唯有中间的风景和经历。

我们每个人都是"赤条条"来到这个世界上,当我们离开这个世界的时候,并不能带走任何事物,唯有生命。在这中间有生命的历程,我们才会拥有自己的亲情、自己的玩具、自己的衣服、自己的友情、自己的爱情、自己的房子、自己的事业、自己的财富、自己的喜怒哀乐……只有拥有生命,我们才可以选择,才可以追逐梦想,才可以让"假如"成为现实。

当我们不再拥有生命,我们所有的一切活动就停止了,即使我们充分考虑自己的身后事,已经安排好离开后的诸多事务,也不能再亲身体验。所以说,人存在于世就是一个体验生命的过程。世界上最宝贵的是生命,是生命体现了世间万物的生存意义,是生命给了我们唯一充满快乐的过程,拥有生命才能拥有其他一切。

正如一位纪念四川汶川地震的人士所写下的:"地震毁灭了家园,但是只要人活着,我们可以重建。地震损失了财物,但是只要人活着,我们可以再靠自己的努力去获取。所有的灾难都会有物质上的损失,物质损失可以通过努力让它失而复得。而唯有生命,逝去了将永远无法挽回。一场灾难的降临,让人们猝不及防,但是人们要从灾难中获得警示,警示人们要敬仰生命。当人们还被利益蒙蔽心灵时,是否想过,当生命不存在时,你拥有的一切,有哪一样能随你而去?"

2. 生命的可贵在于生命是有限的

根据中华人民共和国国家卫生和计划生育委员会网站[①]上的信息,2023年我国的平均预期寿命为77岁,其中上海市的平均寿命最高,可达80.26岁。……有首歌这么唱:"人生不过恍惚三万天 漫漫人间 留恋流连"。因此,我们更要珍惜生命的每一天。即使我们用100岁来计算,每年365天,每天24小时,人的一生也只有36 525天,也只有876 600小时。生命是有限的,况且就目前来看,世界人口的平均寿命也低于100岁。而我们每一个人,又都面临着疾病、交通事故、自然灾害等天灾人祸的威胁,它们随时可能会夺取我们的生命。我们的生命太有限了!但也正因为生命有限,生命才变得如此可贵,我们才更要珍惜生命。

在很多神话传说里有长生不老的故事。古代也曾有许多帝王追求过长生不死,秦始皇就是其中的一位。秦始皇统一天下之后,对不能避免死亡感到遗憾,多次求仙问药,但最终仍然没能如愿,还是躺进了骊山陵墓。

我们没有能力让生命无限,在有限的生命中,我们能够完成的事情也是有限的。《明日歌》里唱道:"明日复明日,明日何其多,我生待明日,万事成蹉跎。"罗马诗人贺拉斯也说:"每天都想象这是你的最后一天,你不盼望的明天将越发显得可贵。"能够活着其实是一件挺不容易的事,我们应该懂得珍惜生命,感激生命中的每一天。

3. 生命的可贵在于生命是一去不复返的

我们总是会听到有人在说:"要是有卖后悔药的就好了!"而也许我们每个人都梦想时光倒流,去抓住本来放弃的,去经历另外一种选择。可是事实却是,生命中的每一天都

[①] http://www.nhfpc.gov.cn.

不会重复,都是独一无二的。我们的生命每过一天就少一天,每过一小时就少一小时,我们无法回到过去,我们的生命是一去不复返的。

然而,正是因为生命的一去不复返,生命才更显得弥足珍贵!不要怀疑,生命是最可贵的,只有活着,你才可以为自己的家庭和事业而奋斗,你才可以为自己所爱的人遮风挡雨,才可以孝敬父母。因为生命一去不复返,所以不要把遗憾留给明天。

生命从一开始就注定要慢慢走向不可逆的死亡,所以生命才那样的可贵。保护自己的生命是每个人的天职,所以,请从现在开始热爱生命,让一切梦想从现在开始,让生命不留下遗憾。

4. 生命的可贵在于生命的历程是不可预测的

生命是脆弱的。在成为胚胎之前,精子就已经开始了竞争,就要在对自己不利的环境(母体的环境)里生存下来。当婴儿降生之后,疾病、意外、天灾等又时时刻刻威胁着生命的成长。

一个人生命的历程并不是一早就知道的。谁都不能预测自己生命的下一刻会发生什么。云南昆明火车站暴力恐怖案件、马来西亚航班失踪事件,2020 年的新型冠状病毒席卷全球、2022 年的重庆山火、2023 年华北的洪涝灾害,让人们看到了面对意外时个体力量的有限,也看到了生命的无常。也许你已经规划好你的人生,可是生命中发生的事情,却不是你可以预测的。古语有云:"塞翁失马,焉知非福。"说的就是这个道理。我们需要做好准备,迎接生命中可能发生的事情,而不能仅仅是等待。

二、当今大学生对生命的困惑

每个人都会询问这个问题:"人生的意义是什么?"在生活中遭受不幸的人会觉得人生没有意义,而即便那些成功者也时常会迷茫于人生的意义是什么?在生活中遭受不幸的人会思考人生和活着的意义,对普通的人们,甚至是看似成功的人,都会偶尔思考人生的意义。近几年,越来越多的大学生开始思考人生的意义问题。从 2019 年火起来的"卷",以及后来出现的躺平、反卷,实际上都说明着这一代的大学生们正在思考过去人生"标准答案"的合理性。

我们发现,不少同学都出现了迷茫的状态,并在心理咨询中探讨人生意义的问题。有相关研究反映了这样的现实:大学生的人生意义感随着年级的增长,反而有所下降。物质条件的富足,同时也带来了精神层面的匮乏。或许现在我们需要的不仅仅是吃饱喝足的小康,更想实现精神的追求,或个人意义的展现。不少同学说自己感到"无聊"。根据存在主义的观点,个体无法体会到生命的意义感与价值感,而只能被自己内在的空虚萦绕,这种内在的空虚就是无聊。

那该如何破解这种卷、无聊、空虚感或无意义感呢?这是个很大的问题,我们不妨从目标和自我同一性出发,来一探生命的意义。

(一)目标的迷失

1. 没有目标就会迷失人生

西方有句谚语:"对于盲目的船来说,所有的风向都是逆风。"道出了目标对于航程的重要性,试问:如果你自己都不知道自己要去哪里,又怎么知道该上哪一班车呢?在人生低潮的时候,很多人都会失去自信,寄希望于求神问卜,无论在哪一个神庙前,总能看见不少年轻人在磕头许愿,听到他们喃喃祷告:菩萨保佑我有钱、有权、幸福……那么,也许我们应该思考:多少钱才算有钱?什么样才算有权?什么状态才算幸福?如果你的目标不清晰,就算有神仙,恐怕也不知道该给你什么。

没有人生目标的人,仿佛随波逐流的扁舟,不成功是必然的,成功是偶然的,除非奇迹出现,否则无法顺利到达对岸。很多人都说过,"做好眼前工作,一步步来"。人们的态度是诚恳的,但如果没有一个远期的目标为导向,注定会走更多的弯路,浪费更多的时间。"做正确的事,就会有正确的结果"这句话激励了无数人,但首先一定要强调,认清对你来说什么是"正确的结果",再根据结果去设计过程,在这个过程中坚持"做正确的事",才会得到"正确的结果"。目标既是我们成功的终点,也是我们成功的起点,还是衡量是否成功的尺度。

2. 没有目标的奋斗是浪费青春

成功的事业在起步的时候也仅仅是一种选择。你选择什么样的目标,就会有什么样的人生。没有明确目标的人,在职场之路上容易分散注意力、精力和时间;而一个具有明确目标的人,会对有助于实现目标的蛛丝马迹都特别敏感。成功不会光顾那些分散注意力、精力和时间的人,与其诸事平平,不如拥有一技之长。

刚上大学的学生,都有尽情展现才能的冲动,也特别有学习的热情,因此往往什么事都愿意尝试,什么活动都抢着参加。当然,这是探索自己的兴趣,确定自己目标的必要手段。但是,有的同学只是单纯地享受自己"多面手"的角色,为此沾沾自喜,长期这样下去,结果可能就是他在任何一个方面都不够突出,缺乏足够的竞争力。所以,无论学业有多忙,社团活动有多么丰富,一定要花时间和精力,好好考虑一下自己的目标,了解自己想要发展的专长,设计一下自己的职业发展规划。

3. 没有目标就不会过上想要的生活

当今的社会趋于多元,人们有更多选择可以养活自己,追求自己想要的生活,但这一切的前提是需要有自己明确的目标,以及追求目标锲而不舍的努力。不妨问问自己:你想过怎样的人生?

许多同学在刚上大学后缺少对人生目标的思考,因此会不自觉地接受一些大而空的目标,这些目标多与钱有关系,例如赚大钱、暴富……但是除了钱之外,人生还有许多可以追求的价值与理想,而这些也都是同样珍贵的。而去追求这些理想和价值观,需要探索自己、了解自己,制定适合自己与时代潮流的目标,更需要制定目标后持之以恒的努力。

"我们是怎样的一代"?央视网曾经采访了5位不同的"非定义青年",他们的故事或许可以让我们知道,生活可以有不同的目标,可以有不同的追求。大学一定要学热门专业吗?毕业后进体制才是最佳选择吗?留在大城市还是回家乡?兴趣必须要为工作让步吗?

他们五位的故事也告诉我们,新一代青年人从不被定义,我们有能力实现自己的目标,追求自己想要的人生生活。

【延伸阅读】

哈佛大学有一项关于目标对人生影响的跟踪调查。调查的对象是一群智力、学历、环境等条件都差不多的同时期毕业的大学生。结果是这样的：

27%的人，没有目标；

60%的人，目标模糊；

10%的人，有清晰但比较短期的目标；

3%的人，有清晰而长远的目标。

25年后，哈佛大学再次对这群学生进行了跟踪调查。结果是这样的：

3%的人，25年间他们朝着一个方向不懈努力，都成为社会各界的成功人士，其中不乏行业领袖、社会精英；

10%的人，他们的短期目标不断实现，成为各个领域中的专业人士，大多生活在社会的中上层；

60%的人，他们拥有安稳的生活与工作，但都没有什么特别的成绩，都生活在社会的中下层；

剩下27%的人，他们的生活没有目标，过得很不如意，并且常常抱怨他人，抱怨社会，抱怨这个"不肯给他们机会"的世界。

其实，他们之间的差别仅仅在于：25年前的他们是否有明确的人生目标。

从上面的故事中，我们可以看到，目标对人生有巨大的导向性作用。有了目标以后，你会把精力集中到对实现目标最有价值的事情上，很多决策就变得简单。没有明确的目标，你每一次的决策就等于没有原则，都是根据当时的某种感觉作决定，这种决定没有方向，难以产生积累的效果。

习近平在《我是黄土地的儿子》文章中回忆说，15岁来到黄土地时，我迷惘、彷徨；22岁离开黄土地时，我已经有着坚定的人生目标，充满自信。作为一个人民公仆，陕北高原是我的根，因为这里培养出了我不变的信念：要为人民做实事！

人的目标并不是突然冒出来的，而是在不断的实践中淬炼出来的。只有经历树立目标、迷茫与冲突，再到坚定目标的辩证发展，理想或目标才能逐渐清晰与坚定。因此，我们不必一开始就确定"大而宏伟"的目标，反倒是应该先实践起来，在实践中梳理自己的经验，逐步形成长期而坚定的目标。

4. 目标让你更有成就感

以前，有些同学谈到大学四年的感受，会不假思索地回答：没意思。实际上，"没意思"的原因并不是大学生活本身造成的，而是在考入大学之后，部分同学没有了目标和追求。那些有目标的人正围绕着自己的目标一点点地添砖加瓦，每向自己的目标靠近一步就有一种内在的喜悦，怎么会觉得没有意思呢？一个有目标的人，比没有目标的人对自己更满意，在人生道路上更有耐力，面对人生的挑战更加平静，更加自信。

人在自我评价的时候，不外乎三种方式：与别人横向对比，与自己的过去做纵向对比，将现状与自己的目标对比。三种方式一定要结合起来，横向对比的不足，往往使人对自己产生不自信等各种负面情绪，与自己的过去对比，使人眼界狭窄容易满足，而与目标对比，则能弥补前两者的不足，并保持前进的动力。

同学们，你们应该思考，未来你想成为什么样的人？你想过什么样的生活？把这些想清楚，再倒推到眼前，你每天该做多少事情？你不用再跟别人比了。只要你每天的工作做好,到时你的目标就会实现,所以,做到了你就可以安心休息。

约翰·洛克菲勒(John Davison Rockefeller)曾说:"目标是我领导的依据,目标就是一切。我习惯于在做任何事情之前先确立目标,而且每天我都要设定目标,无数的目标,譬如与合伙人谈话的目标、召集会议的目标、制订计划的目标。我在做事之前也会先检视自己设定的目标。通常在我到达公司时,我已经成功做好了万全的准备。所以,在我心里从未出现过诸如'我没有办法''我不管了''没有希望了'等具有吞噬性的声音。每一天确立的目标,已经抵消了这些失败的力量。"

(二)自我价值感的失落

什么是价值感?英文中的"self-esteem"和"self-worth"两个词表示的是相同的意思,都表示一种对自我的情感体验,并且这种情感体验是正向的,认为自己是有价值的并接纳自己。这就是我们常说的自我价值感。

19世纪末,心理学家威廉·詹姆斯(William James)最早用一个公式解释自我价值感,即自我价值感=成功/抱负,也就是说如果要提升自我价值感,就要增强成功水平或者是降低抱负水平。后续有很多国内外的学者对自我价值感进行了研究,自我价值感的定义也略有变化,但基本都有共同的基础,即自我价值感是一种个人主观对自我的一种情感体验。

很多同学在考上大学之初,是有着较强的自我价值感的,有些同学则感觉高考失利而有较低的价值感。但这些都是暂时的。在大学生活中,我们的参考系变了,身边都是优秀的老师和同学,我们对成功的期望,以及抱负都会变高。因此有些同学在和身边同学比较的时候,会感到自卑,按照詹姆斯的理论,这就是我们有强烈的抱负,但看不到成功的希望导致的成功。

那我们该怎么做呢?从定义来看,我们可以从"成功"和"抱负"两方面入手。

一方面,成功,可以是"小确幸"。在现代社会,手机及互联网的普及,使我们可以很轻易地看到"上流社会"的样貌。我们可能不经意间提高了"成功"的标准,而忽略了同样有价值的其他事情。考第一才是成功,赚大钱才是成功……我们要做的是找到属于自己的"成功",找到让自己感觉有价值感的事情。

另一方面,则是"抱负",我们可以用设定目标去理解。

相较于过去,我们也更可能将目标设置得更高。小富即安可能是过去一代人的目标,但现在的同学们可能想要更"上进",悄悄提高了抱负的水平。心理学中,有"最近发展区"的定义,在我们日常用语里,也有"舒适区"的概念。刚好在舒适圈外,能通过一定努力达到的目标,才是好目标,才是能够激励我们成长,同时又不会因为达不到而让我们感到沮丧,才是合理的目标。大学里,制定符合自己的合适的目标非常重要。因此,审视自己对成功的定义,树立恰当的抱负水平,是提升自我价值感的一部分。

最后,成功和抱负的定义也是会发展和变化的。所以,我们大可不必一开始就将自己的目标想得太远,俗话说,不积跬步无以至千里。我们只有将大目标拆解成小目标,并取得一个一个有价值感的成功小事件,才能在成长的同时,一直保持较高的自我价值感,避免可能出现的焦虑、抑郁等情绪。

回到价值感上来,多去帮助一些需要帮助的人,是能够体现自身价值感的;一旦拥有了价值感,我们便不再孤独和无助,也不会对那些鸡毛蒜皮的事一味关注、耿耿于怀;因为我们的人生因价值感而有了意义。

价值感是我们做事情的动力源泉。不管做什么工作,如果没有人欣赏、认可,也就了然无趣;一旦别人把你的劳动当成必不可少的需要,你的付出就有了重要的意义。

价值感被激活,感到生活有价值的人,快乐程度也会较高;觉得生活不再有意义,生活已不再有价值的人,生活的激情和活力也会缺乏。了解价值感之于人生的重要,我们便能从提升自我的价值感上来探究幸福。当我们越来越能体谅他人、关心他人,当我们越来越有能力为他人解除烦恼、驱除无助时,我们便将真正地赢得他人的认可与肯定。

在现代社会生活中,人们看待各人的价值高下,常常以其所获得的成就而定。当一个人把成就作为唯一的衡量尺度,并以此等同于个人的价值时,一旦在与他人的比较中落后,往往就会陷入内在的空虚与失望。

《精神心理学》的作者丹尼斯(Dennish)指出,价值感能"将我们与他人、自然和生活的源泉联系起来,帮助我们超越和拥抱生活"。而丧失价值感,则会使人迷恋于过去,困惑于现在,害怕将临之未来。保持和获得心理的健康,在人的生命中起着重要的作用。当所有其他东西都失效时,它仍能支撑起我们的生命。

(三)动力的缺乏

当人们开始不愿意执行目标,停止去学习或者放弃保持某些好的习惯时,他们总会说出同一个理由:"缺少动力。"然而,很多人却并不明白什么是动力,又来自哪里。

1. 什么是动力

动力是驱动我们做事情的力量。在物理上,动力是使机械做功的各种作用力,要使机械做功,就要从外界对机械施加力。但是人做事情的动力不仅仅来自外界,更多的是来自自己。

2. 来自自身的动力

外界给我们的动力,包括物质奖励,精神回馈等。但什么是来自自身的动力呢?为什么我们发现虽然有那么多外界的动力作用于我们的身上,我们却仍然觉得自己找不到动力呢?

来自自身的动力有三种:兴趣的引导力,抵制事物的反作用力和立刻开始的推动力。掌握这三种动力,能够帮助同学们解决自身缺少动力的问题。

(1)兴趣的引导力

在生活中,我们做的事情最好是符合自身兴趣的。兴趣的引导动力带给我们在执行上的使命感和目标感。乔布斯曾说:"成就一番伟业的唯一途径就是热爱自己的事业。"当你早上醒来,想着自己正做着自己热爱的事情,你就会充满动力!

(2)抵制事物的反作用力

来自自身的力也可以是反向的作用力,这就是抵制事物的反作用力。

有时候,我们不难发现即便做着自己喜欢的事情,也会突然兴趣全无。事实上,兴趣和热情就像潮水一般,有潮起潮落。涨潮时,你做事情便顺心顺手,此时兴趣的引导力起着绝大部分的作用。而落潮时,你便觉得灰心丧气,不想做事情,此时便是抵抗事物的反作用力起着主要作用。反作用力什么时候都会存在,只是有时被压制了,而有时显露出来而已。

当反作用力主导时,就会引起我们自身的一个心理特征——情绪的双向影响。正是这种情绪使我们难以再压制反作用力,恢复动力十足的状态。情绪的双向影响,简单来说,当你开心的时候,你会笑;相应地,你常常笑,心情也会开朗起来。同样地,当你觉得自己不想去工作或学习,你就更加不会去工作或学习。

既然反作用力超越了兴趣的引导力,那我们如何从这种缺少动力的状态中转变过来呢?一是加强你的兴趣引导力;二是使用外界的助推力;三就是立即开始的推动力。

(3) 立刻开始的推动力

一个钟摆静止在那里,推动一下,它就会持续地摆动,直到空气阻力等消耗完它的能量。那么缺少动力的状态就如钟摆停止摆动的状态,你所要做的就是给它一股力——立即开始的推动力。如果你在做那些符合目标,又符合你兴趣的事情,你只需偶尔推动一下,你的钟摆便可持续地摆动。如果你在做一些不太喜欢或不太愿意的事情,你需要经常推,才不会在这些事情上停下来。

立即开始,也可以说是积极主动,对自己负责的一种态度:个人行为取决于自身,而非外在环境。

(四) 自我同一性混乱

1. 何为自我同一性

你是否也听过"高考结束你就自由了"的观点?高中毕业后,同学们离开了熟悉的环境,开始了陌生的大学生活。有些同学可能还会离开自己所在的省市,前往一个不熟悉的地方开启新的生活。大学时期我们会被给予更多的自由,可以更灵活地支配自己的时间与精力,可以做更多想做的事。但是有一些同学可能在这种自由中会迷失方向,感觉失去前进的动力,感到前所未有的迷茫。这种现象是正常的,当我们从高中生的身份转为大学生的身份时,我们所处的环境、生活方式、阶段目标都会有很大的变化,而出现混乱与迷茫也是正常现象,在心理学中"自我同一性混乱"即可以帮助我们理解这段阵痛期。

"自我同一性"是一个复杂的概念,它涉及个体对自己的身份、价值观、信仰、情感和目标等多方面的认知和整合。这个概念最早由美国精神分析学家埃里克森提出,他认为自我同一性是青少年阶段的重要发展任务,是人格成熟和稳定的基础。

埃里克森在《同一性:青少年与危机》(*Identity:Youth and Crisis*)一书中详细论述了同一性对青少年的重要性。他认为,自我同一性是指个体在特定环境中的自我整合和适应之感,是个体寻求内在一致性和连续性的能力。它涵盖了以下几个方面:

(1) 身份认同:自我同一性首先表现为对自身身份的认同,即青少年需要明确自己是谁,自己的价值观、信仰、兴趣爱好等,并尝试将这些元素整合到一个统一的框架中,形成一个独特的个体形象。

(2) 内在一致性:自我同一性也指个体在面对外部环境变化时,能够保持内在一致性和连续性,即无论在何种情况下,个体的信仰、价值观和目标等都能够保持稳定,不轻易改变。

(3) 自我整合:自我同一性还包括个体将与自己有关的各方面整合起来,形成一个自我决定、协调一致、不同于他人的独具"同一风格"的自我。这意味着青少年需要将自身的各个方面,包括过去的经验、现在的经历和未来的期望,整合成一个有机整体,从而形成独特的个性和人生轨迹。

(4) 自我恒定目标:自我同一性也表现为个体具有恒定的目标和信仰,即青少年在追求自己的人生目标时,能够保持持久的动力和信念,不受外界干扰和诱惑的影响。

然而,从更加宏观的角度来说,"自我同一性"并不单单特指青少年时期所进行的身份认同。由于人的认知与经验是不断发展的,因此自我同一的过程实际上会贯穿人的一生。近年来火起来的"中年危机"一词,实际上也反映了中年时期"同一性"仍然存在冲突与变化的可能。在人生的不同阶段,我们都会面临自我同一性的挑战和调整。大学生阶段属于青少年末期到成年期的过渡,是自我同一性形成的关键阶段,但成年后,我们仍然需要不断审视和更新自己的身份认同。考虑到埃里克森的时代青年期多数人已步入婚姻与家庭,开始了自己的工作生涯,那么同一性任务的确定时间在当代可能会有所推迟。也因此,大学阶段我们更应该关注自身自我同一性的发展。

2. 同一性危机

埃里克森认为,有活力的人格能经受住任何内外冲突,在每一次危机之后再度出现而且逐次增强统一感,增强正确判断。对于青年期这一阶段的同一性与其冲突,有不少心理学家也接续埃里克森的脚步,对这一阶段继续进行相关研究。罗伊·鲍迈斯特(Roy Baumeister,1986)指出了两种认同危机:认同缺失(identity deficit)与认同冲突(identity crisis)。前者指自我没有足够形成一种认同,后者则指自我被过渡定义,自我有太多不相容的方面并存。此外,詹姆斯·玛西亚(James Marcia)则提出,同一性获得需要经历一场冲突,并做出一个带有承诺的选择。在危机与承诺两个特质的基础上,玛西亚划分出4种同一性状态:

(1) 同一性困惑(identity Confusion)没有经历任何危机,也没有做出任何承诺。

(2) 同一性早闭(Identity Foreclosure)没有经历过危机,但这个人已经对某种同一性做出了承诺,通常是来自他或她的父母,甚至这种承诺是父母强迫做出的。

(3) 同一性停滞(identity Moratorium)目前正在经历相当大的危机,但尚未做出任何承诺。青少年抽出时间来完成心理整合的任务。

(4) 同一性获得(identity Achievement)青少年已经位置探索了几种可能的同一性(生活方式,价值观等)。他已做出了选择,也已作出了承诺。

【延伸阅读】

心灵四重奏

乐观而积极的人,除了内心独白是阳光的,他还会把心里的阳光说出来,感染他人;

乐观而消极的人,内心独白也是阳光的,但不会把心里的阳光说出来,而是一人独享;

悲观而积极的人,内心独白是阴郁的,但不会把心里的阴郁说出来,而是选择独自承受;

悲观而消极的人,除了内心独白是阴郁的,他还要把心里的阴郁说出来,散布四周。

第一种人乐观而积极,是比较受欢迎的员工;是勇往直前、富有煽动性的领袖;是教父般予取予求、对你倾囊相助的朋友;是一个不太真实的幻影。

第二种人乐观而消极,是知足常乐的主妇;是偷闲外出喝咖啡的白领;是小富则安的商人;是辛苦了一年而要不回工钱,第二年又为同一雇主打工的农民工。

第三种人悲观而积极,是一部分艺术家;是平民百姓中的真性情者;是妙手仁心的医生;是自我希望成为的人。

第四种人悲观而消极,是另一部分艺术家;是一部分老年人、病弱者;是吸毒者、自杀的人;是全部的弱者。

我的爱人,我希望他是个积极的人。如果他乐观而积极,那就再好不过,可以像一台永动机,一直发光发热,永不气馁。如果他悲观而积极,这样也很好啊,会比较像我。我们会有很多共同的心境和情怀,会有聊不完的话题,心有灵犀地默默相守。

我的孩子,我希望他乐观的时候,可以有一点点消极;积极的时候,可以有一点点悲观。十全十美的人物不是我的孩子,这种人不是太假,就是太累。

我的朋友,我希望她是个乐观的人。一个乐观的朋友,无论积极、消极我都接受。如果她乐观而积极,首先我很放心,其次还可以感染我。如果她乐观而消极,即便穿着睡衣向我痛声哭诉又何妨?反正破涕为笑是她屡试不爽的制胜法宝。

我的老板,我当然希望他乐观而积极,这样才像个办大事的,拿得起放得下,不会因为悲观而自怨自艾,殃及他人,也不会因为消极而举棋不定,错失良机。

还有一条没说,悲观而消极。我特别不希望自己的亲友沾染上哪怕半点这样的习气,不,我连自己的敌人和对手,都不希望他们是这样的人——想想看,一个与悲观和消极的人角力的人,是不是自己也是个极其无聊的可怜虫?

但是坦率地说,这第四种人其实最需要救助。谁能保证自己一生没有什么闪失,不遭遇丝毫困厄?谁又能永远乐观、积极,不会因为突如其来的变故而跌入无底的深渊?每个人在人生各阶段,会有不同的生活态度,乐观、悲观、积极、消极也宛如四种旋律,忽强忽弱,交叠弹奏。如果有人不幸悲观又消极,最好的自救方法,不是一步登天,变得乐观又积极,而是接受悲观的现实,哪怕积极一点;或者,姑且先留着消极,不妨乐观一点。就像一个遭受打击的拳击手,痛得站不起来的时候,先抬头。①

三、热爱生活,珍惜生命

(一) 生命意义

1. 追寻意义

每个人的生命都是不同的。除了身边亲戚朋友所认为的"有房有车有钱",其实还有许多体现价值的方式。这就需要我们反思自己的生命,同时意识到,转换角度与思路,形成自己对自己价值的判断,才能认识到自己生命的价值。

生命意义感,是个人对生命意义与目的的直觉与感受程度。换言之,它也是我们自己可以决定的。古人认为生命的意义是天生的,而今天的人们普遍认为生命的意义是自己可以"建构"的。我们自己可以选择自己的生命意义,并为之努力、奋斗。

---

① 资料来源:沙地黑米.心灵四重奏.读者,2005(17).

单说生命意义或许过于庞大,但如果将生命意义与"自我价值感"联系在一起,或许就好理解一些了。什么事让你感觉自己的存在有价值感?什么事对其他人来说好像没那么重要,但对你来说却记忆犹新?往往这些小事、小的成功经验,都可以被串联在一起,成为我们自己的人生意义。

弗兰克尔(Frankl)认为实现生命的意义有四种途径。

(1) 创造性价值。通过日常的工作和创造,个体会赋予生活很多的东西,这些东西就是个体的创造物,他们给社会的正常运行带来了贡献,因而体现了其创造价值。而从这些创造中,个体能够发现自己的生命意义。但是只有负责任的、积极的工作所创造出来的产物才会对社会带来贡献,简单的、消极的工作所创造出来的产物则不会,所以只有以负责任和积极态度工作的个体才能实现其创造性价值,进而实现生命的意义。

(2) 体验的价值。即个体可以通过体验生命中的美好事物、某个人、经历爱情等来感受到生命的意义和价值。其中,弗兰克尔尤其强调"爱"。他认为通过爱可以使人们体会到究竟什么是责任感,责任感的强度,从中理解自己应该和能够成为什么,发挥自己的潜能,实现人生的意义。

(3) 态度的价值。弗兰克尔认为精神态度决定个体的命运,而非其他。人的一生中会遇到很多的困难,当这种困难已经达到使个体绝望的程度时,即使上述的两种方法已经不能使自己体会到人生的价值,个体也完全可以通过选择自己的态度,以正视困难和痛苦的方式来体会和赋予生命的意义。他还认为不能选择良好的态度面对困难是很多神经症患者发病的原因。

(4) 最后一种方法就是在"受苦"的过程中体验到生命的意义。这是弗兰克尔通过自己的亲身经历而得出的结论。他指出既然外部的环境是我们无法改变的,那么我们就通过改变我们自己,用我们的精神力量在痛苦中发现生命的意义。

【案例】

心 灵 奇 旅

电影中的主人公像是无数拥有梦想的人的缩影,一直在追寻理想的道路上磕磕绊绊,在将要实现时又失之交臂,当主人公进入往生前的世界,场景令人感到十分梦幻。我们每个人生前都被赋予性格,这是我们无法改变的,电影交融了许多心理知识:了解自我,无我,忘我,等等。电影中的一个灵魂22,她始终未找到自己的兴趣点,也像是没有找到理想兴趣的人们,但影片徐徐展开,电影中的主人公们也慢慢懂得,人生的意义似乎并不在于最终目标的实现,这也告诉我们要去体会享受在这个过程中生活里琐碎的美好,重新审视生命的意义。

从这个故事中我们也可以了解到,生命的价值取决于我们怎样看待自己。在人生旅途中,当我们遇到困难和挫折的时候,难免会怀疑生命的意义和自身的价值。其实,挫折和苦难是人生的重要组成部分,生命的真正价值在挑战苦难,战胜厄运的过程中得以体现。无论我们处于何种艰难困苦的境地,只要我们珍惜关爱自己、看重自己,我们的生命就有价值。

一道雨后的彩虹看到弧形的石桥,对她说:"我大地上的姐妹,你的生命可比我长久多了。"石桥回答:"怎么会呢?你那么美,在人们的记忆中必然是永恒的。"

这段拟人的对话,反映的正是价值观对自我价值的影响。我们以旁观者的角度更容易看清事实:石桥并没有彩虹相提并论的美,但它长久地稳固地架于两岸之上,默默地把彼此沟通,默默地为人们工作,这是石桥的价值;彩虹的存在虽然只是雨过天晴的瞬间,但它那瞬间的美丽却给人们留下永久的记忆,这同样也是彩虹的价值。

奥斯特洛夫斯基在《钢铁是怎样炼成的》一书中曾写道:"人最宝贵的是生命。它给予我们每个人都只有一次。人的一生应当这样度过:当回首往事的时候,他不会因虚度年华而悔恨,也不会因庸庸碌碌而羞愧。"

【心理测评】

人生意义感量表

指导语:人生意义感被认为是心理幸福感(psychological well-being)的重要成分和来源。大量的实证研究发现,人生意义感在缓解考试焦虑,疾病应对,压力调节中起着重要的作用,而且人生意义感能够持续地预测心理健康。

人生意义感量表(Meaning in life Questionnaire)是美国学者迈克尔·斯戴格等于2006年编制,用于测量人生意义的两个因子:人生意义体验和人生意义寻求。

扫码查询结果解释

序号	题 目	完全不同意	大部分不同意	有些不同意	说不清	有些同意	大部分同意	完全同意
1	我正在寻觅我人生的一个目的或使命	1	2	3	4	5	6	7
2	我的生活没有明确的目的	1	2	3	4	5	6	7
3	我正在寻找自己生活的意义	1	2	3	4	5	6	7
4	明白自己生活的意义	1	2	3	4	5	6	7
5	我正在寻觅让我感觉自己生活饶有意义的东西	1	2	3	4	5	6	7
6	我总在尝试找寻自己生活的目的	1	2	3	4	5	6	7
7	我的生活有一个清晰的方向	1	2	3	4	5	6	7
8	我知道什么东西能使自己的生活有意义	1	2	3	4	5	6	7
9	我已经发现一个让自己满意的生活目的	1	2	3	4	5	6	7

2. 学会感恩

【阅读】

韩信始为布衣时,贫无行,尝从人寄食,人多厌之。尝就南昌亭长食数月,亭长妻患之,乃晨炊蓐食,食时信往,不为具食。信觉其意,竟绝去。信钓于城下,诸母漂。有一母见信饥,饭信,竟漂数十日。信喜,谓漂母曰:"吾必有以重报母。"母怒曰:"大丈夫不能自食,吾哀王孙而进食,岂望报乎?"信既贵,酬以千金。

翻译:韩信年轻时,生活潦倒,被人瞧不起。他曾在一个亭长家里搭伙食,亭长的妻子也讨厌他。有一天,亭长故意提前吃饭,等他去的时候,早已吃完。有一次,他在城外河边遇见一群妇女在漂洗丝绵,其中有个好心的老大娘,发现他饿得可怜,便拿饭给他吃。韩信非常感激,说道:"我将来一定会报答您的!"老大娘说:"男子汉大丈夫怎么说出这种话来?我给你吃点饭,难道是为了希望得到你的报答!"韩信听了,心中更是感激。

后来,项梁、项羽起兵反秦,韩信便去投奔他们。不久,他又从项羽军中,转投刘邦部下。刘邦因萧何的推荐,拜他为大将军,又任命为左丞相。他领兵东下,打败魏、赵,降服燕、齐,最后又协助刘邦消灭项羽,完成统一的局面,建立了汉朝的政权。这时的韩信,真可谓名闻天下。韩信被封为"楚王"后,首先找到给他吃过饭的老大娘,赏她千金,报答她的"一饭之恩"。

在现实生活中,我们经常可以见到一些不停埋怨的人,"真不幸,今天的天气怎么这样不好""今天真倒霉,被老师骂了一顿""真惨啊,丢了钱包,自行车又坏了""唉,宿舍的阿姨真啰唆"……这个世界对他们来说,永远没有快乐的事情,高兴的事被抛在了脑后,不顺心的事却总挂在嘴边。每时每刻,他们都有许多不开心的事,把自己搞得很烦躁,把别人搞得很不安。他们所抱怨的事其实是日常生活中经常发生的一些小事情。

明智的人会一笑置之,因为有些事情不可避免。能补救的则尽力去挽回,无法转变的便坦然受之。明智的人也会换一个角度看待问题,因为他知道,换一个视角,就能够换一种心情。下雨天,他会说雨后的彩虹很漂亮;父母唠叨自己,他会理解背后的关心;自行车坏了,他会正好借机步行,锻炼身体。最重要的是,学会感恩,时刻怀有一颗感恩的心,便能够做好目前最应该做的事情。

字典里对"感恩"如此解释——"乐于把得到好处的感激呈现出来且回馈他人"。

人的一生中,有许多值得感恩的地方。小时候,我们就已经得到了父母的养育之恩;等到上学,有老师的教育之恩;工作以后,又有领导、同事的关怀、帮助之恩;年纪大了之后,又免不了要接受晚辈的赡养、照顾之恩。

而作为单个的社会成员,我们都生活在一个多层次的社会大环境之中,都首先从这个大环境里获得了一定的生存条件和发展机会,也就是说,社会这个大环境是有恩于我们每个人的。感恩,说明一个人对自己与他人、自己与社会的关系有着正确的认识。懂得感恩,我们对许多事情都可以平心静气;懂得感恩,我们可以认真、务实地从最细小的一件事做起;懂得感恩,我们才能真正自发地做到严于律己、宽以待人;懂得感恩,我们才能与他人和谐相处、互相帮助;懂得感恩,我们将不会感到自己的孤独。

人生道路,曲折坎坷,不知有多少艰难险阻,甚至挫折和失败。在危急时刻,有人向你伸出温暖的双手,解除生活的困顿;有人为你指点迷津,让你明确前进的方向;甚至有人用肩膀、身躯把你擎起来,让你攀上人生的高峰……你最终战胜了苦难,扬帆远航,驶向光明幸福的彼岸。

"感恩"是一种认同。这种认同应该是我们心灵里的一种认同。我们生活在大自然里,大自然给予我们的恩赐太多。没有大自然谁也活不下去,这是最简单的道理。对太阳的"感恩",那是对温暖的领悟;对蓝天的"感恩",那是我们对蓝得一无所有的纯净的一种认可;对草原的"感恩",那是我们对"野火烧不尽,春风吹又生"的叹服;对大海的"感恩",那是我们对兼收并蓄的一种倾听。

"感恩"是一种回报。我们从母亲的子宫里走出,而后母亲用乳汁将我们哺育。而更伟大的是母亲从不希望她得到什么,就像太阳每天都会把她的温暖给予我们,从不要求回报,但是我们必须明白"感恩"。无论你是何等的尊贵,或是怎样的卑微;无论你生活在何时何处,或是你有着怎样特别的生活经历,只要你胸中常常怀着一颗感恩的心,随之而来的,就必然会不断地涌动着诸如温暖、自信、坚定、善良等美好的处世品格,自然而然地,你的生活中便有了一处处动人的风景。

"感恩"是一种处世哲学,是生活中的大智慧。人生在世,不可能一帆风顺,种种失败、无奈都需要我们勇敢地面对,豁达地处理。这时,是一味地埋怨生活,从此变得消沉、萎靡不振,还是对生活满怀感恩,跌倒了再爬起来?英国作家萨克雷说:"生活就是一面镜子,你笑,它也笑;你哭,它也哭。"感恩不纯粹是一种心理安慰,也不是对现实的逃避,更不是阿Q的精神胜利法。感恩,是一种歌唱生活的方式,它来自对生活的爱与希望。在水中放进一块小小的明矾,就能沉淀所有的渣滓;如果在我们的心中培植一种感恩的思想,则可以沉淀许多的浮躁、不安,消融许多的不满与不幸。

3. 创造生命的价值

诗人臧克家在纪念鲁迅先生逝世13周年时写的一首诗《有的人》中写道:

有的人活着,他已经死了;有的人死了,他还活着。有的人,骑在人民头上:"呵,我有多伟大!"有的人,俯下身子给人民当牛马。有的人,把名字刻入石头,想"不朽";有的人,情愿作野草,等着地下的火烧。有的人,他活着别人就不能活;有的人,他活着为了多数人更好地活。

对于每个人来讲,生命的意义并不仅仅是为了活着,而是为了更好地活着。我们要充实生活的每一个瞬间,创造生命的价值。

人的生命是有限的,但有限的生命却可以创造出无限的价值。假如一个人活在这个世界上,没有为这个世界创造出一份属于自己的价值,就是在白白地浪费生命,在慢慢地扼杀自己,像废人般地活在这个世上;一个人如果为这个世界创造了属于自己的价值,就是对自己灵魂的一种解脱,也是对自己生命的一种热爱。张桂梅,扎根贫困地区40余年,2008年创办中国第一所全免费女子高中——华坪县女子高级中学,帮助1800多名贫困山区女孩圆梦大学,她将生命奉献给了教育事业,也让她的生命有了意义。2020年1月,新冠疫情席卷中国,让人们惊恐万分。然而,我们见到了许许多多"最美逆行者",他们在抗击新冠的主战场上艰苦付出,搭建了血肉长城。我们也在无数医护人员和其他抗击疫情的普通人的努力下,共同遏制了疫情的快速蔓延。他们都用自己有限的生命,创造出了可贵的价值。

【延伸阅读】

伟人谈生命的意义

一个人的价值,应该看他贡献什么,而不应当看他取得什么。

——爱因斯坦

人活着的目的和意义就在于全心全意为人民服务。

——毛泽东

为大多数人带来幸福的人是最幸福的人。

——马克思

如果一个人把自己的事业融入为大多数人谋幸福的行业,那他享受到的快乐就超过了普通意义的快乐,这种快乐的强度是普通快乐无法比拟的,它可以给人带来强大的意志力和克服困难的能力,带来特殊的高境界的精神享受。

——马克思

人生最终的价值在于觉醒和思考的能力,而不只在于生存。

——亚里士多德

如果我曾经或多或少地激励了一些人,我们的工作曾经或多或少地扩展了人类的理解范围,因而给这个世界增添了一分欢乐,那我也就感到满足了。

——爱迪生

宿命论是那些缺乏意志力的弱者的借口。

——罗曼·罗兰

(二) 珍惜生命,预防自杀

自杀是现代社会人类的十大死亡原因之一,并已位列15~35岁间的青年人死因的前3位。据统计,全世界每年约有100万人死于自杀,平均每40秒左右就有1人死于自杀,每3秒就有1人自杀未遂。据资料统计,自杀已成为我国人群第五大死因,而我国每年约有25万人死于自杀,还有约200万人自杀未遂。也就是说,平均每两分钟就有1人死于自杀,有8人自杀未遂。为了唤起人们对生命的珍惜,2003年起世界卫生组织将每年的9月10日定为世界预防自杀日。[①]

1. 自杀危机的预防

世卫组织的权威意见认为,虽然不是所有的自杀都可以预防,但由于大多数自杀者有表明其意图的明确征兆,因此是可以预防的。许多自杀行为发生在一个人将绝望思想转变为毁灭性行动的改善期,只要在这段时间让他们放弃绝望的念头,就可能让其重新具备继续活下去的勇气。因此,自杀预防至关重要。有精神障碍者、有夫妻矛盾者或经济困难者是最容易自杀的三大人群。所以,预防自杀的有效手段是精神疾病的早期诊断和及时治疗。

目前,世界上还没有找到预防自杀的"良药";但科学研究已证明,通过有针对性的危机干预,可以减少自杀行为的发生。

---

① 中国青年报,http://qnck.cyol.com/content/2009-09/08/content_2843493.htm.

（1）注意自杀行为前的警讯

自杀并非突然，自杀者在自杀前基本都处于想死和同时渴望被救助的矛盾心态中，从其行为和态度变化中可以看出蛛丝马迹。大约有2/3的自杀者在自杀前都有征兆，主要集中表现在情绪和行动方面的反常。比如，向与自己关系亲近的人表达想死的念头、性格与情绪明显反常、陷入抑郁状态、回避与他人接触等行为都可能是自杀前的警讯。

（2）保持冷静和耐心倾听

聆听和交流是释放自杀者情绪的有效手段。认可他表露出的情感，不要进行评判，也不试图说服他改变自己的感受。不要轻视，当他说要自杀时应认真对待，让他感受到自己被需要。认可他的成绩，帮助他恢复自信。如他要你对其想自杀的事情给予保密时，不要答应。让他相信可以获得所需要的帮助，并鼓励他寻求这些帮助。

（3）应陪伴在他身边

限制他存取大量药物，或其他自杀的工具。跟他讲述人生的快乐或者陪伴其享受人生趣味；帮助他进行人生规划，对自我重新适当定位。对于意志不坚定的人，可讲述各种常见自杀方式之痛苦。如果你认为他当时自杀的危险性很高，不要让其独处，要立即陪他去心理卫生服务机构或医院接受评估和治疗。

2. 自杀危机的识别

一般自杀前自杀者都会有一些先期表现，如流露出消极、悲观的情绪；表达过自杀意愿；遭受了难以弥补的严重丧失性事件；近期内有过自伤或自杀未遂行动，其再发自杀的可能性非常大；发生人格改变者，如易怒、悲观主义、抑郁和冷漠，内向、孤僻的行为，不与家人和朋友交往；出现自我憎恨、负疚感、无价值感和羞愧感，感到孤独、无助和无望；突然整理个人事物或写个人意愿；慢性难治性躯体疾病及抑郁症患者突然不愿接受医疗干预，或突然出现"反常性"情绪好转，与亲友交代家庭今后的安排和打算；精神疾病患者，特别是抑郁症、精神分裂症、酒精或药物依赖患者是公认的自杀高危人群。

因此，遇上心情不快时，要向亲戚朋友倾诉心里的痛苦，获取有效帮助。当你发现身边同学或家人有以上表现时，应耐心与其沟通交流，适当给予心理关怀、支持，并及时到医院接受专业的心理疏导和治疗，帮助其渡过心理危机期。

在自杀危机的识别中，应该特别关注抑郁症。抑郁症是造成自杀的首要原因，有60%~70%的自杀者是由情绪抑郁或焦虑造成的，目前我国大约有2 000万的抑郁症患者。[①]

从时间上讲，正常情况下抑郁状态不应该超过三个月，如若超过六个月，则应向专业人士求助。从某种程度上讲，抑郁情绪不应该影响正常工作和生活。早期预防这样的心理疾病非常重要，对于抑郁症的治疗，我们可以使发病率降低80%，也就是说大多数患抑郁症的人都可以摆脱这种困扰，进而也会减少自杀的发生率。

【拓展阅读】

彭博社7日引述中国疾病预防控制中心的研究报告指出，2010年到2021年间，中国5岁至14岁儿童自杀死亡率平均每年上升近10%，因学业竞争激烈，儿童和青少年面临严重的精神障碍和自杀风险，中国50%的抑郁症患者为在校学生。

---

① http://bluecross.163.com/08/0910/10/4LFMQJCM00012NUO.html.

根据中国历年普查资料,发现2010年至2021年间总体自杀死亡率从每十万人有10.8人下降至5.25人,性别、城乡以及15岁以上3个年龄层也呈现减少趋势;唯独5岁至14岁年龄组自杀死亡率在2010年至2021年间大幅上升,2010年到2017年间,15岁至24岁人口的自杀死亡率初期年降7%,但在之后4年每年增加将近20%。

研究人员表示,因学业竞争激烈,儿童和青少年面临严重的精神障碍和自杀风险。《2022年国民抑郁症蓝皮书》显示,中国50%的抑郁症患者为在校学生。中国父母与教师们普遍有"在校学业表现比其他任何事情都重要"的观念,年轻人蒙受巨大压力,一旦压力管理不善即可能导致自杀风险升高。

在3年的新冠疫情期间,长期的隔离、校园的封闭和社会生活的缺失,以及经济困难让许多人处于社会孤立状态,导致更多的人患上了抑郁症,推高了自杀的风险。中国2023年更接连发生年轻人集体自杀事件,4月湖南张家界天门山景区发生集体跳崖事件,随后,又传出四川什邡市有3人服集体毒自杀。

以上抑郁症的诊断标准阅读起来有一定困难。除了专业人士,很难根据这个标准来进行诊断,而同学们如果想了解自己或者身边的人是否抑郁,可以主要观察以下几个特点:

(1) 对日常生活的兴趣下降或缺乏。
(2) 精力明显减退,无明显原因的持续疲乏感。
(3) 精神运动型迟滞或激越。
(4) 自我评价过低,自责或有内疚感,甚至出现罪恶妄想。
(5) 思维困难,或自觉思考能力显著下降。
(6) 反复出现死亡的念头,或有自杀行为。
(7) 失眠,或早醒,或睡眠过多。
(8) 食欲不振或体重明显减轻。
(9) 性欲明显减退。①

如果上述症状符合4项及以上,则需要考虑抑郁症的可能性。

3. 自杀危机的干预

一般来说,自杀的危机干预包括问题或诱因评估、制订治疗性干预计划、治疗技术的应用以及危机的解决。

(1) 问题的评估

鉴于自杀行为大多有一定的心理及社会诱因,因此全面了解和评估自杀的诱因及寻求帮助的动机(因为有些人的自杀是一种求助的信号)相当重要。

根据2002年的一份调查报告,中国人的八大自杀危险因素分别是抑郁程度重、有自杀未遂史、死亡当时急性应激强度大、生命质量低、慢性心理压力大、有严重的人际关系冲突、有血缘关系的人有过自杀行为、朋友或熟人有自杀行为。②

如果一个人总看到阴暗面、对将来没有任何打算,或没有家庭、朋友或工作之类的支持性动力源,他就会有较高的自杀风险。

---

① http://www.med66.com/new/1a31a2011/2011725dingru144812.shtml.
② 人民网,http://www.people.com.cn/GB/shehui/47/20021204/880647.html.

(2) 制订治疗性干预计划

任何事情都可以预则立,对自杀的干预也一样,必须有一定的治疗计划和方案。因为自杀是一种紧急情况,因此十分强调时间的紧迫性和"立竿见影"的效果,尽可能在短时间内打消当事人的自杀念头,恢复他的心理平衡状态,干预的计划必须围绕以下几个方面:

- 肯定当事人的优点,因为大多数抑郁的人往往将自己看得一无是处;
- 尽可能地寻找社会支持,即让家人和同事、亲友来帮助和支持当事人,因为绝大多数想死的人感到自己是孤独的,没有人理解和帮助自己;
- 学会心理应对和防御,俗话说,"退一步海阔天空""船到桥头自然直""塞翁失马,焉知非福"。

抑郁、自杀的人往往将前途看成漆黑一片或悲观绝望,因此让他们学会多维或多角度地看问题,以及掌握恰当的心理应对技能可以减轻当事人的失望程度。归纳起来一句话,抑郁自杀的人往往是对自我、周围环境和前途产生消极评价,干预就是围绕这三方面进行。

(3) 治疗技术的应用

这是自杀危机干预的重要阶段。首先是让企图自杀的人认识到自杀不过是一种解决问题的消极方法而已。因为绝大多数企图自杀者是因为面临生活挫折(如离婚、车祸等)而不能处理或解决时才选择自杀的,是希望"一了百了",但如果有解决目前挫折或处理目前危机的其他方法,大多数人会放弃"只有死路一条"的观点(如提示当事人其他解决问题的方法)。因此,围绕改变这一认知的前提,可以采取以下方法:

- 交谈、疏泄被压抑的情感(如悲伤、抑郁、愤怒等);
- 认识和理解目前的危机或境遇是暂时的,不可能是持续终身的;
- 学习问题解决技巧和心理应对方式;
- 建立新的社交天地,尤其是人际关系的维持和稳定。

还注意几个关键点:重视"此时此地";将消极情绪作为治疗的重点;问题解决和技巧训练必不可少;促使当事人参与到一种共情的、积极的、协作的治疗关系中,提高当事人改变现有状况的能力。

(4) 危机的解决

当事人打消自杀的念头后,重点是要强化他们的独立性,减少依赖性,注意巩固和发展新学到的应对技巧和解决问题的方法,学会"举一反三",积极面对现实和重视社会支持的作用。总之,通过危机干预,可以使绝大多数有自杀企图的当事人避免自杀的发生,更好地去适应生活。

【延伸阅读】

谈生命——冰心

我不敢说生命是什么,我只能说生命像什么。生命像向东流的一江春水,它从最高处发源,冰雪是它的前身。它聚集起许多细流,合成一股有力的洪涛,向下奔注,它曲折地穿过了悬崖峭壁,冲倒了层沙积土,挟卷着滚滚的沙石,快乐勇敢地流走,一路上它享受着它所遭遇的一切:有时候它遇到巉岩前阻,它愤激地奔腾了起来,怒吼着,回旋着,前波后浪地起伏催逼,直到冲倒了这危崖,它才心平气和地一泻千里。有时候它经过了细细的平沙，斜阳芳草里，看见了夹岸红艳的桃花，它快乐而又羞怯，静静地流着，低低地吟唱着，轻轻地度过这一段浪漫的行程。有时候它遇到暴风雨，这激电，这迅雷，使它心魂惊骇，疾风吹卷起它，大雨击打着它，它暂时浑浊了，扰乱了，而雨过天晴，只加给它许多新生的力量。

有时候它遇到了晚霞和新月，向它照耀，向它投影，清冷中带些幽幽的温暖；这时它只想憩息，只想睡眠，而那股前进的力量，仍催逼着它向前走……终于有一天，它远远地望见了大海，呵！它已到了行程的终结，这大海，使它屏息，使它低头，她多么辽阔，多么伟大！多么光明，又多么黑暗！大海庄严地伸出臂儿来接引它，它一声不响地流入她的怀里。它消融了，归化了，说不上快乐，也没有悲哀！也许有一天，它再从海上蓬蓬的雨点中升起，飞向西来，再形成一道江流，再冲倒两旁的石壁，再来寻夹岸的桃花。然而我不敢说来生，也不敢相信来生！

生命又像一棵小树，它从地底聚集起许多生力，在冰雪下欠伸，在早春润湿的泥土中，勇敢快乐地破壳出来。它也许长在平原上，岩石上，城墙上，只要它抬头看见了天，呵！看见了天！它便伸出嫩叶来吸收空气，承受阳光，在雨中吟唱，在风中跳舞。它也许受着大树的荫遮，也许受着大树的覆压，而它青春生长的力量，终使它穿枝拂叶地挣脱了出来，在烈日下挺立抬头！它遇着骄奢的春天，它也许开出满树的繁花，蜂蝶围绕着它飘翔喧闹，小鸟在它枝头欣赏唱歌，它会听见黄莺轻吟，杜鹃啼血，也许还听见枭鸟的怪鸣。它长到最茂盛的中年，它伸展出它如盖的浓荫，来荫庇树下的幽花芳草，它结出累累的果实，来呈现大地无尽的甜美与芳馨。秋风起了，将他叶子，由浓绿吹到绯红，秋阳下它再有一番的庄严灿烂，不是开花的骄傲，也不是结果的快乐，而是成功后的宁静和怡悦！终于有一天，冬天的朔风把它的黄叶干枝，卷落吹抖，它无力地在空中旋舞，在根下呻吟，大地庄严地伸出臂儿来接引它，它一声不响地落在她的怀里。它消融了，归化了，它说不上快乐，也没有悲哀！也许有一天，它再从地下的果仁中，破裂了出来。又长成一棵小树，再穿过丛莽的严遮，再来听黄莺的歌唱，然而我不敢说来生，也不敢信来生。

宇宙是个大生命，我们是宇宙大气中之一息。江流入海，叶落归根，我们是大生命中之一叶，大生命中之一滴。在宇宙的大生命中，我们是多么卑微，多么渺小，而一滴一叶的活动生长合成了整个宇宙的进化运行。要记住：不是每一道江流都能入海，不流动的便成了死湖；不是每一粒种子都能成树，不生长的便成了空壳！生命中不是永远快乐，也不是永远痛苦，快乐和痛苦是相生相成的。等于水道要经过不同的两岸，树木要经过常变的四时。在快乐中我们要感谢生命，在痛苦中我们也要感谢生命。快乐固然兴奋，苦痛又何尝不美丽？我曾读到一个警句，它说"愿你生命中有够多的云翳，来造成一个美丽的黄昏"。

本章小结

围绕生命主题，探讨生命的价值和意义，帮助大学生主动思考生命的意义与价值，从而逐步做到尊重生命、关爱生命并热爱生命。

思考题

1. 请你尝试分析一起社会热点事件，并从心理健康教育的角度来谈谈我们的教育应注意哪些方面？

2. 你如何看待"对自己的生命负责"这一命题？

【书籍推荐】

《直视骄阳——征服死亡恐惧》

作者：欧文·亚隆

译者：张亚

出版社：中国轻工业出版社

作者欧文·亚隆是斯坦福大学终身教授、心理治疗界公认的大师、《纽约时报》畅销小说家，著有《爱情刽子手》《当尼采哭泣》等畅销心理小说，以及《给心理治疗师的礼物》《日益亲近》等心理治疗经典。

作者以75岁高龄探讨人们心中普遍存在却又被长期否认和压抑的死亡恐惧。除23个实际案例和许多文学名著、电影作品中的例子以外，作者还以一位普通老者的身份对内心的死亡恐惧进行了自我表露和深刻剖析，非常难得。

全书论述深入浅出，切中肯綮，书中介绍的应对死亡恐惧的各种观念生动具体，易懂易行。面对死亡的战栗经作者笔锋描过，顿时融为拂面春风，令读者不仅在文字上感受愉悦，在心灵上更是豁然开朗："死亡虽是终点，但人生的意义却不会因此湮灭；死亡虽是宿命，但看待死亡的视角却可以让人们获得拯救。"

【视频推荐】

《寻梦环游记》

《寻梦环游记》以墨西哥亡灵节为蓝本，讲述了一个墨西哥小男孩的音乐之旅。米格热爱音乐，却生在了全墨西哥唯一不爱音乐的家族。在机缘巧合下，米格误打误撞来到亡灵世界，与各路祖先们上演了一段啼笑皆非却又温暖无比的音乐与亲情之间的故事。它没有去讨论社会观价值观，而是深入讨论生命的意义，辩证地去看待生与死的关系，并且提出了"终极死亡"的概念：死亡不是生命的终点，遗忘才是。

死亡不是终结，忘记才是最后的深渊。死亡这个生命的终极话题，任何人都无法躲开。可死亡不可怕啊，可怕的是你不再记得我了。我不知道死后亲人的亡灵能否在亡灵节这天回到我们身边，也不想去赌那虚无缥缈的下一世，我只愿珍惜此刻，表达爱和感激之情。思念是另一种珍惜和陪伴的方式，但我却想紧紧抓住这一刻，珍惜相处的每一秒，不让时光虚度。

爱是永恒的，所以即使你爱的人不在世上了，但只要我们永远记得那份感情和那份美好的回忆，死亡也并不可怕。所以在爱的记忆消失以前，请记住我。

远方或许魅力无比，充满未知的可能性，也赋予了梦想斑斓的色彩与辉煌的殿堂，可家的气息是磨灭不了的。家人，是比梦想更重要的事情。

《入殓师》

电影讲述了一位想要成为大提琴演奏者的小林大悟，在乐团解散失业后如何一步一步成为一位优秀的入殓师的过程。其间他经历了很多，也学会了很多，一方面要习惯对遗体的不适;另一方面又要适应妻友对自己工作的不理解。在这个过程中,小林大悟学会了温柔对待死者,懂得了去尊重生命的价值,做到了温柔对待每一个生命。

经典台词:

"让已经冰冷的人重新焕发生机,给他永恒的美丽。这要有冷静、准确,而且要怀着温柔的情感,在分别的时刻,送别故人。静谧,所有的举动都如此美丽。"

"死可能是一道门,逝去并不是终结,而是超越,走下一程,正如门一样。我作为看门人(火葬师),在这里送走了很多人。说着,路上小心,总会再见的。"

第十章 工作途径

名人名言

让学生体验到一种自己在亲身参与掌握知识的情感,乃是唤起少年特有的对知识的兴趣的重要条件。当一个人不仅在认识世界,也在认识自我的时候,就能形成兴趣,没有这种自我肯定的体验,就不可能对知识有真正的兴趣。

——苏霍姆林斯基

本章要点

课程教学;
心理咨询的概念与守则;
班级心理辅导原理与操作;
心理健康教育体验性活动实例。

【案例】

大四男生小刚最近心烦气躁,诸事不顺:女朋友闹分手;自己跟好友发生很大的矛盾;竞选学生会主席失利;保研过程一波三折,至今尚未确定。小刚向朋友倾诉过,跟老师聊过天,约学院领导谈过心,还朝父母抱怨过,但因为害怕父母担心、老师批评、朋友看低,始终无法释怀,总觉得心中有一种不吐不快的憋闷。好友建议他去心理咨询中心试一试。小刚听从了朋友的建议,走进了心理咨询中心。在咨询师的陪伴与指导下,小刚终于解开了心中的苦闷,调整好了自己状态,以新的精神面貌迎接自己的毕业时光。

提问:

1. 什么样的情况可以去心理咨询呢?
2. 你体验过心理咨询吗?你的感受如何?

随着经济社会快速发展,学生成长环境不断变化,学生心理健康问题更加凸显。促进学生身心健康、全面发展,是党中央关心、人民群众关切、社会关注的重大课题。教育部等十七部门印发《全面加强和改进新时代学生心理健康工作专项行动计划(2023—2025年)》,强调要建设健康教育、监测预警、咨询服务、干预处置"四位一体"的学生心理健康工作体系。以德育心、以智慧心、以体强心、以美润心、以劳健心,五育并举促进心理健康。培育学生热爱生活、珍视生命、自尊自信、理性平和、乐观向上的心理品质和不懈奋斗、荣辱不惊、百折不挠的意志品质,促进学生思想道德素质、科学文化素质和身心健康素质协调发展,培养担当民族复兴大任的时代新人。

一、课程教学

心理健康教育课程是高校课程体系的重要组成部分,也是学校开展心理健康教育的重要途径。无论是学校还是学生,都已越来越意识到开设心理健康教育课程的重要性。

(一)我国高校心理健康教育课程的发展与现状

我国的心理健康教育课程发端于20世纪90年代初期。20世纪80年代中期至80年代末期,我国高校的心理咨询和心理健康教育处于创业时期。清华大学、中国人民大学、北京大学(北京医科大学)、北京师范大学等学校开始在学生思想教育中尝试运用心理咨询和心理素质教育的方法,帮助学生正确处理学习、生活和人际关系问题。这一阶段的特点是开设心理卫生、心理健康和心理学选修课程,介绍境外青少年心理辅导理论与实践。少数学校还借助国内医学界、心理学界一些专家的帮助,从而使得心理咨询和心理素质教育作为一项新生事物在北京部分高校悄然出现。随着社会变革的发展,一些高校成立了心理健康教育中心或心理咨询中心,专门负责提供学生心理健康教育和咨询服务,并开始将心理健康教育纳入课程体系中,形成了一些专门的心理健康教育课程。随着心理健康教育的深入发展,一些学者开始开展相关研究,基于积极心理学的教育模式在高校中得到了广泛应用,强调培养学生的积极心理特质,促进个人的心理成长和幸福感。同时,我国高校心理健康教育课程的发展逐渐从课堂教学拓展到全员参与的模式,通过各种形式的活动和服务,鼓励学生主动参与心理健康教育。

心理健康教育课程经过30余年的发展,经历了从引入课程到理论研究和实践探索的多个阶段,主要呈现以下特点。从心理健康教育课程的教学方法看,其方式主要有两种:一种是以活动为载体,以学生为中心的教学模式,让学生在活动中接受知识;另一种是以讲授为主的教学模式,即在传播知识的过程中,以教师为主、知识为主,让学生直接获得必要的心理学知识,培养学生良好的心理品质。从课程的实施看,主要是依赖地区教育部门和学校自发开展,受到教育者的观念、硬件和软件环境的影响。心理健康教育课程没有国家统一规定的教材,各地根据心理健康教育的目标与大学生容易出现的心理问题,编制了相应的教材和参考书。对心理健康教育课程的评价没有统一的标准,很难开展实际操作。仅从学生的反馈来看,很多学生认为心理健康教育课并没有使自己有太大的收获,认为课堂上所讲授的知识不足以解决自己内心中的困惑,也无法直接有效地指导自己的行为,没有使自己的思维得到锻炼。

(二)高校心理健康教育课程建设的问题

高校心理健康教育课程作为一门新的课程,在我国历史短暂,经验不足,因而也存在不少问题,主要表现为以下几个方面:

一是课程目标理想化。有些目标过于理想,有些目标过于抽象、空泛,不太符合大学生的实际状况。如"培养学生健全的人格和良好的心理品质,对少数有心理困扰或心理障碍的学生,给予科学有效的心理咨询和辅导,使他们尽快摆脱障碍、提高心理健康水平、增强自我教育能力"等提法,作为心理健康教育的一般目标无可厚非,但没有体现出目标的行为化、具体化和操作化。

二是课程内容书本化。课程内容的选择是根据课程特定的教育价值观及相应的课程目标,从学科知识、当代社会生活经验或学习者的经验中选择课程要素的过程。目前高校心理健康教育的内容主要注重心理学学科知识。内容拘泥于心理学学科知识的选择,而忽视了选择适应当代社会生活的经验和时效性。部分课程内容更新较慢,课程案例与学生当下生活时代相差较远,对学生来说,迁移运用难度较大。

三是课程评价缺乏系统理论。课程评价可以帮助课程教师开展自我反思,进一步调整教学方法和策略,提升课程教学的有效性。目前,高校心理健康教育课程评价缺乏理论指导,使课程评价在实际操作中比较混乱,评价工作仅仅停留在表面上,如设备、经费、辅导人员素质等的评价,或者学生自主作业的收集等。

四是课程教师短缺,教学经验不足。一方面,各大高校大学生心理健康课程的专职教师比较短缺,无法将心理学作为选修或者必修课程覆盖到所有学生,而这种现象从本质上抑制了大学生心理健康教育课程的教学功能发挥;另一方面,心理健康教育专职教师相对年轻,理论知识丰富,教学经验相对不足,削弱了心理健康课程教学的针对性与实效性。

(三) 高校心理健康教育课程建设的方向

教育部办公厅2011年印发的《普通高等学校学生心理健康教育教学基本要求》将高校学生心理健康教育课程的性质精准地确定为"集知识传授、心理体验与行为训练为一体的公共课程",但要真正打造这样"三位一体"的课程非常不容易。针对目前高校心理健康教育课程的现状与问题,根据大学生的现实情况,建议从以下几个方面入手,以提高心理健康课程的针对性、实效性,从而帮助大学生提高心理素质、健全人格、增强受挫折能力和适应环境的能力。

1. 课程目标以学生为主体和出发点

心理健康教育的根本问题是人的心理问题。心理健康教育的功能理所当然应直指人的心理成长、发展与自我实现。因此,在课程目标上,应该以"促进学生的心理成长、发展与自我实现"为最终目标。学生才是课程的出发点,只有针对学生的心理特点与需求,以学生喜欢的形式开展心理健康课程教育,才能真正让学生感觉到有所收获与帮助。心理健康教育内容丰富,想要面面俱到则容易浮于表面。只有在深入了解大学生的成长特点、发展需要的基础上,才能通过总结以往工作,努力遵循大学生成长规律,设计与开发出符合大学生心理特征、满足他们心理需求的课程。

2. 课程内容坚持积极体验性

心理健康课程教育是以发展和提高学生的心理品质为目标,有别于传统的学科教学,是根据学生的心理发展规律和成长的需要,按照心理辅导的原理和技术设计组织的,是知识传授与活动体验相结合的课程。如果过于重视知识传授,忽略互动体验,则无法满足学生在情感和技能上的需求;而如果单纯开展游戏活动,虽然营造了活跃的课堂氛围,但缺乏深入的思考和感悟。在课程内容选择上,要坚持以"实"为本,即联系实际、体现实用、突出实践、注重实效。在课程组织与设计上,还需注意主动性和导向性,具体原则如下:

(1) 系统性。心理健康教育是一个系统工程,必须有明确的目标原则、适当的内容方法、一定的组织架构、基本的软硬件设施,并经整个学校教职人员的通力合作,才能彰显教育功能。心理健康课程的教学环境、教学组织、教学保障以及教学人员,均是可能激发大学生思考、探索、收获与成长的重要环节。

(2) 主动性。高校学生人数众多,有各种心理问题的学生也有较大的比例,但由于对心理健康的认识误区,所以许多同学还不能主动求助,大量心理压力的存在,增添了心理的不稳定因素。心理健康教育课程教育的开展,让学生在学知识的同时,更多学会正确的认知和技能,通过课堂的主动达到自我调节的主动,培养良好的心理素质。防患于未然,从而达到事半功倍的效果。

(3) 实践性。心理健康课程教育具有鲜明的实践性与体验性。它强调的是知情意行的统一性,重视认知与行为改变。通过课堂内外的互动结合,把心理健康教育的内容和目标具体化为可以训练养成的行为特征,具体化为内部的心智操作活动,提升心理品质,完善人格结构,让学生在活动实践中亲身体验,获得成长与发展。

(4) 导向性。心理健康课程作为一种素质教育,以"为学生终生发展和幸福"为导向,把开发潜能、助人成才作为终极目标,因此具有导向性。心理健康课程不仅可以有效地预防心理疾病的发生,起到心理保健的作用,还应更注重人格重塑,帮助学生把知识内化为素质和能力,培养优良的品格和完善的人格,同时把个人学习的收获提升到国家与民族需要的层面。例如,通过积极的体验性活动,使大学生能体验到快乐等情绪,在扩大宣传的同时更是直接有益于心理素质的提高;通过团体的合作,让大学生在团队合作中学习,从中获得滋养,收获成长。

【延伸阅读】

体验式教学

什么是体验式教学?体验式教学方法出现于20世纪40年代。区别于传统的讲授式教学,它是指教师创设合理的情境,有目的、有计划地引导学生感知、领悟、理解情境的丰富性,通过学生在活动中的充分参与来获得个人的体验,然后在教师的组织下,全体学生共同交流、分享个人体验、提升认识的一种教学方式。体验式教学强调在教学中设置情境或活动让学生参与体验,在真实或模拟的环境里获得感受,通过组织学生分享和交流,再反思、总结,最后积累为自己的认知理念,并把它运用到学习和生活中。这种教学思想非常符合心理学课程对提高心理素质的要求。

体验式教学的特点有:(1) 以体验为中心。不仅关注认知,而且关注人的情感、动机、需要、兴趣以及人格的整体发展。学生在学习活动中,不仅要用脑思考,而且要用眼睛观看,用耳朵聆听,用嘴巴诉说,用手操作,即用自己的身体去亲自经历,用自己的心灵亲自感悟。(2) 知情统一。在心理健康课的教学中,学生的认知、情感都参与到学习中来,不仅是对学生心理健康知识的积累和加工,而且通过体验与反省,进入学生的内心世界,从而与自己的生活境遇和人生经验融合,促进学生的全面成长。(3)师生双主体。教师不再是权威,而是"节目主持人""平等中的首席",教学就是教师与学生通过不断反思与对话而探索未知领域。这是对传统教学中教师作为权威传授知识极大的颠覆。师生在尊重、平等的基础上,通过教学中的对话、交流而达成互动关系,在活动过程中交互发挥主体的作用。(4)互动性。体验式教学的过程是一个动态发展的教与学相统一的交互影响的活动过程。在这个过程中,通过师生之间、生生之间的对话与交流、讨论与分享、启发与共鸣,产生教学共振,让学生在多元互动的学习活动中获得丰富真实的体验,从而达到"知识与技能、过程与方法、情感态度与价值观"三维目标的和谐统一。

3. 以新生为突破口与关键点,增强课程实效

大学是从学校到社会的重要过渡时期,也是从自我意识混乱中建立自我认同、确定人生起点的关键阶段,而大一是整个大学的起点。面对从中学到大学的巨大转折,新生常常会对大学生活有诸多的不适应。较短时间的不适,是正常且必须经历的;但若时间持续过长,则可能形成适应障碍,甚至导致更严重的疾病,给学习和生活带来消极影响。所以,抓住关键阶段开展新生心理健康教育至关重要。"好的开始是成功的一半",新生心理素质教育是一个重要的契机,是学生心理素质教育的关键环节和突破口,是帮助新生适应大学生活、健康成长的重要途径。

目前的大学新生都是"00 后"。高校应根据新时代"00 后"学生的心理变化以及社会的要求不断探索并创新大学新生适应教育的理念。"00 后"大学生是互联网时代长大的一代人,对数字化和信息技术的应用更加熟练和习惯。他们习惯通过互联网获得知识和信息,善于使用社交媒体与人交流。在心理健康课程中,教师可以充分利用在线教育平台、多媒体资源和社交媒体等手段,增加互动性和参与度。"00 后"大学生追求个性化和自我表达的需求明显。他们更加注重个人的情感和价值认同,对自我发展和自我实现具有强烈的渴求。教师可以注意关注每个学生的个性差异,提供个性化的教学内容和指导,鼓励学生培养积极的自我意识和情感管理能力。同时,"00 后"大学生面临的学业压力和社会竞争压力可能更加强烈。在国内的高考制度和就业市场竞争激烈的背景下,知识的增长伴随着心理韧性和适应能力的欠缺,他们可能也面临着更多的焦虑和压力。只有针对学生这些心理特点与需求,以他们喜欢的形式开展心理健康课程教育,才能真正让学生感觉到收获与帮助。

4. 组建具有功能优势的教学团队,实现课程教育全覆盖

要想有效实现新生心理健康课程全覆盖,必须依靠一支兼具专业性与经验性的教学团队。可以动员专职教师、兼职咨询师、辅导员、有丰富学生工作经验的机关干部以及学生骨干等具有专业资质的人员,形成一支经验丰富、互补性强的教学团队和朋辈辅导团队。通过小组学习、集体培训、集体备课和教学督导等形式,充分交流与研讨,形成适合学生特点与需求的教学内容,并由团队人员负责教学实施。同时,部分辅导员可通过参与教学活动,增强危机发现意识,提高危机识别能力。另外,提前半年招募和培训心理健康快车主持人,通过理论与实践相结合的培训,提高学生骨干对心理素质教育的理解,激发学生骨干参与心理素质教育工作的热情,不仅保证了班级层面心理素质教育活动的质量和效果,同时增强其对自我的肯定和悦纳,相信自己、相信他人,在促进个人成长的同时,也

为其他学生提供示范、榜样作用。

【案例】

北京科技大学根据学校实际情况与学生特点,规划与设计学生心理健康教育课程,贯通线上线下,构建体验性强、学习方式灵活多样的教学模式。

"实践＋理论":贯通式互动型课程内容建设

教学团队于2015年出版校本教材《大学生心理健康》,由清华大学出版社出版发行,至今已印刷15次,成为多所高校的心理健康教育课程教材。团队自主研发网络慕课课程,并针对性创设课堂实践内容,实现线上线下紧密配合,以互动为核心,实现翻转课堂提质增效。

"实践＋参与":体验式延续性实践活动应用

在课外实践环节,邀请学生以班级为单位到学校心理素质教育中心"实地考察＋现场体验",连续开展11年,覆盖3.5万名学生;指导"朋辈主持人"开展"心理健康快车"延续性实践活动,既是高年级学生的亲身实践,也是大一学生的自我实践和应用,至今已连续开展21年,覆盖超6万名学生。

"实践＋联动":浸润式拓展型育人体系探索

综合课堂实践和课外实践,依托学校"阳光贝壳"积极心理品质培育行动和"钢铁思政"育人理念,以心理健康课主渠道为起点,探索构建"心理育人全要素活动资料库",把课程实践内容拓展到以"525"大学生心理健康季为代表的特色活动中,着力打造心理育人文化氛围,为实现课程浸润式教育夯实基础。

二、心理咨询

【案例】

蛤蟆先生一向爱笑爱闹,如今却一反常态地郁郁寡欢。他一个人躲在屋里,连起床梳洗的力气都没有。朋友们非常担心他,建议他去做心理咨询,他带着几乎绝望的心情找到了智慧的心理咨询师苍鹭。蛤蟆先生无比敏感于外界评价,却在感到愤怒时习惯性地压抑;他经常因为被朋友数落感到委屈,却只会感觉到这都是自己的问题。在苍鹭的耐心引导下,蛤蟆先生逐渐认识到了自己要么处在一味追求顺从和适应他人想法的"儿童自我状态"中,要么处于对他人或自己求全责备的"父母自我状态"中,唯独很少处在一个理性地看待自我的"成人状态"里。经过10次心理咨询,蛤蟆先生在咨询师苍鹭的带领下,勇敢地探索了自己的内心世界,也逐渐找回了信心与希望。[①]

这是《蛤蟆先生去看心理医生》一书里的故事,讲述了陷入抑郁的蛤蟆先生在朋友的帮助和心理咨询师的引导下,最终走出抑郁的故事,是对大多数自我成长类心理咨询过程的高度浓缩。蛤蟆先生成长的节奏,与咨询师发生的情感变化和冲突,疗愈和改变的发生,是千万个来访者的缩影。

---

① 罗伯特·戴博德著,陈赢译.蛤蟆先生去看心理医生.天津:天津人民出版社,2020.

(一) 心理咨询的概念

1. 心理咨询

心理咨询是指运用心理学的方法，对心理适应方面出现问题并企求解决问题的求询者提供心理援助的过程。需要解决问题并前来寻求帮助者称为来访者或者当事人，提供帮助的咨询专家称为咨询者。来访者就自身存在的心理不适或心理障碍，通过语言文字等交流媒介，向咨询者进行述说、询问与商讨，在其支持和帮助下，通过共同的讨论找出引起心理问题的原因，分析问题的症结，进而寻求摆脱困境解决问题的条件和对策，以便恢复心理平衡、提高对环境的适应能力、增进身心健康。

对心理咨询的解释可以分为广义和狭义。广义的心理咨询包括心理咨询和心理治疗，有时心理检查、心理测验也被列为心理咨询的范围；狭义的心理咨询不包括心理治疗和心理检查、心理测验，只局限于咨访双方通过面谈、书信、网络和电话等手段向来访者提供心理救助和咨询帮助。

心理咨询的核心任务就是帮助来访者意识到自己所拥有的能力、发现是什么阻止了他们运用自己的资源、明晰自己希望过的生活等。咨询是这样一个过程：咨询师邀请来访者真诚地审视自己的行为，并决定希望如何改变自己的生活质量。在这个框架之下，咨询师需要提供支持和温暖，然而，咨询师还要对来访者提出挑战，使来访者采取必要的行动来做出重大的改变。[1]

2. 心理咨询的特点

非直接性。心理咨询是一种非直接性的帮助方式。心理咨询师并不直接给出答案或解决方案，而是通过倾听、理解和提问来帮助个体探索和厘清问题，激发其自我认知和自我解决问题的能力。心理咨询师通常不会对个体进行指令性的干预，而是鼓励个体探索自己内在的资源和潜能。

整体性。心理咨询关注个体的身心整体性。心理咨询师不仅关注个体的心理问题和症状，还关注个体的行为、社交和环境等方面的因素。通过综合考虑个体的各个方面，心理咨询能够提供更全面和综合的帮助，帮助个体从多个角度理解和处理问题。

客观中立。心理咨询师在咨询过程中始终保持客观中立的态度。他们尽量避免对个体的态度、观点和价值进行评判或干预，而是通过无条件接纳的方式倾听和理解个体。这有助于建立心理咨询师和个体之间的信任关系，使个体能够自由地表达和探索自己的内心世界。

3. 心理咨询的流派及其方法

心理咨询的流派和方法有很多种，不同的心理咨询流派有不同的理论依据和方法论。选择心理咨询师时，可以根据自己的需求和偏好，选择适合自己的心理咨询流派，可以更有效地缓解心理困扰，提升心理健康水平。下面简单介绍几种常见的流派和方法：

人本主义疗法。该流派注重个体的自我实现和自我发展，强调个体的自主性和自我决策能力。人本主义心理咨询关注个体的内在资源和潜能，通过倾听、理解和支持，鼓励来访者自主地探索自己的内心世界，找到解决问题的路径。

---

[1] 杰拉德·科里著. 朱智佩译. 心理咨询与治疗的理论及实践(第10版). 北京：中国轻工业出版社，2021：31.

精神分析疗法。该流派认为人的行为和思维受到潜意识内的冲突和动力的影响,这些冲突和动力往往无法被意识到。精神分析通过倾听和理解个体的话语、情感和行为,帮助个体认识和探索内心的冲突和动力,并促进个体的心理成长和变化。

认知行为疗法。该流派认为个体的思维方式和行为模式对心理健康有重要影响。认知行为心理咨询方法通过帮助个体识别和改变负面的思维模式和行为习惯,来减少消极情绪和改善心理问题。

家庭系统疗法。该流派认为个体的问题与其所处的家庭系统有关。家庭系统心理咨询侧重于联结整个家庭系统,通过改善家庭关系和沟通,解决个体的问题。

需要注意的是,这些方法和流派并不是孤立存在的,实际的心理咨询工作可能会综合运用多种方法。心理咨询师通常会根据个体的特点和问题的性质,灵活地选择和运用合适的方法和流派。

【延伸阅读】

《中华人民共和国精神卫生法》节选

(2012年10月26日第11届全国人民代表大会常委会第29次会议通过,2013年5月1日起施行)

第二章 心理健康促进和精神障碍预防

第十六条 各级各类学校应当对学生进行精神卫生知识教育;配备或者聘请心理健康教育教师、辅导人员,并可以设立心理健康辅导室,对学生进行心理健康教育。学前教育机构应当对幼儿开展符合其特点的心理健康教育。

发生自然灾害、意外伤害、公共安全事件等可能影响学生心理健康的事件,学校应当及时组织专业人员对学生进行心理援助。

教师应当学习和了解相关的精神卫生知识,关注学生心理健康状况,正确引导、激励学生。地方各级人民政府教育行政部门和学校应当重视教师心理健康。

学校和教师应当与学生父母或者其他监护人、近亲属沟通学生心理健康情况。

第二十三条 心理咨询人员应当提高业务素质,遵守执业规范,为社会公众提供专业化的心理咨询服务。

心理咨询人员不得从事心理治疗或者精神障碍的诊断、治疗。

心理咨询人员发现接受咨询的人员可能患有精神障碍的,应当建议其到符合本法规定的医疗机构就诊。

心理咨询人员应当尊重接受咨询人员的隐私,并为其保守秘密。

【延伸阅读】

心理治疗与心理咨询的十大误解

心理治疗(包含心理咨询,下同)是精神科重要的治疗方法之一。随着社会经济文化水平的发展,心理健康越来越受到重视,随之,心理治疗也被越来越多的人了解、接纳和使用。甚至,面对有心理困扰的朋友、同事、邻居或者家人时,有人说:"去接受心理治疗吧,千万别吃药,因为药物有副反应。"也有人说:"心理治疗就是陪你聊天,解决不了什么问题。"可见,一些人对心理治疗的了解尚不全面。今天我们就来聊聊,大家可能对心理治疗存在的十个常见误解。

误解一：心理治疗就是找个人说说话、聊聊天。

心理治疗的过程的确以谈话为主要载体，但是此"谈话"非彼"谈话"。心理治疗中的谈话是基于医学、心理学、教育学和社会学等多门学科的专业理论，是一个科学而严谨的过程。比如，当治疗师问您："您是哪里人啊？做什么工作？"可能是在评估您的社会文化背景、社会功能、认知功能、人际关系，甚至人格特征。治疗师是个"内心戏"很足的人，因为谈话背后都有专业性和科学性"假设"。

误解二：心理治疗解决不了我的现实问题。

心理治疗确实无法直接帮您挽回失去的恋人、提高孩子的学习成绩、找到一份高报酬的工作，但是心理治疗可以和您一起建构"究竟问题是什么""问题发生的情景是什么""问题是如何形成和保持的"，一起探索理解和解决现实问题的新视角，了解现实问题背后的诉求和资源。或许，治疗后你不再想解决上述"问题"，因为它们可能已经不是"问题"。当"问题"不再是"问题"，就以另一种方式被解决了。

误解三：寻求心理治疗说明我是一个懦弱的人。

恰恰相反，当您敢于面对内心的痛苦或症状，尝试理解和改变自己时，这说明您是一个勇敢的人。从自身或者所处的系统做出新的尝试，善于反省自我、信任他人，这些都在提示您的人格具有弹性，有弹性的人往往是内心强大的。

误解四：心理治疗只能治疗轻型心理疾病，对重性精神疾病没有用。

心理治疗是精神科的常用治疗方式之一，重性精神疾病同样需要心理治疗，这已经成为业界共识。只是在精神疾病病程的不同阶段，治疗方法和目标会有不同。比如，精神疾病的急性发作期，可能以支持性心理治疗、家庭的健康教育、针对急性症状的干预等为主，在疾病缓解期和恢复期，以恢复社会功能、激发资源、预防症状复发、优化人际系统等为主。

误解五：既然心理治疗这么有用，精神疾病患者不用服药，只做心理治疗吧。

药物治疗、物理治疗和心理治疗是精神疾病的主要治疗方式，对于中度以上的精神疾病，药物治疗是基础，联合物理治疗和心理治疗是常态，但是不能只使用心理治疗。精神疾病，尤其是重性精神疾病，例如精神分裂症、双相障碍等，都具有病理生理因素，是需要药物干预的，而且是主要的治疗手段。当然，如果病情达到了临床痊愈并完成了维持期的治疗，药物是否可以停用，这由精神科医师来评估判断，不是心理治疗师决定的。

误解六：能不服药就不服药，因为药物都有副作用，心理治疗没有副作用。

心理治疗虽然以谈话互动为主，但是同样具有与治疗目标不一致的副作用，甚至会有严重的伤害性。心理治疗常见的副作用有：出现情绪或躯体症状、问题未解决或恶化、治疗依赖或过度紧密、人际关系紧张、生活环境变化、病耻感等。这些副作用会带来一定的压力和不适，但大部分都是短暂的，甚至有些副反应可能有利于预后，例如治疗过程中的创伤暴露、哭泣、难过等，对于最终解决创伤性反应是有益的。

误解七：心理治疗师真的非常理解和欣赏我，他/她是爱上我了吗？

心理治疗过程中，治疗师接纳、理解、积极关注、共情来访者，创造一种安全舒适的沟通环境。这是心理治疗积极效应，也是治疗师的专业态度，并非爱上您。但是也不用沮丧，这是您合理的"猜测"，可以在心理治疗中加以讨论，也许会进一步加速您心理治疗的进程。

误解八：我想和我的治疗师交个朋友，有事没事出来聚聚，对我应该会有很大帮助。

心理治疗是一个科学的过程，也是一个不同于其他医学治疗手段的特殊过程，治疗师和来访者在工作期间会有大量的心理信息交换，来访者在成长中会阶段性地把治疗师当成比较重要的人，双方在心理上是比较"亲近"的。正因为这种特殊性，心理治疗需要遵循严格的伦理设置，一般而言，在治疗中和治疗结束后的两年内，治疗师和来访者不能建立治疗关系以外的关系，避免形成剥夺性关系，从而伤害到来访者。因此，治疗师不和您交朋友，是一种专业性的表现。相反，如果治疗师在治疗以外和您联系、交流，甚至聚会，说明治疗师不够专业，违背了职业伦理。而且，治疗中的治疗师是经过专业"修饰"的，他在生活中也是一个普通人。

误解九：每次接受心理治疗后，都应该有一些进步和改善。

心理治疗主要是通过来访者和治疗师之间有效而积极的交流来实现疗效的。这个过程的变量很多，包括来访者的期待、治疗关系、治疗目标和解决问题的经验等。您有进步和改善的期待是一个很重要的疗效因子，但是心理治疗的过程是动态变化的，有时候会达到您的期待，有时候可能会让您失望。如果每次都感觉有进步和改善，反而需要小心，这可能是一种"假进步"。偶尔有些小失望、小倒退，才是心理治疗的真实进程。

误解十：我的孩子有问题，快点把他修理好。

一个人出现了心理问题，不仅仅与个体有关，还与个体所处的人际环境有关。尤其是未成年人，心智化尚在发展过程中，他与家庭共用自我边界，孩子的心理问题基本上反映的是整个家庭系统的问题。父母往往需要参与到孩子的心理治疗过程中，甚至需要进行家庭治疗，从家庭整体来解决孩子的困难。因此，心理治疗不仅仅需要"修理"孩子，还需要"修理"父母。

总之，我们的心理和身体一样，也会遇到困难和生病。药物治疗、心理治疗等多种手段能够帮我们疗愈心理困扰和疾病。我们对心理治疗不用过分相信，也不用刻意排斥，科学认识，消除误解，合理选用。

资料来源：陈发展（同济大学附属精神卫生中心）北京大学第六医院公事部国家精神卫生项目办公室

（二）心理咨询的对象、分类与形式

心理咨询最主要的对象，是健康人群或存在心理问题的人群，它有别于完全健康人群，也和心理治疗的主要对象有所不同。[①]

根据咨询的内容，心理咨询可以分为发展咨询和健康咨询；根据咨询的规模，可分为个体咨询与团体咨询；根据咨询采用的形式，可分为门诊咨询、电话咨询和互联网咨询。

为了适应现代化的工作和生活节奏，人们越来越重视自身的认识和关注，而发展性心理咨询，可以帮助人们挖掘心理潜力，提高自我认识的能力，当自我认识出现偏差或障碍时，可以通过心理咨询得以解决。

随着人类物质文明和精神文明水平的不断提高，人们渐渐关注如何全面提高生活质

---

① 林崇德.咨询心理学.北京：人民教育出版社，1998：3-5.

量,比如提高学习和工作能力、保持最佳工作状态、维护安宁的生活环境、协调家庭成员和社会成员的人际关系。心理咨询作为一种专业技能,可以帮助人们调整内心世界,提高生活质量。

发展性心理咨询常涉及以下内容:孕妇的心理状态、行为活动和生活环境对胎儿的影响;儿童早期智力开发;儿童发展中的心理问题;青春期身心发展的不平衡;社会适应问题;性心理知识咨询;男女社交与早恋等;青年独立性和依赖性的矛盾;友谊与恋爱;成就动机与自我实现性问题;择偶与新婚;人际关系;择业、失业与再就业;中年及更年期人际冲突、情绪失调、工作及家庭负荷的适应;家庭结构调整;更年期综合征等;老年社会角色再适应;夫妻、两代、祖孙等家庭关系;身体衰老与心理衰老等。

健康咨询的对象主要是因为受到社会刺激而引起心理状态紧张并明确体验到躯体或情绪上的困扰的人。因为心理社会刺激非常纷繁复杂,在目前的社会广泛存在。因此凡是生活、工作、学习、家庭、疾病、康复、婚姻、育儿等方面所出现的心理问题,一旦求助者体验到不适或痛苦,都属于健康心理咨询的工作范围。健康咨询的工作范围主要包括以下内容:

(1) 各种情绪障碍,如焦虑恐惧、抑郁悲观等;
(2) 各种不可控制性的思维、意向、行为、动作的解释;
(3) 各类心身疾病,如冠心病、高血压病、支气管哮喘、溃疡病等,以及性功能障碍;
(4) 长期慢性躯体疾病,久治不愈,既对治疗不满意又丧失信心,因而需进行心理上的指导;
(5) 精神病康复期求助者的心理指导;
(6) 对家庭中的求助者,应如何进行处理、护理问题等。

高校心理咨询的问题主要集中在学习困难、生涯规划、自我探索、情绪管理、恋爱交友等方面,大部分都属于发展性咨询。

(三) 心理咨询的过程与效果

1. 咨询过程

心理咨询作为一个完整的过程是由若干相互联系的阶段组成的,基本阶段一般分为探索、领悟、行动,三阶段具体如下[①]:

1) 探索阶段

咨询师通过建立良好的氛围,发展咨询关系,鼓励来访者讲述自己的故事,帮助来访者探讨自己的想法和情感。探索阶段给来访者提供了一个很好的表达情感,彻底思考自己问题的机会。

2) 领悟阶段

咨询师和来访者合作,使来访者更了解自己的问题如何发展,自己在问题的维持中起着什么作用。咨询师不仅保持与来访者共情同感与合作的状态,偶尔还会挑战来访者的观点,试探性地提出自己的想法,并且运用自己的经验从新的角度看待来访者的问题。

---

① 杰拉德·科里著,谭晨译.心理咨询与治疗经典案例(第七版).北京:中国轻工业出版社,2010:4-6.

3）行动阶段

咨询师和来访者一起探讨改变在来访者生活中的意义，讨论不同的改变方法并确定可行的方案。同时，咨询师和来访者也会评估行动计划的结果并进行修改以帮助来访者获得预期结果。

2. 咨询效果及其影响因素

咨询效果是寻求心理咨询的大学生关心的要点之一。一般来说，咨询效果评定可以从以下几个维度来进行：

（1）求助者对咨询效果的自我评估。例如，求助者认为自己原来害怕的事物现在不再害怕了，原来无法接受的现实现在开始正视了，对自己的满意程度上升了等。

（2）求助者社会生活适应状况改变的客观现实。例如，开始能够正常上学，与人交往、相处状况得到改善，工作、学习效率提高等。

（3）求助者周围人士特别是家人、朋友和同事对求助者改善状况的评定。例如，不再乱发脾气、摔东西，与父母或孩子的沟通加强。

（4）求助者咨询前后心理测量结果的比较。例如，某些心理症状量表的分数得到改善。自我评价更积极，敢于面对困难等。

（5）咨询师的评定。根据咨询师的观察，求助者在情绪、认知和独立性等方面有进步、自我评价更积极，敢于面对困难等。

咨询效果受多因素的影响，主要有三个方面的因素：来访者、咨询师及来访者的社会支持。来访者作为主动前来寻求帮助的人，其主动程度、积极参与程度、配合程度是影响咨询效果的主要主观因素。心理咨询师经验积累的多少、是否擅长解决来访者求助的问题、是否与来访者匹配（性格、价值观）等是影响咨询效果的主要技术因素。而来访者的亲朋好友对其的支持程度、积极帮助和配合，为积极有效的改变创造了良好的社会环境。来访者和咨询师对咨询效果影响最为重要。

（四）心理咨询的相关守则

高校心理咨询中心的咨询师在从事心理咨询时，应遵纪守法、遵守心理咨询师职业道德准则，在其工作中建立并执行严格的道德标准。心理咨询师应遵守的相关守则主要有以下几条。

1. 保密原则

心理咨询是建立在保密性原则之上的。心理咨询师承诺对个体的隐私和个人信息保密，不会将与个体交流的内容泄露给他人，同时明确认识到隐私权在内容和范围上受到国家法律和专业伦理规范的保护和约束。这种保密性有助于建立个体对咨询师的信任和开放，使个体能够在一个安全、私密的环境中面对和探索自己的问题。

（1）心理咨询师有责任向来访者说明心理咨询工作的保密原则以及这一原则在应用时的限制。在团体咨询时应首先在团体中确立保密原则。

（2）心理咨询师应清楚地了解保密原则的应用有其限制。下列情况属于保密原则的例外情形：①心理咨询师发现来访者有伤害自身或伤害他人的严重危险时；②未成年人在受到性侵犯或虐待时；③法律规定需要披露时。

(3) 在遇到上述中的①和②的情况时，心理咨询师有向对方合法监护人预警的责任；在遇到③的情况时，心理咨询师有遵循法律规定的义务，但须要求法庭及相关人员出示合法的书面要求，并要求法庭及相关人员确保此披露不会对临床专业关系带来直接损害或潜在危害。

(4) 心理咨询师只有在得到来访者书面同意的情况下，才能对心理咨询过程进行录音、录像或演示。心理咨询师因专业工作需要在案例讨论或教学、科研、写作中采用心理咨询或治疗案例，应隐去可能辨认出来访者的相关信息。心理咨询师在教学培训、科普宣传中，应避免使用完整案例，如果有可辨识身份的个人信息（如姓名、家庭背景、特殊成长或创伤经历、体貌特征等），须采取必要措施保护来访者隐私。

(5) 心理咨询师应按照法律法规和专业伦理规范在严格保密的前提下创建、使用、保存、传递和处理专业工作相关信息（如个案记录、测验资料、信件、录音、录像等）。心理咨询师可告知来访者个案记录的保存方式，相关人员（如同事、督导、个案管理者、信息技术员）有无权限接触这些记录等。

(6) 在心理咨询工作中，一旦发现来访者有危害自身和他人的情况，必须启动危机干预方案，防止意外事件发生。如与其他心理咨询师进行磋商，应将有关保密信息的暴露程度限制在最低范围之内。

(7) 如果由团队为来访者服务，应在团队内部确立保密原则，只有确保来访者隐私受到保护时才能讨论其相关信息。

2. 知情同意原则

知情同意由三个基本要素组成，即告知、自愿以及能力。告知是指在来访者做出知情同意之前，心理咨询师有义务和责任告知来访者以下情况：咨询的特点、性质、预期疗程、费用、保密范围等，如果来访者在没有被充分告知的情况下做出知情同意，法律上被视为无效同意；自愿是指来访者做出知情同意的过程中，不受外界的利诱或胁迫，其决定是自愿自主的；能力是指来访者作为知情同意的法律主体，应当具有法律所要求的行为能力。

(1) 心理咨询师应确保来访者了解双方的权利、责任，明确介绍收费设置，告知来访者享有的保密权利、保密例外情况以及保密界限。心理咨询师应认真记录评估、咨询或治疗过程中有关知情同意的讨论过程。

(2) 心理咨询师应知晓，来访者有权了解下列相关事项：心理咨询师的资质、所获认证、工作经验以及专业工作理论取向；专业服务的作用；专业服务的目标；专业服务所采用的理论和技术；专业服务的过程和局限；专业服务可能带来的好处和风险；心理测量与评估的意义，以及测验和结果报告的用途。

(3) 当来访者同时接受其他心理健康服务领域专业工作者的服务时，心理咨询师可以根据工作需要，在征得来访者的同意后，联系其他心理健康服务领域专业工作者并与他们进行沟通，以更好地为寻求专业服务者提供服务。

(4) 任何时候来访者都有权终止咨询或更换心理咨询师；

(5) 如果来访者的确没有法律责任能力做决定，但又必须进行心理咨询时，可以请监护人采用"替代同意"的形式。

3. 咨询师与来访者的关系守则

心理咨询师应按照专业的伦理规范与来访者建立良好的专业工作关系。这种工作关系应以促进来访者的成长和发展、从而增进其利益和福祉为目的。

（1）心理咨询师不得因为来访者的性别、民族、国籍、宗教信仰、价值观、性取向等任何方面的因素歧视来访者。

（2）心理咨询师在咨询关系建立之前，应使来访者明确了解心理咨询工作的性质、工作特点、收费标准、这一工作可能的局限以及来访者的权利和义务。

（3）心理咨询师在进行心理咨询工作时，应与来访者对咨询目标、方式等问题进行讨论并达成一致意见，必要时（如使用冲击疗法、催眠疗法、长期精神分析等技术）应与来访者达成书面协议。

（4）心理咨询师应明确其工作的目的是促进来访者的成长、自强自立，而并非使来访者在其未来的生活中对心理咨询师产生依赖。

（5）心理咨询师应清楚地认识自己在咨访关系中的职业角色对来访者构成的潜在影响，不得利用来访者对自己的信任或依赖牟取私利。

（6）不允许心理咨询师以收受实物、获得劳务服务或其他方式作为其专业服务的回报，因为它们有引起冲突、剥削、破坏专业关系的潜在危险。

（7）心理咨询师要清楚地了解双重（或多重）关系（例如，与来访者发展家庭的、社交的、经济的、商业的或者亲密的个人关系）对专业判断力的不利影响及其伤害寻求专业服务的潜在危险性，避免与来访者发生双重关系。在双重关系不可避免时，应采取一些专业上的预防措施，例如，签署正式的知情同意书、寻求专业督导、做好相关文件的记录等，以确保双重关系不会损害自己的判断，且不会对来访者造成危害。

（8）心理咨询师不得与当前来访者发生任何形式的性和亲密关系，也不得给有过性和亲密关系的人做心理咨询。一旦业已建立的专业关系超越了专业界限（如发展了性关系或恋爱关系），应立即终止专业关系并采取适当措施（例如，寻求督导、转介等）。

（9）心理咨询师在与某个来访者结束心理咨询关系之后，至少3年内不得与来访者发生任何亲密或性关系。在3年后如果发生此类关系，要仔细考察关系的性质，确保此关系不存在任何给来访者造成伤害的可能，同时要有合法的书面记录备案。

（10）当心理咨询师认为自己不适合对某个来访者进行心理咨询工作时，应对来访者明确说明，并且应本着对来访者负责的态度将其介绍给另一位合适的心理咨询师。

（五）何时需要主动寻求心理帮助

许多在感情、人际关系、工作或学业方面有了困惑的人常常问"我需要心理治疗吗""什么时候去看心理医生"等问题。当你感到你的心理不适和精神困扰感受超过了个人可独立解决的程度时，便可寻求心理咨询的帮助。

（1）感到孤独和寂寞，希望得到别人的关怀，却难以和他人建立亲密关系。

（2）对生活中的事情无法决定，总是犹豫、怀疑和选择困难，如婚姻、家庭、情感困惑、职业选择，至爱亲朋的远离和过世，形成自我怨恨或罪恶感，难以解脱等。

（3）难以面对现实，自己无法应付人际关系矛盾，如离婚、工作压力大、与同事、朋友、亲人发生纠纷,有自杀倾向、暴力倾向等。

(4) 亲子关系出现问题,如孩子不和父母说话,不肯上学或经常逃学,功课明显退步、性格孤僻或暴戾、学习困难、网瘾等。

(5) 神经症症状:抑郁、焦虑、强迫、疑病、恐惧、偏执、癔症等。

【延伸阅读】

寻求心理咨询的十条小常识

(1) 你不是要找一个心理学工作者,你要找的,是一个临床的心理咨询师。

因为大多数心理学家在做的事情,其实和我们老百姓们的日常生活隔了千山万水。他们研究动物,研究数字,他们的成果应用在无数的行业(当然也有无数的成果,还没有人知道)。而尽管心理学的研究者在做非常有价值、有意义的事情,但他们大多数并不是"心理咨询师",甚至也不一定了解心理咨询和"思想教育工作"有何差别。

你要找的,是一个接受过系统训练的、专门从事临床心理治疗的心理咨询师或者精神科大夫。

(2) 在开始接受治疗之前,主动挑选你的心理咨询师。

心理咨询的本质是人和人之间的关系。单从人的角度来说,你若是遇见一个不喜欢的人,而还要付钱逼迫自己向他打开心扉,这个过程一般人们无法接受。

尽管治疗的本质殊途同归,但是不同流派的心理咨询师们,也确实用着相互之间听不懂的语言,用着非常不同的方法,来帮助来访者解决问题。因此,你有权利,更有必要在开始咨询之前,认真地了解你的心理咨询师。

(3) 你要选择一个让你觉得可以建立信任感的心理咨询师。

心理咨询师是最终那个使治疗发生作用的工具。来访者需要和咨询师一起建立一种关系,在这个关系里足够安全地去呈现你的隐私。而心理咨询师会通过这个特别的关系,让治疗发生作用。如果你在心理咨询中,感受到心理咨询师是可以信任的,感到放松而安全,你应该是找对人了;如果你感到自己无法信任心理咨询师,你可以把顾虑告诉对方,有时这种不信任的信号说明你们双方并不匹配。

倘若你一开始,无论什么原因,就觉得你不可能信任这个心理咨询师,那么,请不要理会你理智里面所想的"大家都说这是个好咨询师,我应该试试"诸如此类的念头。而是去找下一个你喜欢的心理咨询师。

(4) 开始咨询之前,尽可能多地尝试了解这个咨询师,尤其是其本人。

了解心理咨询师的情况,包括年龄、性别、职业经历,对人和生活的态度,甚至长相。还要看他拿过什么样的证书、有怎样的专业背景。若是一个行业内获得认可的咨询师,他这个人本身所带给你的感受,在咨询中对你的影响会更大一些。

当然,这绝不是要你去费尽心力去打探心理咨询师的个人隐私,和第3条表达的一样,目的仅在于,找一个你觉得易于建立信任关系的人。

(5) 了解心理咨询有严格的设置。

一般的咨询设置是,每周一次见面,固定的时间地点,每次50~60分钟。关于时间和频率,以下几种情况有特例:

① 传统精神分析流派一般会每周进行3~5次,每次50~60分钟。如果感兴趣,推

荐找接受长期训练(且被分析过的)精神分析师来做这样的见面。

② 有一些来访者的症状严重,开始的时候会一周见两次面,稳定后每周一次,咨询结束之前降低见面频率。

③ 家庭治疗的时间一般为60~90分钟。

因为心理咨询是要在一个非常特别的环境下,在咨询师和来访者之间建立特殊的关系。每周一次的频率,既能够在咨询的环境下得到即时的支持,又能够保持现实生活的状态;而固定的时间地点,能够帮助形成治疗容器(therapeutic container)。

在咨询的过程里面,咨询师有责任保持稳定的咨询设置,并根据来访者的情况与来访者商议后调整时间和频率。

(6) 咨询"疗程"的长短以及咨询的目标,是咨询师和来访者共同商定的。

咨询的前几次(甚至在更长一段时间里面),一般是做评估、收集资料的过程。咨询师会帮助来访者在前几次确定大体的咨询目标,而这个目标会随治疗的深入不断调整。

咨询的作用是帮助你去了解你自己。打个比方,你头痛去找医生。医生的任务是找出你头痛的原因,是心、肺还是脊髓,然后再对症下药。心理咨询也是一样的。所以咨询的目标,会随着咨询的深入,不断调整。

在没有足够了解你状况的时候(比如第一、第二次见面),倘若一个咨询师告诉你说,你是因为×××,所以患上了×××,7次一个疗程,交钱包治(精神科大夫的药物使用除外,因为药物确实是用来解决症状的)。这时,你应该果断地将之前交的咨询费要回来,然后拎包甩门离开。

(7) 若你心底有诉求,要清楚一点,问题不是靠一次两次咨询就能"解决"的。

这并不是给咨询师找借口。因为治疗不是给建议、讲道理、做理智的分析。

咨询真正开始发生作用的时候,是在你和咨询师之间,建立足够安全的咨访关系,你开始能够将自己(潜意识层面)打开,咨询师才有机会通过你们之间建立的关系,开始给你真正的陪伴、支持、疗愈。

因此,若你确实心底有求助的诉求,这个关系的建立总会需要一段时间。当然,咨询师也有责任,在咨询的过程中给来访者以治疗的信心。

(8) 你可以主动提出结束治疗。

好的咨询师会在适当的时候,开始和你谈论什么时候,如何结束治疗;他也会鼓励你,当你觉得想要停止治疗的时候,主动和他坦诚地谈论如何结束治疗。

不必担心被咨询师"绑架",你可以主动提出结束治疗。咨询师不是巫师,他没有能力操控你的思想和行为。当你觉得治疗对你产生"伤害"的话,你可以主动提出终止治疗。

但是请和你的咨询师坦诚地讨论你希望终止治疗的原因。因为咨询的过程并不总是温暖怡人的,在适当的时候,咨询师会向你发出一定的挑战。咨询师可以帮助你觉察,你希望结束治疗的原因是如下之一:

① 移情反应(例如,是因为在治疗中觉得被挑战,或者是你每次应对亲密关系的一个惯常模式),那么这就有可能是治疗深入的一个契机,或者提醒咨询师,他需要调整治疗的步伐;

② 你确实不再需要更多的帮助,共同商量结束咨询;

③ 这个咨询师本身并不适合你,好的咨询师会给你进一步求助的建议。

总之,和你的咨询师坦诚地谈论你希望终止治疗的原因,咨询师会有机会给你进一步的、更适合你的建议。

(9)你可以放弃这个心理咨询师,但请不要放弃求助。

无论咨询师多优秀,都会有不适合他的来访者。更何况国内咨询师的状况鱼龙混杂,找咨询师的过程更像是盲人摸象。你可能遇见不靠谱的咨询师,亦有可能遇见好的但却不适合你的咨询师。请不要因此失去信心。就像恋爱一样,你可以放弃不合适你的对象,但请不要放弃爱情;你可以放弃不适合你的咨询师,但请不要放弃求助。请相信,在众多的咨询师中,总有适合你的那一个。

(10)注意安全。

两人单独共处一室,安全问题,其实是双向的。无论是咨询师还是来访者,都要注意人身安全。如果咨询室不是设置在医院、学校、公共写字楼等地方的话,留心安全。一般咨询师为了保护自己,在接待室会安排人留守,以防突发事件。来访者若觉得例如咨询室"锁门"不安全,可以提出希望只关门不要锁门,咨询师一般都能够理解你,并满足你的要求。若确实觉得自己的人身不安全,就当即离开,保护自己最重要。

三、班级心理辅导

班级是大学生生活与学习的基本组织之一。在大学里以班级为单位开展心理健康教育活动,常常能取到事半功倍的效果。

(一)班级心理辅导的内涵与特点

班级心理辅导是指以团体心理辅导及相关的理论与技术为指导,以解决学生成长中的问题为目标,以班级为单位开展的集体心理辅导活动。

班级心理辅导不同于一般的班级主题活动。这是因为,其一,班级主题活动的范围比较广泛,包括德育、智育、体育活动和社会实践活动等;而班级心理辅导的范围比较集中,主要围绕学生的心理健康。其二,设计班级心理辅导活动需要有系统的心理辅导理论框架和专门技术的支持,而设计班级主题活动不一定要有理论结构。如,班主任和同学设计一次迎国庆活动,事先不需要思考该依据什么理论。其三,班级心理辅导往往是以学生的成长需求为出发点,并以此作为活动主题,如学习困扰、人际交往问题、青春期问题等;班级主题活动则既可以围绕学生个人,也可以围绕社会。由于它是学校德育的一种形式,故往往更具有社会取向。

班级心理辅导不同于团体心理辅导。虽然班级心理辅导要以团体心理辅导理论为依据,但两者在形式上有很大的不同。团体心理辅导的规模比较小,一般在6~12人,团体成员的构成可以是同质的,也可以是异质的;班级心理辅导是以班级为单位,规模比较大,成员不可能是同质的。另外,从辅导目标来看,团体心理辅导可以是发展性的,也可以是矫治性的,一般需要专业人员来承担带领者;班级心理辅导则主要是发展性的,可以由受过一定培训的教师和朋辈伙伴来承担。

从内涵上讲,班级心理辅导同心理辅导课程更相近,所不同的是,心理辅导课程是以"课"的形式对全班进行心理辅导,而班级心理辅导可以在课堂上进行,也可以在课堂外进行,在时间和空间上更为灵活。

班级心理辅导不同于传统意义上的学校教育,它有以下几个鲜明的特点。

1. 班级心理辅导是学生进行自我探索的过程

一个比较完善的学校教育体系应该传授学生三个方面的知识:自然知识、社会知识和自我知识。在现行的学校课程中,前两项都得到了落实,唯独第三项知识很少体现。心理辅导就是让学生进行自我探索,认识自我、调节自我、完善自我,并解决自己成长中的各种问题,诸如学习、交往、情绪调适、理想抱负等。第三种知识的获得主要是帮助学生发现自己的问题,找到解决问题的办法。学生只有经过自我的探索才会获得经验,才能真正地成长起来。

2. 班级心理辅导强调体验和感悟

心理辅导活动主要解决个体自身的成长与发展问题,它需要以个体的经验为载体。按照杜威(J. Dewey)的观点,儿童的成长就是个体的经验不断改组与改造的过程。这种经验既然是个人的,那么个人的自我体验就显得尤为重要。我们认为,对学生有意义的自我体验应该包括情感体验、价值体验和行动体验。这些自我体验可以通过在心理辅导活动中创设一定的情境,营造一定的氛围来实现。学生从体验中获得有意义的东西,这就是感悟。可见,班级心理辅导是一种自我教育活动,它没有说教和灌输等显性教育的痕迹,但它可以通过学生自己体验和感悟,潜移默化地影响他们的成长。

3. 班级心理辅导以互助、自助为机制

心理辅导既然是自我教育活动,就必须积极调动学生自身的教育资源。保守的教育观念总是把学生看作教育的对象,心理辅导则倡导学生是教育的主体。辅导活动是一种积极的人际互动过程,同龄伙伴有共同的爱好、价值观和文化背景,彼此之间容易理解和沟通,他们可以不加掩饰,坦诚直言,进行心与心的交流。班级心理辅导活动一般都有主题和目标,它是依据学生一定的心理需求制定的,容易为学生接受,形成共识。作为集体的一员,学生在辅导活动中既是受助者,又是助人者。这种互助可以增进学生对自信、自尊的体验,从而达到自助的效果。教师作为辅导者,应该创设良好的集体舆论、和谐的人际关系、民主自由的气氛,充分开发集体的教育资源,以利于这种良性机制的形成。

(二) 班级心理辅导的意义

班级心理辅导的首要意义是,它可以体现促进形成全体学生心理健康的发展性目标。对此前面已做讨论,这里不再赘述。

其次,班级心理辅导可以落实心理辅导全员育人政策。就是说,从培养学生健全人格的角度来看,每一位教师都是心理辅导工作者。当然,这不是要求教师承担专职心理辅导工作者的任务,诊断和矫治学生的心理障碍,而是要求教师关心学生心智的成熟。开展班级心理辅导活动可以帮助教师边实践、边学习,在短时间内,逐步理解、掌握心理辅导的理念、方法和技术,提高教师教育、教学的能力与效果。

最后,班级心理辅导可以体现"以人的发展为本"的教育理念,现行的学校教育存在许多压抑学生自主发展的弊端,例如,学科取向的课程体系,强调系统的学科知识体系,单一的教学目标,难以顾及个体发展的差异性和特殊需要;德育工作过分倚重灌输和说教,难以将道德规范内化为学生的信念和行为。班级心理辅导是以个体发展的取向为主,以个体的经验为载体,以活动为中介,通过学生的参与、体验和感悟,帮助学生认识自己,开发自己的潜能,获得自助能力,极大地调动了学生的主动性。在课程改革的历史上,学科课程由于着眼于学科知识,较少顾及个体的情意因素,妨碍了个体完整人格的实现,早在20世纪70年代就受到批评,被称为"非人性教育"。于是,强调个体的情意发展与智力发展同等重要的人本主义教育课程应运而生。在人本主义课程中,有一种课程被称为"自我觉醒和自我发展的课程",它旨在唤起学生对于人生意义的探索,教师在教学过程中不仅传授知识和技术,而且要为学生的人格发展提供建议,从而帮助学生成长。这种课程的基本情况同心理辅导活动是一致的。

(三)班级心理辅导的常见阶段

班级心理辅导的活动形式虽然多种多样,但通常都具有以下几个阶段。

1. 暖身(导入)阶段

暖身(导入)阶段一般用时为5~10分钟,通过暖身活动营造一种轻松、温暖的氛围,将学生带入当下的场景中,调动学生参加团体活动的热情,同时在互动中建立初步的信任关系。

2. 转换(情境、知识)阶段

转换(情境、知识)阶段一般用时10分钟,这一阶段会完成主题的引入和呈现,通过提出与主题相关的问题,激发学生进行探索。

3. 工作(体验、操作、思考)阶段

工作(体验、操作、思考)阶段一般用时20分钟左右,在这个阶段带领者会通过以点带面、以面带点和点面结合的方式,引导学生表达自己的想法,让大家的思想互相碰撞,进而有所感悟和收获。

4. 结束(升华、收获)阶段

结束(升华、收获)阶段一般用时5分钟左右,这一阶段的重点是整理收获、处理情绪、总结升华、引导实践、团体动力收回等。如果这一阶段的目标顺利完成,学生就可以把班级辅导中所学运用到日常生活中。[1]

【互动体验】

打开千千结

游戏目的:

团体合作,靠集体的力量解决困难,体会团队支持对个人的意义和重要性。

游戏内容:

所有成员手拉手成为一个圈,看清楚自己的左手和右手是谁,确认后松开,在圈内自

---

[1] 洪洁州等著.团体心理游戏256例.北京:人民邮电出版社,2023.

由走动,指导者叫停,成员定格,位置不动,伸手互相拉左右手,从而形成许多结或扣,不能松手,但可以钻、跨、绕,要求成员设法解决难题,回复到起始状况。

注意事项:

要求成员有耐心、互相配合,齐心协力。

活动意义提示:

1. 没有解不开的结,交流沟通是解开所有结的法宝。

2. 可能有的同学开始认为这是一个解不开的结,但是请更多地信任我们的能力和潜力。信任就是相信你不能相信的。

3. 每一个人,每一个结在团队中都是很重要的,要达成一个共同的目标就得相互配合、相互协调。

【互动体验】

进 化 论

游戏目的:

体会成长的意义。

游戏过程:

从鸡蛋→小鸡→母鸡→凤凰→人的一个转化过程,以剪刀、石头、布的方式来竞争,大家在初始状态的时候是鸡蛋,鸡蛋和鸡蛋竞争成为小鸡,小鸡和小鸡竞争成为母鸡,以此下去以最终成为人而结束,成为人的同学,退出竞争,静静地坐在一边。需要注意的是,平等状态之间才能竞争,双方有输有赢,赢的一方晋一级,输的一方无论你已经在哪个状态直接降为最原始的状态——鸡蛋。

分享环节(可拓展性问题):

1. 我想问一下这位最终还是鸡蛋的同学,你现在有什么样的感受?引导性地去自我觉察,尽量少地去理性分析。

2. 我还想问一下第一个成为人的同学,你有什么样的感受,有什么想跟大家分享的?引导他从自身出发,并与周围同学稍微做一下互动,比如,你愿不愿意去跟你旁边的同学相互做一下交流,成为第一个获胜者,你快乐吗?你觉得这个游戏给你最深的感受是什么?

3. 将第一个获胜的同学和最后一位同学联系起来,问:你们觉得从这个游戏中你们获得快乐的因素是一样的吗?

活动意义:

1. 进化等同于成长,成长不是一蹴而就的,需要循序渐进,可能还充满挫折。从小学到大学是一个鸡蛋变凤凰的过程,从大一到大四也是一个鸡蛋变凤凰的过程。

2. 信任是非常重要的。如果我们信任自己就等于自信,相信我能行,同时如果我们相信生活是美好的,就会不断地努力,成为凤凰。

3. 顺利地成长可能会失去很多体会酸甜苦辣的机会,太容易得到的可能不觉得珍惜;过程的体验可能比结果更重要。

4. 每个人对于成功的标准并不相同,找到适合自己的就是最好的,鸡蛋也有鸡蛋的快乐,小鸡也有小鸡的快乐,不一定都以达到一个更高的位置或形态为标准;学会正确定位,自我认可。

5. 活动中是否有人不遵守规则？恪守诚信的良好品质，遵守进化的规则，诚信是美德。

6. 战胜困难，打开思维、运用策略，也许可以更好更快地成长。太固执己见也许会失败连连，要学会变通，思维变得更有弹性。

（四）班级心理辅导的主要原理

1. 团体动力学原理

团体动力学是研究团体生活动力的学说，由心理学家勒温（K. Lewin）建立。它是团体心理辅导的重要理论基石。勒温在1939年发表的《社会空间实验》一文中，首次提出"团体动力学"（group dynamics）这一术语。团体动力学的研究内容包括：团体气氛，团体成员之间的关系，领袖与领导方式，团体中成员间的凝聚力，团体决策过程等。团体动力学的主要思想包括以下几点：

（1）团体不是个体的简单相加

团体动力学的理论基础是勒温的场论。从场论的观点看，个体不是孤立的个别属性的机械相加，它是在一定的生活空间里的一个完整的系统。由此推论，团体绝不是各个互不相干的个体的集合，而是有着联系的个体间的一组关系；团体的特征不是由各个个体的特征决定的，而取决于团体成员相互依存的那种内在关系。每个成员的状况与行动都同其他成员的状况与行动密切相关。

（2）团体具有改变个体行为的力量

勒温认为，虽然团体的行动要由各个成员来执行，但是团体具有较强的整体性，对个体具有很大的支配力。要改变个体，应该先使其所属团体发生变化，这远比直接改变个体来得容易。勒温在1943年进行关于"饮食习惯"的研究完全证实了这种观点。当时，他发现通过组织家庭主妇集体讨论决定增加牛奶消耗，远比靠讲演、说服更为有效。类似的结果还见于动员母亲喂婴儿鱼肝油和橘子汁，也是通过小组讨论要比让母亲们听演讲、接收一般号召的效果更好。勒温指出，只要团体的价值观没有改变，就很难使个体放弃团体的标准来改变原有的主见；而一旦团体标准发生了变化，那么，由个体依附于该团体而产生的那种抵抗也会随之消失。

（3）团体决策的动力作用

勒温进一步思考，是什么力量促使团体的价值和行为发生变化？他认为这是团体决策的力量。一般来说，变化总是从"非变化"开始的，并以"非变化"告终，从稳态动力论的基本观点出发，勒温把这种称为"准稳定平衡"。有两种方式可以引起这种"准稳定平衡"的变化：一种是增加团体行为的促动力；另一种是减少团体行为的对抗力。除此之外，团体本身还具有一种"内在的对变化的抵制"，勒温称为"社会习惯"，它隐藏于个体与团体标准的关系中，维系着团体生活的固有水平。因而，单有团体成员的变化动机还不能引起团体行为的变化，还必须有足以打破社会习惯和解冻团体原有标准的力。团体决策就可以起到这种力的作用。勒温把团体决策看作联系动机与行为的中介，是团体促进个体变化的一种动力。

由上可知，团体具有吸引各个成员的凝聚力。这种凝聚力来自成员们对团体内部建立起来的一定的规范和价值遵从，它强有力地把个体的动机需求与团体目标结构联结在一起,使得团体行为深深地影响个体行为,团体内有个体所没有的动机特征。这为调动同伴群体的教育资源,开展班级心理辅导活动提供了理论依据。

2. 团体心理辅导及功能

团体动力学原理是团体心理辅导的理论基石。所谓团体心理辅导,是指在团体领导者的带领下,团体成员围绕某一个共同关心的问题,通过一定的活动形式与人际互动,相互启发、诱导,形成团体的共识与目标,进而改变成员的观念、态度和行为。并不是所有的团体活动都能对成员产生积极的作用,只有团体活动本身具有成长性,才能促进成员的成长。因此,团体心理辅导应该具有以下功能:

(1) 在积极的互动中增进相互了解

在团体心理辅导中,由于成员间的人际互动,他人的存在就像自己的一面"镜子",有时自己不能清醒地认识自己,只因"不识庐山真面目,只缘身在此山中",而他人的意见可以促使自己反省,帮助自己更好地了解自己。同时,成员之间互相倾诉、表露,也可以让别人更好地了解自己,自己对别人也有了进一步了解。这对培养自己的同情心,与他人建立良好的人际关系都是有益的。团体互动的效果是个别辅导情境所无法达到的。

(2) 成员之间分享经验与感受

个人遭遇到困难或情绪不佳时,常常会感到恐惧、无助和失望,并且常常认为自己是天下最不幸的人,是"倒霉鬼"。在个别辅导的情境中,这种消极情绪虽经辅导者努力处理,但有时未必能消除。而在团体心理辅导情境中,局面会有所不同。这些成员在团体中会有发现,和自己处境相同的人居然也不少,孤独感从而会降低,不再认为自己是天下最可怜的人了。例如,离婚家庭的子女、高考复读学生、学习困难学生、有人际交往困难的学生、有网络成瘾行为的学生等,他们会发现彼此"同是天涯沦落人",会产生"我们"的感觉。这种经验与感受的分担具有治疗性功能,可以消除个体自责、自卑、退缩等不良情绪,增强彼此的理解与支持。

(3) 多元价值观和信息的冲击

团体中的成员有不同的背景和经验,对问题有不同的观点与理解。不同视角、不同立场的多元信息无疑为团体成员提供了丰富的背景资料,开启了他们的思路。个体的经验和信息毕竟是有限的,若得不到这些观念的冲击,自我封闭,缺少启示,当然就无法解决自己成长中的问题。不过,多元观念的冲击也有一个适度的问题,过于开放,则难以形成共识,也达不到辅导的目的。

(4) 成员彼此反馈的功效

团体心理辅导能提供成员丰富的接受反馈的机会。在团体心理辅导中,成员有很多机会了解别人对自己的看法、别人对自己的第一印象,团体中他人的建议、反应和观点往往是很有价值的。团体的反馈和个别情境的反馈完全不同,前者更具有冲击力。对个别一两个人提供反馈,接受者可能不理会或不在意,但当五六个人都对你有相同或相似的看法或反应时,你就很难予以否认或不理会了。团体的反馈能有效地改变个体的想法。

(5) 提高成员应对实际问题的能力

团体是社会的缩影,也是社会的真实反映。利富特(Lifton)说过:"团体咨询提供成员在一个与真实生活类似的情境中,接收多元的刺激,来学习面对、处理自己的困难和问题。"团体并不是遭遇困难时的避难所,而是学习面对、处理困难的场所。因此,团体辅导者不应刻意创造理想或虚幻的情境,以免成员在其间只是暂时的逃避,或憧憬不现实的情景,这不利于团体成员提高现实生活中的适应能力。

3. 影响团体心理辅导的基本因素

团体是由人组成的,它也是一个有机体,团体也有一个从不成熟到成熟的发展过程。在这一个过程中,有三个因素发挥了重要作用,即规范、沟通和凝聚力。

(1) 团体的规范

在社会群体中,规范主要是指风俗、文化、语言、时尚、舆论和规则,以及各种不同的价值标准。规范是群体成员必须做到或遵循的行为准则,如果成员违反了群体规范,就会受到群体的排斥和拒绝,得不到其他成员的认同。规范对群体及其成员的作用是非常广泛的,小到衣着饮食、言行举止,大到成千上万人的统一行动。它深深地影响着社会群体中的每个成员,使他们在社会生活中遵守共同的行为准则,以沟通思想,交流感情,共同生活、工作和学习。

学校中的辅导团体也是社会群体的一个缩影,团体规范集中反映了团体期待的动力和团体的价值观。团体心理辅导中,规范作为社会控制的主要手段,强有力地控制着成员的行为,促进团体目标的达成。团体规范有维持团体、认知标准化及行为定向的作用。

团体存在形式的特点是它的整体性。这种整体性表现在团体成员的认知、情感和行为的一致性上。一方面,团体规范是这种一致性的标准,它统一着团体成员的意见和看法,调节他们的行为。没有团体规范,团体也就失去了其整体性而不称其为团体。另一方面,团体是由多个个体组成的,要维持其整体性,就需要用一定的准则来约束其成员,而成员也正是依据这种对准则的认同形成一个整体。团体的规范能否建立,能否为绝大多数成员所接受,直接影响着团体的凝聚力,影响团体能否走向整合、稳定与成熟。

规范就像一把尺子,摆在每个成员面前,使他们对问题的认识和评价有一个统一的标准,从而形成共同的看法和意见。即使有个别人持有不同意见,但由于规范的压力和个人的从众性,也会使其与团体规范保持一致。这种统一成员的意见和看法的功能,就是认知的标准化作用。

规范不仅约束团体成员的认知和评价,而且还约束他们的行为。规范对行为的定向作用主要表现为制定成员活动范围,制定团体活动的行为方式。也就是告诉人们应该做什么,不应该做什么,如何去做等。规范可以是团体内部预先规定的,也可以是在团体形成过程中逐渐形成的。规范有积极的,也有消极的。作为团体心理辅导者,要运用他的影响力和辅导技能,建立具有治疗功能的规范。比如,根据人的模仿、暗示、遵从等社会心理特点,塑造适当的团体行为,以促成规范的建立。

(2) 沟通

团体中成员之间的互动是以沟通为纽带的。沟通是人际之间的信息交流和传递。信息之所以能起到交流思想和感情的作用,主要在于它是具有意义的符号。因此,人与人的社会互动是在符号沟通的基础上实现的。团体心理辅导中的沟通具有以下特点:

① 沟通双方互为主体。
② 沟通能调整双方的关系。沟通双方都是积极的主体,可以借助语言的、非语言的

符号系统进行相互影响,制约或调整双方的认识、态度和行为。凯士莱(Kiesler,1978)认为,沟通的作用有:了解别人,并弄清自己与他人的关系;说服他人;获得或维护权利;自我防卫;激起别人的反应;给别人留下印象;获得或维护关系;在团体面前呈现一致的形象。

③ 沟通受到主观经验的制约。不论是发信者还是受信者,相互沟通信息时,都不可避免地受到个人主观经验的影响。发信者总是根据自己的主观理解与意图表达信息,而受信者也是根据自己的主观经验"翻译"这些信息。个人的主观经验包括生活经验、刻板印象、价值倾向、社会知觉等。尤其是个体的社会认知偏差,常常会歪曲他人发出的信息。对此,团体心理辅导者应予以重视,提高自己知觉的敏锐性和客观性,觉察、理解成员间信息沟通的真实含义,便于介入与协助。

(3) 凝聚力

团队凝聚力是以团队中的人际吸引为基础的,是指成员之间的相互吸引,以及团队对成员的吸引力。卡特瑞克(Cartmrigh,1968)认为,团队对成员的吸引力与下列因素有关:

① 亲和、安全需要;
② 团队的资源及诱因,如成员的名声、团体目标及活动内容;
③ 成员对团队有益及对重要成果的期待;
④ 比较此团体与其他团体的结果。

对成员有吸引力的团体通常能满足成员的需求。例如,有人想提高自己的外语交际能力,参加星期日英语角;丈夫在国外留学、工作的妻子为了排遣孤寂,参加留守妇女俱乐部;有人为了矫正口吃,参加口吃矫正训练班等。因此,团队目标是否与成员的期待和需求一致,是产生团队凝聚力的一个重要条件。另外,团队凝聚力还与领导者、成员的个人吸引力有关,诸如身份、地位、人格魅力、才能等。

凝聚力是团队发展的动力机制,没有凝聚力,团队是无法由初始的松散状态、冲突状态达到整合、和谐的团体状态。同时,凝聚力又是团体发展成熟的标志,凝聚力越强,成员遵循团队规范就越自觉,参与团体活动就越主动,成员之间的关系就越和谐、亲密,团体的效能也就越高。

(五) 班级心理辅导的设计与实施

1. 建立活动目标

目标是对班级心理辅导活动过程的预期,是集体活动的导向,班级心理辅导活动的内容和形式都是围绕目标制定的。同时,目标又对班级成员起到凝聚作用。团体目标与成员的主观需求密切相关,两者的一致性越高,目标的凝聚力就越强。因此,建立活动目标应该注意以下几点:

(1) 目标应与学生成长密切相关

如前所述,班级心理辅导活动比较适合帮助学生解决成长中的问题,诸如,自我意识(包括缺乏自尊、自信,过分依从,或者盲目自大等)、情绪困扰(包括情绪不稳,情绪调控力差,不善表达自己的喜怒哀乐,过于焦虑忧郁等)、人际关系(包括对人缺乏信任,多疑,不善与人合作,社交退缩,难以与人亲近等)、学习行为(包括不良的学习习惯和学习方法等)等。上述这些都是从具体问题出发,其解决属于矫治性目标。另外,班级心理辅导活动更多地应着眼于发展性目标,从积极的一面来提高大学生的心理品质。例如,"怎样增强记忆力""欣赏我自己""做个合格的听众"等。

(2) 目标应明确具体

活动目标切忌笼统抽象。如,"调试不良情绪",这一目标的表述太含糊,不如改为"认识不良情绪给自己的生活、学习带来的危害,寻找缓解和消除不良情绪的方法,增强对情绪的调控能力"。目标越具体,就越容易实践。

(3) 目标应具有可行性

目标应该符合可行性原则,确保活动能够在给定的时间和资源下实现,并且能够取得实际的效果。一次性解决所有问题可能是困难的,因此将目标分解成小目标,并逐步引导学生实现。

(4) 目标应得到学生的认同

设计活动方案时,首先要了解大学生的真实想法:大学生希望从集体活动中学到什么?想解决什么问题?在此基础上,与学生一起磋商可能形成和达到的目标。双方探讨出来的目标,更容易被学生看作"自己的"目标。

2. 设计活动方案

设计活动方案时,要注意活动内容与目标保持一致性,了解学生实际,提高活动内容的适切性;在组合系列活动时,要注意设置活动情景,促进学生体验。心理辅导活动的宗旨是解决学生自己的问题,只要是以参与者自身的经验为载体,体验是改变、完善自身经验的重要环节。只有经过体验,参与者才会在内心产生碰撞,才会有更深切的感悟。可见,如何设置活动场景,促进学生体验,是提高活动设计的一个有效要素。

【案例】

理解家庭,珍爱生命工作坊方案

开场白:活动开始时,强调今天的活动主要是在体验中放松、学习。每个人的收获与自身的投入程度有很大的关系。强调保密,因为我们会涉及内心真实的感受和想法,每个人开放度不同,所以今天在这发生的都要保密。当走出教室,只可以与他人分享自己,不可以议论他人或主动询问他人。如果有的同学有所触动,希望对自己有更多了解,可以到咨询中心与咨询师探讨。

一、暖身(导入)阶段

(一) 热身活动 圈里圈外 (10 分钟)

指导语:在活动的开始,我希望了解一下大家,我们来进行一个小游戏,你也可以在这个游戏中更了解你的同学。首先,我邀请大家站成一个圆圈。这是圈外,请向前一大步。这是圈内,当我说出一个指令,符合这个指令的站到圈内,不符合的站到圈外。如我说"男生",那么男生向前一步进入圈内,女生则停留在圈外。

注意事项:速度可以逐渐加快,不要让现场大多数人总保持不动。

(二) 寻找搭档与分组(5 分钟)

活动规则:每个人要寻找一个自己喜欢的搭档,接下来有重要的工作要和他一起完

成。活动带领者要强调寻找这位搭档的重要性,或者直接把班级分为3~4个小组。

如果多余一人,询问他为何没有找到搭档。邀请同学反观自己的心理活动。请主动找别人的举手;请找到了自己最开始想找的那个人的举手;请对结果百分百满意的举手;请留有遗憾的举手。与搭档分享自己的心理过程与感受(5分钟)。在大组内请一两位同学分享。

注意事项:

1. 带领者要观察学生寻找搭档过程中的不同的行为模式倾向。在分享时启发学生思考他们寻找搭档的表现与平时的行事风格是否有相似之处。

2. 可以引申到面对机会的反应模式、对关系的主动—被动的态度、面对结果的心理活动和态度等。

二、转换(情境、知识)阶段

生命曲线(40分钟)

活动规则:画一幅人生故事的画。横坐标为年龄,纵坐标为心情指数。培训师详细示范:先画好纵横坐标,然后在横坐标上标出自己有深刻印象事件发生的年龄,对应该年龄在纵坐标上标出心情指数的点,最后将这些点连成一条曲线。

画完后,与搭档分享这幅画中的故事和心情。互相反馈补充。两人搭档寻找另外的两人搭档,形成4人小组,在小组内分享。最后,在大团体内,自愿分享。

讨论参考提纲:

故事发生时的感受及看法?现在如何看待这个事件?在这个事件中你失去了什么?得到了什么?学会了什么?你想对那时候的自己说什么?如果再次发生,你有什么不一样的应对?

注意事项:

1. 如果讨论过于肤浅,可以通过不断地合并小组深入讨论来引发反思。如果讨论过于深入,则减少讨论时间,以免个别学生无意识地开放太多。

2. 讨论的过程中不评价,不攻击,仅仅谈自己的感受。

三、工作(体验、操作、思考)阶段

(一) 情景剧创作:我爸爸/妈妈 小时候 (60分钟)

活动规则:5~6人一组,用20分钟时间创作一个题为《我爸爸(或妈妈)小时候》,5分钟以内的情景剧。可以用抽签或别的方法,决定一半组的题目为我爸爸……另一半组的题目为我妈妈……团体内分享感受。

注意事项:

1. 一开始就要不断激发团体创作热情,让学生发挥自身的想象力。在创作过程中到每个小组观察、鼓励。强调在表演中不是表演,而是体验角色。

2. 在分享中,如果有些同学能够意识到父母也曾经是小孩子,父母也是一个有自身局限性的作为个体的人,带领者可对这一点积极地回应。

(二) 冥想(30分钟)

指导语:请大家尽可能舒服地坐好;做三次深呼吸;在下一次呼吸时,感谢自己有能力呼吸,感谢你的自呼吸的能量,感谢你活着,感谢自己选择来到这里;感谢你自己决定与他人分享自己的经历,并在分享中丰富自己;如果你感觉你的身体紧绷,请深呼吸,给自己一个爱的信息。现在我邀请你进入你的内心,你的资源,那属于你自己的神圣之地,请感谢这一部分的你。

现在请感谢你的父母,是他们带你来到这个世界,他们赋予你所有让你成长的资源;现在让我们开始一段时光之旅,让我们回到你出生的那一刻;你来到这个世界,你是一个如此美好的小宝贝,你带来了将陪伴你终身的生命价值;带着所有让你成为今日的你与未来的你的资源,你来到这个世界;此时,谁正在你的身边守护着你呢?是你的妈妈,那个生育了你的人和那些帮助你降临人世的人;现在你开始一点点地长大,你知道自己对妈妈的期待和自己对自己的期待;你也知道他人对你的期待;你很快就知道可以向谁要什么?你很快就学会了应付问题,就知道别人对你的看法,你很快就开始学习,开始了解自己的期待与渴望;你渴望被爱,渴望成为一名宝贝;你知道自己有多被看重吗?你努力尝试搞清自己究竟有多么重要;有多少时候你觉得自己被爱呢?你曾经有哪些挣扎呢?如果你经历了很艰难的过去,那你就有可能比别人有更多的力量与智慧;无论如何,你要感谢你所做的各种应付,感谢你所有的艰难和美好;然后你上学,认识了第一个小朋友,第一个肯定你并把你当朋友和模范的人;然后你到了青春期,那个艰难的时候,你艰难地找寻你是谁;后来你就有了梦想;你对明天的梦想,后年的梦想,5年以后的梦想;你发现了还有哪些资源让自己更多地成长;现在,我要邀请你回到更远的时光;你有没有想过你父母降临的时刻也是一个小小的婴儿?你的妈妈降生了,她也是充满了潜能、希望与梦想,她的第一步、她的挣扎、她的发现,请你来欣赏妈妈这一生的电影;你知道她有什么梦想和希望吗?然后,像你一样,她长大了;你知道她是怎样遇见那个后来成了你爸爸的那个男孩吗?你妈妈已经做到了她能够知道的最好了,因为她也是在她的家庭中长大、学习的;不管她有什么让你失望,接触你的感受,也许你也可以接受你妈妈她就是她现在的样子;现在让我们掀到爸爸这一页;当年,他也是个小宝贝,你的祖父母祝福他的出生了吗?他们欢迎他的降临了吗?你能否想象你的爸爸曾经是个小男孩?后来他遇见了你的妈妈,他们有着共同的梦想……请深呼吸,感谢那些赋予你生命的人,感谢自己的生命力,也感谢宇宙;请再次感谢你把自己带到这儿,感谢你愿意与他人分享彼此;感谢彼此将要进行的分享与开放、好奇和关怀;感谢大家将共同成长、探索,参与观察另一个生命。

冥想指导语的要点:

1. 激发察觉:接纳自己,欣赏自己,感谢自己;

2. 进入内心,探索自己,进行时光之旅,跟内在自己接触,认识他,看他的能量、渴望、期待与梦想;

3. 想象中连接父母的过去,与父母建立联系。

四、结束(升华、收获)阶段

结束活动(20分钟)

活动目的:总结分享此次活动的感受与体会。

结束活动推荐:"重生。"

活动规则:所有成员排成两列纵队,中间留出可以让一个人通过的通道。每个人依次通过通道,在通过时,可以说话、做任何动作,表达自己期望……任何自己想做的事。通过后依次排在队列的这头。最后一位成员通过后,带领者总结并感谢全体成员。

后 记

在大学生心理健康教育的征途上,课堂教学始终是我们坚守的主战场。遵循教育部《普通高等学校学生心理健康教育课程教学基本要求》,我们不断汲取经验、深化研究,对课程的教学目标、内容、体系和方法进行了全面探索与实践。课题组汇聚了心理健康教育的专职教师、辅导员以及机关干部,组建了一支经验丰富、技能互补的教学团队。通过教学督导、集体备课、专业培训和交流研讨等多种方式,持续提升团队的教学技能和授课水准。基于多年的教学实践和心理健康教育经验,我们倾力合作编写了这部教材。

本书在第一版的基础上,紧跟时代步伐,在党的二十大精神指引下,洞察学生群体的新变化和新需求,以实用为导向,紧密贴合学生的实际需求。我们精选了大学生身边的生动案例,以浅显易懂的方式,全面覆盖了心理健康、自我认知、人际交往、学习学业、情绪管理、亲密关系、家庭关系、压力应对以及生命意义等关键成长议题。经过十四年的沉淀,众多一线教师、思想政治教育专家和心理健康专家携手努力,教材内容结构力求创新与实效,经过十余轮精心修订方才定稿。书中的案例大多源自本校教师的一线工作经验和作者团队的亲身咨询经历,确保了内容的生动性、实用性和可读性。

本书由于成文担任主编,史立伟、孔德雨、臧伟伟担任副主编。各章节的编写分工如下:第一章由匡晓编写;第二章由臧伟伟、孔德雨编写;第三章由张咏梅编写;第四章由李婷编写;第五章由杜学敏编写;第六章由顾耘宇编写;第七章由王艳编写;第八章由王金蕊编写;第九章由谭天编写;第十章由黄佳雨编写。全书最终由于成文、孔德雨和臧伟伟进行统稿和审阅。鉴于编者的能力和经验有限,书中难免存在疏漏,敬请谅解。

本书的编写和出版得到了教育部思政司、北京市委教育工委以及北京科技大学相关领导的关心与支持。特别感谢清华大学学生心理发展指导中心首席专家李焰教授,在百忙之中为本书作序,以及首都师范大学的蔺桂瑞教授和北京邮电大学心理素质教育中心主任张平副教授提供的宝贵指导。本书有幸被北京科技大学推荐申报国家"十四五"规划教材建设项目,并获得北京科技大学教材建设基金的资助,同时得到了清华大学出版社的鼎力支持,我们对此表示衷心的感谢。

编 者
2024 年 10 月